H. 870.
8.

HISTOIRE DE L'EGLISE,

Par Mr l'Abbé DE CHOISY.

TOME HUITIÉME.

Depuis l'an 1423. jufques à l'an 1508.

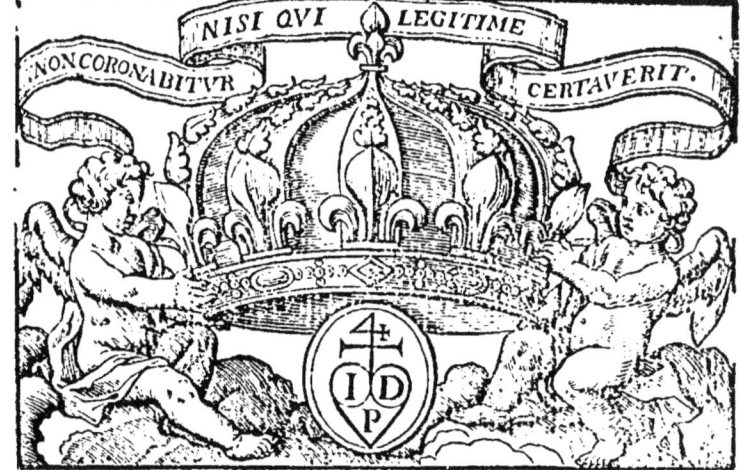

A PARIS,

Chez ANTOINE DEZALLIER, ruë faint Jacques, à la Couronne d'Or.

MDCCXVI.

AVEC APPROBATION ET PRIVILEGE DE SA MAJESTE'.

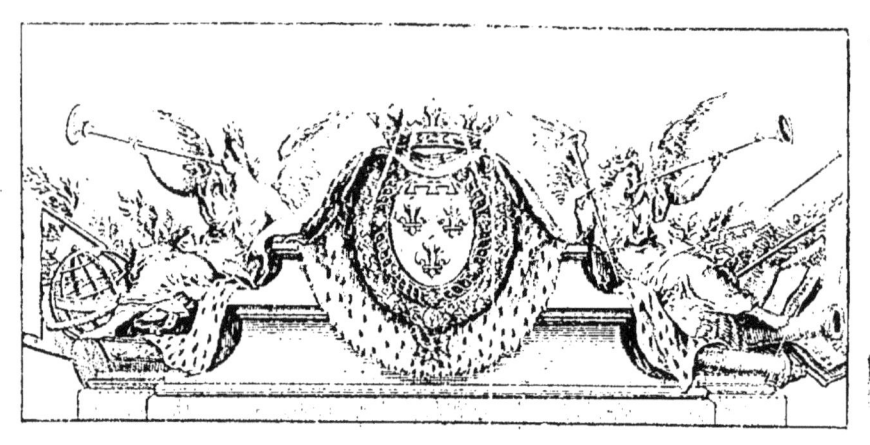

A SON ALTESSE ROYALE
MONSEIGNEUR
LE DUC D'ORLEANS,
REGENT DU ROYAUME.

ONSEIGNEUR,

*Le feu Roi de glorieuſe memoire
acordoit depuis plus de trente ans*

ã ij

EPISTRE.

à mes foibles ouvrages une protection particuliere. A qui pourois-je avoir recours après l'avoir perdu, qu'au Dépositaire de sa Puissance & au soûtien de son Trône ? Je viens donc, MONSEIGNEUR, avec confiance presenter à VOTRE ALTESSE ROYALE le huitiéme Volume de l'Histoire de l'Eglise. Vous la verrez ataquée ou par des ennemis déclarez qu'elle a toujours combatus avec avantage, ou par des ennemis cachez qui plus d'une fois l'ont mise en danger ; mais la Providence a suscité de tems en tems de grans Princes qui l'ont défenduë. Saint Loüis & Charle VII. en rendant au Vicaire de

EPISTRE.

Jesus-Christ toute l'obéïssance & tous les respects qui lui sont dûs, ont sçû par leurs sages Ordonnances conserver les Libertez de l'Eglise Gallicane. Nous esperons, MONSEIGNEUR, que vous suivrez l'exemple de ces grans Rois, dont le sang coule dans vos veines, & qu'en travaillant à rendre les peuples heureux, vous aurez une atention particuliere à la tranquilité de l'Eglise, source presque infaillible de la tranquilité publique.

Vous entrez, MONSEIGNEUR, dans une carriere digne de vous; votre gloire est entre vos mains; & & s'il nous est permis de juger de vos premieres démarches; si dans

EPISTRE.

le cours de votre Regence vous faites le bonheur public, nous osons vous répondre que votre Nom, chargé de gloire & de benedictions, passera aux âges suivans avec les noms des plus grans Princes qui ayent jamais gouverné la France. Je suis avec un profond respect & une parfaite reconnoissance de vos bienfaits,

MONSEIGNEUR,

DE VOTRE ALTESSE ROYALE,

Le trés-humble & très-obéissant serviteur,
L'ABBÉ DE CHOISY.

AVERTISSEMENT.

VOICI le huitiéme Volume de l'Histoire de l'Eglise. On y verra tout ce qui s'est passé dans le monde Chrétien depuis 1423. jusqu'en 1508. Ces quatre-vint-cinq années m'ont fourni des choses fort importantes, & je n'ai été embarassé que sur le choix. Plus on aproche des derniers tems, & plus il est dangereux de faire des bevûës qui seroient bientôt relevées; aussi n'ai-je jamais travaillé avec plus d'assiduité & d'application, & si je l'ose dire, de plaisir. On ne doit pas s'en étonner, je commence à voir le bout de ma carriere, & j'espere qu'en donnant encore deux Volumes, je pourai achever un

AVERTISSEMENT.

ouvrage qui m'occupe depuis quinze ans. Plusieurs de mes amis, peut-être plus sages que moi, veulent bien me permettre de faire encore le seizième Siecle (il n'y est question que des Lutheriens & des Calvinistes) mais ils ne veulent pas que j'aille plus loin. Je ne saurois dire encore ce que je ferai, je sai seulement qu'un bon Historien doit tout dire, poser les questions controversées, les apuyer par les plus fortes raisons de part & d'autre, raporter les décisions intervenuës, & en demeurer là. Voilà l'idée que je me suis faite en commençant il y a plus de trente ans l'Histoire de Philippe de Valois : idée que je crois avoir suivie dans les petits ouvrages qui me sont échapez. Je me flate qu'à mon âge je ne changerai point de maniere, & ne déguiserai jamais la verité.

J'ai raporté sur le Concile de Basle ce qu'en ont dit les Auteurs contemporains & qui m'ont parû de bonne foi; & quoique les Peres de ce Concile ayent fait plusieurs Decrets fort avantageux à l'Eglise, je croi qu'ils allerent trop loin en déposant Eugene IV. qui n'étoit point heretique, qui n'avoit d'autre crime à leur égard que

de

AVERTISSEMENT.

de ne les pas reconnoître, & que tous les Princes Chrétiens honorerent toujours comme le Vicaire de Jesus-Christ. Aussi n'ai-je pas cru pouvoir donner trop de loüanges à Felix V. Duc de Savoie, qui par une humilité peu ordinaire dans un poste si élevé, abdiqua le Souverain Pontificat pour le bien de la paix le premier de tous les biens.

J'ai toujours distingué les mœurs de quelques Papes de leur doctrine, & lors qu'Alexandre VI. par sa cruauté & par ses débauches se rendoit l'horreur des gens de bien au sentiment même des Auteurs Ultramontains, j'ai fait remarquer les grandes qualitez qu'il avoit pour le Gouvernement, son zele pour la propagation de la Foi & pour la pureté de la discipline, & je me suis senti encouragé par l'exemple des Rois Charle VIII. & Loüis XII. qui malgré les défauts, les foiblesses & les crimes de ce Pontife, le regarderent toujours comme le successeur de saint Pierre.

Monsieur l'Abbé Renaudot dans le Livre qu'il a donné au public depuis quelques années en Grec & en Latin sur les ouvrages de George Scholarius surnommé

AVERTISSEMENT.

Gennadius Patriarche de Constantinople, prouve invinciblement contre Leo Allatius & contre Mathieu Cariophile Archevêque d'Iconium, qu'il n'y a eu qu'un seul Gennadius qui fut favorable à l'union de l'Eglise Greque avec la Latine au Concile de Florence. Il étoit alors laïque & Juge Imperial, ce qui paroît par la réponse qu'il fit à l'Empereur Jean Paleologue, en disant qu'il avoit assez expliqué son sentiment par plusieurs harangues qu'il avoit faites dans le Concile, & qu'il embrassoit la doctrine de l'Eglise Romaine dans tous les points controversez; mais quand il fut retourné à Constantinople, il se laissa seduire par Marc d'Ephese son ami, & rentra dans le schisme. Il fit même plusieurs ouvrages contre les Latins sur la procession du saint Esprit & sur le Purgatoire, & reçut les derniers soupirs de Marc d'Ephese à qui il promit de défendre de toutes ses forces la créance des Grecs, ce qu'il fit jusqu'à la mort. Monsieur l'Abbé Renaudot s'est servi des Manuscrits qu'envoya il y a quarante ans Monsieur de Nointel alors Ambassadeur de France à Constantinople, avec les attestations des Patriarches & des Evêques

AVERTISSEMENT.

Grecs, qui proteſtent que les Grecs ont toujours cru & croyent encore la realité du Corps de Jeſus-Chriſt dans l'Euchariſtie, ce qui décida la fameuſe diſpute entre Monſieur Arnaud & le Miniſtre Claude.

Je me ſuis fait un grand plaiſir de ſuivre pas à pas Scanderbeg dans le cours de ſes victoires. C'eſt un Heros Chrétien que la Providence oppoſa au plus grand des Heros Turcs, & qu'on put appeller tant qu'il vécut le rempart de l'Italie, qui ſans lui auroit été ravagée plus d'une fois. Les évenemens de ſa vie ſentent le Roman; mais ils ſont ſi recens & ateſtez par tant d'Auteurs de toutes nations, qu'on n'oſeroit en douter.

Le ſiege de Rhodes fera voir la conſtance inébranlable des Chevaliers de ſaint Jean de Jeruſalem. Pierre d'Aubuſſon leur Grand Maître y montra ſa capacité (la valeur lui étoit venuë par ſucceſſion) & aprés des efforts incroyables cent mille Turcs furent contraints de ceder à douze ou quinze cens jeunes Heros que la Religion rendoit invincibles.

J'ai marqué l'invention de l'Imprimerie & l'uſage ordinaire de l'Artillerie, d'où

AVERTISSEMENT.

l'on doit conclure la nouveauté du monde, étant presque impossible, que de pareilles inventions si utiles au genre humain puissent jamais se perdre. Et qu'on ne me fasse pas un procez sur l'artillerie & sur la poudre à canon, il est certain que depuis qu'on s'en sert, les batailles sont bien moins sanglantes.

J'ai raconté peut-être un peu trop au long le siege & la prise de Constantinople. C'est un évenement si considerable & l'Eglise fit une si grande perte en perdant cet Empire, que je n'ai pas cru sortir de mon sujet en cette occasion, non plus qu'en parlant des guerres d'Italie où les Papes ont eu tant de part, comme Chefs de l'Eglise, aussi-bien que comme Princes temporels.

Au reste il faut que je rende justice aux Auteurs vivans qui m'ont aidé dans mon travail. Le R. P. Alexandre & Monsieur du Pin sont des sources inépuisables dans les matieres Ecclesiastiques, & le R. P. Daniel m'a fourni une infinité de traits particuliers de l'Histoire de France, que j'ai enchassez comme des pierres précieuses, ne faisant aucune façon de me servir d'un bien qu'ils ont abandonné au Public.

HISTOIRE

HISTOIRE
DE L'EGLISE.
LIVRE VINT-SIXIE'ME.

CHAPITRE PREMIER.

E Concile general de Constance dans sa 44e. Session, avoit indiqué un Concile à Pavie pour l'année 1423. Le Pape Martin V. l'avoit fait publier dans tous les Royaumes Chrétiens; & quand le tems fut venu, il envoya à Pavie Pierre Archevêque de Spolette, l'Abbé

An de J. C.
1423.

Tome VIII.   A

de Rosaco prés d'Aquilée, & Leonard General des Freres Prêcheurs, avec la qualité de Legats pour y présider en son nom. Ils en firent l'ouverture le 22 de Juin, quoiqu'il n'y eût encore que fort peu d'Evêques & quelques Deputez des nations de France, d'Allemagne & d'Angleterre, les Espagnols ne s'étant pas pressez d'y venir. On n'y fit rien, parceque la peste s'étant mise à Pavie, on parla de transferer le Concile ailleurs. Le Duc de Milan offrit toutes les villes de ses Etats, à l'exception de Bresse & de Milan. Il y eut quelque dispute entre les Deputez des nations, mais enfin André Gritto Evêque de Posnanie en Pologne, proposa pour la nation Allemande d'en croire les Legats du Pape; Philbert Evêque d'Amiens & Richard Evêque de Lincolne furent du même avis au nom des François & des Anglois: l'Archevêque de Tolede Primat d'Espagne qui venoit d'arriver, ne s'y opposa pas, & l'on convint de transferer le Concile à Sienne. Les mêmes Prelats & quelques autres qui arrivoient de tems en tems, s'y rendirent & commencerent à travailler. Ils publierent un Decret contre les Wiclefistes, les Hussites & leurs adherans, qui faisoient de grans desordres en Boheme. Ils confirmerent la Sentence de condamnation contre Benoist XIII. qui vivoit encore à Paniscola, & s'appliquerent à la réunion des Grecs. Ils se firent lire la relation de l'ambassade d'Antoine Massanus, les propositions qu'il avoit faites à l'Empereur Grec, & la réponse qui lui avoit été donnée.

Le Pape chargé du soin de toutes les ames chrétiennes, aprit que des Marchans Italiens ou d'autres Nations alloient tous les ans faire le tour du Pont Euxin pour acheter des enfans de l'un & de l'autre sexe, Alains, Mingreliens, Russes tous baptisés selon le rit grec, qui est aprouvé par l'Eglise Romaine, & qu'ils les vendoient aux Turcs, qui en faisoient des Mahometans & les faisoient servir à leurs débauches. Il fit rechercher ces Marchans dans tous les ports des Princes Chrétiens, où il pouvoit avoir quelque autorité, commença par les excommunier & les fit punir exemplairement.

L'Eglise avoit de tems en tems la consolation de se voir des Martirs. Aladin Soudan d'Egypte envoyoit souvent faire des décentes dans l'Isle de Chipre pour y enlever des esclaves. Ragonet Pievi l'un des Generaux du Roi de Chipre, fut pris dans un combat & mené à Alexandrie. Le Soudan qui avoit oüi parler de sa valeur, aprés avoir employé inutilement promesses & menaces pour lui faire prendre le Turban, le fit scier en sa présence par le milieu du corps & lui fit meriter la couronne du martire. Il arriva aussi qu'un vaisseau Venitien ayant été pris par les Egyptiens, fut conduit au grand Kaire où vint-cinq Religieux ou Laïques aimerent mieux mourir dans les tourmens que de renoncer à la Foi.

L'année suivante Aladin fit une dêcente en Chipre avec toutes ses forces & gagna deux batailles contre le Roi Janus, qui fut pris prisonier avec les principaux Seigneurs de l'Isle. Le Pape y avoit envoyé quelque petit secours, & les Chevaliers de Rhodes qui craignoient un pareil voisin, avoient armé quelques vaisseaux qui n'oserent rien entreprendre. Il ne resta dans l'Isle que la ville de Famagouste, où il y avoit une garnison Genoise. Aladin étoit fort puissant & tiroit de grandes sommes des Chrétiens, qui de toutes les parties de l'Europe alloient visiter le saint Sepulcre : ce qui obligea le Pape à défendre ces sortes de pelerinages qui ne faisoient qu'enrichir les Infidéles. Il défendit à Philippe de Brabant Comte de Saint Pol d'y aller, l'exhortant d'employer plûtôt son zele au secours de la Hongrie. Le Soudan traita indignement le Roi de Chipre, le chargea de fers, l'obligea à baiser neuf fois la terre en sa présence, & le mit dans un cachot. Mais sept ou huit mois aprés, il lui rendit la liberté par avarice moyennant deux cens mille écus de rançon que les peuples de Chipre payerent avec joie, & un tribut annuel de cinq mille écus. Le Pape avoit écrit au Soudan en faveur des Chrétiens captifs dans ses Etats, tâchant de lui persuader qu'un Prince est plus grand par sa clemence que par ses richesses.

Le Pape averti que Conrad Archevêque de

Prague avoit embrassé les erreurs des Hussites & leur avoit livré quelques forteresses, envoya le Cardinal de Saint Marc pour en savoir la verité, & l'ayant trouvé coupable, il l'excommunia, le déposa & commit à l'Empereur l'execution de sa Bule. Il en écrivit aussi aux Archevêques de Mayence, de Treves, & de Cologne. Tous ces Princes joignirent leurs forces & entrerent en Boheme ; mais ils furent défaits par Zisca General des Hussites, qui quoique fort vieux étoit toûjours vainqueur.

Jean Zisca Gentilhomme de Boheme avoit été Page de l'Empereur Charle IV. pere des Empereurs Venceslas & Sigismond. Il avoit servi longtems dans leurs armées, & quoiqu'habile & fort brave, son extrême pauvreté l'avoit empêché de s'élever aux premiers emplois de la guerre. Il se trouva en 1417 à une assemblée de Hussites, qui solemnisoient l'anniversaire de Jean Hus & de Jerôme de Prague leurs prétendus Apôtres. Ils y étoient venus de tous les cantons de la Boheme & bien armez. L'Empereur Sigismond qui étoit alors à Prague, n'aimant pas que des Heretiques s'assemblassent & croyant les intimider, leur manda de le venir trouver tout armez qu'ils étoient. La plûpart vouloient s'en retourner dans leurs maisons (ce n'étoit que des paysans); mais Zisca leur persuada de hasarder leur vie pour leur Religion, d'aller trouver l'Empereur, & de lui demander la liberté de conscience. Ce Prince les voyant en si grand nombre, n'osa les pousser à bout & les renvoya avec de belles paroles. Il étoit obligé de retourner en Hongrie pour faire tête aux Turcs. Alors Zisca profitant de son absence rassembla ses paysans, en fit des troupes reglées, leur aprit la discipline militaire, chassa de Vissegarde & de plusieurs autres places les garnisons Imperiales, & se rendit maître du plat païs. La Noblesse fidéle à l'Empereur n'étoit pas en état de résister aux Heretiques. On ne sauroit exprimer les cruautez qu'il exerça sur les Ecclesiastiques; il pilla les Eglises, il mit le feu aux Monasteres & permit tout à ses soldats, qu'il vouloit rendre irreconciliables avec les Catoliques : & voulant s'assurer un lieu de retraite contre les armées d'Allemans & de Hongrois, qu'il s'atendoit à avoir bientôt sur les bras, il bâtit une ville sur une montagne presque inaccessible, où il n'y avoit qu'une seule avenuë, qu'il fortifia de trois enceintes de murailles & de cent pieces de canon, & la nomma Thabor.

Cependant l'Empereur aprés avoir repoussé les Turcs se préparoit à ataquer les Hussites avec toutes les forces de l'Allemagne & de la Hongrie. Le Pape avoit fait publier une Croisade contre eux & avoit envoyé un Legat. Leur perte paroissoit inévitable, l'armée Catolique étoit quatre fois plus forte que la leur. Zisca qui n'avoit que de l'infanterie, se retrancha dans ses montagnes, les Catoliques l'attaquerent avec plus de courage que de précaution & furent défaits. L'Empereur ne se rebuta pas & perdit encore plusieurs batailles souvent dans des defilez & quelquefois en pleine campagne. Zisca étoit toûjours vainqueur, lorsqu'en reconnoissant la petite ville de Rabi, il receut dans son bon œil un coup de fléche qui le créva (il avoit perdu l'autre œil dans sa jeunesse): son courage l'abandonna quand il se vit aveugle, il voulut se retirer chez lui; mais ses soldats à genoux & en larmes le conjurerent si tendrement de ne les point abandonner, qu'il reprit le bâton de commandement ; ils savoient que son esprit & sa capacité l'avoient en quelque façon rendu maître des évenemens. En effet il gagna encore quatre batailles contre les Imperiaux ; les deux dernieres acheverent sa renommée. L'Empereur suivi de quarante mille Hongrois devoit entrer en Boheme du côté de l'Autriche, & tous les Princes d'Allemagne s'étoient assemblez en Franconie pour l'attaquer par un autre côté. Zisca n'avoit que vint mille hommes résolus à vaincre ou à mourir. Il marcha d'abord contre les Allemans & les défit après un combat assez opiniâtré. Il tourna tête aussi-tôt vers l'Empereur; mais à peine les armées furent-elles en présence, qu'au seul nom de Zisca les Hongrois se débanderent & l'Empereur eut peine à se sauver. Alors ce Prince rebuté de tant de difgraces s'humilia devant fon Sujet, & lui offrit de le déclarer Viceroi de Boheme avec une autorité abfoluë, pourvû qu'il le fît reconnoître & proclamer Roi. Zifca vieux, aveugle, las peut-être de gouverner des payfans brutaux, qui fouvent lui manquoient de refpect & le menaçoient de le livrer aux Allemans, accepta la propofition & s'alloit jetter aux pieds de l'Empereur lorfqu'il mourut de la pefte, auffi grand par fes vertus heroïques qu'execrable par fes cruautez & par fon herefie. Un de fes Capitaines lui demanda où il vouloit être enterré : *Qu'on mette mon corps dans une campagne*, répondit-il, *j'aime mieux être mangé des oifeaux que des vers, mais qu'on m'écorche auparavant & que de ma peau on faffe un tambour ; au fon qu'il rendra nos ennemis fuiront*. Il fut regreté des Huffites comme leur pere, ils fe difoient orphelins & furent quelque tems fans fe vouloir donner de chef. Ils le regardoient comme un Saint & rendoient à fon portrait des honneurs, qu'ils refufoient à l'image de Jefus-Chrift.

An de J.C. 1424.

Wielef n'avoit pas rendu les Anglois heretiques, mais à force de crier contre les entreprifes de la Cour de Rome, il avoit fort diminué la puiffance des Papes ; les Rois s'étoient mis en poffeffion de donner tous les Benefices, & l'on ne faifoit pas grand cas des cenfures ecclefiaftiques. L'Archevêque de Cantorbery faifoit le Pape dans fon ifle, indiquoit des Jubilez

&

& acordoit des Indulgences. Le grand Schifme d'Occident avoit caufé toutes ces entreprifes contre le Siege Apoſtolique. Le Pape pour y remedier avoit envoyé le Cardinal Julien Cefarini au Roi Henri VI. qui avoit répondu qu'il n'ofoit rien changer aux réfolutions de fon Parlement, il étoit encore trop jeune pour faire autrement. La même chofe étoit arrivée en Pologne & l'on n'y fit pas plus de juſtice à l'Eglife.

Le Concile de Sienne étoit affemblé, mais bientôt le Pape craignant qu'on n'y fît quelques Decrets defavantageux à l'Eglife Romaine, réfolut de le caffer & d'en convoquer un autre pour un tems plus éloigné. Il s'étoit broüillé avec Alphonfe Roi d'Aragon en donnant à Loüis III. Duc d'Anjou l'inveſtiture du Royaume de Naple. Il y avoit encore entre eux d'autres fujets de broüilleries. Ce Prince pour fe dédomager des grandes dépenfes que lui & fon pere Ferdinand avoient faites pour la paix de l'Eglife, demandoit qu'on lui cedât à perpetuité le droit de difpofer des Benefices de Sicile & de Sardagne avec les dixmes des biens Ecclefiaſtiques en Aragon. Le Pape lui refufa fes demandes, & Alphonfe piqué le racommoda avec Benoiſt XIII. qui fur la foi d'une horofcope ne défefperoit pas encore de remonter fur le fiege de Saint Pierre. Il mourut pourtant l'année fuivante 1424 à l'âge de quatre-vint dix ans, & les deux feuls Cardinaux qui étoient reſtez auprés de lui, élurent pour Pape Gille de Munion Chanoine de Barcelone qui prit le nom de Clement VIII. & fit auſſitôt deux Cardinaux. Le Roi d'Aragon fit mine de le vouloir ſoûtenir, & envoya à Sienne un Ambaſſadeur, qui parla fort inſolemment: *Vôtre Ambaſſadeur*, lui écrivit le Pape, *dit des choſes que je ne veux pas redire : Si vous lui avez ordonné de parler ainſi, vous les ſavez mieux que moi, & s'il parle de ſon chef, j'aime mieux que vous l'apreniez d'ailleurs.* Ils ſe racommoderent dans la ſuite & Munion fut obligé de renoncer à ſa prétenduë Papauté : ce qu'il fit avec les mêmes ſolemnitez que s'il eût été Pape. Le Cardinal Alphonſe Borgia Legat Apoſtolique y fut preſent. Les Evêques de la Province de Tarragone s'aſſemblerent dans le même temps & firent pluſieurs reglemens pour rétablir la diſcipline Eccleſiaſtique, qui s'étoit fort relâchée pandant le Schiſme. Ils modererent le luxe des Clercs & leur enjoignirent de dire exactement le Breviaire : Ils firent ſouvenir les Evêques de ne recevoir aux Ordres ſacrez que des gens bien inſtruits de la Religion, ordonnerent aux Curez d'expliquer tous les Dimanches les articles de la Foi, les Commandemens de Dieu & les préceptes de l'Evangile, & recommanderent ſur tout de n'adminiſtrer le Saint Sacrement aux ſains, que dans les Egliſes, & de le porter aux malades avec des cierges allumez & la décence convenable. Gille Munion fut récompenſé de ſa ſoûmiſſion & eut l'Evêché de Majorque : le Roi d'Aragon y en avoit nommé un autre, mais le Pape voulut abſolument tenir la parole qu'il avoit donnée. Il en écrivit fortement à Alphonſe Borgia ſon Legat en Aragon ; *il y va de votre honneur*, lui dit-il, *de faire executer l'acommodement que vous avez fait*. Le Legat ſans differer ſacra Gille Munion Evêque de Majorque. Munion rendit auſſitôt une partie de la vraïe Croix, des reliques des Saints, des livres de l'Egliſe Romaine & les ornemens Pontificaux, que Benoiſt XIII. lui avoit laiſſez. Les deux Cardinaux que Munion avoit faits quiterent en même tems les marques d'une dignité uſurpée.

Il y avoit des raiſons bien fortes de ne pas continuer le Concile de Sienne. La France & l'Allemagne étoient agitées de guerres continuelles & les Prelats ne pouvoient pas quiter leurs Egliſes ni paſſer dans les païs étrangers. Ainſi le Pape avoit fait publier une Bule pour la diſſolution du Concile de Sienne & en même tems pour la convocation d'un Concile general à Bâle pour l'année 1431. Il écrivit aux Magiſtrats de la Ville de Bâle pour leur anoncer, qu'ils auroient l'honneur de garder chez eux les Evêques de l'Egliſe univerſelle, les exhortant à meriter par leurs bonnes œuvres, qu'en cette occaſion Dieu répandît ſur eux l'abondance de ſes graces. Il ſe donnoit par-là ſept ans de répit pour la réformation ordonnée par le Concile de Conſtance

& il y avoit apparance que durant ce tems-là, les Princes Chrétiens feroient la paix & que les Evêques pouroient alors travailler au bien de l'Eglise avec tranquilité.

Les Hussites étoient toûjours révoltez en Boheme, Conrad Archevêque de Prague avoit adopté toutes leurs erreurs. Sigismond neveu d'Uladislas Roi de Pologne leur donnoit du secours malgré son oncle. Le Pape écrivit au Roi de Pologne & à tous les Evêques d'Allemagne, de Hongrie, de Pologne & de Boheme, pour les exhorter à soûtenir la Foi Catolique en reprimant la fureur des Bohemiens. Il excommunia une seconde fois l'Archevêque de Prague & nomma le Cardinal Jordan des Ursins Legat de l'Armée Catolique : Il avoit trouvé le moïen d'acommoder l'Empereur Sigismond Roi de Hongrie & de Bohême avec Uladislas Roi de Pologne, & ils devoient joindre leurs forces pour exterminer les Hussites. Le Roi de Dannemarc devoit aussi passer la mer avec une armée. Les troupes des Princes liguez s'assemblerent, entrerent en Boheme & se préparoient à un triomfe certain, lorsque Sigismond Koribut Duc de Lithuanie neveu du Roi de Pologne passa avec ses troupes du côté des Hussites, qui avoient promis secretement de le reconnoître pour leur Roi. Le Pape l'excommunia ; mais la Providence ayant permis que les Catoliques fussent batus, les Heretiques vainqueurs demanderent des conferences sur la Foi. On consulta le Pape, il répondit: *La Foi est assez prouvée par le sang des Martyrs & assez éclairée par les decrets des Conciles generaux. Ces Heretiques n'ont point de raisons à dire, ils n'ont qu'à se soumettre ; & s'ils ne le font pas, il faut se servir contre eux de la force des armes.* Il ordonna en même tems, qu'on leveroit des Decimes dans tout le monde Chrétien pour une guerre où la Religion étoit si interessée. Il n'eut pas moins de zele contre les Fraticelles ou Frerots, qu'on apelloit en Italie les Freres de l'opinion. Il envoïa contre eux deux habiles Missionaires de l'Ordre des Freres Mineurs, Jean Capistran, que la sainteté de sa vie rendoit recommandable, & Antoine de Montbrandon grand Prédicateur.

C'étoit en vain que l'Empereur de Constantinople proposoit d'assembler un Concile en Orient pour la réunion des deux Eglises : il n'étoit pas en état de donner aux Evêques un lieu de sûreté ; & presque assiegé dans sa ville Capitale, il faloit qu'il vînt lui-même en Occident ou qu'il y envoïât des Ambassadeurs avec un plein pouvoir de signer la profession de foi de l'Eglise Romaine. Les Sultans Turcs tous guerriers faisoient tous les ans de nouvelles conquêtes. Le Sultan Amurath aprés avoir fait mourir son frere Mustafa & s'être rendu par-là maître absolu dans ses Etats, songea à augmenter & à discipliner ses troupes, afin d'être en état d'acabler tous ses ennemis. Il eut un soin particulier des Janissaires, avoüant qu'il devoit à leur valeur toutes ses victoires. Il voulut qu'il n'entrât dans cette milice que des enfans de Chrétiens, qu'il ne faisoit prendre qu'au dessous de l'âge de douze ans, afin qu'ils oubliassent leurs parens & leur religion & ne connussent d'autre pere que lui. On levoit ce tribut d'enfans dans tout l'Empire en presence du Juge des lieux & d'un Aga, & persone n'en étoit exempt que ceux qui n'avoient qu'un fils unique. On les distribuoit ensuite par Compagnies qu'on nommoit Chambres, dont chacune avoit un Officier pour les commander. Le seul merite les élevoit aux plus grans emplois. Amurat en fixa dabord le nombre à douze mille qu'il augmenta dans la suite. Il remit aussi la discipline parmi les Spahis, en privant de leurs timars ceux qui le venoient servir mal armez ou mal montez, & par ces moïens également sages & fermes, il se mit en état d'executer tout ce qu'il voulut entreprendre.

An de J. C. 1423.
Le Daufin Charle étoit au Château d'Epailly en Auvergne, lorsqu'il aprit la mort du Roi Charle VI. son pere. Le premier jour il prit le deüil & le lendemain il s'habilla d'écarlate & fit élever la baniere de France, à la vûë de laquelle les Seigneurs de la Cour crierent *Vive le Roi Charle sept.* Il étoit maître de toutes les Provinces de de-là la Loire à la réserve de la Guyenne, les

Anglois s'étoient emparez de Paris, de la Normandie, de la Picardie & de la Champagne. Tous les Princes du Sang, qu'on appelloit alors Seigneurs du Sang, le vinrent trouver & le firent couroner à Poitiers, où il avoit transferé le Parlement, en atendant qu'il pût se faire sacrer à Reims. Le Duc de Bretagne prit le parti des Anglois pour se vanger de l'entreprise du Comte de Pentievre, que le Dauphin avoit aprouvée, & signa un Traité contre lui avec le Duc de Bourgogne & le Duc de Bedford Regent de France pour le petit Roi d'Angleterre.

Le Duc de Bedford ne perdit point de tems & fit reconnoître Henri VI. son neveu pour Roi de France & d'Angleterre quoiqu'il n'eût qu'un an. On mit par son ordre à la tête de tous les actes publics ces paroles: *Henri par la grace de Dieu Roi de France & d'Angleterre.* Il y avoit dans le sceau de la Chancelerie un Roi assis tenant un sceptre à chaque main, les fleurs-de-lis de France étoient à droite & les leopards d'Angleterre à gauche. Le Duc de Bedford qui ne recevoit pas de grans secours d'Angleterre, prenoit de l'argent où il pouvoit, & sous prétexte de payer ses Troupes il se saisit de tous les biens, que l'Eglise de France avoit acquis depuis quarante ans ou par achat ou par donation: les Ecclesiastiques murmuroient, l'Université de Paris s'y opposa, le Pape lui en fit des remontrances, mais il n'y eut aucun égard & n'allegua pour raifon que la neceffité, qui n'a point de loi.

Le Roi Charle VII. avoit prés de vint & un an & avoit époufé au fortir de l'enfance Marie fille de Loüis II. Duc d'Anjou & Roi de Naple. Il en eut l'année fuivante un fils, qu'on nomma Loüis, & qui fit bien de la peine à fon pere, dés qu'il fut en âge de lui en faire. Artus Comte de Richemont abandonna le Duc de Bretagne fon frere & vint trouver le Roi, qui lui donna l'épée de Connetable. Il avoit époufé une fœur du Duc de Bourgogne (le Duc de Bedford avoit époufé l'autre) fon frere le Duc de Bretagne étoit attaché plus que jamais au parti d'Angleterre, mais toutes ces raifons n'eurent aucun pouvoir fur l'efprit du Comte de Richemont & cederent à l'envie de fe vanger du Duc de Bedford qui le traitoit imperieufement.

An de J.C. 1424.

Les évenemens de la guerre jufque là avoient été affez égaux, & fi le Roi perdoit des places d'un côté, il en regagnoit de l'autre. La Nobleffe de Picardie fe déclara pour lui. Les fires de Longeüil, de Longueval & de Mailly raffemblerent leurs vaffaux auprés de Roie & fe faifirent de quelques petites places, mais n'étant pas foûtenus, ils furent diffipez aifément par les Troupes du Duc de Bourgogne.

Le Connetable de Richemont fe rendit bientôt le maître à la Cour, il fit chaffer Louvet Prefident en Provence & le fire de Giac, qui
détournoient

détournoient l'argent destiné à payer les gens de guerre. On fit quelques procedures de Justice contre Giac & il fut jetté dans la riviere. Sa veuve encore belle quoiqu'elle eût été aimée du feu Duc de Bourgogne, dont elle avoit causé la mort fort inocemment, épousa le sire de la Trimoüille que le Connetable mit auprés du Roi, ne prévoïant pas qu'il en useroit comme les autres & qu'il se broüilleroit bientôt avec son bienfaicteur.

En ce tems-là mourut à Rome Jean de Brogny Evêque d'Ostie, dit communement le Cardinal de Viviers parce que cet Evêché étoit son premier Benefice, son merite seul l'avoit élevé. Il gardoit des cochons auprés du village de Brogny à une lieuë d'Annecy, lorsque des Religieux qui alloient à Rome, le menerent avec eux jusqu'à Geneve. Ils lui trouverent de l'esprit & le firent étudier. Il se fit ensuite Religieux dans la Chartreuse auprés de Dijon; mais ses talens extraordinaires ayant percé la solitude, le Duc de Bourgogne Philippe le Hardi le fit sortir du Cloître, & lui procura l'Evêché de Viviers. Le Pape Clement VII. le fit Cardinal : Benoist XII. lui donna l'Evêché d'Ostie & le fit Vice-Chancelier de l'Eglise. Il fut fait Archevêque d'Arles en 1410. présida au Concile de Constance & sacra Martin V. Il fit bâtir à Geneve une Chapelle magnifique & fit peindre en dehors toute sa fortune. Il y a environ quatre-vint-dix ans que les Calvinistes firent effacer toutes ces peintures. Il eut toûjours beaucoup de credit auprés des Ducs de Bourgogne & même auprés des Papes. Il obtint pour les Chartreux de Dijon le Privilege de pouvoir être faits Prêtres à l'âge de vint-deux ans. Il fit beaucoup de legs par son testament & fonda à Avignon un College pour entretenir vint-quatre pauvres écoliers. Il fonda aussi au lieu de sa naissance un Couvent de douze Religieux de l'Ordre de Citeaux & lui donna le nom d'Abbaye de tous les Saints.

Pierre d'Ailly qu'on nommoit le Cardinal de Cambrai mourut en 1425. Il s'étoit élevé aux plus grandes dignitez de l'Eglise par son merite. Il commença par être Boursier au College de Navarre dont il devint Superieur, il y expliqua le Maître des Sentences. Il fut receu Docteur dans l'Université de Paris dont il défendit la cause contre Jean de Montefon à Avignon devant le Pape Clement VII. Il fut ensuite Chancelier de l'Université, Confesseur du Roi Charle VI. & Evêque de Cambrai, il assista aux Conciles de Pise & de Constance & fut fait Cardinal par le Pape Jean XXIII. Nous avons de lui quantité d'Ouvrages imprimez, entre autres un Traité de la réforme de l'Eglise, & la question Si l'Eglise de saint Pierre est gouvernée par un Roi, reglée par une Loi, confirmée par la Foi & dominée par le Droit: & quantité d'Ouvrages de pieté. On lui reproche d'avoir un peu trop crû l'Aſtrologie judiciaire, juſqu'à croire pouvoir prédire la naiſſance des Prophetes & celle des Heretiques. On trouve encore pluſieurs écrits de lui ſur differens ſujets dans la Bibliotecque du College de Navarre. Ce fut de ſon Ecole que ſortirent Jean Gerſon, Nicolas de Clemangis & Gille des Champs les plus celebres Theologiens de leur ſiecle : nous venons de perdre un Archevêque de Cambrai illuſtre par mille grandes qualitez & plus encore par ſon humble ſoûmiſſion aux ordres de l'Egliſe.

Les Anglois pouſſoient leurs conquêtes & vinrent aſſieger Orleans. Ils prirent toutes les places des environs & firent des forts autour de la ville qu'ils prétendoient affamer. Les François ataquerent un convoi qui alloit au camp ; ils étoient commandez par le Bâtard d'Orleans qu'on nomma depuis Comte de Dunois. Il avoit donné de grandes idées de lui dés ſa plus tendre enfance & Valentine de Milan Ducheſſe d'Orleans l'aimoit comme ſes enfans. On l'avoit deſtiné d'abord à l'état Eccleſiaſtique, mais le jeune Duc d'Orleans ayant été pris à la bataille d'Azincourt & mené en Angleterre, le Bâtard prit l'épée & devint dans la ſuite l'apui & le reſtaurateur de la France. Son courage avoit paru en pluſieurs occaſions, le ſecours de Montargis avoit montré ſon habileté, mais par l'impetuoſité des Ecoſſois qui combatirent ſans ſon ordre, il fut batu prés de Rouvray-Saint-Denis.

An de J. C. 1428.

HISTOIRE

An de J.C. 1429.

Le Comte de Salisbery qui commandoit au Siege d'Orleans le poussa avec vigueur & fut tué à un assaut. Un autre General prit sa place, les Anglois n'en manquoient pas. Enfin Orleans alloit être obligé à capituler, quoique le Comte de Dunois s'y fût jetté avec huit cens Gendarmes, les Anglois s'étoient emparez des tourelles du pont & se préparoient à donner un assaut general. Il étoit tems de ranimer le courage du Roi qui parloit de se retirer en Languedoc ou en Dauphiné, toutes les provinces au delà de la Loire lui obéïssoient encore à la réserve de la Guyenne, dont les Anglois étoient les maîtres. Il perdoit tous les jours des places & l'on lui donnoit le sobriquet de Roi de Bourges. Et ce qui étoit encore plus fâcheux, sa petite Cour étoit divisée, la Trimoüille son nouveau favori avoit obligé le Connétable de Richemont à se retirer en Bretagne. En vain la Reine Marie d'Anjou & même sa maîtresse Agnés Sorel lui conseilloient de perir plûtôt que de quitter la partie en prenant un parti honteux, il falut que le Ciel s'en mêlât presque visiblement.

Jeanne d'Arcq dite la Pucelle d'Orleans, native du village de Donremy prés de Vaucouleurs sur les frontieres de Lorraine, aprés avoir gardé ses brebis, s'endormit dans une petite chapelle & crut voir l'Archange saint Michel tout brillant de lumiere, qui lui commandoit de la part de Dieu de prendre les armes pour aller faire lever le siege d'Orleans que les Anglois assiegeoient depuis six mois & pour aller faire sacrer à Reims le Roi Charle VII. A son reveil elle se moqua elle-même du rêve qu'elle avoit fait; mais comme la même chose lui apparut trois ou quatre nuits de suite, elle le dit à son pere & à sa mere, qui la menerent au Gouverneur de Vaucouleurs. Il se mit à rire, quand elle l'assura que Dieu vouloit se servir de son bras pour chasser les Anglois de France. Il fut pourtant fort surpris, en la voyant si belle & si bien-faite, (elle avoit dix-huit ans) & encore plus étonné en l'entendant raisonner de toutes choses; elle parloit de la Religion en Docteur, & de la Guerre en General d'armée; mais ce qui acheva de l'embarasser, c'est que la Pucelle lui dit: *Monsieur le Gouverneur, à l'heure qu'il est, les François sont bien batus auprés d'Orleans, & si vous ne m'envoyez au Roi, il leur arrivera encore pis.* Ce Gouverneur, qui se nommoit Baudricourt, traitoit tout cela de vision, lorsque huit ou dix jours aprés il aprit qu'elle avoit dit vrai. Les François avoient ataqué un grand convoi de vivres, que les Anglois menoient au siege devant Orleans, & par leur imprudence ils avoient été défaits à plate couture. Il y avoit dans ce convoi plus de trois cens charetes chargées de harans, ce qui fit nommer ce combat la déroute des harans: & cela nous doit faire remarquer qu'en ce tems-là on étoit bien plus devot, qu'en ce tems-cy;

on ne rompoit point le Carême même dans les armées, puisqu'au milieu de la France, à Orleans qui est bien loin de la mer, ils aimoient mieux manger des harans, qui venoient de si loin, que de bonne viande, qu'ils avoient en abondance.

 Quand le Gouverneur de Vaucouleurs vit que la Pucelle avoit profetisé, il commença à la regarder avec respect comme une persone envoyée de Dieu : il lui donna des chevaux & des armes & la fit acompagner par deux Gentils-hommes, qui la menerent au Roi. Ses deux freres l'acompagnerent aussi. Le Roi étoit alors à Chinon assez embarassé de ce qu'il avoit à faire & presque désesperant de pouvoir secourir Orleans. Il avoit été averti de l'arrivée de la Pucelle & la fit entrer dans sa chambre, qui étoit toute pleine de jeunes Seigneurs, dont la plûpart avoient de plus beaux habits que lui. Elle s'adressa d'abord au Roi & le salua avec un air modeste & respectueux ; il vouloit la tromper & lui dit, *Ce n'est pas moi, voila le Roi*, en lui montrant un de ses Courtisans, mais elle l'assura qu'elle le connoissoit bien quoiqu'elle ne l'eût jamais vû & lui parla avec tant d'esprit, de hardiesse & de bonne grace, que toute la Cour crut voir en elle quelque chose de divin. Elle promit hautement de secourir Orleans & de faire sacrer le Roi à Reims ; & pour se donner une entiere créance, elle lui dit en présence de son Confesseur, du Duc d'Alençon & de Christofe de Harcourt des choses secretes, qu'il n'avoit jamais dites à persone: *Vous souvient-il Sire*, lui dit-elle, *que le jour de la Toussaints derniere, avant que de communier, vous demandâtes à Dieu deux graces, l'une de vous ôter le desir & le courage de faire la guerre, si vous n'étiez pas le legitime heritier du Royaume, & l'autre de faire tomber toute sa colere sur vous, plûtôt que sur vôtre peuple.* Le Roi fut étonné, il vit bien, qu'il y avoit du prodige, & convaincu de la veritable mission de la Pucelle, il en voulut convaincre les autres. Il la fit examiner par Gerard Machet son Confesseur Evêque de Chartres, par Christophe de Harcourt, dont la capacité lui étoit connuë & par quelques Docteurs, & enfin par son Parlement qui étoit à Poitiers; tous conclurent qu'elle étoit envoyée de Dieu, & qu'il faloit lui confier le secours d'Orleans. On la fit armer de toutes pieces (elle avoit fait le voyage habillée en homme) les cheveux coupez en rond. On lui donna un cheval, qu'elle fit manier avec adresse, sans qu'elle parût embarassée d'un équipage si different d'une houlette. Le Roi voulut lui donner une épée, mais elle dit qu'il y en avoit une dans l'Eglise de sainte Caterine de Fierbois en Touraine, sur laquelle il y avoit cinq croix gravées avec trois fleurs de lis, & qu'avec cette épée elle batroit les Anglois. On trouva l'épée au lieu qu'elle avoit marqué, & dés qu'elle la vit, elle la tira du foureau, la mania avec une facilité surprenante, & témoigna par sa joïe qu'elle étoit sûre de la victoire. Cette épée étoit pourtant fort pesante, & c'étoit tout ce qu'un homme bien fort pouvoit faire que de la tenir à deux mains : ce n'est pas celle qu'on montre presentement à Saint Denis, ce qui paroît par le procez manuscrit de la Pucelle, où il est dit qu'elle laissa une épée à Saint Denis, mais que ce n'est pas celle de Sainte Catherine de Fierbois.

Quand la Pucelle se vit armée, elle prit congé du Roi & s'en alla à Blois, où étoit le rendez-vous des troupes qui devoient aller secourir Orleans. Elle fit faire un étendart blanc semé de fleurs de lis d'or : Dieu y étoit representé tenant à la main le globe du monde, on benit l'étendart dans l'Eglise de Saint Sauveur. Elle écrivit aussitôt au Duc de Bedford Regent de France pour le Roi d'Angleterre & aux autres Capitaines Anglois, qu'ils eussent à vuider le païs, à faute de quoi elle les y contraindroit par force & leur feroit une guerre mortelle. Ils se mirent à rire d'une pareille menace & continuerent le siege. On avoit ramassé autour de Blois une prodigieuse quantité de vivres & sept mille hommes avec lesquels la Pucelle résolut d'aller secourir Orleans. Mais auparavant elle fit assembler les Generaux & leur dit qu'il faloit se mettre en bon état, se confesser & recevoir le Corps de Nôtre-Seigneur pour attirer la benediction du Ciel. Elle leur montra l'exemple & les obligea à chasser de l'armée toutes les femmes de mauvaise vie,

vie, pour qui une vierge comme elle, avoit une grande horreur. Elle marcha enfuite du côté d'Orleans. Il courut parmi les Anglois une Profetie de Merlin fameux Aftrologue, qui difoit qu'ils feroient batus par une pucelle, & ils commencerent à craindre que ce ne fût celle-cy. Elle s'aprocha d'Orleans à la tête de fes troupes. Le Comte de Dunois qui s'y étoit jetté depuis quelque tems fit une fortie du côté de la Beauffe pour favorifer le fecours & prefque fans combat elle entra dans la ville comme en triomfe. Les femmes & les petits-enfans couroient aprés elle, lui donnoient mille benedictions & baifoient les pas, par où fon cheval avoit paffé. Deux ou trois jours aprés elle commença à faire des forties & ataqua les uns aprés les autres tous les forts, que les Anglois avoient élevez autour de la Ville. Elle étoit la premiere à monter à l'affaut & crioit ordinairement aux foldats, *ils font à nous, ils font à nous, puifque Dieu eft pour nous*. Elle receut à l'ataque d'un de ces forts un coup de fléche, qui lui perça l'épaule; le Comte de Dunois qui la vit tout en fang la vouloit faire retirer : *Non non*, lui dit-elle, *il m'en coutera un peu de fang, mais ils n'échaperont pas à la main de Dieu;* & marchant toûjours en avant, elle monta fur le retranchement des ennemis & y planta elle-même fon étendart. Alors les François jetterent un cri de joïe & de confiance & forcerent partout, faifant main baffe fur les Anglois.

Le lendemain les Anglois leverent le fiege & abandonnerent les autres forts, qu'ils tenoient encore. Les Bourgeois d'Orleans établirent une fête le 8. de Mai pour rendre grace à Dieu de leur délivrance.

La Pucelle se contentant d'avoir fait lever le fiege d'Orleans, laissa aller les Anglois sans les suivre & retourna à Chinon rendre compte au Roi de ce qu'elle avoit fait: *Sire*, lui dit-elle, *il faut maintenant aller à Reims vous faire sacrer.* Le respect qu'on avoit pour elle à cause des grandes actions qu'elle venoit de faire, n'empêcha pas que les Ministres du Roi ne trouvassent sa proposition fort étrange. Reims, Troïe, Châlons & presque toutes les autres villes de Champagne étoient au pouvoir des Anglois, ils y avoient de bonnes garnisons & des armées en campagne plus fortes que celle du Roi: *Sire*, reprit la Pucelle, *marchez seulement du côté de Reims, & je vous répons de la part de Dieu que je vous y conduirai en sureté & vous y ferai sacrer.*

L'assurance avec laquelle elle répondoit du succés, encourageoit les plus timides. Le nom de la Pucelle d'Orleans vola bientôt partout. La renommée grossissoit encore les veritables merveilles qu'elle avoit faites, & tous les François croyant que le Ciel se déclaroit en faveur de Charle VII. se réveillerent de l'assoupissement où ils étoient & prirent les armes de tous côtez. Elle emporta la ville de Gergeau & alla assieger

Baugency. Il sembloit que les Anglois si puissans & que le Duc de Bourgogne si plein de sa vangeance eussent les mains liées, & n'osassent s'opposer à la Providence, la présence de la Pucelle changeoit la destinée des combats, & les Anglois ne tenoient plus devant les François depuis qu'ils étoient conduits par une fille.

Mais dans le tems que la Pucelle assiegeoit Baugenci, on l'avertit que le Connétable de Richemont venoit joindre l'armée avec douze cens Gentils-hommes. Le Connétable étoit Prince du Sang de France de la Maison de Bretagne. Il étoit broüillé avec le Roi, parce qu'il ne vouloit pas se soûmetre au sire de la Trimouille qui étoit favori, & le Roi en étoit si en colere contre lui, qu'il avoit ordonné qu'on le chargeât, s'il venoit à l'armée. La Pucelle monta aussi-tôt à cheval à la tête de toute la Cavalerie & marcha du côté par où venoit le Connétable. *Jeanne*, lui disoit le Bâtard d'Orleans, *que prétendez-vous faire? Obéir au Roi*, lui répondit-elle, *& combatre le Connétable.* Elle n'en fit pourtant rien, & quand elle le vit aprocher en bonne ordonnance à la tête de sa troupe, elle mit pied à terre & l'alla saluer fort respectueusement. Le Connétable de son côté mit aussi pied à terre & lui dit: *Jeanne, on m'avoit dit que vous me vouliez combatre, je ne sai sur ma foi au nom de qui vous venez; si c'est au nom de Dieu, je ne vous crains rien, car Dieu sait mon bon vouloir, & si c'est au nom du diable, je vous* *doute encore moins.* La Pucelle lui dit qu'il ne faloit fonger qu'à bien batre les Anglois. Tout retourna au fiege & Baugenci capitula.

Le lendemain l'armée marcha vers un lieu nommé Patai en Beauffe & combatit les Anglois qui s'y étoient affemblez pour fecourir Baugenci. La Pucelle y fit des prodiges de valeur, le Connétable, le Duc d'Alençon & le Comte de Dunois y firent auffi des merveilles & furent bien fecondez par le Maréchal de la Fayette, par Beaumanoir, la Hire & Poton de Saintrailles. Les ennemis furent défaits, leur General Talbot pris prifonier, & ils commencerent à reconnoître que le Dieu des armées fe déclaroit contre eux. La Pucelle & le Comte de Dunois euffent bien voulu faire l'accommodement du Connétable, mais il n'y eut pas moyen & le Roi lui fit faire défence de fe préfenter devant lui. Il ne laiffa pas de lui rendre fervice, & s'en alla en Normandie où il reprit plufieurs places fur les Anglois.

L'armée Royale groffiffoit tous les jours, la Nobleffe avoit pris les armes dans toutes les provinces & venoit fervir à fes dépens. Le Roi malgré fes Miniftres prit enfin le chemin de la Bourgogne pour entrer en Champagne & aller à Reims fe faire facrer. La ville d'Auxerre refufa d'ouvrir fes portes, elle avoit donné de l'argent au fire de la Trimoüille pour demeurer neutre, elle fournit feulement des vivres, mais quand on fut à deux lieuës de Troie & qu'on se vit sans artillerie, hors d'état de forcer une ville où il y avoit une grosse garnison, le Roi assembla son Conseil où toutes les voix allerent à s'en retourner en Berri, d'autant plus que Reims étoit encore au pouvoir des Anglois. Une résolution si honteuse alloit se prendre dans le Conseil, lorsque la Pucelle se doutant de ce qui s'y passoit, vint fraper à la porte de la chambre du Roi : *Sire*, dit-elle en entrant, *laissez-moi marcher à Troie & dans deux jours je vous rends maître de la ville. Il faut la laisser faire*, dit le Roi, *qu'on lui obéisse.* Elle monta aussitôt à cheval & fit avancer l'armée comme pour faire le siege de Troie dans les formes. On commença à dresser des bateries, quoiqu'on n'eût point de canon ; la Pucelle étoit partout, agissant nuit & jour & donnant les ordres, comme eût pû faire un vieux Capitaine bien experimenté. Elle étoit toûjours armée de toutes pieces, sa beauté effrayoit ses ennemis autant que son courage, elle se montra & se fit entendre au pied des remparts, menaçant les habitans de la colere de Dieu & de la vangeance du Roi, Jean de Lesguise leur Evêque les exhortoit à se rendre, ils demanderent grace & ouvrirent leurs portes. Jean de Sarrebruche Evêque de Châlons persuada aux habitans de cette ville d'en faire de même. La Ville de Reims chassa en même tems la garnison Angloise & envoya ses clefs au Roi. Il avoit été joint par le Duc de Lorraine, le Duc de Bar & par le damoiseau de Commerci, qui lui amenerent quelques troupes. Il entra dans Reims & y fut sacré par Guillaume de Chartres Archevêque de Reims & Chancelier de France. Le Duc d'Alençon, le Comte de Clermont & les Seigneurs de la Trimoüille, de Mailly & de Beaumanoir representerent les Pairs Laïques. La Pucelle assista à la céremonie en habit de guerre, son étendart élevé auprés de la persone du Roi; & à la fin de la Messe : *Enfin*, lui dit elle, *gentil Roi, or est executé le plaisir de Dieu qui vouloit, que vinsiez à Reims recevoir votre digne sacre, en montrant que vous êtes vrai Roi & celui auquel le Royaume doit apartenir.* Le Roi pour lui témoigner sa reconnoissance l'annoblit avec toute sa famille, lui fit changer le nom d'Arcq en celui du Lis, & lui donna pour armes d'azur à l'épée d'argent posée en pal la pointe en haut, la poignée & la garde d'or surmontée d'une couronne & acôtée de deux fleurs de lis de même. Le village de Donremi lieu de sa naissance fut déchargé de toutes impositions, privilege qui lui a été confirmé par Loüis XIII.

La Pucelle vouloit se retirer dans son village aprés avoir fait lever le siege d'Orleans & fait sacrer le Roi à Reims, les deux points de sa mission étoient acomplis, le Ciel ne lui en demandoit pas davantage. Cette pensée étoit bonne, mais elle n'eut pas la force de la suivre;

les applaudiſſemens des gens de guerre l'engagerent à continuer un métier qui ne lui étoit pas naturel; elle s'imagina que la France avoit encore beſoin de ſon bras. Elle montra toûjours beaucoup de valeur & de conduite, mais la plûpart des entrepriſes qu'elle fit enſuite, furent malheureuſes: elle mena le Roi au ſiege de Paris qui ne réüſſit pas, & s'étant enfermée dans Compiegne que les Anglois aſſiegeoient, elle fut priſe à une ſortie & conduite à Roüen où l'on lui fit ſon procés. Pierre Cauchon préſida à ſon Jugement en qualité d'Aumônier du Roi d'Angleterre. Il ne fut fait Evêque de Beauvais que trois ans aprés. Il lui demanda en l'interrogeant ſi elle étoit en la grace de Dieu: *Helas*, lui répondit-elle, *qui peut le ſavoir; ſi j'y ſuis, Monſeigneur, Dieu m'y tienne, ſi je n'y ſuis pas, Dieu m'y mette*. Un bon Religieux étant venu pour l'exorciſer & faiſant beaucoup de ſignes de croix: *Ne craignez rien mon Pere*, lui dit-elle, *aprochez, je ne m'envolerai pas*. Enfin aprés beaucoup de procedures & de faux témoins oüis, on la déclara heretique & l'on la livra aux Juges ſéculiers de Roüen, qui la condamnerent à être brûlée toute vive.

Le jeune Roi Henri VI. étoit alors à Roüen. Le Duc de Bedford l'avoit fait venir d'Angleterre pour ranimer ſon parti découragé par les conquêtes de Charle VII. & dans l'eſperance que les Anglois lui donneroient de plus grans secours. On lui fit ratifier la condamnation de la Pucelle : il étoit important aux Anglois de metre dans l'esprit du peuple, qu'elle étoit forciere & que Dieu ne l'avoit pas envoyée. Ce fut dans ces derniers momens qu'elle parut au dessus de sa renommée : elle joignit la douceur & la patience des Chrétiens à la magnanimité des heros : elle regarda la mort comme la fin de ses peines & le commencement de son bonheur & mourut tranquille à l'âge de vint & un an, en exhortant les François à rentrer dans leur devoir & en menaçant les Anglois de la colere de Dieu. Le Pape Calixte III. vint-quatre ans aprés nomma Jean Juvenal des Ursins Archevêque de Reims, & Guillaume Chartier Evêque de Coutance Commissaires Apostoliques pour revoir son procés : ils se transporterent à Roüen, on reconut sa soûmission à l'Eglise & l'innocence de sa vie. Le Duc d'Alençon & le Comte de Dunois dépoferent que ses actions passoient les forces humaines & qu'il y avoit du divin. Le sire de la Trimouille raporta les conversations particulieres qu'elle avoit euës avec le Roi, où elle lui avoit dit des choses que persone ne savoit que lui, & lui avoit fait des prédictions que l'évenement avoit verifiées : enfin par un Jugement solemnel les Commissaires déclarerent qu'elle étoit morte martire pour la défence de sa Religion, de son Roi & de son pays. Le Roi Loüis XI. ordonna depuis que les

actes

actes de son procés fussent mis dans le trésor des Chartes & qu'on élevât une croix au vieux Marché de Roüen, pour être un monument perpetuel de la réparation d'honneur qu'on lui faisoit.

CHAPITRE SECOND.

IL s'étoit élevé au commencement du siecle des Heresies fort inpertinentes. Guillaume de Helderniſſen Carme fut l'auteur de la secte des hommes de l'Intelligence. Il se disoit le Sauveur des hommes, qui verroient Dieu par lui, comme ils voyoient le Pere par Jesus-Christ : Il assuroit que persone ne seroit damné, pas même les demons : Il metoit les joïes du Paradis dans les plaisirs des sens : Il attribuoit tous les crimes à la volonté divine : Selon lui la vieille Loi venoit du Pere, la nouvelle du Fils, & le tems aprochoit où le Saint-Esprit doneroit la loi d'Elie, qui changeroit tout, ensorte que les veritez qu'on prêchoit sur la pauvreté, sur l'obéïſſance & sur la chasteté, seroient alors ridicules & qu'on prêcheroit tout le contraire. Il osoit dire que le Saint Esprit inspiroit les choses mauvaises & malhonêtes. Il se moquoit des prieres & des jeûnes. Il avançoit sur le Purgatoire & sur l'Enfer beaucoup de choses contraires à la doctrine de l'Eglise. Il assuroit que la Passion de Jesus-Christ avoit satisfait pour tous les pechez des hommes presens & avenir, sans qu'ils fussent obligez à aucune bonne œuvre: Que Dieu n'étoit pas plus dans le Sacrement de l'Autel que dans une pierre: Que l'homme interieur ne souilloit point l'exterieur: Enfin il disoit, que nous n'avions point à atendre d'autre resurrection, puisqu'étant les membres de Jesus-Christ, nous étions tous ressuscitez avec lui, les membres ne pouvant être separez de leur chef. On obligea Guillaume à abjurer ses erreurs, ce qu'il fit devant l'Evêque de Cambrai & le Prieur des Dominicains de Saint Quentin.

Mathieu Grabon Dominicain Saxon en voulant combatre les Freres de la vie commune, avança plusieurs Propositions, qui furent deferées au Concile de Constance. Le Pape Martin V. en commit l'examen au Cardinal de Cambrai & à plusieurs Docteurs dont étoit le Chancelier Gerson. Il disoit que la proprieté des biens temporels étoit essentiellement atachée à l'Etat seculier: Qu'on ne peut point sans peché quiter ce qui nous fait vivre selon notre condition: Que ceux qui à l'exemple du Sauveur croient que la pauvreté est un bien, ne peuvent sans pecher demeurer dans le monde: *La pauvreté, la chasteté & l'obéïssance*, disoit-il, *sont trois conseils du Sauveur, qu'on ne peut suivre l'un sans l'autre:* Que les femmes qui menent la vie commune vulgairement appellées Beguines, suivent un état défendu, qui les rend filles de la damnation éternelle: Que tous ceux qui menent la vie commune & qui ne font point atachez à un Ordre aprouvé, pechent mortellement, & que ceux qui leur font des aumônes font excommuniez. Ces Propositions furent condamnées & diversement qualifiées ou d'heretiques ou d'erronées, ou de scandaleuses ou d'offencives des oreilles pieuses. Mathieu Grabon les abjura.

Les Adamites plus infâmes que les autres sortirent de Flandre, passerent le Rhin & se répandirent en Boheme. Ils alloient tout nuds, ce qui les fit nommer Adamites, leur chef ou Prince nommé Picard se disoit Fils de Dieu: leurs femmes étoient communes, & quand l'un d'entre eux se vouloit marier, il prenoit par la main celle qu'il avoit choisie, la menoit devant le Prince & lui disoit: *Mon esprit aime celle-cy :* le Prince répondoit: *Allez, croissez, multipliez & remplissez la terre.* Ils disoient qu'il n'y avoit qu'eux de libres, & que tous les autres hommes étoient esclaves. Ils s'étoient saisis d'une petite Isle dans le fleuve Lusinicio, ils en sortirent quarante bien armez pour aller, disoient-ils, à la conquête du Monde, & massacrerent plus de deux cens paysans. Ziska Duc des Hussites Thaborites ayant en horreur des hommes plus méchans que lui, les ataqua dans leur isle & les extermina tous.

En 1431. la succession du Duché de Lorraine causa la guerre entre René d'Anjou frere de

E ij

Loüis Roi de Naples & Antoine de Lorraine Comte de Vaudemont. René avoit épousé Isabelle fille & heritiere du Duc Charles. Le Comte de Vaudemont étoit neveu du Duc & vouloit lui succeder en vertu de la Loi salique, qu'il prétendoit établie en Lorraine. L'Empereur Sigismond jugea l'affaire en faveur de René, qui étoit soûtenu par le Roi. Vaudemont avoit pour lui le Duc de Bourgogne. Ils se donnerent une bataille à Bullegneville, René fut défait & pris prisonier. Barbazan que le Roi avoit envoyé à son secours avec quelques troupes y fut tué. C'étoit l'un des plus vaillans & des plus sages Chevaliers de son temps, Gouverneur de Brie & de Champagne, renommé par plusieurs actions éclatantes. Il étoit de la Maison de Faudouas en Gascogne. Cet évenement ne décida rien; mais quelques années aprés Ferri fils du Comte de Vaudemont épousa Iolande fille de René d'Anjou & par-là réünit les droits des deux Maisons & demeura paisible Duc de Lorraine.

An de J.C. 1431.

Au commencement de l'année le Pape Martin V. avertit tous les Princes Chrétiens que le Concile general alloit se tenir à Basle & qu'il avoit nommé Julien Cesarini Cardinal de Saint Ange pour y présider jusqu'à ce qu'il pût y aller en personne: qu'on y ordoneroit avec liberté ce qui conviendroit à la Foi de Jesus-Christ, à l'état de l'Eglise & à la réformation du Clergé. Plusieurs Auteurs ont écrit l'histoire du Concile de Basle;

mais nous ne croyons pas qu'aucun l'ait fait avec plus de verité que Nicolas Archevêque de Palerme en Sicile, dit Panorme, célebre par son zele pour le bien de l'Eglise. Il assista au Concile depuis le commencement jusqu'à la fin en qualité d'Ambassadeur du Roi d'Aragon. Il assure que le Pape Martin V. avoit de bonnes intentions & souhaitoit sur tout d'avoir l'honneur de réünir l'Eglise Greque. Mais avant l'ouverture du Concile il mourut d'apoplexie aprés treize ans de Pontificat. Il venoit de metre à la raison Braccio tiran de Perouse qui faisoit des courses jusqu'aux portes de Rome. Il eut la douleur de perdre ses deux freres Antoine Prince de Salerne qui mourut de la peste, & Antoine qui fut brûlé dans une tour où le feu prit par hazard. On accusa le Pape d'avoir permis au Comte d'Armagnac d'épouser sa sœur, mais nous verrons dans la suite que la bule que ce Comte representoit pour autoriser son inceste étoit fausse. Il est vrai que le Pape permit à Jean Comte de Foix d'épouser la sœur de sa premiere femme fille de Charle Roi de Navarre, mais ce ne fut qu'aprés avoir fait décider par plusieurs Congregations de Cardinaux & de Docteurs, que le souverain Pontife pouvoit donner de pareilles dispenses, quand il s'agissoit du bien public, comme de réünir la Navarre au Comté de Foix & terminer par là les guerres continuelles que causoit le voisinage. On lui reprocha aussi d'avoir amassé de grans

An de J. C.
1431.

trefors, mais ce fut pour les employer contre les Infideles. On lui éleva un tombeau dans l'Eglife de Saint Jean de Latran, & dans l'épitafe on dit qu'il avoit été la felicité de fon tems.

On découvrit alors en Bourg en Breffe dans les Etats du Duc de Savoie une pauvre femme, qui pour cacher qu'elle tomboit du haut mal, feignoit de tomber en extafe & prédifoit l'avenir. Elle connoiffoit, difoit-elle, à certaines lignes du front tous les pechez qu'on avoit commis, & retiroit tous les ans par fes prieres trois ames de l'enfer. Sa vie étoit exemplaire & fon abftinence incroyable. On reconnut fa fraude, & elle avoüa qu'elle n'en favoit pas plus qu'un autre.

Aprés la mort de Martin V. les Cardinaux entrerent au Conclave. Le Docteur Dominique de Capranica avoit été fait Cardinal en 1426. mais fa nomination étoit demeurée fecrete, quoiqu'elle eût été aprouvée par les Cardinaux. Il fe préfenta pour entrer au Conclave, mais on ne voulut pas l'y recevoir, il en apella au Concile & s'en alla à Bâle où il fut reconnu. Il fe reconcilia dans la fuite avec le Pape & le vint trouver à Florence où il receut le chapeau de fa main.

Les Cardinaux aprés quinze jours de conteftations, élurent le Cardinal Gabriel Condolmier Venitien fils d'une fœur de Gregoire XII. il prit le nom d'Eugene IV. Il avoit dans fa jeunesse distribué aux pauvres vint mille écus d'or, qui étoit tout son patrimoine, & s'étoit fait hermite avec Corario Venitien son ami, qui dans la suite fut fait Cardinal & Archevêque de Genes. Il racontoit lui-même, qu'étant dans son hermitage, un pauvre passant à qui il donnoit un morceau de pain, lui dit qu'il seroit Pape pandant dix-huit ans, & ce fut un des chefs d'accusation qu'on intenta contre lui à Bâle d'avoir crû aux faiseurs d'horoscope. Le Pape Gregoire XII. lui donna la garde du tresor Apostolique, le fit Evêque de Sienne & Cardinal. Dés qu'il fut élû il jura tous les articles dont les Cardinaux étoient convenus dans le Conclave, comme de rétablir la discipline Ecclesiastique, de ne jamais transferer le Siege Apostolique, & d'assembler au plûtôt un Concile œcumenique suivant les decrets du Concile de Constance. En effet son premier soin fut de confirmer au Cardinal Julien la dignité de President du Concile de Bâle. La premiere session ne put se tenir qu'au mois de Decembre. On y lut les lettres des Papes Martin & Eugene touchant l'indiction du Concile. Les Prelats furent exhortez à donner leurs suffrages dans un esprit de paix, & pour éviter toute dispute sur la préseance, il fut reglé que le rang que l'on auroit dans le Concile & les qualitez qu'on y prendroit, ne pouroient servir ni préjudicier.

Mais pour traiter les affaires avec ordre, on

partagea tous les Prelats en quatre claſſes ou députations égales en nombre compoſées des nations Italienne, Françoiſe, Allemande & Eſpagnole. La premiere étoit apellée la députation de la Foi, la ſeconde de la Paix, la troiſiéme de la Réformation, & la quatriéme des affaires communes. Chaque députation avoit ſon Preſident, ſon Protecteur & ſes Officiers. Elles s'aſſembloient trois fois la ſemaine; l'avis qui avoit paſſé dans une députation étoit porté aux trois autres, & s'il étoit aprouvé, il paſſoit dans la Congregation génerale à la pluralité des ſuffrages, & enfin dans la ſeſſion ſolemnelle qui ſe tenoit dans la principale Egliſe de Bâle.

Dans la ſeconde ſeſſion le Concile pour établir ſon autorité, renouvella deux decrets du Concile de Conſtance. Le premier déclare, que le Concile general repreſente l'Egliſe militante, qu'il tient ſon pouvoir immediatement de Jeſus-Chriſt & que le Pape même eſt obligé de lui obéïr. Le ſecond déclare, que quiconque ne veut pas obéïr aux decrets du ſaint Concile, fût-ce le Pape même, doit être puni & mis en penitence. Ce ſentiment fut ſoûtenu depuis par Nicolas de Cuſa Allemand Doyen de Conſtance & Cardinal: *Je ne croi pas*, dit-il dans ſon Livre de la Concordance Catolique, *qu'on puiſſe douter que le Concile general, qui repreſente l'Egliſe univerſelle, ne ſoit au deſſus des Patriarches & même du Pontife Romain:* Ce qu'il prouve par l'exemple du

Concile

DE L'EGLISE. Liv. XXVI. Chap. II.

Concile de Calcedoine qui examina & condamna Eutichés & Dioscore, quoiqu'ils eussent été déja condamnez par le Pape saint Leon. Il est vrai que quelques Theologiens partisans de la Cour de Rome oposoient, que dans plusieurs Conciles generaux on voit le nom du Pape à la tête des Decrets, pour marquer qu'ils émanoient de sa seule autorité & que le Concile ne faisoit que les aprouver. Mais les Docteurs de l'Université de Paris répondoient que dans les huit premiers Conciles generaux, il n'est point fait mention du Pape, & que les anciens Peres ont imité les Apôtres, qui dans le Concile de Jerusalem sans acorder aucune prérogative à saint Pierre, disent ces paroles remarquables, *il a plû au Saint Esprit & à nous.* Que si dans quelques Conciles suivans on voit le nom du Pape à la tête des Decrets, c'étoit seulement pour lui faire honneur, parce qu'il y présidoit en persone & pour reconnoître en lui le chef de l'Eglise universelle Vicaire de Jesus-Christ ; ensorte toutefois que tous ses Decrets n'auroient point force de loi, s'ils n'avoient été approuvez par le Concile : & qu'enfin la question de la Superiorité du Pape sur le Concile étoit fort nouvelle, absolument ignorée dans l'ancienne Eglise. Les Docteurs Ultramontains repliquoient par un passage de saint Jean Chrisostome, qui nomme le Pape la tête de tout Concile, qualité qu'on ne lui a jamais disputée. Ils ajoûtoient, que lorsque

Jesus-Christ avoit demandé aux Apôtres ce qu'ils pensoient de lui, le seul Pierre avoit parlé & merité en confessant hautement la divinité du Fils de Dieu d'être fait son vicaire en terre. Mais on leur répondoit que ce passage établissoit à la verité la primauté du Pape, & non sa superiorité sur le Concile general.

Le Pape craignant les suites des déliberations du Concile, donna une bule pour sa dissolution & pour en assembler un autre à Boulogne où l'on ne lui feroit pas la loi. Il dit dans sa bule pour ses raisons, qu'il n'y a que dix Evêques à Bâle, que la guerre qui est en Allemagne & la rigueur de l'hiver a empêché les autres de s'y rendre, & qu'un si petit nombre de Prelats ne pouroit pas faire des loix qui obligeassent l'Eglise universelle. Mais les Peres de Bâle étoient devenus bien forts, l'Empereur Sigismond y étoit arrivé avec plusieurs Prelats & leur avoit promis sa protection. On connoissoit la fermeté de ce Prince: on se souvenoit de la maniere haute & sage, qu'il avoit employée pour maintenir le Concile de Constance & donner la paix à l'Eglise. Il écrivit au Pape d'un stile également fort & respectueux & lui envoya des députez pour le prier de revoquer sa bule. Le Cardinal Julien Cesarini écrivit aussi au Pape & lui representa le scandale qui arriveroit au monde Chrétien par la dissolution d'un Concile indiqué par Martin V. & confirmé par Sa Sainteté, que les Hussites y avoient été apellez & se disposoient à y venir ; qu'il se flatoit d'avoir conduit les affaires avec quelque prudence dans la legation de Boheme, puisqu'il avoit persuadé à ces Heretiques vainqueurs d'envoyer leurs députez au Concile pour s'instruire de la verité ; qu'ils se croiroient triomfans par la doctrine aussi-bien que par les armes, si l'on ne les attendoit pas ; enfin que cela feroit soupçoner que les Ecclesiastiques ne cherchent que des prétextes pour éviter la réformation : que le Pape avoit promis à l'Empereur de lui envoyer un secours considerable contre les Revoltez : que c'est la cause de Dieu & de la Religion ; & que bien loin de le faire, il vouloit empêcher que le Concile en leur faisant conoître leurs erreurs, ne donnât la paix à la Boheme : que les chemins de Bâle étoient libres de tous côtez : que le Duc de Bourgogne avoit fait une tréve avec le Duc d'Autriche ; & qu'au reste la réunion des Grecs avec l'Eglise Romaine dont on parloit inutilement depuis trois cens ans, ne se pouvoit faire que dans un Concile general. *Je suis obligé, trés-saint Pere*, ajoûte-t-il dans sa letre, *de remontrer à votre Sainteté, que si les decrets de Constance, que le Concile de Bâle vient de renouveller, n'ont point d'autorité, celui par lequel on a déposé Jean XXIII. n'est pas valable : si cela est l'election de Martin V. laquelle s'est faite du vivant de Jean XXIII. est nulle, & conséquemment celle de Votre Sainteté, puisque vous auriez été élû par des Cardi-*

naux de la création de celui qui n'étoit point Pape.

Ambroise Galeotto Malatesta Moine de Florence célebre par sa pieté & par son érudition, écrivit au Pape sur le même sujet. Il lui envoya les Lettres de saint Bernard de la Consideration au Pape Eugene, & le conjura d'en profiter en cette ocasion : l'Empereur lui écrivit encore plus fortement; mais toutes ces raisons ne le toucherent point. Il apuyoit son autorité sur une bule de Martin V. par laquelle il déclare qu'il n'est permis à persone d'apeller des constitutions du Pape, ni de décliner son jugement dans les causes de la foi; mais on lui répondoit que cela ne regardoit pas l'Eglise universelle assemblée dans un Concile general.

Le Concile commença à proceder contre le Pape malgré les instances du Duc de Baviere qui étoit présent & celles des Ambassadeurs de Venise. On le cita à comparoître en persone ou par ses procureurs, & à la priere de l'Empereur, qui souhaitoit que tout se passât doucement, on lui acorda plusieurs délais pandant deux ans.

Les Hussites s'étoient maintenus en Boheme sous la conduite de Procope l'un des premiers Lieutenans de Ziska. Ils avoient encore gagné des batailles & ravagé la Pologne & l'Autriche. Le Pape y renvoya le Cardinal Julien Cesarini, qui enfin leur persuada une seconde fois d'envoyer des députez au Concile de Bâle pour concerter leur réunion à l'Eglise. Le Prêtre Roquefane qui prétendoit à l'Archevêché de Prague & le General Procope y vinrent avec un fauf-conduit & furent bien receus. Roquefane qui étoit fort éloquent y parla tant qu'il voulut & réduifit à quatre les quarante-cinq articles, que Jean Hus avoit autrefois propofez contre l'Eglife Romaine. Il infifta particulierement fur la Communion fous les deux efpeces, fur la Penitence publique, fur la Prédication qu'il prétendoit être permife à tout Chrétien, & fur les biens temporels qu'il vouloit ôter abfolument aux Eccle-fiaftiques. Le Cardinal Julien, Jean de Ragufe Procureur general des Freres Prêcheurs & Gille Carleri Doyen de Cambrai lui répondirent avec beaucoup de force & d'éloquence. Le Concile confentit à leur acorder la Communion fous les deux efpeces, pourvû qu'elle ne fût adminiftrée qu'aux adultes en leur enfeignant qu'elle n'étoit pas abfolument neceffaire, & que Jefus-Chrift étoit tout entier fous chaque efpece : on leur prouva que la Prédication ne devoit être permife qu'aux Prêtres aprouvez par les Evêques : que la forme de la Penitence étoit depuis lontems reglée dans l'Eglife, & que quant aux biens temporels, les Ecclefiaftiques étoient dans une poffeffion immemoriale de poffeder legitimement des terres, des villes & des châteaux, que les Princes leur avoient donnez pour foûtenir leur dignité. On difputa pandant cinquante jours fans fe perfuader, & les députez retournerent en Boheme, d'où ils ne revinrent que quelques années aprés, lorſque les payſans Huſſites abandonnez par la Nobleſſe & par les Bourgeois des villes, furent pouſſez à bout par l'Empereur. Leur General Procope fut tué d'un coup de lance & leur armée entierement défaite. Ils ſe ſoûmirent alors à l'Egliſe ; à condition ſeulement qu'on permetroit aux adultes l'uſage du calice. Mais le Concile ordonna aux Prêtres d'avertir publiquement ceux qui ſe préſenteroient pour recevoir les deux eſpeces, qu'ils étoient obligez de croire que le corps entier de Jeſus-Chriſt, c'eſt-à-dire ſon ame, ſa divinité, ſon humanité, ſa chair & ſon ſang étoient également contenus ſous l'une & l'autre des deux eſpeces. On promit à Roqueſane de le faire Archevêque de Prague, mais jamais le Pape ne put ſe réſoudre à lui en donner les bules.

Les affaires du Pape en Italie furent ſujetes à pluſieurs révolutions. Il perſécuta toutes les creatures de Martin V. & voulut ſe ſaiſir de leurs tréſors, mais il ſe trouva en tête les Colomnes, qui par leurs richeſſes & leurs grandes terres étoient de petits Souverains ; ils le chaſſerent de Rome ; il ſe déguiſa en Moine & ſe ſauva à Florence. Les révoltez le ſuivirent lontems ſur les deux rives du Tibre & lui jeterent des pierres qui ne lui firent aucun mal. Les Romains cinq mois aprés rentrerent dans le devoir & receurent les Magiſtrats que le Pape leur envoya.

L'Empereur étoit arrivé en Italie, y avoit mis la paix & avoit obligé Philippe Marie Duc de Milan à rendre les places qu'il avoit prises aux Venitiens, au Marquis de Montferrat & aux Florentins. Il vint ensuite à Rome, baisa avec respect les pieds du Pape, qui l'embrassa tendrement & le baisa à la bouche. Il fut couroné quelques jours aprés & confirma toutes les donations & tous les privileges que les Empereurs avoient acordez aux souverains Pontifes. Il reprit aussi-tôt le chemin de l'Allemagne où ses affaires l'apelloient, & en passant à Mantouë il donna à François de Gonzague la dignité de Marquis. Le Pape avoit fait publier une bule qui reconoissoit le Concile de Bâle pour Concile general; *& il ne faut pas s'étonner*, dit-il, *qu'on change selon la diversité des tems & le besoin de l'Eglise*. Il y envoya des Legats qui y présiderent en son nom, à condition qu'ils aprouveroient tous les decrets & tous les reglemens faits jusqu'alors, & que les actes seroient expediez au nom & sous le scel du Concile. C'étoit l'aprouver pleinement & tous les decrets qui s'y étoient passez jusqu'à la seiziéme session; or c'étoit dés les premieres sessions qu'on y avoit renouvellé le decret du Concile de Constance, qui met les Conciles generaux au dessus du Pape. Il écrivit aussi au sire de la Trimoüille, qu'il sçavoit être tout puissant dans le Conseil du Roi Charle VII. pour le prier d'exhorter ce Prince à envoyer à Bâle ses Ambassadeurs & les Evêques de France.

An de J.C. 1434.

L'Empereur qui par sa présence tenoit tout en respect, fut obligé de retourner en Allemagne. Il y trouva une affaire où il eut besoin de toute sa fermeté. Henri de l'anciene Maison de Saxe de la branche de Lawembourg, prétendoit que le Duché de Saxe, la Charge de grand Maréchal de l'Empire & le titre d'Electeur lui apartenoient de droit hereditaire. Il fit citer Frideric de Misnie Duc de Saxe pardevant le Concile de Bâle pour juger leur different ; mais Sigismond s'y oposa & donna une Constitution par laquelle il déclare que la connoissance des Fiefs de l'Empire, l'administration de la justice, l'imposition des tributs ne dépandoient point de l'Eglise, & qu'elles apartenoient uniquement à l'Empereur, aux Electeurs & aux Princes: *C'est à nous*, dit-il, *à défendre les droits de l'Empire & à les augmenter s'il se peut suivant le serment que nous en avons fait.* Il n'y laissa jamais donner aucune atteinte, quoiqu'il eût un grand respect pour les decrets des Papes & encore plus pour ceux des Conciles generaux dans les choses qui regardoient la foi.

An de J.C. 1438.

Cepandant le Pape fit publier une bule pour transferer le Concile de Bâle à Ferrare : c'étoit recommencer la guerre. Le Cardinal Julien President du Concile lui écrivit une seconde lettre plus forte que la premiere : *Très-saint Pere*, lui dit-il, *que voulez-vous faire en poursuivant la dissolution*

lution du Concile, c'eſt donner atteinte au Concile de Conſtance qui l'a indiqué, aux Conſtitutions de Martin V. votre prédeceſſeur & à celles de Votre Sainteté qui l'a confirmé. Vous vous opoſez au Roi de France & à tous les Princes dont les Ambaſſadeurs arrivent ici tous les jours avec les Evêques de leurs Etats : vous empêchez la ſoûmiſſion des Heretiques de Boheme : vous expoſez l'Egliſe à un grand ſcandale & peut-être (je n'oſe y penſer) à un ſchiſme. Je ſai bien, trés-ſaint Pere, que ces veritez vous ſeront deſagreables, mais j'aime mieux vous offenſer un peu en paroles & vous rendre un grand ſervice & à l'Egliſe.

Le Pape peut-être touché de cette lettre envoya au Concile des Nonces, qui firent de belles harangues pour prouver, qu'il n'apartient qu'au Vicaire de Jeſus-Chriſt de convoquer les Conciles & de les transferer à ſa volonté, tous les Actes qui s'y paſſent n'ayant de vigueur qu'autant qu'il les a aprouvez : ils repreſenterent auſſi que les Grecs ne quiteroient jamais leur ſchiſme, s'ils voyoient le peu de reſpect qu'on avoit pour le Pape. Les Orateurs du Concile répondirent avec beaucoup d'éloquence, qu'ils reconoiſſoient le Pape pour le Chef de l'Egliſe & le Vicaire de Jeſus-Chriſt, mais qu'auſſi de ſon côté il devoit reconnoître la ſouveraine autorité des Conciles generaux, qui étoient en droit & en poſſeſſion de décider ſur les matieres de foi, dans les cauſes de ſchiſme & ſur la réformation de l'Egliſe en ſon chef & en ſes membres, ce qui a fait dire à saint Augustin, *je ne croirois pas à l'Evangile sans l'autorité de l'Eglise*. Ils ajoûterent que les canons faits par les Conciles generaux ne pouvoient pas être cassez par le Pape : *Si je détruisois*, dit saint Gregoire, *ce que nos ancêtres ont ordonné, au lieu d'être un bon architecte, je serois un destructeur*. Ces longues harangues faites de part & d'autre laisserent chacun dans son sentiment, les Nonces s'en retournerent & le Concile continua. On lui reprocha d'avoir eu une attention particuliere à diminuer l'autorité du Pape : *Faut-il s'en étonner*, dit Gregorio Corrario Venitien dans une harangue à l'Empereur Sigismond, *& quand la tête est malade, songe-t-on à guerir les pieds ?*

Il y eut de grandes disputes dans le Concile. Le Cardinal Julien & les autres Legats intimidez par le Pape étoient d'avis d'aller à Ferrare, ils avoient gagné quatre Evêques & plusieurs Docteurs. On mit la chose en déliberation, il passa à la pluralité des voix que le Concile demeureroit à Bâle; on en dressa le Decret, mais tandis qu'on le lisoit à haute voix sur le jubé, un Evêque du parti des Legats en lût un autre tout contraire, on disputa quelque tems auquel de ces deux decrets on metroit les sceaux du Concile & l'on convint enfin qu'on s'en raporteroit au Cardinal de Saint Pierre l'un des Legats, à l'Archevêque de Palerme Ambassadeur d'Aragon & à l'Evêque de Burgos Ambassadeur de

Castille. Ils mirent les sceaux au Decret qui fixoit le Concile à Bâle, & que presque tous les Peres avoient signé. Alors le Cardinal Julien quitta le Concile & se rendit à Ferrare: son exemple ne fut suivi que par quatre Evêques: les Ambassadeurs de l'Empereur, du Roi de France & des autres Princes demeurerent à Bâle avec tous les Prelats, qui continuerent à travailler à la réformation de l'Eglise. Ils firent deux Decrets importans, l'un que les causes Ecclesiastiques se termineroient sur les lieux, & l'autre que les collations des Benefices se feroient par les Ordinaires, ce qui fut receu en France & en Allemagne.

La Faculté de Theologie de Paris avoit alors & a toûjours eu depuis une grande réputation, on la venoit consulter de toutes les parties de l'Europe. Elle faisoit souvent des censures doctrinales des livres dangereux ou des propositions qui tendoient à l'heresie. Jean Sarrazin Licencié en Theologie fut acusé d'avoir soûtenu dans un Acte, qu'il n'y a dans l'Eglise de puissance de jurisdiction émanée de Jesus-Christ que celle du Pape, à qui Dieu a confié le soin de son Eglise: que toute l'autorité qui donne de la force aux Decrets d'un Concile réside en la personne du souverain Pontife: que la puissance de jurisdiction n'a été donnée qu'à saint Pierre seul: que toutes les puissances spirituelles ne peuvent rien de droit contre le Pape: enfin que le souverain Pontife ne sauroit commetre de simonie défenduë par le droit positif: la Faculté obligea Sarrazin à se retracter publiquement & à soûtenir que les Puissances Ecclesiastiques sont de droit divin instituées immédiatement de Jesus-Christ; que quand on décide quelque chose dans un Concile general, l'autorité qui donne de la force à ses decrets, ne réside pas seulement dans le souverain Pontife, mais principalement dans le Saint Esprit & dans l'Eglise Catolique; que Jesus-Christ a donné à ses Apôtres & à ses Disciples une autorité de jurisdiction; que la puissance de l'Eglise a pouvoir de droit en certains cas contre le souverain Pontife; qu'enfin tout homme qui a l'usage de raison, même le Pape peut commetre une simonie. Sarrazin prononça publiquement ces propositions. C'étoit la matiere du tems, le Concile de Constance étoit fini & celui de Bâle venoit de comencer.

Dix ans aprés les mêmes propositions furent avancées & soûtenuës par Nicolas Quadrigarii Docteur en Théologie de l'Ordre des Freres Hermites de saint Augustin. Il assuroit aussi que tout ce qui arrive par la Providence de Dieu, arrive necessairement. On l'obligea de se retracter & de professer la doctrine contraire.

Mais il s'éleva une dispute qui fut poussée avec aigreur de part & d'autre entre les Carmes & l'Official de Paris. Ces Religieux avoient obtenu du Pape une bule qui leur permetoit de confesser toutes sortes de persones, même à Pâques sans la permission des Curez & directement contre le canon *Omnis utriusque sexûs*. L'Université avertie par l'Official en interjeta appel & déclara aux Mandians, que s'ils n'en obtenoient la révocation dans un certain temps, ils seroient exclus du corps de l'Université, ils n'en voulurent rien faire, ils furent exclus. Ils s'adresserent au Pape Caliste qui avoit succedé à Nicolas V. & obtinrent de lui des bules favorables: l'Université demeura ferme, & les Mandians ne furent rétablis qu'aprés s'être soûmis. Le Connétable de Richemont acompagné de l'Archevêque de Reims & de l'Evêque de Paris les remena à l'Assemblée de l'Université, où ils renoncerent publiquement aux bules obtenuës & promirent de n'en jamais demander ni recevoir de semblables.

Le Pape d'un côté & le Concile de Bâle de l'autre travailloient depuis plusieurs années à regler les affaires de l'Eglise, mais ils n'en pouvoient venir à bout, tant que la France seroit désolée par la guerre. Les deux partis de France & d'Angleterre paroissoient presque également forts; on assiegeoit, on surprenoit des places de part & d'autre, il se donnoit de petits combats qui ne décidoient rien. Les Anglois étoient maîtres de Paris & de la plûpart des provinces en deçà de la Loire, le Roi possedoit tout le reste du Royaume, & depuis que la Pucelle d'Orleans l'avoit fait facrer à Reims, affifté de tous les Princes de fon fang & du Comte de Dunois, il fembloit devoir bientôt donner la loi à fes ennemis, mais les broüilleries de fa Cour arrêterent le cours de fes conquêtes: jeune encore, abîmé dans les plaifirs, abandoné à fes miniftres & à fes favoris, il paffoit fa vie dans les jardins de Chinon. Le Connétable de Richemont fort attaché à fon maître l'avoit gouverné lontems, mais fes manieres violentes l'avoient fait chaffer; il avoit fait maffacrer & jetter dans la riviere le fire de Giac & le Camus de Beaulieu & avoit mis en leur place auprés du Roi le fire de la Trimoüille, dont il fe croyoit affuré, parceque fa Maifon devoit toute fon élevation à la Maifon de Bourgogne. Le Connétable avoit époufé la fœur du Duc & vouloit continuer à commander imperieufement, la Trimoüille ne le voulut pas fouffrir & le Connétable fut obligé plus d'une fois à fe retirer en Bretagne, il en revenoit de tems en tems & de fon chef faifoit la guerre aux Anglois.

Aprés l'execution de la Pucelle d'Orleans le jeune Roi d'Angleterre Henri VI. vint à Paris en 1431. On lui fit une entrée magnifique, il alla à la fainte Chapelle & y fit fa priere, dîna au Palais & rendit une vifite à la Reine Ifabeau de Baviere fon ayeule qui le receut avec une feinte joïe. Elle n'étoit pas contente de la maniere dont elle étoit traitée par les Anglois, qui ne la consultoient sur rien & lui témoignoient en toutes occasions le dernier mépris. Quelques jours aprés Henri VI. fut sacré Roi de France dans l'Eglise de Notre-Dame par le Cardinal de Vinceltre malgré les protestations de l'Evêque de Paris, qui prétendoit faire la céremonie dans sa Catédrale. Il y eut au Palais un festin Royal, mais sans aucunes liberalitez, sans avoir aboli aucun impôt, ni délivré de prisoniers, ni fait des aumônes à l'Hôtel-Dieu suivant la coûtume des Rois de France. Le peuple ne fut pas content & regreta ses anciens maîtres. Le jeune Roi retourna à Roüen & y pensa être surpris par un Gentilhomme nommé Ricarville, qui s'empara du château par intelligence, mais n'ayant pas été secouru par le Maréchal de Bouffac, l'entreprise échoüa. Celle de Pontoise réuslit, elle fut conduite par le Comte de Dunois, la ville fut prise & la garnison Angloise faite prisoniere de guerre.

Mais les intrigues de la Cour arrêtoient les meilleurs succez. La Trimoüille favori du Roi n'étoit pas aimé. Le Connétable le plus mortel de ses ennemis trouva le moyen de le faire enlever dans le château de Chinon aux yeux du Roi, qui eut la foiblesse d'y consentir & de donner aussitôt toute sa confiance à Charle d'Anjou Comte du Maine frere de la Reine & ami du Connétable qu'il remit en grace. Le Roi paresseux & dans les plaisirs ne pouvoit se passer d'un premier Miniftre & d'une Maîtreffe. Le Connétable & le Comte du Maine fongerent alors à gagner le Duc de Bourgogne en lui offrant un parti fi avantageux qu'il fût tenté d'abandoner les Anglois. Ce Prince pouvoit feul contribuer à la paix générale en faifant fa paix particuliere avec le Roi. Sa puiffance étoit fort augmentée. Il avoit réüni à la Flandre & à l'Artois, le Hainaut, la Hollande, la Zelande & la Frife, les Comtez de Namur & de Zutphen, les Duchez de Lothier, de Brabant & de Limbourg, le Marquifat du Saint Empire & la ville d'Anvers. On avoit tenté plufieurs fois de le détacher de l'alliance des Anglois, qui n'en ufoient pas trop bien avec lui. Les hauteurs du Duc de Bedford Regent de France pour le jeune Roi d'Angleterre l'irritoient fouvent. Le Duc de Bourbon l'avoit fort ébranlé & encore plus le Connétable en qui il avoit beaucoup de confiance & qui étoit fon beau-frere : il étoit naturellement d'une humeur douce, ce qui lui fit donner le nom de Philippe le Bon ; & lorfque fon pere fut affaffiné, comme on en acufoit le Daufin, il dit à fa femme ces paroles, *Madame Michele votre frere a tué mon pere;* mais la Princeffe en fut fi affligée qu'il fe vit réduit à la confoler lui-même. En 1435. il confentit à des conferences dans la ville d'Arras, où fe rendirent des Ambaffadeurs de France, d'Angleterre & de Bourgogne, qui étoient les principales parties, & des Envoyez

de

de Pologne, d'Espagne, de Navarre, de Sicile, de Bretagne, de Milan, de Bar & des villes de Flandre. Le Duc de Bourbon, le Connétable de Richemont, l'Archevêque de Reims Chancelier, la Fayette Maréchal de France, le premier President du Parlement & quelques Maîtres des Requêtes y étoient pour la France. Le Cardinal de Wincheſtre, l'Archevêque d'Iork & le Comte de Suffolk y étoient pour l'Angleterre. Le Duc de Bourgogne y aſſiſta en perſone acompagné de Nicolas Rolin ſon Chancelier, de l'Evêque de Liege, du Duc de Gueldre, du Comte de Saint Pol, du Comte de Naſſau & des ſires de Charni, de Crevecœur & de Mailly. Le Cardinal de Sainte Croix Chartreux & le Cardinal de Chipre étoient médiateurs, le premier au nom du Pape & le ſecond de la part du Concile de Bâle. Le Pape avoit écrit des lettres fort touchantes au Roi Charle VII. au Roi Henri VI. d'Angleterre & au Duc de Bourgogne pour les exhorter à la paix.

Les Conferences s'ouvrirent au mois d'Aouſt dans l'Abbaïe de Saint Waſt. On n'y put rien conclure entre la France & l'Angleterre : le Roi vouloit bien conſentir à ceder au Roi d'Angleterre la Guyenne & la Normandie pourvû qu'il lui rendît toûjours foi & homage, & les Anglois vouloient au moins garder en toute Souveraineté, tout ce qu'ils poſſedoient en France. Ils offrirent le mariage de Henri VI. avec une fille du Roi, sans lui demander de dot, & de délivrer le Duc d'Orleans pourvû qu'il payât sa rançon. Ces conditions n'étant point acceptées de part ni d'autre, les Ambassadeurs d'Angleterre se retirerent & les médiateurs s'apliquerent à faire la paix particuliere du Duc de Bourgogne. Ils en vinrent à bout, aprés que les Cardinaux par l'autorité que leur donnoit le titre de Legats, eurent déchargé le Duc de Bourgogne du serment qu'il avoit fait autrefois de ne jamais faire la paix avec la France que du consentement des Anglois. Il fut dit entre autres articles du Traité, que préalablement à tout, le Roi jureroit qu'il n'avoit eu aucune part au meurtre du feu Duc de Bourgogne, & qu'il feroit autant qu'il pouroit bonne justice de ses assassins : qu'il feroit bâtir à Montereau un monastere de Chartreux pour prier Dieu pour le repos de l'ame du Duc Jean & une Chapelle dans l'Eglise des Chartreux de Dijon, où son corps étoit enterré : qu'il payeroit cinquante mille écus comptant pour le prix des bagues & joyaux, qu'on avoit pris au feu Duc de Bourgogne, lorsqu'il avoit été assassiné : qu'il cederoit au Duc de Bourgogne & à ses successeurs le Comté de Mâcon, celui d'Auxerre & Bar sur Seine : qu'il lui doneroit aussi en engagement le Comté de Ponthieu pour quatre cens mille écus d'or avec les villes de Saint Quentin, Corbie, Amiens & Abbeville : que le Roi renonceroit à l'alliance de l'Empereur : qu'on acorderoit de part & d'autre une amnistie generale; & que le Duc pandant sa vie ne seroit point obligé de prêter serment de fidelité au Roi pour les Terres qu'il tenoit de la Courone, à quoi ses successeurs seroient obligez. On promit aussi pour affermir la paix de marier Caterine fille du Roi à Charle Comte de Charolois fils du Duc, quoiqu'ils fussent encore dans l'enfance. Ces conditions étoient bien dures : c'étoit le Vassal qui donnoit la loi à son Souverain : la necessité obligea les Plenipotentiaires de France à les accepter. Nicolas Rolin Chancelier de Bourgogne pressoit continuellement son maître de faire la paix. Il fit bâtir & fonda l'Hôpital de Beaune, & sur ce qu'un Courtisan lon-tems aprés en loüoit la magnificence devant le Roi Loüis XI. *Il étoit bien juste, dit ce Prince, que Rolin ayant fait tant de pauvres pandant sa vie, leur laissât au moins une belle maison.*

Le Duc de Bourgogne dés que la paix fut signée, manda au Roi d'Angleterre qu'à la priere du Pape & du Concile de Bâle, il s'étoit acommodé avec le Roi de France & qu'il lui conseilloit d'en faire autant ; mais dans la suscription de sa lettre, il ne le nomma plus son souverain Seigneur, comme il faisoit auparavant.

Edoüard Roi de Portugal avoit un grand interest à menager la paix entre la France & l'Angleterre. Il esperoit que ces deux nations guerrieres lui doneroient du secours pour continuer ses conquêtes sur les côtes d'Afrique. Jean Roi de Castille y avoit fait aussi quelques établissemens, & ces deux Princes demandoient au Pape des Missionaires pour y annoncer l'Evangile.

La même année 1435. mourut la Reine Isabeau de Baviere également haïe & méprisée des François & des Anglois. Elle vivoit depuis lon-tems à Paris dans l'Hôtel de Saint Pol, sans qu'on lui fît part de l'état des affaires, les Anglois lui fournissoient à peine de quoi vivre & l'outrageoient souvent de paroles insolentes, en lui reprochant que le Roi Charle n'étoit pas legitime : elle faisoit une rude penitence de ses emportemens passez, & quand elle aprit la paix d'Arras, elle ne sceut si elle devoit s'en réjoüir, persuadée que le Roi son fils qu'elle avoit traité avec tant de barbarie, auroit peine à lui pardoner, s'il étoit une fois le maître. La mort la délivra de cette inquiétude, on porta son corps à Saint Denis dans un petit bateau acompagné seulement de quatre persones. L'Abé dit la Messe sans ceremonies pour le repos de son ame, & ce furent tous les honneurs qu'on rendit à sa memoire. Elle avoit été la principale cause de tous les malheurs du Royaume.

Le Duc de Bourgogne étoit alors le plus puissant Prince de l'Europe. Il avoit épousé en 1429. Elisabet fille de Jean Roi de Portugal, & dans la magnificence de ses nôces qui se firent à Bruges, il avoit institué l'Ordre de la Toison d'or, à la gloire de Dieu & de l'Apôtre Saint André.

Il s'en déclara le chef & ne le donna qu'à des persones d'une ancienne noblesse, recommandables par leurs actions militaires & par une vie irréprochable. Les principaux Chevaliers furent Guillaume de Vienne, Renier Pot, David de Ligne, Hugue de Lannoi, Jean de la Trimoüille, Antoine de Croy, Pierre de Beaufremont & Jean de Crequi. Il en fixa le nombre à vint-six, que l'Empereur Charle V. augmenta depuis jusqu'à cinquante & un. Le Duc de Bourgogne avoit envoyé à Rome Jean Jofredi l'un de ses Aumôniers pour obtenir l'aprobation de son Ordre, ce qui fut le commencement de la fortune de Jofredi, comme nous le verrons dans la suite. Le Duc quelques années aprés fit une action aussi politique que genereuse; il se reconcilia sincerement avec le Duc d'Orleans en le retirant des prisons d'Angleterre, où il étoit depuis la bataille d'Azincourt: il paya une partie de sa rançon, lui fit épouser la fille du Duc de Cleves sa niéce, & lui donna son ordre de la Toison d'or. Ce qui finit entierement la haine qui avoit été entre leurs peres.

La mort du Duc de Bedford acheva de ruiner les affaires des Anglois en France: son courage & sa prudence les soûtenoient depuis treize ans. Il avoit fait sacrer dans Paris le jeune Roi Henri VI. & tant par ses caresses que par une nombreuse garnison, il avoit trouvé le moyen de retenir les habitans de cette grande ville dans son parti. Ceux qui lui succederent dans le gouvernement plus emportez & moins habiles, alienerent les esprits & perdirent en peu d'années les provinces qu'il avoit eu tant de peine à conquerir & à conserver. Leur politique devint folie, ils poufferent à toute outrance le Duc de Bourgogne pour se vanger de ce qu'il avoit fait son traité sans eux. Ils tâcherent de faire soûlever les peuples de Flandre, qui de leur naturel y étoient assez portez, (les villes de Gand & de Bruges étoient fort séditieuses). Ils chargerent ses troupes, ils ataquerent ses places & le forcerent malgré lui à devenir leur ennemi : il vouloit demeurer neutre & laisser le Roi démêler ses affaires avec eux, ce qui eût rendu la guerre & plus longue & plus difficile. Mais quand il vit leur insolence, il leur fit la guerre sans les épargner & alla assieger Calais avec soixante mille hommes. Il y trouva plus de résistance qu'il ne s'imaginoit, & fut obligé à lever le siege par la désertion de son armée, dont les Anglois avoient gagné les principaux chefs ou par argent ou par l'esperance qu'ils leur donnerent de mettre leur païs en liberté. Les François furent plus heureux en Normandie où ils prirent Diepe & Harfleur.

An de J. C. 1436.

L'année suivante les Bourgeois de Paris chafferent une petite garnison Angloise qui tenoit la Bastille & quelques postes dans la ville, ils obtinrent une amnistie generale & la confirmation de leurs privileges. Le Roi étoit en Languedoc & ce fut le Connétable qui ménagea cette affaire avec beaucoup de prudence. Un si grand service lui rendit entierement les bonnes graces du Roi. Les Bourgeois de Paris exigerent que le Duc de Bourgogne fût caution de l'amnistie; ils n'en pouvoient jamais avoir une meilleure & plus en état de leur faire tenir parole. Deux mois aprés le Roi reprit le chemin de Paris, & en passant assiègea & prit Montereau. Il fit au siege des merveilles de sa persone & monta des premiers à l'assaut, on en donnoit souvent en ce tems-là.

Le Parlement, la Chambre des Comtes & l'Université furent rétablis à Paris. On cassa tous les Arrests que le Parlement Anglois avoit donnez & le Roi fit son entrée publique dans la ville aux acclamations du peuple inconstant, qui croit toûjours gagner en changeant de maître. L'entrée fut magnifique. Le Roi armé de de toutes pieces étoit à cheval, le Connétable à sa droite avec le bâton de commandement, & le Comte de Vandôme à la gauche. Le Daufin suivoit le Roi entre Charle d'Anjou & le Comte de la Marche, acompagnez d'une infinité de Seigneurs. Huit cens Lances fermoient la marche, le Comte de Dunois armé de toutes pieces étoit à leur tête, un bâton de commandement à la main & son étendart élevé en l'air. Le Roi alla décendre à Nôtre-Dame où l'Evêque de Paris lui fit jurer fur l'Evangile, *qu'il tiendroit loyaument & bonnement tout ce qu'un bon Roi faire devoit.* Mais toutes ces réjoüiffances furent bientôt troublées par la pefte qui défola cette grande ville: la famine & la guerre avoient fait mourir depuis quelques années plus de quatre-vint mille de fes habitans ; le Roi fut obligé d'en fortir & il falut bien du tems pour la rétablir dans fon ancienne fplandeur.

Le Traité d'Arras donna le moyen au Roi de foulager fon peuple, en faifant une grande réforme de Troupes: le Duc de Bourgogne étoit le plus puiffant de fes ennemis. On réduifit toute la Gendarmerie en Compagnies d'ordonnances qui devoient être payées exactement, chaque Gendarme devoit avoir feulement trois chevaux. Le peuple en fut bien aife, mais les Officiers, qui pilloient fous prétexte qu'ils n'étoient pas payez, murmurerent & fe révolterent. Ils avoient à leur tête le Duc d'Alençon, le Duc de Bourbon, le Comte de Vandôme & même le Comte de Dunois. La Trimoüille qui avoit été chaffé par le Connétable fe joignit à eux avec les fires de Chaumont & de Prie. Ils gagnerent le Daufin, le Duc d'Alençon étoit fon parain, & quoiqu'il n'eût que feize ans, il paroiffoit déja las d'obéir. Il étoit marié à Marguerite fille de Jaque premier Roi d'Ecoffe. Son humeur foupçoneufe, chagrine & cachée commençoit à fe découvrir. Le Roi ayant re-
gagné

DE L'EGLISE. Liv. XXVI. Chap. II.

gagné le Comte de Dunois, marcha aux revoltez qui s'étoient assemblez en Poitou & dans le Bourbonnois, prit toutes leurs places & les dissipa aisément, ils demanderent grace & ramenerent le Daufin. Le Roi le receut fort froidement & pardonna au Duc de Bourbon, mais il ne voulut pas voir la Trimoüille : il perdit la même année deux de ses meilleurs Capitaines, Poton de Saintrailles qu'il avoit fait son grand Ecuyer, & Estienne de la Hire, qui n'eut de récompense que sa réputation.

Ce fut proprement alors que les Troupes du Roi furent mises sur un pied reglé. Il venoit de faire une tréve avec l'Angleterre. Il ne garda que quinze cens hommes d'armes, autant de Coustilliers, qui étoit l'infanterie, & trois mille archers. On apella ces troupes Compagnies d'ordonnance qui ne devoient jamais être cassées, & pour les payer on imposa la premiere Taille, que le peuple sans prévoir les conséquences, paya avec la plus grande joïe du monde. Quelques années aprés, les tréves avec l'Angleterre qui avoient été renouvellées trois ou quatre fois étant prêtes d'expirer, le Roi pour avoir toujours sur pied une bonne Infanterie bien entretenuë, ordonna que chaque village du Royaume lui fourniroit un archer à pied, choisi entre soixante jeunes hommes & qu'il seroit franc de toute imposition : il s'en trouva vint-deux mille, qu'on apella les francs Archers.

Tome VIII.   I

CHAPITRE TROISIEME.

JEan Manuel Paleologue Empereur de Constantinople fongeoit bien ferieufement à réünir l'Eglife Greque à la Romaine : foit confcience, foit politique, il avoit gagné tous les Patriarches d'Orient & fe préparoit à venir lui-même travailler à ce grand ouvrage. Le Concile de Bâle lui envoya des Ambaffadeurs & de l'argent pour la dépenfe de fon voyage, & fit équiper des galeres pour le paffer en Italie. Les Ambaffadeurs furent chargez de lui réprefenter, qu'il ne pouvoit traiter furement qu'avec le Concile, qui reprefentoit l'Eglife univerfelle & qui étoit foûtenu par l'Empereur d'Occident. D'autre côté le Pape qui fouhaitoit paffionément que la réünion des Grecs fe fît fous fon Pontificat & par fon moyen, lui envoya auffi des galeres, de l'argent & des Ambaffadeurs, qui l'affurerent que le Concile de Bâle étoit caffé ; que le Pape en affembloit un autre à Ferrare où il affifteroit en perfone & où tous les Princes Chrétiens envoyeroient leurs Evêques & des Ambaffadeurs ; & qu'enfin les affaires de la Religion ne fe devoient traiter qu'en préfence du Vicaire de Jefus-Chrift.

Les Ambaffadeurs & les galeres de part & d'autre arriverent prefque en même tems à Conftantinople ; mais comme celles du Pape étoient en plus grand nombre & mieux équipées &

qu'elles avoient aporté trois cens arbalêtriers pour la défenſe de Conſtantinople, Condolmier qui les commandoit, eût ataqué celles du Concile, ſi l'Empereur qui ne demandoit que la paix, ne l'en eût empêché. Il avertit de ſon départ Amurat Sultan des Turcs, qui s'y opoſa autant qu'il put dans la penſée, que ſi les Grecs s'acordoient avec les Latins ſur la Religion, ils pouroient bien joindre leurs forces contre lui. Il vouloit même aſſieger Conſtantinople, mais Ali Bacha ſon General l'en empêcha: *Atendons Seigneur*, lui dit-il, *le ſuccez du voyage des Grecs, s'ils s'acordent avec les Latins, nous ferons la paix avec eux, & s'ils ne s'acordent pas, nous en aurons bon marché.* L'Empereur monta ſur les galeres du Pape qui étoient arrivées les premieres & fut acompagné de Joſeph Patriarche de Conſtantinople & de plus de cinquante Archevêques, Evêques ou Prelats d'Orient, de Ruſſie ou Moſcovie & de Siberie & de quelques Moines du Mont Athos. Denis Archevêque de Sardes & Beſſarion Archevêque de Nicée furent choiſis pour porter la parole au nom de tous les Grecs. Les Patriarches d'Alexandrie, d'Antioche & de Jeruſalem avoient donné leurs procurations. L'Empereur dit pour excuſe aux Ambaſſadeurs du Concile de Bâle, qu'ils étoient arrivez trop tard, & qu'il s'étoit engagé avec ceux du Pape qu'il avoit vûs les premiers.

Cependant on travailloit fortement à Bâle à

faire des decrets pour la réformation de l'Eglise dans son chef & dans ses membres. On défendit de rien exiger même en Cour de Rome, pour la confirmation des élections, postulations, présentations, collations, institutions &c. pour toutes sortes de benefices ou offices ecclesiastiques, non plus que pour la reception des Ordres sur quelque prétexte que ce fût, sous peine d'encourir par les contrevenans les peines portées contre les Simoniaques, & en cas que le Pape y contrevînt qu'il seroit déferé au Concile. On fit des reglemens pour la célebration de l'Office divin, tant en public qu'en particulier. On fit sur les causes Ecclesiastiques un decret, par lequel on ordonna qu'elles seroient toutes terminées par les Ordinaires, à l'exception des causes majeures ou de celles des Eglises Catédrales ou des Monasteres soûmis immédiatement au Pape, qui cometroit des Juges sur les lieux. On regla aussi la maniere d'élire le Pape, la profession de Foi qu'on lui fera faire : qu'on réduira le nombre des Cardinaux à vint-quatre: enfin le rétablissement des Elections & l'abolition des graces expectatives.

Le peu d'intelligence qu'il y avoit entre le Pape & le Concile, faisoit naître tous les jours de nouvelles entreprises. L'Archevêque de Tours s'adressa au Concile de Bâle pour faire casser les privileges de l'Eglise de S. Martin de Tours, le Pape s'y oposa fortement & le Concile ne décida rien là-dessus.

Le Pape avoit fait tout ce qui étoit en lui pour s'acommoder avec le Concile & avoit remis ses interêts entre les mains du Cardinal de Sainte Croix, de l'Archevêque de Tarente & de l'Evêque de Pavie. Il s'étoit adressé à Amedée Duc de Savoie, qu'il croyoit fort ataché au Saint Siege; mais enfin las de faire des avances inutiles, il fit publier à Boulogne une bule qui cassoit le Concile de Bâle & le transferoit à Udine, à Ferrare ou à Florence, suivant qu'il en conviendroit avec l'Empereur Grec, aprés qu'il seroit arrivé en Italie. Il voulut d'abord se servir pour cette translation du decret obtenu par ses Legats à Bâle, mais ayant reconnu qu'il ne pouvoit pas faire un grand fond sur un pareil decret, il ne chercha plus d'autres raisons que sa volonté & la plenitude de sa puissance. Il écrivit à l'Empereur Sigismond & à tous les Princes Chrétiens pour les prier de regarder comme ennemis de la foi tous les Prelats qui demeureroient encore assemblez à Bâle trente jours aprés la signification qu'il leur avoit fait faire. Le Concile de Bâle opposa à cette bule un decret, par lequel il déclara nulle la translation du Concile à Ferrare, & enjoignit au Pape de la revoquer.

Il étoit bien éloigné de le faire, il se voyoit puissant, le Cardinal Vitelleski avoit repris Boulogne & quelques autres villes de l'Etat Ecclesiastique. Jeanne seconde Reine de Naple venoit de mourir sans enfans. Elle avoit adopté d'abord

An de J.C. 1435.

Alphonse Roi d'Aragon, & ensuite l'acusant d'ingratitude, elle avoit par son testament nommé René d'Anjou pour son successeur. Il étoit prisonier du Duc de Bourgogne. Le Pape prétendit que ce Royaume lui étoit dévolu comme au Seigneur suzerain & en voulut prendre possession, mais les Napolitains sans l'écouter se partagerent & se donnerent les uns aux François & les autres aux Aragonnois. Il prit alors le parti de René d'Anjou pour s'oposer au Roi d'Aragon, qui soûtenoit le Concile de Bâle & qui prometoit d'y envoyer tous les Evêques de ses Etats. Ces affaires temporelles ne l'empêcherent pas de faire ouvrir le Concile de Ferrare par Nicolas Albergati Cardinal de Sainte Croix. Il y arriva lui-même quinze jours aprés & excommunia les Peres qui composoient le Concile de Bâle, si dans le tems de trente jours ils ne se séparoient. *Il y a*, dit-il dans sa bule, *six ans, qu'une douzaine d'Evêques sont assemblez à Bâle sans y rien faire, ce qui est sans exemple dans l'histoire Ecclesiastique. Le Concile de Lion ne dura que trois mois & celui de Vienne six, & ils ne laisserent pas de faire de bonnes Constitutions.* Le Cardinal Julien Cesarini qui jusque-là avoit présidé au Concile de Bâle, en étoit sorti, comme nous l'avons dit, avec seulement quatre Prelats, les autres demeurerent à Bâle & élurent pour Président le Cardinal Archevêque d'Arles, qui s'aquitta de la commission avec la capacité & la fermeté necessaires en cette ocasion.

Cependant l'Empereur Grec arriva à Venise avec son frere le Despote Demetrius & le Patriarche de Constantinople. Le Duc ou Doge alla au devant de lui sur le Bucentaure acompagné des nobles Venitiens. On ne peut exprimer la magnificence de son entrée. Il demeura trois semaines à Venise & y gagna tous les cœurs par sa bonne mine (il n'avoit que quarante sept ans) par son affabilité & par sa profonde science : ce qui avoit paru dans une célebre dispute qu'il avoit euë sur les mysteres de la Religion Chrétiene avec un Rabin qu'il convertit. Le Pape lui envoya Nicolas d'Est Marquis de Ferrare & le Cardinal de Sainte Croix pour le complimenter sur son heureuse arrivée & le prier de venir incessamment à Ferrare. Il s'y rendit par terre suivi des principaux Seigneurs de sa Cour, le reste de sa suite y alla par eau. Tous les Cardinaux & une infinité de Prelats allerent au devant de lui hors les portes de la ville. Il marchoit à cheval sous un dais bleu celeste porté par les fils & par les parens du Marquis d'Est: toute sa suite & même le Despote son frere mirent pied à terre à la porte du Palais, l'Empereur entra seul à cheval & monta l'escalier qui étoit en rampe douce. Il décendit de cheval à l'entrée de la sale. Le Pape l'atendoit dans son apartement; mais dés qu'il le vit, il se leva, fit quelques pas & l'embrassa. L'Empereur & le Patriarche avoient refusé absolument de se proster-

An de J. C. 1438.

ner devant fa Sainteté & de lui baifer les pieds : ils difoient pour leurs raifons, que même en priant Dieu ils ne fléchiffoient pas les genoux. Aprés une converfation fort courte, l'Empereur fut conduit avec la même pompe au Palais qu'on lui avoit préparé.

Le Patriarche fit fon entrée à Ferrare quelques jours aprés l'Empereur, il étoit à cheval entre les Cardinaux Profper Colomne & Firmien de Sainte Marie. On lui rendit tous les honneurs dûs à fa dignité, qui étoit fans contredit la premiere de l'Eglife Orientale ; mais il ne voulut par aucune de fes actions reconoître la primauté du Pape. C'étoit une des queftions qu'on devoit agiter dans le Concile. Il prétendoit que l'âge devoit regler leur rang. *S'il eft plus vieux que moi*, dit-il aux Cardinaux qui vinrent au devant de lui, *je l'apellerai mon pere ; fi nous fommes de même âge, mon frere ; & s'il eft le plus jeune, mon enfant.* Il fut admis à l'audiance du Pape dans la chambre fecrete, afin d'éviter le céremonial ; & lorfqu'il fit fon entrée dans la ville, il ne fit point porter fa croffe devant lui & ne donna point la benediction au peuple.

An de J. C. 1438.

On difpofa toutes chofes pour l'ouverture du Concile qui fe fit le Mercredi faint neuviéme d'Avril 1438. dans l'Eglife Catédrale de Saint George. Le Pape vouloit qu'on élevât fon trône au haut de l'Eglife, mais l'Empereur s'y opofa, & prétendit que Conftantin au Concile de Nicée

&

& Martien au Concile de Calcedoine avoient ocupé cette place. Le Pape répondit, que les Papes n'ayant point aſſiſté en perſone à ces deux Conciles & n'y ayant préſidé que par leurs Legats, cela ne tiroit point à conſéquence ; on convint enfin qu'on éleveroit à quatre pas de l'autel un trône où l'on placeroit l'Evangile entre le chef de ſaint Pierre & celui de ſaint Paul ; que la chaire du Pape ſeroit placée au côté droit & un peu au deſſous celle de l'Empereur d'Allemagne. Le Pape avoit ſes habits pontificaux & une mitre chargée de diamans, & du même côté furent aſſis ſelon leur rang les Cardinaux avec des mitres blanches ; les Patriarches, les Archevêques, les Evêques & les Abbez d'Occident au nombre de cent ſoixante. On éleva à main gauche le trône de l'Empereur Grec : ſon frere Demetrius Deſpote de la Morée étoit aſſis à ſa droite ſur un petit ſiege, & à ſa gauche étoit la chaire du Patriarche de Conſtantinople & des bancs pour les Vicaires des autres Patriarches d'Orient, pour les Evêques Grecs & enſuite pour ſix Prêtres de l'Egliſe de Conſtantinople, qu'on apelloit Porte-croix parce qu'ils portoient des croix ſur leurs chapeaux. On laiſſa une place vuide pour Iſidore Archevêque de Kiovie en Ruſſie qui n'arriva qu'au mois d'Août avec quelques Evêques Moſcovites. Il ſe déclara pour la créance de l'Egliſe Latine. On plaça aux pieds du trône de l'Empereur les Ambaſſadeurs de

Trebizonde & ceus du grand Duc de Moscovie, du Prince des Georgiens, des Despotes de Servie & de Valachie & les principaux Officiers de l'Empereur.

Quand tout le monde fut placé, on publia à haute voix que le Concile general de Ferrare alloit commencer en présence & du consentement du Pape & des Evêques d'Orient & d'Occident. Le Roi d'Angleterre & René d'Anjou Roi de Naple l'avoient aprouvé par leurs lettres, & d'autre côté Alphonse d'Aragon s'étoit déclaré pour le Concile de Bâle. On chanta la Messe du Saint Esprit, les Evêques Grecs avoient celebré à part suivant leur liturgie. Bessarion Archevêque de Nicée parla sur l'union avec beaucoup de zele & d'éloquence. O *Jesus-Christ*, s'écria-t-il, *vous nous avez tous rachetez par l'effusion de votre sang, nous sommes tous vos brebis, faites que nous n'ayons qu'un même pasteur, & rassemblez-nous dans la même bergerie: & vous Esprit saint, source de lumiere & de graces, inspirez-nous des sentimens de concorde, & ne permettez pas que nous soyons plus lon-tems separez par la diversité des raisons humaines.* André Archevêque de Rhodes parla pour les Latins dans le même sens quoiqu'il fût Grec, mais il s'étendit un peu trop sur les loüanges du Pape, qu'il éleva bien au dessus de tous ceux qui l'avoient précedé.

Le Pape dans la premiere session du Concile fit publier une nouvelle bule de convocation, conjurant les Princes d'envoyer à Ferrare dans le terme de quatre mois les Evêques de leurs Etats & des Ambaſſadeurs. Il fut obligé alors d'impoſer de nouvelles decimes & d'exhorter les Chrétiens à faire des aumônes pour ſubvenir aux frais. Il lui en avoit déja coûté plus de quatre-vint mille écus d'or, & il en avoit promis aux Grecs cinq mille par mois tant pour leur ſubſiſtance que pour l'entretien des troupes & des galeres, qu'il avoit envoyées à Conſtantinople. En atendant il nomma le Cardinal Julien & neuf autres Commiſſaires pour conferer avec les Grecs ſur les points controverſez. Les Grecs en nomerent autant de leur côté. Marc Archevêque d'Epheſe & Beſſarion Archevêque de Nicée en étoient les principaux. Ils convinrent qu'il y avoit cinq points principaux controverſez entre les deux Egliſes, ſavoir la proceſſion du Saint Eſprit du Pere & du Fils, l'addition au Simbole du mot *Filioque*, l'uſage du pain azime dans le ſaint Sacrifice, le Purgatoire & la Primauté du Pape. Ils comencerent par le Purgatoire & ne parurent pas fort éloignez de ſentiment ; ils tomberent d'acord que les ames des pécheurs qui n'avoient pû acomplir leur penitence en ce monde, étoient envoyées dans un lieu de tenebres & de triſteſſe. Les Latins vouloient qu'elles y fuſſent tourmentées par le feu, & les Grecs ſe contentoient qu'elles y fuſſent affligées par la privation de la lumiere de Dieu. On conve-

K ij

noit de part & d'autre que les ames étoient foulagées dans ce lieu de peines par les prieres, par les aumônes & par le facrifice des Prêtres. Les Grecs ne s'acordoient pas entre eux. Marc d'Ephefe prétendoit que la beatitude étoit differée jufqu'au jour du jugement, & Beffarion croyoit qu'aprés la mort il ne manquoit aux ames des Bienheureux pour une beatitude complete que la réfurrection de leurs corps. On y agita enfuite avec beaucoup de chaleur de part & d'autre la queftion de la Proceffion du Saint Efprit. Beffarion pour les Grecs & André Archevêque de Rhodes pour les Latins firent des pieces d'éloquence fur le bien de la paix. On nomma des Commiffaires de part & d'autre pour difcuter les matieres. Les Grecs nomérent Marc Eugenique Archevêque d'Ephefe, Beffarion Archevêque de Nicée, Ifidore Archevêque de Kiovie, Siderophas garde des grans vafes & Michel Balfamon grand Bibliothequaire. Les Latins choifirent Julien Cardinal de Saint Ange, Nicolas Cardinal Albergati, André Archevêque de Rhodes, ou Coloffence, comme parlent les Latins & les Grecs modernes, qui nomoient ainfi ceux de Rhodes du nom du prodigieux Coloffe d'Apollon, Jean Evêque de Forli, Jean de Montenegre Provincial des Dominicains, Pierre Perquere Frere Mineur & Jean de Saint Thomas Auguftin, tous Docteurs en Theologie. On mit entre les deux rangs un petit fiege pour

Nicolas Secondin de l'Isle de Negrepont qui rendoit sur le champ & trés-fidelement en Latin, ce que les Grecs avoient dit en Grec, & expliquoit en Grec ce que les Latins y avoient répondu. On parla d'abord du mot *Filioque* ajoûté au Simbole de Nicée. Marc d'Ephese raporta le decret du Concile d'Ephese qui défend de rien changer aux articles de foi, ce qui avoit été aussi défendu par les 4. 5. 6. & 7.es Conciles generaux, d'où il conclut qu'on n'avoit pas pû ajoûter au Simbole le mot *Filioque*. L'Archevêque de Rhodes dit que c'étoit une explication plûtôt qu'une addition, parce qu'étant dit dans le Simbole de Nicée, que le Saint Esprit procede du Pere, il est sousentendu, qu'il procede aussi du Fils, qui a en lui toute l'essence du Pere, *tout ce qu'a mon Pere*, dit Jesus-Christ dans l'Evangile, *est à moi*; que le Concile d'Ephese défend de rien changer à la foi, mais non pas de l'expliquer : que les erreurs survenuës dans l'Eglise ont obligé les Conciles generaux à expliquer les choses ambiguës, ce qui paroît par le Concile de Calcedoine, qui en disant que le Simbole de Constantinople suffit pour l'intelligence de l'Incarnation du Fils de Dieu, marque expressément que les Docteurs tant Grecs que Latins ne pouvant rien changer à l'Evangile, peuvent & doivent l'expliquer pour l'instruction des Fidéles. Le Cardinal Julien ajoûta que les Peres de Calcedoine avoient déclaré que le Saint Esprit étoit

Dieu, fans pourtant rien dire de nouveau. L'Archevêque de Rhodes dans la feſſion ſuivante dit, que l'Egliſe Romaine dans l'expoſition du Simbole de Nicée avoit ajoûté le mot *Filioque* par neceſſité contre les Heretiques, & ſur l'autorité de ſaint Auguſtin, de ſaint Ambroiſe, de Gregoire le Grand, de ſaint Hilaire, de ſaint Baſile dans ſes Epîtres canoniques, de ſaint Jean Chriſoſtome dans ſon Homelie 38. ſur ſaint Jean, de ſaint Epiphane, de ſaint Cyrille d'Alexandrie contre Theodoret, de ſaint Maxime & d'Anaſtaſe le Sinaïte. Il ajoûta que l'Egliſe Romaine avoit été forcée à ajoûter le mot *Filioque*, parceque depuis lon-tems la France & l'Eſpagne chantoient le Simbole avec cette addition : que ce n'avoit point été une cauſe de rupture entre l'Egliſe Greque & la Latine, puiſque Photius le plus grand ennemi des Papes ne leur avoit jamais reproché cette addition, ce qu'il n'eut pas manqué de faire s'il l'eût crûë contraire à la foi de l'Egliſe. Le Cardinal Julien éleva fort la chaire de ſaint Pierre, contre laquelle les portes d'enfer, c'eſt-à-dire les Heretiques, ne prévaudront jamais, ſuivant la parole de Jeſus-Chriſt à ſaint Pierre, *paiſſez mes brebis & confirmez vos freres.*

Les feſſions ſuivantes Beſſarion tâcha de répondre au Cardinal Julien & à André de Rhodes: *Je ne veux point parler ici*, leur dit-il, *des prérogatives de l'Egliſe Romaine, mais enfin elles ont leurs* bornes & sont toujours inferieures à celles de l'Eglise universelle assemblée en un Concile general. Il pressa ensuite les Latins de lui dire, s'ils croyoient que ces paroles ajoûtées au Simbole fussent de foi ou non. L'Evêque de Forli distingua aprés saint Bonaventure trois sortes d'additions, la premiere heretique, quand elle est contraire à l'Ecriture : la seconde temeraire, quand elle en est differente, la troisiéme raisonnable, quand elle y est conforme. Celui qui diroit que le Pere est engendré, que le Fils ne l'est pas & que le Saint Esprit ne procede de l'un ni de l'autre, seroit heretique : celui qui diroit que le Pere est géometre, que le Fils est astronome & que le Saint Esprit est aritmeticien, seroit temeraire en parlant un langage nouveau : mais celui qui en expliquant ce qui est obscur, diroit que le Pere tout puissant est éternel, que le Fils consubstantiel est coéternel & que le Saint Esprit procede de l'un & de l'autre par voïe de spiration, parleroit pieusement & catoliquement. Cette derniere sorte d'addition bien loin d'être condamnée atend des récompenses suivant cette parole du Sauveur en saint Luc, *toutes les œuvres de surérogation que vous aurez faites, je vous les payerai à mon retour.* Marc d'Ephese ne se rendit pas, mais le Cardinal Julien le pressa fort par les actes du Concile d'Ephese. Il y est dit que les Nestoriens y ayant présenté un Simbole de leur façon, un nommé Charisius Catolique en présenta un autre qui n'étoit ni celui de Nicée ni celui de Constantinople, que le Concile reprouva le Simbole des Nestoriens & qu'il ne statua rien sur celui de Charisius, parce qu'il étoit conforme aux dogmes de la foi, quoiqu'il y eût quelques termes nouveaux par forme d'explication. *Quand on n'entend pas une loi*, dit le Cardinal Julien, *il faut recourir à l'esprit du Legislateur. Nous suivons*, disent les Peres du septiéme Concile general, *nous suivons une loi qui ne sauroit errer, nous n'ôtons ni n'ajoûtons à la foi des Peres de Nicée.* Ils avoient pourtant fait de nouveaux decrets sur les images. *Saint Leon*, dit le Concile de Calcedoine, *n'a rien fait que de bien en nous envoyant une nouvelle exposition de la foi, il ne l'a pas changée, il l'a expliquée.* Marc d'Ephese ne fut point touché de ces raisons.

Cependant les Evêques de Teroüenne, de Chalon sur Saone & de Nevers & l'Abbé de Cîteaux Ambassadeurs du Duc de Bourgogne arriverent à Ferrare, le Duc n'étoit pas content du Concile de Bâle. Ils entrerent au Concile sans faire aucune civilité à l'Empereur Grec qui s'en plaignit. Le Pape les obligea à lui rendre les honeurs dûs à sa dignité. Peu de tems aprés, la peste étant survenuë à Ferrare, il falut transferer le Concile à Florence ; on y avoit déja tenu seize sessions, & l'on n'en tint que neuf à Florence. Les Evêques Grecs furent obligez de consentir à la translation, ils començoient à s'ennuyer

nuyer, & par l'aigreur des difputes ils défefperoient de l'union, mais leur Empereur ne fe rebutoit pas, dans l'efperance que les Princes d'Occident le voyant dans leur communion, lui doneroient du fecours contre les Turcs qui étoient prés de l'acabler. Ils environoient Conftantinople fans ofer l'affieger, la ville étoit bien fortifiée, la garnifon nombreufe & le Pape venoit d'y envoyer encore vint mille écus d'or. Il avoit mis en gage fa thiare de diamans.

Dés que le Concile fut raffemblé à Florence, on recommença les conferences : Jean de Montenegre Provincial des Dominicains en Lombardie, reprit avec beaucoup de force toutes les raifons, que le Cardinal Julien & l'Archevêque de Rhodes avoient aportées dans le Concile de Ferrare, pour prouver que l'addition du mot *Filioque* au Simbole, étoit legitime & conforme à l'Ecriture fainte & aux fentimens des anciens Peres de l'Eglife. Marc d'Ephefe toujours opiniâtre y répondit comme il put ; mais enfin les autres Evêques Grecs parurent touchez de la verité ; & Beffarion fit un long difcours fur l'autorité des Conciles generaux & fur le confentement des anciens Peres, auquel il faloit fe foûmettre comme à la regle de notre foi. Les Grecs convinrent que le Saint Efprit procede du Pere & du Fils, & quoiqu'ils n'acceptaffent pas l'addition *Filioque*, ils confentirent que les Latins s'en ferviffent, puifqu'en difant que le Saint Ef-

qui n'étoit ni celui de Nicée ni celui de Constantinople, que le Concile reprouva le Simbole des Nestoriens & qu'il ne statua rien sur celui de Charisius, parce qu'il étoit conforme aux dogmes de la foi, quoiqu'il y eût quelques termes nouveaux par forme d'explication. *Quand on n'entend pas une loi*, dit le Cardinal Julien, *il faut recourir à l'esprit du Legislateur. Nous suivons*, disent les Peres du septiéme Concile general, *nous suivons une loi qui ne sauroit errer, nous n'ôtons ni n'ajoûtons à la foi des Peres de Nicée.* Ils avoient pourtant fait de nouveaux decrets sur les images. *Saint Leon*, dit le Concile de Calcedoine, *n'a rien fait que de bien en nous envoyant une nouvelle exposition de la foi, il ne l'a pas changée, il l'a expliquée.* Marc d'Ephese ne fut point touché de ces raisons.

Cependant les Evêques de Teroüenne, de Chalon sur Saone & de Nevers & l'Abbé de Cîteaux Ambassadeurs du Duc de Bourgogne arriverent à Ferrare, le Duc n'étoit pas content du Concile de Bâle. Ils entrerent au Concile sans faire aucune civilité à l'Empereur Grec qui s'en plaignit. Le Pape les obligea à lui rendre les honeurs dûs à sa dignité. Peu de tems aprés, la peste étant survenuë à Ferrare, il falut transferer le Concile à Florence ; on y avoit déja tenu seize sessions, & l'on n'en tint que neuf à Florence. Les Evêques Grecs furent obligez de consentir à la translation, ils començoient à s'ennuyer

nuyer, & par l'aigreur des difputes ils défefperoient de l'union, mais leur Empereur ne fe rebutoit pas, dans l'efperance que les Princes d'Occident le voyant dans leur communion, lui doneroient du fecours contre les Turcs qui étoient prés de l'acabler. Ils environoient Conftantinople fans ofer l'affieger, la ville étoit bien fortifiée, la garnifon nombreufe & le Pape venoit d'y envoyer encore vint mille écus d'or. Il avoit mis en gage fa thiare de diamans.

Dés que le Concile fut raffemblé à Florence, on recommença les conferences: Jean de Montenegre Provincial des Dominicains en Lombardie, reprit avec beaucoup de force toutes les raifons, que le Cardinal Julien & l'Archevêque de Rhodes avoient aportées dans le Concile de Ferrare, pour prouver que l'addition du mot *Filioque* au Simbole, étoit legitime & conforme à l'Ecriture fainte & aux fentimens des anciens Peres de l'Eglife. Marc d'Ephefe toujours opiniâtre y répondit comme il put; mais enfin les autres Evêques Grecs parurent touchez de la verité; & Beffarion fit un long difcours fur l'autorité des Conciles generaux & fur le confentement des anciens Peres, auquel il faloit fe foûmettre comme à la regle de notre foi. Les Grecs convinrent que le Saint Efprit procede du Pere & du Fils, & quoiqu'ils n'acceptaffent pas l'addition *Filioque*, ils confentirent que les Latins s'en ferviffent, puifqu'en difant que le Saint Efprit procede du Pere & du Fils, ils entendent que le Saint Esprit procede du Pere par le Fils & par une seule & même spiration. Ils reconnurent ensuite le Purgatoire sans expliquer, si les ames y étoient tourmentées par le feu ou de quelque autre maniere : ils avoüerent qu'il est indifferent de se servir dans la consécration, du pain azime ou du pain levé, pourvû que le pain soit de froment & que la consécration soit faite par un Prêtre & dans un lieu sacré. Enfin ils reconnurent la primauté du Pape sur tous les autres Evêques, telle qu'il l'avoit avant le schisme.

L'Empereur donna un Ecrit en ces termes : *Je tiens le present Concile general aussi autentique qu'aucun qui ait été celebré dans l'Eglise, quoiqu'il y ait moins d'Evêques & qui ne se peuvent pas comparer à saint Cyrille & à Gregoire le Theologien ; & par ce qu'en conscience je dois suivre l'avis de la plus nombreuse partie des Evêques, suivant l'ancien usage des Conciles, je reçois avec respect toutes ses décisions, pourvû qu'on ne change rien aux usages de notre Eglise.* Aprés quoi on dressa le decret d'union, en grec & en latin en deux colomnes. Le Pape signa dans l'une & aprés lui huit Cardinaux, huit Archevêques, cinquante-deux Evêques, quarante Abbez, les Generaux de Camaldoli, de Val-ombreuse, des Augustins & des Cordeliers, & les Ambassadeurs du Duc de Bourgogne. L'Empereur d'Allemagne & le Roi de France n'y avoient envoyé ni leurs Ambassadeurs, ni les Evêques de leurs

Etats, parce qu'ils fongeoient toûjours à acommoder le Concile de Bâle avec le Pape.

L'Empereur figna dans l'autre colomne avec de l'ancre de couleur de pourpre felon la coûtume des Empereurs Grecs, & enfuite les Procureurs des Patriarches d'Alexandrie, d'Antioche & de Jerufalem, fuivant le rang qu'ils avoient autrefois dans l'Eglife d'Orient. Le feul Marc d'Ephefe à qui l'efprit penfa tourner pour avoir été vaincu dans la difpute & le Prince Demetrius demeurerent dans leur opinion & ne voulurent point figner. On mit à la tête du Decret qui étoit en grec & en latin le nom du Pape, que tous reconoiffoient pour le vicaire de Jefus-Chrift en terre, mais on ajoûta que c'étoit du confentement de l'Empereur & des Patriarches d'Orient affemblez avec les Latins dans le Concile de Florence.

Ce fut Ambroife General des Camaldules qui dreffa le Decret d'union. Il fut difciple d'Emmanuel Chrifoloras, qui lui aprit la langue greque & traduifit en latin la vie de faint Jean Chrifoftome, les quatre Livres de Manuel Calecas contre les erreurs des Grecs, & plufieurs ouvrages de faint Ephrem & de faint Bafile. Il mourut peu de tems aprés le Concile de Florence.

Gregoire furnommé Mamas Confeffeur de l'Empereur eut beaucoup de part à l'union, qu'il foûtint contre Marc d'Ephefe par une excellente Apologie. Il écrivit aussi une lettre à Alexis Comnene Empereur de Trebizonde pour justifier la doctrine des Latins & l'addition faite au Simbole. Il fut dans la suite Patriarche de Constantinople & mourut en 1463.

George Scholarius Docteur Grec se déclara aussi pour l'union & défendit fortement les cinq articles controversez, mais il changea après son retour à Constantinople & rentra dans le schifme. Il avoit fait plusieurs ouvrages sur les Mysteres de la Religion & un Dialogue contre les Mahometans.

Je crois que le Decret d'union est assez important pour le mettre ici tout entier, il étoit conceu en ces termes.

» Eugene Serviteur des Serviteurs de Dieu,
» pour servir de monument à perpetuité, du
» consentement de notre trés-cher fils Jean Pa-
» leologue illustre Empereur des Romains, &
» de ceux qui tiennent la place de nos trés véne-
» rables Freres les Patriarches & des autres Pre-
» lats representans l'Eglise Greque.
» Les Grecs & les Latins assemblez dans ce
» saint Concile œcumenique ont donné les uns
» & les autres tous leurs soins pour examiner
» avec toute l'exactitude possible l'article qui re-
» garde la procession du Saint Esprit; & aprés
» qu'on a raporté des témoignages de l'Ecriture
» sainte & des passages des Peres Grecs & La-
» tins, dont les uns portent que le Saint Esprit

procede du Pere & du Fils; les autres qu'il procede du Pere par le Fils, on a reconnu qu'ils n'ont tous qu'un même sens, quoiqu'ils se servent de diverses expressions: que les Grecs en disant que le Saint Esprit procede du Pere, ne veulent point exclure le Fils; mais parce qu'il sembloit aux Grecs, que les Latins en assurant que le Saint Esprit procede du Pere & du Fils, admettoient deux principes & deux spirations, ils se sont abstenus de dire qu'il procede du Pere & du Fils: les Latins au contraire ont assuré, qu'en disant que le Saint Esprit procede du Pere & du Fils, ils n'ont pas dessein de nier que le Pere soit la source & le principe de toute la divinité, savoir du Fils & du Saint Esprit; ni de prétendre que le Fils ne reçoive pas du Pere ce en quoi le Saint Esprit procede de lui; ni enfin d'admettre deux principes ou deux spirations, mais qu'ils reconoissent qu'il n'y a qu'un seul principe & une seule procession du Saint Esprit, comme ils l'ont toujours tenu; & dautant que ces expressions reviennent à un même sens veritable, ils sont enfin convenus & ont fait l'union suivante d'un consentement unanime. Partant au nom de la Sainte Trinité du Pere, du Fils & du Saint Esprit, de l'avis de ce saint Concile œcumenique assemblé à Florence, nous définissons que la verité de cette foi soit crûë & receuë de tous les Chrétiens, & que tous professent que le Saint Esprit est

» éternellement du Pere & du Fils, qu'il reçoit
» sa substance & son être subsistant du Pere & du
» Fils, & qu'il procede des deux éternellement
» comme d'un seul principe & par une seule pro-
» cession, déclarant que les saints Docteurs &
» les Peres, qui disent que le Saint Esprit pro-
» cede du Pere par le Fils, n'ont point d'autre sens
» & font conoître par là que le Fils est comme
» le Pere selon les Grecs la cause, & selon les La-
» tins le principe de la subsistance du Saint Es-
» prit : & parce que le Pere a communiqué au
» Fils dans sa generation tout ce qu'il a, à l'ex-
» ception de ce qu'il est Pere, il lui a aussi donné
» de toute éternité ce en quoi le Saint Esprit pro-
» cede de lui. Nous définissons aussi que cette ex-
» plication *du Fils* a été ajoûtée legitimement &
» avec raison au Simbole pour éclaircir la verité
» & avec necessité. Nous déclarons aussi, que le
» corps de Jesus-Christ est veritablement consa-
» cré dans du pain de froment, soit qu'il soit azi-
» me ou qu'il soit levé, & que les Prêtres doi-
» vent se servir de l'un & de l'autre chacun se-
» lon l'usage de son Eglise : Que les ames des ve-
» ritables penitens morts dans la charité de Dieu,
» avant que d'avoir fait de dignes fruits de pe-
» nitence de leurs pechez, sont purifiées aprés
» leur mort par les peines du Purgatoire, & qu'-
» elles sont soulagées de ces peines par les sufra-
» ges des Fidéles vivans, comme sont les saints
» sacrifices, les prieres, les aumônes & les autres

œuvres de pieté que les Fidéles font pour les au- « tres Fidéles suivant les regles de l'Eglise. Que « les ames de ceux qui n'ont point peché depuis « leur bâteme ou celles de ceux qui étant tom- « bez dans des pechez en ont été purifiez dans « leur corps, ou aprés en être sortis, comme « nous venons de dire, entrent aussitôt dans le « Ciel & voïent purement la Trinité, les uns « plus parfaitement que les autres selon la dife- « rence de leurs merites. Enfin que les ames de « ceux qui sont morts en peché mortel actuel ou « dans le seul peché originel, décendent aussi- « tôt en enfer pour y être punies de peines « quoiqu'inégales. Nous définissons encore que « le Saint Siege Apostolique & le Pontife Ro- « main a primauté sur toute la terre : qu'il « est le successeur de saint Pierre, le Corifée des « Apôtres, le Vicaire de Jesus-Christ, le Chef « de toute l'Eglise, le pere & le docteur de tous « les Chrétiens, & que Dieu lui a donné en la « place de saint Pierre, le pouvoir de paître, de « regler & de gouverner l'Eglise Catolique ainsi « qu'il est expliqué dans les Actes des Conciles « œcumeniques & dans les saints Canons. Re- « nouvellant en outre l'ordre des autres Patriar- « ches marqué dans les Canons ; en sorte que « celui de Constantinople soit le second aprés « le saint Pape de Rome ; celui d'Alexandrie le « troisiéme ; celui d'Antioche le quatriéme & ce- « lui de Jerusalem le cinquiéme, sans toucher à «

„ tous leurs privileges & droits.

On fit trois exemplaires de l'Acte d'union, le premier pour le Pape, le second pour l'Empereur, & le troisiéme pour le Patriarche de Constantinople. On fit ensuite dans la grande Eglise de Florence la publication de l'union, le Cardinal Julien & l'Archevêque de Nicée monterent dans le Jubé & la publierent à haute voix, l'un en grec, l'autre en latin.

Mais parce que dans le Decret d'union, on n'avoit point parlé des paroles de la Consecration, Bessarion Archevêque de Nicée se crut obligé d'expliquer le sentiment des Grecs là-dessus & dit au Pape en présence des Cardinaux & des Evêques : *Nous déclarons à votre Sainteté que nous avons apris de nos anciens Peres & principalement de saint Jean Chrisostome, que ce sont les paroles de Notre-Seigneur qui changent la substance du pain & du vin en celle du corps & du sang de Jesus Christ. Nous savons qu'il y a quatre choses necessairement requises pour la Consécration, savoir la matiere qui doit être du pain de froment levé ou sans levain : la forme qui sont les paroles de Jesus-Christ : le ministre qui est le Prêtre; & enfin l'intention qu'il doit avoir de consacrer. Voila ce que nous croyons & que nous croirons éternellement.* Ce qui termine entierement la question si lontems agitée dans le siecle précedent entre Monsieur Arnaud & le Ministre Claude.

Le Pape eût souhaité que les Grecs avant que de s'en retourner eussent élû un Patriarche,

mais

mais l'Empereur lui dit que le Patriarche ne pouvoit être élû qu'à Constantinople & que c'étoit la coûtume de leur Eg"se. Mais pour le satisfaire d'une autre maniere, il fit reciter son nom dans les Dyptiques, quoiqu'il ne l'eût pas demandé.

Quand cette grande affaire fut finie l'Empereur prit congé du Pape, qui lui fit des presens considerables & lui promit d'entretenir deux galeres dans le port de Constantinople & les trois cens arbalêtriers qu'il lui avoit envoyez pour la défence de la ville. Il donna ordre à Cosme & à Laurent de Medicis Argentiers de l'Eglise Romaine d'envoyer à Constantinople vint mille écus d'or pour le payement de la garnison & promit à l'Empereur, qu'en cas de besoin il feroit armer à ses frais vint vaisseaux de guerre & qu'il alloit presser les Princes Chrétiens de se croiser contre les Infidéles. Aprés quoi l'Empereur fort satisfait de son voyage repassa en Orient avec tous les Evêques sur des galeres, que le Pape lui avoit fait préparer à Venise. Les Evêques Grecs y célebrerent solemnellement suivant leur rit dans une Eglise des Latins, & arriverent à Constantinople le premier jour de Fevrier. Leur Patriarche étoit mort subitement à l'âge de quatre-vint ans. On trouva sur sa table l'écrit suivant.

Joseph par la grace de Dieu Archevêque de Constantinople nouvelle Rome & Patriarche œcumenique, me

An de J. C. 1440.

voyant près *de rendre compte à Dieu, j'écris par sa grace & signe mon avis, afin que tous mes freres en soient instruits. Je crois tout ce que croit & professe l'Eglise Catolique & Apostolique de l'anciene Rome. Je reconois le Pape de l'anciene Rome pour le grand Pontife Vicaire de Jesus-Christ. J'admets le Purgatoire. En témoin de quoi j'ai signé le* 9. *de Juin* 1439. Le Pape ne voulut pas faire atention au titre de Patriarche œcumenique, de peur de former de nouvelles difficultez.

En 1369. un autre Empereur Grec aussi nommé Jean Paleologue se voyant pressé par les Turcs, vint en Italie demander du secours aux Princes Chrétiens. Il fut fort bien receu par le Pape Urbain V. & fit entre ses mains une profession de foi, dans laquelle il reconoit que le Saint Esprit procede du Pere & du Fils. Il admet les peines du Purgatoire, les prieres pour les morts, la vision des ames purifiées de tous pechez aussitôt aprés la mort, les sept Sacremens, la validité du Sacrifice de l'Eucharistie offert avec du pain azime, la transmutation du pain & du vin au corps & au sang de Jesus-Christ, la validité des secondes, troisiémes & quatriémes nôces, la primauté de l'Eglise de Rome sur toute l'Eglise Catolique donnée avec une pleine puissance par Jesus-Christ à saint Pierre, dont le Pontife Romain est le successeur, à qui toutes les Eglises & tous les Evêques doivent obéïssance, &c. Il promit par serment sur les saints Evangiles.

de tenir inviolablement cette doctrine. Mais malgré une soûmiſſion ſi autentique, il ne tira pas grand ſecours d'Occident.

L'Empereur Grec qui avoit intereſt à ſoûtenir l'union, trouva à ſon retour à Conſtantinople les Evêques Grecs, qui n'avoient pas été à Florence peu diſpoſez à la recevoir; Marc d'Epheſe avoit un grand parti qui s'y opoſa. Il écrivit des lettres circulaires à tous les Chrétiens contre le Concile de Florence, fit un traité ſur la Proceſſion du Saint Eſprit, & prétendit toujours que la Conſe-cration ſe fait, non ſeulement par les paroles de Nôtre-Seigneur, mais auſſi par l'oraiſon & par la benediction du Prêtre. Les Moines qui gouvernoient les conſciences, parce qu'on n'alloit pas volontiers à confeſſe aux Prêtres Grecs à cauſe qu'ils étoient mariez, ſe joignirent à lui. L'Empereur ne laiſſa pas de faire élire Patriarche Metrophane Archevêque de Sizique, qui fit tous ſes efforts pour faire accepter l'union. Il en fut peut-être venu à bout ſans les démêlez que l'Empereur eut avec ſon frere Demetrius qui ſe révolta. L'Empereur mourut & n'eut pas le tems d'achever ſon ouvrage. Conſtantin ſon frere & ſon ſucceſſeur fut encore moins en état d'y travailler. La guerre des Turcs l'empêcha de ſonger aux affaires Eccleſiaſtiques.

Il reſtoit quelques petites difficultez entre les Latins & les Grecs, auſquelles on ne voulut pas s'arrêter, depeur qu'elles n'empêchaſſent l'union:

par exemple, pourquoi les Grecs aprés la Conſécration ajoûtent cette priere : *Faites Seigneur que ce pain devienne le précieux corps de votre Fils par la vertu du Saint Eſprit.* Le Docteur Turrecremata qui depuis fut Cardinal, leur prouva par l'autorité des ſaints Peres, que ce ne ſont pas les prieres de l'homme, mais uniquement les paroles de Jeſus-Chriſt prononcées par le Prêtre en la perſone de Jeſus-Chriſt même qui produiſent le changement de la ſubſtance du pain & du vin en celle du corps & du ſang du Sauveur. Ils répondirent qu'ils ne doutoient pas que la Tranſubſtantiation ne ſe fît par les paroles de Jeſus-Chriſt, & qu'à l'exemple des Latins qui aprés la Conſécration invoquent le Saint Eſprit, ils lui adreſſent auſſi une priere, afin qu'il ſoit preſent au ſaint Sacrifice. On leur demanda auſſi pourquoi ils mettent de l'eau chaude dans le calice ; pourquoi les Evêques & les Prêtres ne ſe confeſſent pas avant que de dire la Meſſe ; pourquoi ils caſſent les mariages pour adultere : ils dirent leurs raiſons qu'on s'efforça de trouver bones.

Aprés le départ de l'Empereur Grec le Pape donna le chapeau de Cardinal à Beſſarion Archevêque de Nicée & à Iſidore Archevêque de Kiovie, quoiqu'ils euſſent fortement combatu ſa ſuperiorité ſur le Concile general & ſon infaillibilité dans les matieres de foi. C'étoit le ſentiment de tous les Grecs, & cela ne l'empêcha pas de leur dire, *enfin mes Freres, nous voici unis dans la même foi.*

Megaronenus Empereur de Trebizonde suivit l'exemple de l'Empereur de Constantinople, & écrivit au Pape une lettre fort respectueuse, par laquelle il souhaite la réunion de l'Eglise Grecque, & promet d'y contribuer de tous les efforts. Les Armeniens & la plûpart des Schismatiques d'Orient paroissoient aussi fort bien disposez ; le Pape leur envoya une profession de foi où il marque les sept Sacremens de l'Eglise dans l'ordre suivant ; le Baptême, qui est la porte de la vie Chrétienne ; la Confirmation qui ne peut être administrée que par l'Evêque avec le saint chrême ; l'Eucharistie qui contient le corps & le sang de Jesus-Christ ; la Penitence, qui nous donne l'absolution de nos pechez ; l'Extrême-onction, qui fortifie les mourans ; l'Ordre qui consacre les Prêtres ; & le Mariage, qui est le signe de l'alliance de Jesus Christ avec l'Eglise.

Pandant que le Pape tenoit son Concile à Florence, celui de Bâle continuoit toujours à travailler à la réformation de l'Eglise : il avoit perdu son principal protecteur en la persone de l'Empereur Sigismond de Luxembourg, qui étoit mort en 1437. Prince plus illustre par son zele au bien de l'Eglise, que par ses exploits guerriers. Il avoit pourtant donné des preuves d'un courage heroïque : sa femme Marie Reine de Hongrie l'obligea contre son inclination à faire mourir trente-deux Seigneurs Hongrois. Les autres conjurerent & surprirent le Palais, l'Empereur alla au devant d'eux le fabre à la main : *Que le plus hardi s'avance*, leur cria-t il, *& qu'il ataque fon Roi*. Les Conjurez baifferent les yeux & fe retirerent. On dit qu'étant à Conftance un Courtifan dit devant lui, qu'il n'y avoit plus de liberté : *Si cela étoit*, lui dit l'Empereur, *vous ne parleriez pas fi librement*. Il haïffoit mortellement les flateurs & difoit qu'ils étoient pires que les corbeaux, parce que ces oifeaux n'arachent les yeux qu'aux morts & que les flateurs les arachent aux vivans. Il avoit été malheureux dans les guerres de Boheme ; les Huffites avoient gagné contre lui huit batailles fous la conduite de Jean Ziska leur heros ; mais quand aprés fa mort, la Noblefse de Boheme laffe de fe laiffer mener par des payfans entêtez & furieux les eurent abandonnez, l'Empereur les mit bientôt à la raifon, ils demanderent quartier & tout leur fut acordé, pourvû qu'ils abjuraffent leurs erreurs : ils envoyerent des Deputez au Concile de Bâle qui leur fit connoître la verité, & ils fe foûmirent à l'Eglife Romaine ; alors Sigifmond n'ayant plus d'ennemis en Boheme & voulant y établir une paix folide, abandonna à la Noblefse une partie des biens de l'Eglife & leur fit diftribuer foixante mille écus. Il fit venir auffi beaucoup de betail de Hongrie pour repeupler la campagne ; & comme la ville de Thabor étoit encore au pouvoir des Heretiques & qu'elle étoit prefque imprenable, il leur acorda le terme de fix ans pour

DE L'EGLISE. Liv. XXVI. Chap. III. 95
se soûmetre ou sortir du pays, sans que pandant ce tems-là on pût les assieger ni les inquieter. Il fut ensuite couroné solemnellement à Prague & mourut peu de tems aprés à l'âge de soixante & dix ans, glorieux d'avoir donné la paix à l'Eglise au Concile de Constance, & d'avoir tant qu'il vêcut empêché les Peres du Concile de Bâle de se porter aux dernieres extrémitez contre Eugene IV. Son zele avoit toujours éclaté, quand les Papes avoient proposé des Croisades ou contre les Turcs ou contre les Hussites, & dés l'an 1431. il avoit fait publier à Nuremberg un reglement par lequel chaque Prince ou Etat de l'Empire devoit fournir un certain nombre de troupes à proportion de son pouvoir, & c'est la premiere matricule qui ait été faite sur ce sujet & qui depuis a été augmentée & perfectionnée.

Albert Duc d'Autriche gendre de Sigismond lui avoit succedé à ses Royaumes de Hongrie & de Boheme & l'année suivante à l'Empire par les suffrages des Electeurs assemblez à Francfort. Il batit Casimir Roi de Pologne qui lui disputoit la Boheme & repoussa les troupes d'Amurat Sultan des Turcs, mais il mourut au bout de deux ans pour avoir mangé trop de fruit. Ladislas son fils posthume fut déclaré Roi de Hongrie & de Boheme, & pandant son enfance Huniade gouverna la Hongrie & George Podiebrak fut Viceroi de Boheme. Frideric III. Duc d'Autriche cousin germain de l'Empereur Albert, fut élû Empereur en 1442. Ce Prince envoya des Ambassadeurs à Bâle assurer le Concile de sa protection. Il n'avoit que vint-six ans & alla à Rome en 1452. se faire couronner Empereur par le Pape Nicolas V. qui avoit succedé à Eugene IV. comme nous le dirons cy-aprés. Sa femme Eleonor femme d'Alphonse Roi de Portugal fut aussi couronnée. Il signa ensuite la ligue contre les Turcs & créa Borsi Marquis d'Est Duc de Modene. Il disoit que plus d'une fois ses bienfaits avoient rendu ses meilleurs amis infideles. Un Archevêque de Treve le fatiguant à force de requêtes, *Si vous ne trouvez*, lui dit-il, *la fin de vos demandes, je trouverai le commencement de mes refus.* Aprés s'être fait couronner à Rome, il alla à Naple voir le Roi Alphonse qu'il estimoit infiniment, & sur ce que les Courtisans trouvoient mauvais qu'un Empereur allât voir un Roi: *Vous avez raison*, leur dit-il, *mais Frideric doit aller voir Alphonse.* Un pauvre demandoit l'aumône à la porte du palais & crioit, *Je suis frere de l'Empereur:* Comment es-tu mon frere, lui dit ce Prince: *En Adam*, lui répondit le pauvre : l'Empereur lui fit donner une trés-petite piece de monoïe; & le pauvre s'en plaignant, *Si tous tes freres*, lui dit l'Empereur, *t'en donnoient autant, tu serois plus riche que moi.*

Le Pape avoit la consolation de voir, que si la Religion Chrétienne perdoit en Orient par

les

les Conquêtes des Turcs & par celles des Soudans d'Egypte, elle regagnoit du terrain dans les autres parties du monde ; les Isles Canaries qui sont les Isles fortunées de Ptolomée, venoient d'être découvertes & les habitans convertis à la foi par Jean de Bethencourt Gentilhomme François qui avec ses seules forces s'étoit emparé de Langarate, de Fortaventure & de l'Isle de fer. Il y laissa Maciot de Bethencourt son neveu, qui conquit la Gomère, & qui ne se sentant pas assez puissant pour garder toutes ces Isles, les ceda à l'Infant Dom Henri Duc de Viseo fils puîné de Jean premier du nom Roi de Portugal. Et comme des douze Canaries, il en restoit encore huit à découvrir & à conquerir, l'Infant fit équiper une flote à ce dessein, mais au lieu de le poursuivre, il ceda dans la suite les quatre Isles qu'il avoit achetées aux Castillans, qui prétendoient y avoir droit suivant le partage fait par le Pape entre les Couronnes de Castille & de Portugal & poussa ses découvertes & ses conquêtes vers les Indes Orientales. Le Pape ayant apris que les Canariens étoient traitez fort durement par leurs nouveaux maîtres & qu'on exigeoit d'eux la cinquiéme partie de leurs biens, il tâcha de les faire soulager en ordonnant par une bule expresse, qu'ils ne payeroient à l'avenir que les mêmes tributs que leurs voisins anciens Chrétiens.

Cepandant le Roi de France Charle VII. avoit

envoyé des Ambassadeurs à Bâle. Ce Prince à l'exemple de ses prédecesseurs toûjours attentifs au bien de l'Eglise songeoit à racommoder le Pape avec le Concile. Il convoqua pour cela en 1433. une assemblée generale du Clergé de France, qui se tint dans la sainte Chapelle de Bourges. Il y assista avec le Dauphin Loüis, le Duc de Bourbon, le Duc d'Anjou, Pierre de Bretagne son neveu, Bernard Comte de la Marche, le Comte de Vandôme & plusieurs autres Seigneurs ou Princes de son sang & quelques Seigneurs de son Conseil. On y entendit les Deputez du Concile qui y vouloient faire recevoir leurs decrets & les Legats du Pape Eugene, qui s'y oposoient. L'affaire fut discutée de part & d'autre par les plus habiles Docteurs & par plusieurs Jurisconsultes, & l'on y dressa la fameuse Ordonnance qu'on nomma Pragmatique Sanction à l'exemple de celle qu'avoit fait saint Loüis dans une occasion presque semblable. Elle contient vint-trois articles & assure les Libertez de l'Eglise Gallicane. Le Roi l'envoya au Parlement qui l'aprouva dans tous ses articles & la fit publier dans tout le Royaume & en Daufiné. Le Concile de Bâle ne manqua pas aussi de l'aprouver sans pourtant en passer de decret, la plûpart des reglemens qu'elle contient étant tirez des decrets que ce Concile avoit déja faits sur le même sujet, & qu'il prétendoit faire recevoir & observer dans l'Eglise universelle. Le Roi envoya en même tems au Pape Eugene Amedée de Talaru Archevêque de Lion le conjurer de confirmer de nouveau le Concile de Bâle, (il l'avoit déja fait à la follicitation de l'Empereur Sigifmond de Luxembourg) avec ordre de reprefenter à Sa Sainteté, que ce Concile avoit été affemblé par une bule de Martin V. & confirmé par plufieurs des fiennes, qu'il reprefentoit l'Eglife univerfelle, & qu'il y envoyoit fes Ambaffadeurs. Il écrivit en même tems à l'Empereur & aux Ducs de Savoie & de Milan, pour les exhorter à continuer leur protection au Concile & à empêcher qu'on n'y entreprît rien contre le Pape, qu'il reconnoiffoit toûjours comme le veritable Chef de l'Eglife.

La Pragmatique eft fi importante, que nous en raporterons ici les principaux articles. Il y en avoit vint-trois, qui étoient; qu'on convoqueroit des Conciles generaux de dix ans en dix ans; que ces Conciles tenoient leur puiffance immédiatement de Jefus-Chrift & que le Pape lui-même étoit obligé de s'y foumetre ; Que les Eglifes feroient les Elections de leurs Prelats; qu'il n'y auroit plus de réferves ni de graces expectatives, par le moyen defquelles les Papes donnoient à des étrangers les meilleurs benefices du Royaume: que neantmoins quand un collateur auroit dix benefices le Pape en pouroit donner deux, & à proportion s'il en avoit cinquante ; que les caufes mineures fe termineroient dans les provinces, excepté celles des Eglises immédiatement soûmises au Saint Siege ; qu'on aboliroit les Annates, qui faisoient sortir beaucoup d'argent de France ; Qu'on réduiroit le nombre des Cardinaux à vint-quatre ; qu'on reformeroit l'abus introduit dans les Chapitres de recevoir la distribution de tout le jour, pourvû qu'on eût assisté une heure à l'Office ; qu'on regleroit les peines des concubinaires tant ecclesiastiques que seculiers ; que la possession trianale d'un benefice est un titre suffisant ; enfin qu'on défendroit d'excommunier les lieux, avant que d'avoir procedé dans les formes à l'excommunication des persones. Ces articles tandoient à rétablir en France les anciennes Libertez dont elle avoit joüi sous la premiere race de nos Rois & que les Papes avoient tâché de renverser sous les derniers Rois de la seconde race & sous les successeurs de Hugue Capet, qui dans les commencemens d'une nouvelle domination n'étoient pas assez puissans pour s'y opposer. Ainsi la Pragmatique fut établie & observée dans tout le Royaume. Sa réputation vola dans les païs étrangers, & le Roi de Dannemarc pria le Roi de lui en donner un exemplaire pour faire publier dans ses Etats une Ordonnance semblable.

CHAPITRE QUATRIE'ME.

IL y avoit déja lon-tems que les Curez & les Religieux Mandians avoient des difputes fur l'adminiftration des Sacremens & particulierement fur la Confeffion ; les uns & les autres pouffoient un peu loin leurs prétentions. Les Curez foûtenoient qu'ils étoient les veritables Pafteurs établis de Jefus-Chrift, & que les Religieux ne l'étoient que par tolerance & de leur confentement : que celui qui fe confeffe à un Religieux eft obligé de confeffer les mêmes pechez à fon Curé : que le Pape n'en peut point difpenfer fuivant le Canon *Omnis utriufque fexûs* : que la Confeffion que l'on fait aux Religieux étant douteufe & celle que l'on fait aux Curez étant certainement bonne, il faut prendre le certain pour l'incertain : que le Curé a plus de droit que le Pape de difpenfer du Canon *Omnis utriufque fexûs*. Les Religieux prétendoient tout le contraire, & les Papes qui les favorifoient toujours, leur acordoient de tems en tems des bules qui leur donnoient la permiffion de confeffer même à Pâques. Le Pape Alexandre V. aprés le Concile de Pife fit publier fur ce fujet une bule qui fit beaucoup de bruit. L'Univerfité de Paris s'y opofa, & Gerfon prêcha que cette bule avoit été furprife & que fans doute le Pape la revoqueroit : qu'elle renverfoit tout l'ordre hierarchique, dont les Curez font les pasteurs : & qu'enfin les privileges des Religieux doivent avoir des bornes. La bule d'Alexandre V. ne laiſſa pas d'être confirmée par Eugene IV. & par Nicolas V. Calixte III. voyant les déſordres qui en arrivoient, prit un milieu, confirma les privileges acordez aux Religieux en leur défendant de détourner les Fidéles de leur paroiſſe & d'entendre les confeſſions à Pâques, à moins que les Curez ne leur en donnaſſent la permiſſion. Mais enfin Sixte IV. ayant apris que les nouvelles conteſtations ſurvenuës entre les Religieux & les Curez troubloient les conſciences en Allemagne, donna une bule par laquelle il défend aux Religieux d'avancer dans leurs ſermons, que les Fidéles ne ſont pas obligez d'entendre la Meſſe dans leur paroiſſe les fêtes & dimanches, ni de ſe confeſſer à leur Curé au moins à Pâques, qu'ils pouront néanmoins dans les autres tems de l'année entendre les confeſſions & impoſer des penitences ſuivant le droit : que l'on obſervera l'uſage touchant les heures de l'Office, & que les Curez & les Religieux vivront entre eux dans l'union & la charité Chrétienne. Cette bule bien entenduë décida nettement en faveur des Curez la queſtion ſur la Confeſſion Paſchale.

En 1444. mourut dans la ville d'Aquila de l'Abruſſe Bernardin de Sienne de la famille des Albizeſchi à l'âge de ſoixante & ſix ans. Il perdit son pere & sa mere de bonne heure, & étudia la Grammaire sous Onufre & la Philosophie sous Jean de Spolette, il entra à l'âge de treize ans dans la Confrairie des Disciplinez de Sienne & y assista les pestiferez. Il fit dans la suite profession dans l'ordre de saint François, fut ordonné Prêtre & devint grand Prédicateur. Il reforma son Ordre & rétablit plusieurs monasteres ruïnez. Ses Superieurs l'envoyerent Commissaire à la Terre sainte, d'où il revint prêcher en Italie avec grand aplaudissement. Il refusa constamant les Evêchez de Sienne, de Ferrare & d'Urbin & se contenta de la qualité de Vicaire general des Freres de l'Observance en Italie où il réforma prés de trois cens monasteres: il receut les Sacremens de l'Eglise avec foi, avec humilité, & se sentant prés de mourir, il se fit mettre sur la cendre & expira en exhortant ses Religieux à perseverer dans la pratique de leur Institut. Ses ouvrages dont la plûpart sont des sermons, respirent une bonne morale, qui paroît venir du cœur. Le grand nombre de miracles qui se firent à son tombeau, obligerent le Pape Eugene à nommer des Commissaires pour en faire les informations. Elles furent continuées par Nicolas V. qui le canonisa.

En 1445. mourut Nicolas Tudesque Sicilien, vulgairement appellé Panorme parce qu'il étoit Archevêque de Palerme. Il étoit Abbé de Sainte Agathe. Il assista au Concile de Bâle dont il nous a laissé l'histoire, & eut grande part à la déposition d'Eugene IV. & à l'élection de Felix V. qui le fit Cardinal, & lorsque Felix abdiqua, Nicolas V. lui conserva le chapeau. Il a laissé neuf livres de Commentaires sur le Droit Canon, & fut surnommé la lumiere du Droit. Les Interpretes ne l'appellent ordinairement que l'Abbé.

Le Pape Eugene condamna la Pragmatique Sanction qui diminuoit beaucoup son pouvoir dans l'Eglise de France, & en écrivit fortement au Roi, qui ne laissa pas de la faire executer fort exactement pandant plus de vint ans. Il est vrai qu'en même tems il déclara qu'il reconnoissoit toujours Eugene IV. pour le veritable Pape, & fit dire aux Peres du Concile de Bâle qu'il ne leur conseilloit pas de le pousser davantage, comme ils avoient dessein de le faire, & qu'il feroit tous ses efforts pour le ramener à son devoir, se tenant cepandant dans une parfaite neutralité entre le Pape & le Concile. L'Empereur & les Princes d'Allemagne étoient dans les mêmes sentimens, & reglerent qu'en atendant la décision d'un Concile general les Eglises seroient gouvernées suivant le droit ordinaire.

Mais le Cardinal d'Arles President du Concile homme habile & violent, faisoit toujours continuer les informations contre le Pape. On l'acusoit de ne pas obéir aux decrets du Concile touchant les Elections, les Réserves & les Appellations, d'exercer la Simonie, d'avoir ruiné

la

DE L'EGLISE. Liv. XXVI. Chap. IV. 105
la ville de Paleftrine, d'avoir faccagé plufieurs lieux du patrimoine de faint Pierre, de vouloir aliener la ville d'Avignon que le Concile prit en fa protection, de violer les fermens qu'il avoit faits à fon élection au Pontificat & d'abufer en toutes occafions de fon autorité : enfin on l'avoit déclaré fufpens tant dans le fpirituel que dans le temporel avec défence de lui obéïr fous peine d'excommunication. Neantmoins à la priere de l'Empereur & à celle du Roi de France & des Rois de Caftille & d'Aragon, on réfolut qu'on differeroit de quatre mois la dépofition du Pape. On ne laiffa pas de dreffer plufieurs propofitions ou conclufions Theologiques. 1. Que le Concile general eft au deffus du Pape. 2. Qu'il ne peut être diffous que de fa propre autorité. 3. Que celui qui réfifte à ces veritez eft heretique. 4. Que le Pape Eugene a combatu ces veritez en convoquant les Conciliabules de Ferrare, de Sienne & de Florence ; & qu'aprés avoir donné fon approbation folemnelle au Concile de Bâle, il a ofé le condamner.

L'Empereur, les Princes & les Prelats d'Allemagne s'étoient affemblez à Nuremberg & avoient recéu les Decrets du Concile de Bâle à la réferve de ceux qui concernoient le Pape, qu'ils regardoient toujours comme le chef de l'Eglife.

Les quatre mois acordez au Pape Eugene furent à peine écoulez que le Concile le dépofa,

le déclarant notoirement coutumace & défo-
béïſſant aux commandemens de l'Egliſe univerſelle. Il y avoit alors à Bâle trente-neuf Prelats
& plus de trois cens Eccleſiaſtiques du ſecond
ordre. En vain les Ambaſſadeurs des Princes firent leurs proteſtations, le Concile ne gardoit
plus de meſures avec le Pape, & dés qu'ils l'eurent dépoſé ils envoyerent des Deputez à tous
les Princes Chrétiens pour leur faire aprouver ce
qu'ils venoient de faire. Ces Deputez furent fort
mal receus en France, le Roi Charle VII. leur dit
ſéchement que le peu d'égard qu'ils avoient eu
à ſa priere, montroit aſſez qu'ils agiſſoient avec
paſſion & ne cherchoient point la paix de l'E-
gliſe.

Le Cardinal d'Arles Preſident du Concile ne
s'étonnoit de rien & ſuivoit toûjours ſa pointe,
quoiqu'il eût perdu le Patriarche d'Aquilée, Loüis
Protonotaire Apoſtolique, l'Archevêque de
Tours, l'Evêque de Lubek & pluſieurs autres
des plus oppoſez à Eugene, qui moururent de
la peſte. Il ne laiſſa pas de prendre ſes meſures
pour faire élire un autre Pape.

Le Concile dans la Seſſion 36. déclara que
l'opinion de la Conception immaculée de la
Sainte Vierge eſt pieuſe & conforme au culte de
l'Egliſe, à la foi Catolique, à l'Ecriture ſainte &
à la raiſon, que tous les Catoliques la devoient
aprouver, qu'il ne ſera permis à perſone d'enſeigner le contraire, & que la Fête en ſera cé-

lebrée tous les ans le 8. Decembre.

Aprés la déposition du Pape Eugene, le Concile donna pouvoir à l'Abbé d'Ecosse, à Jean de Segovie & à Thomas de Courcelles de choisir ceux qui devoient élire un nouveau Pape. Ils se donnerent pour adjoint un Docteur Allemand & nommerent vint-huit persones, savoir onze Evêques, sept Abbez & quatorze Docteurs tirez également de toutes les nations, qui avec eux quatre & le Cardinal d'Arles President faisoient trente-trois Electeurs. Ils convinrent qu'il faudroit les deux tiers des voix pour faire un Pape. Ils élurent six jours aprés Amedée Duc de Savoie, qui depuis quelques années s'étoit retiré avec quelques Seigneurs de sa Cour dans la solitude de Ripaille auprés de Geneve, où ils passoient pour hermites, mais sans faire d'austeritez; il avoit une belle maison, alloit à la chasse & vivoit dans l'innocence d'une vie commune. Avant que de quitter ses Etats il avoit institué l'Ordre de saint Maurice. Celui de l'Annonciade avoit été institué par Amedée V. Le Cardinal d'Arles porta au Duc de Savoïe les habits pontificaux & lui fit prendre presque malgré lui le nom de Felix V. Il écrivit aussi-tôt au Concile de Bâle & à tous les Princes Chrétiens pour les avertir de son exaltation.

Nous esperons que les Protestans ne tireront aucun avantage de cette partie de l'Histoire de l'Eglise, où l'on voit tant de disputes sur le Siege

Apoſtolique, des Papes dépoſez, des conteſtations ſi vives ſur l'autorité des Conciles & des Papes, la réformation de la diſcipline demandée avec empreſſement & ſouvent commencée ſans être achevée, tout cela prouve ſuivant les ſavans Auteurs du journal de Trevoux qu'il faloit que les Fidéles fuſſent bien perſuadez de la neceſſité d'un chef qui réuniſſe ſous ſa domination tout le troupeau de Jeſus-Chriſt, pour chercher avec tant de peines le veritable paſteur parmi ceux qui prétendoient l'être : ſi l'opinion des Proteſtans, que chaque Egliſe ſe ſuffit & que les Fidéles de differens païs n'ont point entre eux d'autre union que celle de la creance de certains points fondamentaux : qu'on peut être Catolique ſans être Romain, ſeparé de l'Egliſe de Rome & cepandant membre de la vraïe Egliſe ; ſi cette opinion avoit paru probable dans le quinziéme ſiécle, auroit-on regardé le ſchiſme de l'Egliſe Romaine comme un grand malheur pour l'Egliſe univerſelle ? ſi l'on avoit alors ſoupçoné les Papes d'avoir uſurpé une autorité tiranique : c'étoit le moyen de ſe mettre en liberté. En eut-on la penſée, & ne conſerva-t-on pas le reſpect le plus religieux pour le Saint Siege, quoiqu'on ne pût diſcerner qui le devoit remplir ?

Juſque-là le Concile de Bâle avoit conſervé toute ſon eſtime & même ſon autorité parmi les Princes Chrétiens, en confirmant les Decrets du Concile de Conſtance & en travaillant sans relâche à la réformation de l'Eglise, mais quand le Concile eût osé déposer un Pape, qui n'étoit ni heretique ni schismatique, il se vit abandonné sur ce point là de l'Empereur & du Roi de France qui reconnurent toûjours Eugene, & lui envoyerent des Ambassadeurs l'assurer de leur obéïssance filiale.

On peut croire que le Pape Eugene ne manqua pas de s'opposer à l'élection de Felix qu'il déclara heretique & schismatique, excommuniant ses électeurs & fauteurs, s'ils ne quittoient son parti dans cinquante jours. Il créa dix-sept Cardinaux presque tous recommandables par leur naissance ou par leur merite, & voulant punir le Cardinal d'Arles son principal ennemi, il lui ôta l'Abbaye de Montmayeur & l'administration de l'Eglise d'Arles, qu'il donna à Roger Prevôt d'Aix. Le Roi René Comte de Provence l'en mit en possession. Il déposa aussi Loüis Evêque de Viseo en Portugal; mais on n'y eut pas la même consideration pour ses ordres & il s'en plaignit amerement dans une de ses lettres au jeune Roi de Portugal. La France & l'Allemagne prirent dans la suite la neutralité. La Savoïe, le Piedmont & l'Aragon reconnurent Felix; les Ducs de Baviere & d'Autriche ses parens lui envoyerent des Ambassadeurs. Le Roi de Pologne lui manda qu'il le reconnoîtroit, s'il pouvoit lui faire donner par le Concile le titre de Roi de Hongrie. Alphonse Roi d'Aragon voyant qu'Eugene favorifoit les prétentions de la Maifon d'Anjou fur le Royaume de Naple, manda au Concile qu'il alloit faire reconnoître Felix dans fes fix Royaumes. Enfin il fut auffi reconnu par les Chartreux & par une partie de l'Ordre des Freres Mineurs, par l'Univerfité de Paris & par la plûpart de celles d'Allemagne & de Pologne qui firent des écrits pour défendre l'autorité du Concile general au deffus du Pape.

Le Roi Charle VII. acompagné de Loüis Daufin, du Duc de Bourbon, du Duc de Bretagne, des Comtes de la Marche, de Vandôme & de Tancarville & de plufieurs autres Princes du Sang, fit alors une nouvelle affemblée des Prelats de fon Royaume; les Archevêques, les Evêques, les Abbez, les Doyens des Eglifes Catédrales & grand nombre de Docteurs en Theologie & en Droit Canon s'y trouverent. Le Pape Eugene y envoya des Legats, dont l'Archevêque de Crete étoit le chef. Ils prefferent le Roi de rejetter le Concile de Bâle; d'aprouver celui de Florence & de caffer la Pragmatique Sanction. Felix de fon côté y envoya l'Evêque de Saint Pons & Thomas de Courcelles Docteur & Chanoine de Paris. Aprés avoir entendu les uns & les autres, l'Affemblée leur répondit, que le Roi trés Chrétien feroit toujours preft d'écouter l'Eglife legitimement affemblée : qu'il avoit toujours tenu le Concile de Bâle pour legitime, qu'il y avoit envoyé des Ambaffadeurs, & que le Concile avoit fait plusieurs bonnes constitutions: qu'il n'avoit point aprouvé l'élection de Felix quoiqu'il fût son parent & son ami, & qu'il reconnoissoit toujours Eugene pour le veritable Pape, qu'il atendoit la décision d'un Concile plus general, qu'il prioit Eugene de le convoquer incessamment; mais que pour la Pragmatique Sanction, il vouloit qu'elle fut observée inviolablement dans son Royaume. Elle avoit été enregistrée par le Parlement de Paris; & suivant cette Ordonnance les Chanoines de l'Eglise d'Angers avoient élû leur Evêque. Le Pape en avoit nommé un autre qu'ils n'avoient pas voulu recevoir, & avoit écrit à la Duchesse d'Anjou pour s'en plaindre & lui reprocher qu'il avoit pris le parti du Roi René son fils contre Alphonse Roi d'Aragon.

Le Pape écrivit au Roi une lettre de remerciment: *Vous nous reconnoissez toujours*, lui dit-il, *pour le Vicaire de Jesus Christ & vous montrez par là digne successeur de tant de Rois vos ancêtres protecteurs du Siege Apostolique.* Il écrivit aussi au Roi d'Angleterre & au Duc de Bourgogne & leur donna encore de plus grandes loüanges, parce qu'ils avoient envoyé leurs Ambassadeurs au Concile de Ferrare & qu'ils avoient défendu à leurs Sujets d'avoir aucune communication avec les Peres du Concile de Bâle, qu'ils traitoient comme des Heretiques. L'Empereur demeura dans la neutralité & demanda que les Conciles de Bâle

& de Florence fuſſent diſſous, & qu'on en aſſemblât un autre en France ou en Allemagne.

Le Concile de Bâle continuoit toûjours à travailler aux trois affaires pour leſquelles il avoit été aſſemblé, ſavoir à l'extirpation de l'hereſie, à la paix entre les Princes Chrétiens & à la réformation de l'Egliſe dans ſon chef & dans ſes membres. Il condamna certaines propoſitions prêchées en Italie par des Religieux Mandians, par exemple, qu'on n'eſt point obligé d'entendre les Dimanches la meſſe à ſa Paroiſſe, que quoiqu'il y ait un precepte de payer les Decimes, comme il n'eſt point dit à qui, chaque particulier peut à ſa volonté les employer en œuvres de charité; que les Religieux Mandians peuvent entendre les confeſſions même à Pâques ſans la permiſſion de l'Ordinaire; que les Evêques dans leurs Sinodes n'ont pas droit de ſe réſerver l'abſolution de certains crimes, s'ils ne ſont marquez dans le Droit. Toutes ces propoſitions furent déclarées fauſſes & erronées. Le Concile avoit travaillé fort utilement par ſa douceur à ramener les Heretiques de Boheme: il avoit fait des dépenſes prodigieuſes pour procurer l'union des Grecs, & en ſeroit peut-être venu à bout s'ils ne s'étoient pas laiſſé entraîner à Ferrare par les preſens & les careſſes du Pape. Le Concile n'avoit rien négligé pour faire la paix entre les Princes Chrétiens, & s'il n'avoit pas réuſſi, il n'en étoit pas moins loüable puiſque

Jeſus-Chriſt

Jesus-Christ a chargé ses Ministres du soin de panser & non pas de guerir. C'est ainsi que saint Paul se vante bien d'avoir plus travaillé, mais non pas d'avoir fait plus de fruit que les autres : & quant à la réformation de l'Eglise, le Concile avoit établi la discipline en défendant de payer les annates, qui ruïnoient les Eglises particulieres pour enrichir celle de Rome, en suprimant les graces expectatives, en banissant les reserves, en ordonnant suivant les canons du Concile de Nicée, que les affaires Ecclesiastiques seroient jugées sur les lieux, en reglant la tenuë des Conciles Provinciaux, & en ordonnant qu'on pourvoyeroit aux Eglises Catedrales & Collegiales par voïe d'élection.

Le Pape Felix aprés s'en être bien fait prier, créa quatre Cardinaux pour se faire une petite Cour, & vint enfin à Bâle où il présida à deux ou trois sessions. Le Cardinal d'Arles étoit allé en Allemagne de la part du Concile pour exhorter les Evêques à y venir : ce que voyant Felix, il se retira à Lauzane avec ses Cardinaux sans vouloir jamais retourner à Bâle.

Cepandant le Pape Eugene défendoit les Florentins contre Philippe Marie Duc de Milan. Il avoit confié l'armée de l'Eglise au Cardinal Vittelleski, qui fut accusé & convaincu d'avoir une intelligence secrete avec le Comte Piccinin General des Milanois. Le Pape le fit arrêter & conduire au Château Saint Ange ; mais en y entrant il fut blessé de plusieurs coups & en mourut trois semaines aprés. Loüis Mediarota Evêque de Pavie commanda l'armée en sa place & défit le Comte Piccinin, qui menaçoit d'assieger Florence. Sa victoire fut recompensée du Cardinalat.

An de J.C. 1440.

La même année mourut Françoise Romaine fondatrice de la Congregation des Oblates du mont Olivet, que sa pieté, ses proféties & ses miracles avoient renduë celebre. Elle avoit prédit sa mort sept jours auparavant. Son éloge funebre fut prononcé par saint Bernardin de Sienne & par le bienheureux Jean de Capistran & dans la suite elle fut canonisée : *elle avoit montré, dit le Cardinal Bellarmin, le modéle de toutes les vertus, vierge dans les premieres années de sa vie, chaste dans le mariage, charitable pandant sa viduité, sainte dans son monastere, afin de servir d'exemple à toutes les conditions.*

An de J.C. 1441.

Au commencement de l'année 1441. arriva à Florence un Ambassadeur de l'Empereur d'Ethiopie, pour demander l'union de son Eglise avec la Romaine. Cet Ambassadeur fut envoyé par l'Abbé Nicodeme, qui demeuroit à Jerusalem pour avoir soin des Ethiopiens Chrétiens. Il y avoit plusieurs siecles que ces peuples avoient été abandonnez par les Papes, & depuis Alexandre III. Nicolas IV. & Jean XXII. qui y avoient envoyé quelques Missionaires, on n'en avoit pas oüi parler. L'Ambassadeur assura le Pape qu'on s'y souvenoit que l'Eunuque de la Reine Candace avoit été baptifé par S. Philippe, que l'Apôtre S. Paul avoit prêché l'Evangile dans la ville de Rome & l'avoit fcellé de fon fang, qu'on y reveroit le Vicaire de J. C. & qu'on n'y demandoit pas mieux que de reformer les abus, que la longueur des tems avoit pû introduire dans les pratiques de leur Religion ; que leur Empereur, leurs Patriarches & leurs Evêques recevroient avec foûmiffion les inftructions qu'on voudroit bien leur donner, afin de n'avoir plus qu'un Dieu, une Foi & un Baptême : qu'il étoit venu au grand danger de fa vie à l'infceu des Sarazins maîtres de Jerufalem, qui craignoient l'union des Ethiopiens avec les Latins, & qu'il promettoit de retourner inceffamment en fon païs pour y porter les ordres de Sa Sainteté, qui y feroient executez fidélement. Le Pape fit donner à l'Ambaffadeur la profeffion de foi de l'Eglife Romaine pour la porter en Ethiopie, & le renvoya avec des prefens. On aprit dans la fuite par les Portugais, qui firent des établiffemens en Afrique, que cet Ambaffadeur avoit été fort bien receu par le bifayeul de l'Empereur David, qui l'écrivit au Pape Clement VII. Il lui manda que les lettres du Pape Eugene qu'on avoit gardées dans fes archives étoient intitulées, *Eugene Pontife Romain au Roi notre trés cher Fils du fang de Jacob, Roi des Rois en Ethiopie, falut:* & qu'il lui rendoit compte du Concile de Florence & de la réünion des Grecs, des Jacobites & des Armeniens, & l'exhortoit à perfifter dans le refpect qu'il devoit au Siege Apoftolique. Le Pape plein d'efperance pour la propagation de la foi, manda à Fracardin Benecabul Sarazin & Seigneur d'Acre, qui demandoit un fauf-conduit, qu'il pouvoit le venir trouver en toute fûreté, & qu'ils concerteroient enfemble les mefures pour rétablir la Religion Chrétienne en Orient. Mais tous ces grans deffeins furent renverfez par les traverfes que lui donna le Concile de Bâle.

Quelques Theologiens Seculiers ou Reguliers avançoient de part & d'autre des propofitions outrées & ridicules, que la Faculté de Theologie de Paris condamna également. Jean Marchand Frere Mineur prêcha à Bezançon, que faint François avoit pris au Ciel la place de Lucifer, qu'il avoit trouvée bien parée, étant jufte que le plus humble des hommes eût la place du plus orgueilleux des Anges : que faint François eft un fecond Chrift & qu'il lui eft femblable en quarante manieres : que la conception de faint François a été prédite à fa mere par un Ange, & qu'enfin faint François dêcend tous les ans en Purgatoire le jour de fa fête, pour en délivrer tous ceux de fon Ordre & les mener en Paradis. Toutes ces propofitions eurent chacune les qualifications qu'elles meritoient ou d'heretiques, ou de temeraires, ou de ridicules.

D'autre côté un Licentié en Theologie nommé Laillier prêcha à Paris, qu'on devoit garder les Commandemens de Dieu & ceux des Apôtres, fans fe mettre beaucoup en peine de ceux des Evêques: qu'on n'eſt pas obligé de croire qu'un homme eſt faint, parce qu'il a été canoniſé: qu'un Prêtre peut en conſcience ſe marier clandeſtinement: qu'il n'y a aucun paſſage de l'Ecriture qui ordonne de jeûner le Carême: que depuis faint Silveſtre l'Egliſe Romaine eſt devenuë l'Egliſe de Cefar: qu'un fimple Prêtre peut auſſi bien conſacrer le chrême que le Pape & l'Evêque.: que la Confeſſion n'eſt pas de droit divin. La Faculté de Theologie cenfura toutes ces propoſitions & refuſa à Laillier le bonet de Docteur. Il s'adreſſa au Parlement qui renvoya l'affaire à l'Evêque de Paris, qui inſtruiſit fon procés avec l'Official. Il n'y appella point l'Inquiſiteur general. Laillier tâcha de donner des explications à quelques-unes de fes propoſitions. Il dit qu'il n'avoit jamais prétendu que les Prêtres puſſent ſe marier aprés avoir receu les faints ordres ; mais enfin l'Evêque lui fit abjurer les propoſitions temeraires qu'il avoit avancées, lui donna l'abſolution, le fit prêcher dans l'Egliſe Catédrale & le rétablit dans fes honneurs. Le Pape inſtruit par l'Inquiſiteur caſſa la Sentence de l'Evêque de Paris, & loüa fort la Faculté de Theologie de fa fermeté; de forte que Laillier n'eut point le bonet de Docteur, dont il étoit fort digne par fa ſcience, s'il n'eut point affecté de marcher par des voïes nouvelles & détournées.

La plûpart des Evêques qui n'avoient point afsisté aux Conciles generaux de Constance, de Bâle & de Florence, tinrent des Conciles provinciaux pour reprimer les heresies naissantes & pour la discipline Ecclesiastique, qui de tems en tems a besoin d'être confirmée & quelquefois même reformée.

Thomas Arondel Archevêque de Cantorberi assembla ses Suffragans à Oxfort. On y ordonna que persone soit Seculier, soit Regulier ne fût admis à la Prédication, qu'il ne fût aprouvé par son Evêque & qu'ils ne prêchassent point avec trop de vehemence contre les vices des Clercs: qu'aucun ne fût assez temeraire pour parler des Sacremens & des dogmes de la Foi autrement que l'Eglise l'avoit déterminé: qu'on ne publiât aucun livre de doctrine, qu'il n'eût été aprouvé par les Universitez d'Oxfort ou de Cambrige, ou par douze Docteurs en Theologie: qu'on ne traduisît en Anglois ou en autre langue aucun texte de l'Ecriture sainte sans l'aprobation de l'Evêque Diocesain: qu'aucun Prêtre ne fut admis à la célebration des saints Misteres dans un Diocese à lui étranger, qu'aprés avoir montré la mission de son propre Evêque: que les Principaux des Universitez auroient soin de s'informer tous les mois de la doctrine & des mœurs de leurs écoliers ; enfin on y donna des marques du profond respect que l'Eglise Anglicane avoit toujours eu pour le Siege Apostolique fondé sur la preéminence que Jesus-Christ avoit donnée à saint Pierre sur les autres Apôtres en l'établissant son Vicaire en terre & lui mettant en main les clefs du Ciel : *Confirmez vos freres*, lui dit le Sauveur, *comme s'il eût voulu lui dire, c'est à vous à les éclairer dans les doutes qu'ils pourront avoir sur la foi, sur la justice & sur les mœurs.* Ce sont les paroles du Concile d'Oxfort.

Everard Archevêque de Salsbourg & Legat Apostolique ordonna dans son Concile Provincial, que les Ordinans se confesseroient avant que de recevoir les Ordres : que les Curez donneroient à leurs Vicaires une subsistance raisonnable, sous peine d'être privez de leurs benefices : qu'on ne prononceroit point d'interdit sans une juste cause : que les Seigneurs n'auroient point de Chapelles particulieres dans leurs châteaux qu'avec la permission de l'Evêque : que les Clercs porteroient toujours des habits modestes convenables à leur état, & que les Reguliers ne seroient admis aux Ordres sacrez, qu'avec les habits de leur Congregation. On y défend les festins qu'on avoit acoûtumé de faire aprés la premiere Messe des Prêtres. On y ordonne que les Curez auront soin d'expliquer à leurs Paroissiens en langue vulgaire la forme du Baptême, afin qu'ils puissent baptiser dans une necessité urgente. On y regle enfin que les Juifs auroient un chapeau à trois cornes & que leurs femmes porteroient une sonette pour les faire distinguer des Chrétiens.

Theodoric Archevêque de Cologne dans son Concile Provincial fit plusieurs Ordonnances contre les Wiclefistes & contre les Hussites. Il défendit de prêcher aux Clercs, qui ne seroient pas Prêtres : il ordonna que tous les vendredis à midi on sonneroit une cloche pour avertir les Fidéles de se souvenir de la Passion du Fils de Dieu & de reciter quelques prieres.

En 1429. le Cardinal de Foix Legat du Saint Siege assembla à Tortose en Catalogne les Evêques de la Province de Tarragone pour tâcher de rétablir la discipline Ecclesiastique fort alterée depuis le schisme de Pierre de Lune & celui de Gille Munion Chanoine de Barcelonne son prétendu successeur au souverain Pontificat. On y défendit aux Clercs de se mêler des affaires temporelles, depeur qu'ils ne négligeassent la récitation du breviaire, & l'on regla leurs habillemens suivant l'ancienne modestie. On ordonna aux Curez de faire tous les dimanches le Catechisme à leurs Paroissiens, & d'avoir soin que ceux qui s'étoient nouvellement convertis du Judaïsme ou du Paganisme portassent leurs enfans au baptême au moins dans la huitaine aprés leur naissance. Alphonse Roi d'Aragon témoigna un grand zele en cette occasion, & cassa toutes les lettres de familiarité que plu-

sieurs

fieurs Ecclefiaftiques Seculiers & Reguliers avoient obtenuës pour fe fouftraire à la correction de leurs Superieurs.

Jean de Nanton Archevêque de Sens affembla à Paris les Evêques de fa Metropole. On y regla que l'Evêque auroit toujours auprés de lui deux Theologiens pour l'affifter de leurs confeils. On y fit huit decrets pour la réforme de l'Ordre de faint Benoift & de celui des Chanoines Reguliers de faint Auguftin, & quatre pour la Reforme des Ecclefiaftiques Seculiers. On défendit aux Maréchaux & aux Barbiers de travailler de leur métiers les jours de Fêtes. On a été obligé depuis de le permettre aux Barbiers, à caufe des pauvres ouvriers qui travaillent toute la femaine, & qui n'ont que les Fêtes pour fe faire rafer.

Le Concile Provincial d'Angers tenu par l'Archevêque de Tours fit plufieurs Canons fur le tems de l'Ordination, fur la Réfidence, fur le Silence au chœur, fur les Jeux immodeftes qu'on avoit acoûtumé de célebrer la veille de Pâques. On défendit de prêcher ailleurs que dans les Eglifes, & l'on fuprima les batemens de mains & les cris d'admiration du peuple, quand il étoit content du Predicateur. On modera la retribution des Doyens & des Archidiacres dans leurs vifites. On défendit fous peine d'excommunication les mariages clandeftins, & l'on tâcha d'abolir la folie des charivaris, que la canaille faifoit à la porte des veuves qui fe remarioient.

Tome VIII. Q

Enfin on menaça d'excommunication ceux qui sous prétexte de la necessité de leurs Eglises engageoient les reliques des Saints.

CHAPITRE CINQUIE'ME.

Les differens qui arriverent entre les Evêques Grecs aprés le Concile de Florence, empêcherent que l'union des deux Eglises, qui s'étoit faite si solemnellement, n'eût lieu. L'Empereur Jean Paleologue fit en vain tous ses efforts pour la faire executer. Aprés la mort de Metrophane Patriarche de Constantinople, il fit élire Gregoire protosincelle son Confesseur, qui avoit assisté au Concile de Florence en qualité de Vicaire du Patriarche d'Alexandrie. Ce saint homme n'eut pas moins de zele que son predecesseur pour l'union des deux Eglises, mais prévoyant la perte de Constantinople, il se démit du Patriarchat en 1451. & se retira à Rome où il mourut en odeur de sainteté. Il fit l'apologie du Concile de Florence contre Marc d'Ephese. Il écrivit aussi à Alexis Comnene Empereur de Trebizonde sur la procession du Saint Esprit, & lui prouva par le témoignage des anciens Peres Grecs, que l'addition *Filioque* n'étoit point contraire à la foi. Mais l'Empereur Grec voyant une si grande division entre le peu de sujets qui lui restoit, n'insista plus sur la réünion avec l'Eglise Latine. Il craignit que le Sultan Amurat aprés avoir gagné la bataille de Varne, ne vînt allieger Constantinople; il s'humilia devant lui & demanda la paix, qui lui fut acordée, en attendant que les Turcs eussent fait leurs préparatifs pour cette grande entreprise. Bessarion que le Pape Eugene IV. avoit fait Cardinal pour recompenser le zele qu'il avoit eu pour l'union, persista dans le même sentiment & rendit de grans services dans ses legations en Allemagne, en France & à Venise. Il écrivit aussi contre Marc d'Ephese & contre Alexandre Lascaris protecteurs du schisme.

Jean de Turrecremata Dominicain Espagnol fut aussi fait Cardinal par Eugene IV. pour avoir pris son parti contre le Concile de Bâle. Il étoit Theologien & Jurisconsulte, & conserva toujours avec la pourpre la discipline reguliere. Il fonda à Rome le Monastere des Annonciates pour les pauvres filles Romaines qui se vouloient faire Religieuses, & assigna une dot à celles qui se vouloient marier. Ses ouvrages sur le Decret de Gratien, sur l'infaillibilité de l'Eglise & sur les définitions du Concile de Florence, lui meriterent le titre de Défenseur de la Foi. Il mourut à Rome à l'âge de quatre-vint ans.

La lecture de l'Ecriture sainte fit naître plusieurs habiles Interpretes. Paul de Sainte Marie Juif celebre par sa noblesse, par ses richesses & par sa doctrine, se convertit en lisant par curiosité les ouvrages de saint Thomas d'Aquin.

Il fut fait Evêque de Cartage & enfuite de Burgos, fut Precepteur de Jean II. Roi de Caftille, & donna au public l'Examen des faintes Ecritures. Il eut trois enfans pandant qu'il étoit Juif, Alphonfe qui lui fucceda à l'Evêché de Burgos, Gonzalve Evêque de Plaifance & Alvare Garfias qui continua fa famille & qui écrivit la vie de Jean II. Roi de Caftille.

Jerôme de Sainte Foi auffi Juif converti & Medecin du Pape Benoift XIII. eût un grand zele pour la converfion des Juifs, & dans fes ouvrages leur démontra leurs erreurs par les miracles des Profetes & par les témoignages mêmes des Rabins.

Alphonfe Toftat Efpagnol Docteur de Salamanque Evêque d'Avila, demeura quelque tems à la Cour du Pape à Sienne, & y foûtint des propofitions Theologiques, qui furent ataquées par le Cardinal de Turrecremata. Il les défendit en les foûmettant pourtant au jugement de l'Eglife. Il fe trouva au Concile de Bâle & y eut de grandes difputes avec Jean du Chevreuil habile Dominicain. Il laiffa vint-cinq gros volumes de Commentaires fur toute l'Ecriture fainte, & mourut à l'âge de quarante ans. On honora fon tombeau de cette épitafe, *cy gift la merveille du monde, qui favoit tout ce qu'on peut favoir*. Mais Jean Dominici Florentin de l'Ordre des Freres Prêcheurs paffa les plus habiles de fon tems. Il n'eut point de precepteur & de lui-même aprit toutes les sciences. Le Pape Gregoire XII. le fit Archevêque de Raguse & Cardinal, & ce fut lui qui lui persuada d'abdiquer le Pontificat pandant le Concile de Constance. Le Pape Martin V. l'envoya Legat en Hongrie & en Boheme pour tâcher de ramener les Hussites à leur devoir. Il écrivit contre un Poëte qui remettoit tout à la fortune & au destin, & fit des Commentaires sur l'Ecclesiastique, sur le Cantique des Cantiques, sur l'Evangile de saint Mathieu & sur l'Epître de saint Paul aux Romains. Sa mort fut sainte & suivie de plusieurs miracles.

En ce tems-là le Maréchal de Rais, vaillant homme, fort riche mais grand dissipateur, fut accusé & convaincu de pechez abominables & entre autres d'avoir commerce avec des Sorciers qui lui amenoient de jeunes garçons & de jeunes filles dont il abusoit & qu'il faisoit mourir ensuite pour avoir leur sang & en faire des charmes. Ils lui faisoient esperer de trouver par-là des tresors. Le Duc de Bretagne qui ne l'aimoit pas, lui fit faire son procés par l'Evêque de Nantes & par le Sénechal de Rennes, qui le condamnerent à être brûlé tout vif. L'execution fut faite dans la Prairie de Nantes, & le Duc par zele, disoit-il, pour la Religion, assista à son suplice. Il parut alors en divers endroits de l'Europe de ces faux Magiciens qui faisoient boire le sang des enfans aux persones crédules, leur promettoient des tresors, & leur persuadoient par leurs blasfêmes & par

An de J.C. 1440.

l'horreur de leurs actions, qu'ils agissoient au nom des Demons.

Ce fut environ dans ce tems-là qu'on commença à se servir de l'Imprimerie. Jean Mentel fut le premier qui imprima des manuscrits dans la ville de Strasbourg. La Ville de Leide en Hollande fait honneur de l'invention à un de ses bourgeois nommé Laurent Janson. Les bourgeois de Harlem prétendent que la premiere idée en vint en 1420. à Laurent Coster concierge de leur Palais Royal. Mais la plus commune opinion la donne à Jean de Guttemberg Gentilhomme de Strasbourg habitué à Mayence où il aquit le droit de Bourgeoisie. Il s'associa Pierre Schoeffer son gendre & Jean Fauft Libraire, qui inventa & grava les poinssons. Les premiers livres qu'ils imprimerent furent le Miroir du salut, la Grammaire de Donat & les Confessions de saint Augustin. Ils imprimerent vint ans après une grande Bible in-folio. L'art se perfectionna, ils ne se servirent plus de velin & par là trouverent le moyen de donner les livres à meilleur marché. Ils étoient au commencement d'une écriture fort semblable à celle des manuscrits. Faufte en aporta à Paris plusieurs exemplaires qu'il vendit fort cher. On l'accusa de se servir de magie pour faire multiplier le même manuscrit; mais le Parlement instruit de la verité, le déchargea de l'accusation & lui donna beaucoup de loüanges. Nicolas Sanson changea depuis le premier caractere en une lettre quarrée, & les Venitiens pour faire quelque chose de nouveau, se servirent de la lettre lombarde ou gotique. On ne s'en servit que pandant quarante ans, & l'on reprit la lettre quarrée qui est bien plus belle. Quelques Auteurs assurent que l'Imprimerie vient de la Chine, où il est certain qu'on imprimoit il y avoit lon-tems, mais ce n'étoit pas avec des lettres separées & mobiles comme les nôtres, mais avec des planches gravées. Avant une si belle invention les livres étoient fort chers, on les laissoit par testament, on les vendoit, on les échangeoit comme des fonds de terre : une Concordance de la Bible fut venduë cent écus d'or, Tite-Live six vint & Plutarque soixante & dix. Brassicanus assure, que l'Empereur Frideric III. crut faire un present considerable à Jean Capnion Ambassadeur du Duc de Virtemberg, en lui donnant une vieille Bible Hebraïque.

Cette invention merveilleuse se perfectiona en peu d'années, & il n'y eut presque point de ville considerable en Europe qui ne voulût avoir son Imprimerie. Il s'éleva plusieurs Imprimeurs habiles, mais entre tous se distingua Christophe Plantin natif de Montloüis prés de Tours. Il savoit les belles lettres & les langues, s'habitua à Anvers & merita l'estime de Philippe II. Roi d'Espagne qui lui donna la qualité d'Archi-imprimeur. Il imprima par ses ordres la Bible en plusieurs Langues Orientales, & c'est le chef-d'œuvre de l'Imprimerie. Les Docteurs de la Maison de Sorbone firent venir à Paris vers l'an 1469. les plus habiles ouvriers d'Allemagne, & depuis ce tems-là cette ville n'en a pas manqué. Henri Estienne chef de sa famille & son fils Robert ont effacé tous les Imprimeurs de leur tems.

An de J.C. 1445.

La France & l'Angleterre étoient alors gouvernées par deux Princes d'une humeur douce, portez au plaisir & ne songeant à la guerre que malgré eux. Henri amoureux de sa femme lui laissoit prendre toute l'autorité & mécontentoit tous les Seigneurs de son Royaume : elle fit mourir sans aucune forme de justice le Duc de Glocestre qui s'opposoit à ses volontez.

Charle d'autre côté enivré de ses maîtresses languissoit dans les jardins de Chinon. Il n'avoit que quarante trois ans & le Daufin en avoit vint-deux & découvroit de jour en jour la ferocité de son naturel. Il avoit montré son courage en Guyenne & contre les Suisses & s'ennuyoit de ne rien faire. Le Roi n'avoit pourtant rien épargné pour son éducation. Jean de Bourbon Comte de la Marche avoit été son Gouverneur, & Jean Majoris qui enseignoit les belles lettres dans le College de Navarre avoit été son Précepteur & lui avoit apris le Latin & l'Histoire qu'il savoit parfaitement. Majoris étoit ami de Gerson Chancelier de l'Eglise de Paris, celebre par ses Ambassades

baſſades & encore plus par ſes ouvrages : il vivoit encore à Lion, où il s'étoit retiré depuis lon-tems & compoſa pour le Daufin un livre ſur l'inſtitution du Prince. Il l'exhorte à avoir une devotion particuliere pour la Sainte Vierge & pour ſon Ange gardien, ce qu'il pratiqua toute ſa vie, peut-être avec un peu trop d'exterieur & juſqu'à porter ſur ſon chapeau une médaille de plomb qu'il préferoit, diſoit-il, à toutes les pierreries du monde. Jean Rollin fils du Chancelier de Bourgogne étoit ſon Confeſſeur, il n'avoit pas peu d'affaires, il devint Evêque d'Autun & donna de grans biens à l'Hôpital de Beaune que ſon pere avoit fondé. Gerard Machet Evêque de Caſtres fut auſſi ſon Confeſſeur pandant prés de trente ans. L'Hiſtorien du College de Navarre remarque que Gerard Machet en écrivant au Pape le nomme ſon frere, & qu'ainſi la coûtume duroit encore que les Evêques traitoient les Papes de freres, mais auſſi les Evêques Confeſſeurs du Roi honoroient de ſimples Chapelains du nom de freres.

Le Daufin n'avoit aucune part aux affaires, il n'avoit guere que vint ans moins que ſon pere. Il voulut faire aſſaſſiner un Seigneur de la Cour qui lui déplaiſoit, le Roi en fut averti, le chaſſa de ſa préſence & lui ordonna de s'en aller en Daufiné. Il le fit en menaçant ſon pere & ne revint plus à la Cour. Il demeura dix ans en Daufiné, & s'y maria avec la fille du Duc de

Savoie sans demander le consentement du Roi. Sa premiere femme Marie fille du Roi d'Ecosse étoit morte. Il fit dans la province de si grandes exactions, qu'en 1456. le Roi y envoya le Comte de Dammartin pour l'arrêter. Il en fut averti & résolut de se révolter ouvertement. Il esperoit que tous les Mécontens de la Cour de France le viendroient joindre, & que le Duc de Savoie son beaupere lui donneroit toutes ses troupes, mais ce Prince sage ne s'étant pas voulu mêler de ses affaires, il fut obligé de se sauver avec quelques Seigneurs dans la Principauté d'Orange & de-là en Franche-Comté & en Brabant. Guillaume de Courcillon son Chambellan & Bailli du Bas Daufiné le suivit & ne l'abandonna jamais, & lorsque le Daufin parvint à la Couronne, il fut fait Bailli de Chartres. Et c'est le cinquiéme ayeul paternel de Philippe de Courcillon Marquis de Dangeau Grand-Maître de l'Ordre de Saint Lazare. Le Duc de Bourgogne fit rendre de grans honneurs au Daufin, mais il ne le vit qu'aprés en avoir obtenu la permission du Roi. La plûpart de ceux qui avoient suivi le Daufin, l'abandonerent. Il ne s'en étonna pas & au lieu d'implorer la clemence d'un bon pere, qui ne demandoit qu'à lui pardonner, il accepta une pension de douze mille écus que le Duc de Bourgogne lui donna & le Château de Genep pour sa demeure. Il y fit venir la Daufine sa femme fille du Duc de Savoie. Il alla à la chasse &

aprit à faire des almanacs, & depuis ce tems-là il eut toujours à sa suite quantité de diseurs de bonne avanture, comme le Juif Manassés & Coleman. Il demeura en Flandre jusqu'à la mort du Roi. Ce bon Prince tâchoit par toutes sortes de moyens de ramener son fils à la raison, & pressoit le Duc de Bourgogne de le lui renvoyer; mais il n'en voulut jamais rien faire, quoiqu'il se doutât en voyant le Daufin de prés, qu'il réchaufoit dans son sein un serpent, qui lui témoigneroit peu de reconnoissance. Il répondit seulement aux prieres & aux menaces du Roi, que c'étoit à lui à voir, s'il s'en vouloit tenir au Traité d'Arras. Le Roi en demeura là dans la crainte que s'il poussoit le Daufin, ce Prince impetueux ne passât en Angleterre, où il pouroit faire plus de mal.

Quelque tems aprés le Pape fit le Daufin Gonfalonier de l'Eglise, & lui assigna sur la Chambre Apostolique une pension annuelle de quinze mille florins d'or. Il espera que ce Prince le soûtiendroit contre le Concile de Bâle, & que s'il parvenoit à la Couronne, il lui persuaderoit aisément de révoquer la Pragmatique. Le Daufin fit alors proposer au Roi de le laisser aller en Hongrie faire la guerre aux Turcs, au lieu de passer sa vie à la chasse dans les forêts de Brabant. Le Roi répondit qu'un Daufin de France ne devoit marcher qu'à la tête d'une armée, & qu'il n'étoit pas à propos de dégarnir le Royaume de sa Noblesse & de ses meilleures troupes, & de le laisser exposé aux entreprises des Anglois; qu'il revînt à la Cour rendre à son pere l'obéissance qu'il lui devoit, & qu'il y trouveroit assez d'occupation.

La mort de Bajazet dans les fers de Tamerlan laissa son Empire exposé à l'ambition de ses enfans, qui se firent long-tems la guerre & se saisirent de diverses provinces. Enfin Mahomet vers l'an 1414. ayant défait tous ses freres par le secours des Tribaliens, réunit sous sa puissance toutes les provinces de l'Empire Turc tant en Europe qu'en Asie, il entretint la paix avec les Empereurs Grecs, obligea le Prince de Sinope & le Prince de Caramanie à lui payer tribut, défit les Valaques, & content de la gloire militaire dont il étoit couvert, bâtit une Mosquée magnifique à Andrinople & des Hôpitaux à Burse.

Amurat second son fils lui succeda & fut aussi habile en politique qu'en guerre. Il donna de grans privileges aux Janissaires & leur défendit de se marier, depeur que l'amour des femmes n'amolît leur courage & que le soin des enfans ne les détournât de la guerre. Il soûmit ses freres qui s'étoient révoltez, prit Thessalonique & se voyant maître d'une partie de la Grece, il attaqua l'Albanie. Jean Castriot qui en étoit Roi n'étoit pas en état de résister, il se soûmit au tribut & donna pour ôtage ses quatre fils qu'Amurat contre la parole donnée fit circoncire & élever dans ses troupes. Le quatriéme nommé George, fut nommé Scanderbeg, c'est à dire, Alexandre Seigneur, & se distingua bientôt de ses freres. Il étoit beau, bien fait, adroit à tous ses exercices & d'une force si extraordinaire, qu'à la lute & dans le combat persone n'osoit se présenter devant lui. Il plut à Amurat qui le fit Sanjac & lui donna le commandement de cinq mille Chevaux. Il se signala bientôt & montra autant de capacité que de valeur, jeune heros, qui faisoit de genie ce que les plus vieux Capitaines ne savent que par l'experiance. Il se trouva au Siege de Nicomedie, de Pnesne & d'Otrée, & à l'attaque de cette derniere place, il monta le premier sur la bréche & y arbora le drapeau des Turcs. Amurat lui donna depuis le commandement de ses armées, il prit des villes, il gagna des batailles & se fit un nom au dessus de tous les guerriers de son tems. Mais son pere Jean Castriot Roi d'Albanie étant mort en 1432. Amurat au lieu de récompenser ses services en lui rendant le Royaume de ses ancêtres, s'en empara & fit mourir ses trois freres aînez. Alors Scanderbeg résolut en lui-même d'abandonner un Prince ingrat & prit des mesures secretes pour remonter sur son trône. Il usa lon-tems d'une profonde dissimulation, & fit la guerre aux Chrétiens avec la même ardeur & le même bonheur qu'auparavant. Il soûmit le Despote de Servie Prince Chrétien, mais inconstant, qui suivoit le parti des Turcs ou celui des Chrétiens selon l'occasion.

Le Pape Eugene IV. fit signer une ligue entre les Princes Chrétiens pour tâcher d'arrêter les conquêtes des Ottomans, il y fit entrer Ladiflas Roi de Hongrie & de Pologne & le fameux Huniade Vaivode de Transilvanie. Ils assemblerent une armée de trente-cinq mille hommes, & se camperent dans une plaine sur la Morave. A cette nouvelle Amurat fit marcher quatre-vint mille hommes en Hongrie sous la conduite de Scanderbeg & de Carambey Bacha de Romanie. Alors Scanderbeg jugea le moment favorable pour sortir d'esclavage. Il plia avec ses troupes au commencement de la bataille & se renversa sur celles du Bacha où il mit du désordre, il se saisit dans la confusion du Secretaire du Bacha qui avoit le sceau du Sultan, & le poignard sur la gorge lui fit écrire un ordre au nom d'Amurat au Gouverneur de Croie Capitale de l'Albanie de remettre entre ses mains le gouvernement de la place, & partit avec trois cens Chevaux la plûpart Albanois pour aller tenter son entreprise. Il avoit fait avant que de partir massacrer le Secretaire, afin que son dessein fût plus lon-tems caché. Il réussit selon ses souhaits, il entra dans Croie & y fut receu aux acclamations des peuples. Les villes de Petrelle, de Stelleuse & de Sfetigrade égorgerent les garnisons

Turques & en peu de tems & presque sans effusion de sang, il se vit maître de l'Albanie. Les peuples ravis de voir dans leur Prince legitime le plus grand heros de son siecle, s'empresserent à le secourir d'hommes & d'argent & tous les petits Princes ses voisins se joignirent à lui par leur interest commun & lui envoyerent des presens. Il songea à lever des troupes & à fortifier ses places, ne pouvant douter qu'Amurat ne l'attaquât avec toutes les forces de son Empire. Il est vrai que le Sultan aprés la perte de la bataille de Morave avoit en tête les Hongrois & Huniade vainqueur. Il lui offrit de rétablir le Despote de Servie, de lui rendre la Mesie & de faire une tréve de dix ans. L'envie de se vanger de Scanderbeg lui fit oublier toute autre consideration. Huniade dont l'armée étoit fort diminuée par les maladies accepta le parti, de sorte que Scanderbeg se trouva exposé seul à toute la puissance Ottomane. Il se prépara à se bien défendre & signa une ligue avec Ariamnite dont les Etats s'étandoient le long de la côte maritime de l'Epire, avec André Tophie Souverain des Cimmetiens dont le pays étoit vis-à-vis de l'Isle de Corfou, avec Nicolas & Paul Ducagin, avec Zacharie & divers autres petits Princes, qui craignoient le voisinage & la domination des Turcs. La Republique de Venise entra aussi secretement dans la ligue, mais sans se déclarer comme les autres & promettant seulement des secours d'hommes & d'argent. Tous ces Princes reconnurent Scanderbeg Roi d'Albanie & lui défererent le commandement general. Amurat ne s'endormoit pas. Il envoya en Albanie le Bacha Ali avec quarante mille Chevaux pour y mettre tout à feu & à sang. Scanderbeg alla au devant de lui avec huit mille Chevaux & sept mille hommes de pied. Sa valeur le faisoit toujours marcher aux ennemis, mais il n'oublioit pas les stratagêmes. Trois mille Chevaux qu'il avoit fait cacher derriere une montagne, fondirent sur les Turcs au milieu du combat, ils en furent étonnez & s'abandonerent à une déroute entiere. Les Albanois n'eurent que la peine de tuer & de piller le camp des Turcs, où ils trouverent de fort grandes richesses.

La nouvelle de cette bataille donna le courage aux Princes de Cilicie & de Caramanie de déclarer la guerre aux Turcs, c'étoit des ennemis puissans; Amurat repassa en Asie pour leur faire tête, & y mena ses meilleures troupes. Le Pape prit cette ocasion pour réveiller la ligue des Chrétiens, & envoya le Cardinal de Saint Ange Legat vers Uladiflas Roi de Hongrie & de Pologne pour lui persuader & à Huniade de rompre la tréve malgré tous les fermens qu'ils avoient pû faire. Il leur representa aussi qu'ils avoient fait une ligue offensive & défensive avec les Princes de Cilicie & de Caramanie, & que puisqu'Amurat avoit tourné contre eux toutes les

forces

forces de son Empire, ils étoient obligez à les secourir par une diversion. Le Legat exhorta en même tems Scanderbeg à joindre les Hongrois avec son armée victorieuse pour acabler l'ennemi commun & le chasser d'Europe. L'Empereur de Constantinople qui se voyoit presque réduit à sa ville capitale offroit le peu de forces qui lui restoient. Les sollicitations du Legat soûtenuës des bules du Pape eurent leur effet, le Roi de Hongrie rompit la tréve. Il l'avoit jurée sur les saints Evangiles, & même pour gage de sa foi il avoit donné à Amurat une hostie consacrée. Ce gage si venerable ne l'empêcha pas de rompre la tréve sur le faux principe, qu'on peut en conscience manquer de foi aux Infideles. Il rassembla une puissante armée & se campa auprés de Varne. Amurat avoit fait une paix desavantageuse avec le Roi de Caramanie, & marchoit en Hongrie à grandes journées. Il étoit averti que Scanderbeg devoit joindre les Hongrois avec trente mille hommes, il se hâta de combatre avant la jonction. La bataille se donna avec fureur, & la victoire sembloit se déclarer pour les Chrétiens, lorsqu'Amurat se trouvant en grand danger montra publiquement l'Hostie, & s'écria : *Christ, si tu es Dieu comme les Chrétiens le disent, vange-moi de leur perfidie ; ils t'ont donné à moi pour gage de la paix, & ils n'ont pas laissé de la violer.* Aussitôt la bataille tourna à son avantage, Uladislas qui s'étoit précipité avec ses Polonois

An de J. C. 1444.

sans atendre Huniade, qui commandoit les Hongrois, fut tué & sa tête aussi-tôt portée en triomfe. A cette vûë les Turcs reprirent courage & les Chrétiens le perdirent. Tous les Polonois se firent tuer, les Evêques & les Seigneurs de Hongrie prisoniers furent tuez ou massacrez de sens froid. Le Cardinal de Saint Ange en passant une riviere pour se sauver, fut dépoüillé par des soldats, qui l'égorgerent de rage de ne le pas trouver chargé d'or. Les Turcs avoient perdu dans la bataille la plûpart de leurs Generaux, Amurat ne fit aucune réjoüissance de sa victoire. Il licentia son armée & retourna à Andrinople : *J'ai vaincu*, disoit-il, *mais il m'en a coûté bien cher*. Huniade qui ne desesperoit jamais, rassembla les troupes dispersées, & par sa conduite soûtint le Royaume de Hongrie durant la minorité de Ladislas fils & heritier d'Uladislas.

Scanderbeg étoit parti d'Albanie à la tête de trente mille hommes & marchoit vers la Hongrie pour se trouver au rendévous des alliez. Le Despote de Servie qui étoit rentré dans ses Etats après la bataille de la Morave, avoit fait un traité secret avec Amurat, qui avoit épousé sa fille. Ce Despote ni Chrétien ni Mahometan à l'âge de quatre-vint dix ans, ne gardoit sa foi que lorsque son interêt l'y obligeoit. Il refusa le passage à Scanderbeg, qui étoit prêt de le forcer lorsqu'il aprit la défaite & la mort d'Uladislas ; il retourna en Albanie.

Cepandant le bruit courut, qu'Uladiflas n'étoit point mort à la bataille de Varne, (fa tête avoit été portée en triomfe par tout l'Empire Turc & en Europe & en Afie) les Polonois l'envoyerent chercher par tout, mais ne l'ayant point trouvé, ils élurent fon frere Cafimir qui étoit grand Duc de Lithuanie.

Les Sarrazins fujets du Soudan d'Egypte ataquerent la même année l'Ifle de Rhodes, y firent une dècente, pillerent la campagne & donnerent plufieurs affauts à la ville. Tous les Chevaliers de l'Ordre de Saint Jean de Jerufalem s'y étoient rendus & la défendirent avec leur courage ordinaire. Jean de Laftigue leur Grandmaître s'y montra digne du pofte où fon merite l'avoit élevé. Le Pape y avoit envoyé un fecours confiderable d'hommes & d'argent.

An de J. C. 1445.

Nicolas Albergati Cardinal de Sainte Croix mourut à Sienne à 68. ans; le Pape Eugene qui l'aimoit tendrement affifta à fes funerailles, honneur que les Papes ne rendoient point aux Cardinaux: *Il y a cinquante ans*, dit le Poggio dans fon hiftoire, *que je fuis à la Cour Romaine, & je n'ai vû que le Pape Eugene affifter aux obfeques d'un Cardinal*. Albergati avoit été Chartreux, Evêque de Boulogne & Legat en divers pays de l'Europe. Sa pieté, fon efprit, fa capacité, fon experiance dans les affaires avoient comme forcé le Pape à l'employer plûtôt qu'un autre. Son élevation dans l'Eglife ne lui avoit point fait oublier les obligations d'un Chartreux, & il s'en acquita avec exactitude au milieu de ses voyages & de ses plus grandes occupations. Il mourut dans les douleurs extrêmes de la pierre en les offrant à Dieu pour sa penitence, & en lui demandant avec la joïe & l'esperance des Chrétiens la force de les suporter.

Les progrez continuels des Turcs causoient une grande consternation dans tout le monde Chrétien. Le Pape Eugene IV. envoya un Legat en Hongrie pour ranimer le courage des peuples & feliciter Huniade que tant de pertes n'avoient point abbatu. Il écrivit aussi à Scanderbeg pour l'assurer d'un prompt secours, en cas qu'il fût attaqué par les Turcs, comme il y avoit beaucoup d'apparance. En effet Amurat fier de ses victoires redoubla l'envie & l'esperance qu'il avoit de se vanger du Roi d'Albanie; il envoya contre lui à diverses reprises trois ou quatre de ses premiers Generaux avec trente & quarante mille Chevaux, qui furent tous défaits par la valeur & par l'activité de Scanderbeg. Ces mauvais succez firent souvenir Amurat du vœu qu'il avoit fait pandant la bataille de Varne, de se retirer dans un monastere, si Dieu lui donnoit la victoire. Il fit assembler les principaux Officiers de la Porte, & en plein Divan se dépoüilla lui-même des habits imperiaux, en revêtit son fils Mahomet & le fit proclamer Sultan. Il se retira ensuite à Burse Capitale de Bithinie dans un monaftere de Religieux célebres parmi les Mahometans pour l'auſterité de leur vie. Il y paſſa quelques mois aſſez tranquillement, mais bientôt l'ennui le prit, il étoit acoûtumé à commander. Il s'en ouvrit au Bacha Chatite ſon confident. Cet homme hardi & entreprenant propoſa au jeune Mahomet une partie de chaſſe qui dura quatre jours, & pandant ſon abſence, Amurat ſortit de ſon cloître, reprit les ornemens imperiaux & fut reconnu de tout le monde. Mahomet à ſon retour de la chaſſe, fit de neceſſité vertu, ſe jetta aux pieds de ſon pere, & lui témoigna une joïe qu'il n'avoit pas dans le cœur.

Amurat fut à peine remonté ſur le Trône, qu'il donna ſes ordres pour faire raſſembler toutes les forces de ſon Empire. Ce grand armement menaçoit également la Hongrie, l'Albanie & l'Empereur Grec, qui n'avoit plus que la ville de Conſtantinople. Scanderbeg qui ſavoit qu'Amurat étoit plus piqué contre lui que contre tous ſes autres ennemis, fit tous ſes préparatifs pour ſe défendre; il fortifia ſes places, leva des troupes, avertit tous les petits Princes ſes alliez de ſe tenir prêts à venir à ſon ſecours, & écrivit au Pape, qui l'avoit toujours aſſiſté autant qu'il avoit pû.

CHAPITRE SIXIEME.

An de J.C. 1446.

DE's qu'Amurat eut assemblé son armée, il suivit l'esprit de vangeance, & marcha en Albanie avec cent quatre-vint mille hommes. Il s'attacha d'abord au siege de Sfetigrade, qu'il ne prit qu'au bout de deux mois, encore fut-ce par intelligence avec un bourgeois de la ville qui empoisonna le seul puits qui y fût. Son armée étoit fort diminuée tant par les maladies que par les assauts qu'il avoit fait donner inutilement. Scanderbeg avec huit mille Chevaux lui coupoit les convois de vivres & lui enlevoit souvent des quartiers. Amurat content de sa petite conquête retourna à Andrinople. On atribua ce prompt départ à la crainte d'Huniade qui assembloit des troupes en Hongrie, & à la nouvelle que le Roi de Perse vouloit lui faire la guerre. Mais tous ces bruits s'étant évanoüis, il retourna l'année suivante en Albanie avec une armée encore plus forte, & alla mettre le siege devant Croie Capitale du pays, persuadé que s'il la pouvoit prendre, tout le reste de l'Albanie seroit bientôt soûmis. La ville étoit située sur un rocher inaccessible de tous côtez, hors par une porte fortifiée par tout ce que l'art avoit pû imaginer. Vranoconte dont la valeur & la capacité étoient connuës, en étoit gouverneur & avoit une bonne garnison & des munitions de guerre & de bouche pour un an. On en avoit fait fortir les femmes & les enfans, qui s'étoient retirez fur les terres de la Republique de Venife, & il n'y étoit refté que les bourgeois auffi aguerris que des foldats & réfolus de mourir à la vûë de leur Roi, qui à fon ordinaire tenoit la campagne avec fa petite armée pour harceler les ennemis.

Amurat fe croyoit feur d'emporter la place par le nombre de fes foldats, qui à fa vûë & au nom de leur Profete alloient à l'affaut avec confiance. Il comptoit encore plus fur fon artillerie; l'ufage n'en étoit pas encore bien general, mais fa grande puiffance l'avoit mis en état d'en avoir une fi prodigieufe quantité & d'un calibre fi gros, que quelques-uns des boulets pefoient deux cens livres. Il avoit fait porter du métal fur des chariots & fit fondre les canons dans fon camp. Le fiege dura cinq mois, les Turcs donnerent dix affauts à la ville & furent toujours repouffez, pandant que Scanderbeg avec fa petite armée, qui fembloit voler, forçoit le camp en differens endroits & fe retiroit en bon ordre, aprés avoir pillé les tentes & maffacré une infinité de Turcs. Enfin Amurat outré de rage qu'une poignée de gens lui réfiftât, tomba d'abord dans une fi grande melancolie que perfone n'ofoit lui parler. Il envoya propofer à Scanderbeg de le reconnoître Roi d'Albanie à la charge d'un leger tribut, à quoi tant de grans

Princes plus puiſſans que lui, s'étoient ſoûmis. Scanderbeg lui répondit qu'il vouloit bien faire la paix, mais qu'étant Roi comme lui, il ne dépendroit jamais que de Dieu & de ſon épée. Tant de fierté acheva de mettre Amurat au deſeſpoir, la fiévre lui prit, il ne put y réſiſter (il avoit quatre-vint cinq ans) & mourut en 1450. en recommandant ſur toutes choſes à Mahomet ſon fils & ſon ſucceſſeur de le vanger de Scanderbeg. Mahomet fut proclamé Sultan aux acclamations des ſoldats, qui l'avoient vû plus d'une fois monter à l'aſſaut avec un courage qui marquoit aſſez qu'il ſeroit auſſi grand guerrier que ſon pere. Il falut pourtant lever le ſiege de Croie, l'armée étoit fort affoiblie & Mahomet vouloit ſe faire couronner à Andrinople. Il ſavoit que parmi les Turcs un nouveau regne eſt ſujet à des révolutions.

An de J. C. 1447.

Le Pape Eugene IV. ſe ſentant affoibli de jour en jour moins par l'âge (il n'avoit que ſoixante & ſix ans) que par les peines qu'il s'étoit données pour le bien de l'Egliſe, ſongea à ce qui arriveroit aprés lui. Il exhorta les Cardinaux à faire un bon choix, & aprés avoir donné le gouvernement de l'Etat Eccleſiaſtique à Loüis Cardinal de Saint Laurent, il ſe prépara à la mort, on lui avoit prédit qu'il mourroit la ſeiziéme année de ſon Pontificat. Il étoit bien fait, d'une phiſionomie heureuſe, liberal, magnifique, aimant les gens de bien, & fort zelé pour l'aug-

mentation

mentation de la foi Chrétienne. Il avoit dans sa jeunesse vendu son bien qui étoit fort considerable, pour le distribuer aux pauvres, & conjointement avec Antoine Cotario noble Venitien & son ami, il avoit institué la Congregation des Chanoines de Saint George. Le Pape Gregoire XII. les fit tous deux Cardinaux, & les employa en diverses legations. Il receut les Sacremens de l'Eglise avec beaucoup de pieté, & s'écria, O Gabriel (c'étoit son nom de batême) *qu'il vaudroit bien mieux pour ton salut, que tu n'eusses jamais été ni Cardinal ni Pape, & que tu fusses demeuré dans ton Couvent.* Il confirma aussi tôt aprés son exaltation les promesses que tous les Cardinaux avoient jurées dans le Conclave, de reformer la Cour Romaine dans son chef & dans ses membres, de tenir des Conciles generaux pour la réformation de l'Eglise universelle, de ne faire de Cardinaux que du consentement du sacré Collége, de ne se point saisir des biens des Cardinaux mourans & de leur laisser la liberté d'en disposer par testament. Il obligea les Cardinaux de la Maison Colomne neveux de Martin V. à lui remettre entre les mains le trésor de l'Eglise, dont il fit un bon usage. Ses neveux Ecclesiastiques furent élevez aux dignitez de l'Eglise, les laïques demeurerent simples Chevaliers. Il n'amassa point de trésors parce qu'il eut grand soin des pauvres. Il faisoit peu de dépense pour sa maison : il ne mangeoit que d'une sorte de mets, fans avoir d'heures reglées pour le repas. Il fe plaifoit fort avec les gens de lettres, comme Charle Poggio, Blondus de Trebizonde & Leonard Aretin qui ne lui communiquoit pas tous fes ouvrages. Il fit le Cardinal Julien Cefarini, que Martin V. avoit envoyé contre les Huffites, Prefident du Concile de Bâle. Il fut obligé par l'Empereur Sigifmond, qu'il couronna à Rome, à confirmer le Concile de Bâle; mais aprés le départ de l'Empereur, il le caffa de nouveau avec tous les decrets qui y avoient été faits, ordonnant l'obfervation des Canons publiez dans le Concile de Lion fous Gregoire X. & dans celui de Vienne fous Clement V. Il fit enfuite tous fes efforts pour transferer le Concile de Bâle à Ferrare & puis à Florence où il eut la confolation de réünir les Grecs à l'Eglife Romaine. Les Armeniens & les Jacobites d'Orient abjurerent auffi leurs erreurs. Il acorda à Uladiflas Roi de Pologne l'indulgence à l'article de la mort, à condition qu'il feroit une confeffion generale, & qu'il jeuneroit tous les vendredis de l'année. Et il eft bon de remarquer que les Papes n'acordoient des Indulgences, qu'à condition de faire penitence de fes pechez. Uladiflas Jagellon étoit né Payen; mais depuis qu'il eût reçû le baptême, fon zele s'enflamma pour la propagation de la Foi: il convertit plus de quarante mille Payens, fonda en Pologne ou en Lithuanie fept Eglifes Catédrales, abolit le feu perpetuel que les Samogitiens entretenoient en l'honneur de leurs dieux, & fit bâtir dans le principal lieu de la superstition, une Eglise où il établit des Chanoines, qui les uns aprés les autres chantoient jour & nuit les loüanges de Dieu. Son fils aîné Uladislas III. lui succeda, fut couronné & envoïa aussi-tôt à Rome une ambassade d'obedience. Le Pape l'exhorta par ses lettres à imiter les grandes actions de son pere & sur tout sa pieté, & à honorer la Reine Sophie sa mere, qui l'avoit élevé dans toutes les vertus Chrétiennes. Ce Prince voulut que tous ses Sujets fussent égaux, & acorda à la Noblesse de Russie & de Podolie les privileges de la Noblesse Polonoise.

L'aplication du Pape étoit grande à procurer la paix entre les Princes Chrétiens; il avoit envoyé le Cardinal Albergati à la Conference d'Arras. Il donna l'investiture du Royaume de Naple à René d'Anjou aprés la mort de la Reine Jeanne, mais il fut forcé dans la suite aprés la défaite du Roi René à la donner à Alphonse Roi d'Aragon, qui lui promit de le défendre contre François Sforce Duc de Milan. Il condamna toujours la Pragmatique Sanction que le Roi Charle VII. avoit fait publier dans l'Assemblée de Bourges; mais il ne put jamais obtenir par prieres ni par menaces, que ce Prince la revoquât. Il régla que les Fidéles auroient satisfait au précepte de la Communion Paschale, pourvû qu'ils communiassent dans la quinzaine de Pâques. Il donna

T ij

à l'Archevêque d'Edesse une formule de foi, qu'il promit de faire recevoir aux Chrétiens de Sirie & de Mesopotamie dont il étoit Patriarche. Les Caldéens & les Maronites se soûmirent aussi à l'Eglise & abjurerent les erreurs de Nestorius, d'Eutichés & des Monothelites. Il envoya un Legat & une flote au secours de l'Ile de Rhodes, que le Soudan d'Egypte assiegeoit. Il signa avec les Ambassadeurs de l'Empereur Frideric III. le Concordat Germanique dont nous avons déja parlé, & obligea par-là les Allemans à renoncer à la neutralité qu'ils avoient gardée huit ans, en aprouvant toujours le Concile de Bâle & sans se départir de l'obéïssance au Saint Siege. Mais il dit en même tems qu'il ne prétendoit pas par-là déroger à la doctrine des Saints Peres, ni à l'autorité du Saint Siege Apostolique. Il canonisa saint Nicolas de Tolentin. Il honoroit les Savans : *Il faut*, disoit il, *aimer les Gens de lettres & les craindre ; Platon avoit raison de dire, qu'il vaut mieux avoir pour ennemi un Roi qu'un Poëte ou un Orateur.* Il confirma l'établissement de l'Université de Caën, & lui acorda les privileges ordinaires, tant pour les Ecoliers, que pour les Professeurs en Theologie, en Droit Civil & Canon, en Medecine & en Humanitez. Il receut des Ambassadeurs d'Ethiopie & leur donna la Profession de Foi de l'Eglise Romaine, qu'ils promirent de faire recevoir dans leur pays. Il eut des Conferences avec le Sarazin Fracardin,

Seigneur d'Acre, qui vouloit secoüer le joug du Soudan d'Egypte & promettoit en même tems de rétablir la Religion Chrétienne à Jerusalem. Enfin il créa en divers tems vint-sept Cardinaux de diverses nations tous illustres par leur naissance ou par leur capacité, entre autres François Condolmier son neveu Evêque de Verone, Jean Vitteleschi à qui le peuple Romain éleva dans le Capitole une statuë équestre pour avoir soûmis plusieurs petits tirans de l'Etat Ecclesiastique, Renaud de Chartres Archevêque de Reims & Chancelier de France, Jean Kemp Archevêque de Cantorberi, Loüis de Luxembourg Archevêque de Roüen, Isidore de Tessalonique Auteur Ecclesiastique qui se trouva dans Constantinople quand la ville fut prise par Mahomet II. George de Fiesque Archevêque de Genes, Bessarion Archevêque de Nicée qui avoit eu beaucoup de part à la réünion des Grecs, Guillaume d'Estouteville Archevêque de Roüen Docteur en Droit Canon, Jean de Turre-cremata Espagnol, Pierre Barbo fils de sa sœur Evêque de Pavie qui fut depuis le Pape Paul II. & Jean Carvajal Espagnol Evêque de Plaisance, célebre par ses legations où il fut acompagné souvent par le bien-heureux Jean de Capistran de l'Ordre des Freres Mineurs.

La même année mourut la bien-heureuse Colette Reformatrice de l'Ordre de Sainte Claire. L'Auteur de sa vie raporte, que tous les ven-

An de J. C.
1447.

dredis elle ne mangeoit qu'à six heures du soir baignée dans les larmes au souvenir de la Passion du Fils de Dieu.

An de J. C. 1448.

La tréve entre la France & l'Angleterre donna au Roi la pensée & le moyen de travailler à la paix de l'Eglise. Elle étoit troublée par le schisme qui duroit depuis sept ou huit ans. Les Prelats du Concile de Bâle, quoiqu'en petit nombre, avoient déposé Eugene IV. & élû Amedée Duc de Savoïe, qui avoit pris le nom de Felix V. Il étoit reconnu par son fils Loüis Duc de Savoïe, & par quelques autres Princes malcontens d'Eugene. Il avoit creé plusieurs Cardinaux, entre autres Amelée de Talaru Archevêque de Lion, Philippe de Coëtivi Archevêque de Tours, & Denis du Moulin Evêque de Paris, & s'étoit retiré à Lauzane où il avoit transferé le Concile de Bâle. Le Pape Eugene de son côté pour gagner l'amitié du Roi, avoit fait Cardinal Renaud de Chartres Archevêque de Reims & Chancelier de France. L'Empereur Frideric III. le Roi Charle VII. & tous les Princes de l'Europe n'avoient pas voulu reconnoître Felix. Le Roi aprés l'avoir fait pressentir, fit de concert avec les Ambassadeurs de l'Empereur & ceux d'Angleterre un projet d'accommodement, par lequel Felix qu'on avoit fait Pape malgré lui, se démetroit du Souverain Pontificat & reconnoîtroit Eugene pour le seul & veritable Souverain-Pontife en obtenant de grans privileges, comme d'être le premier des

Cardinaux, Legat *à Latere* perpetuel dans les Terres de Savoïe, & que s'il alloit à Rome, le Pape le baiseroit à la bouche, sans lui demander de plus grandes soûmissions. Il fut dit aussi que toutes les excommunications lancées de part & d'autre seroient levées, & que les Cardinaux faits par Felix seroient receus dans le sacré College. Le Roi envoya ce projet au Pape Eugene, mais l'Archevêque d'Aix qui en étoit chargé, le trouva mort en arrivant à Rome, & le présenta à Nicolas V. que les Cardinaux avoient déja mis sur la Chaire de saint Pierre. Il s'apelloit Thomas de Sarsane Cardinal Evêque de Boulogne, & avoit pris le nom de Nicolas en memoire de son ami le bien-heureux Nicolas Albergati qui lui avoit prédit le Pontificat. Il étoit Legat auprés de l'Empereur Frideric, qui le reconnut aussi tôt. il confirma l'Acte Imperial qui avoit ôté la neutralité entre le Concile de Bâle & le Pape Eugene, défendant expressément aux Allemans toute communication avec le Concile, & quand on lui présenta le projet d'acommodement dressé par le Conseil du Roi Charle VII. de concert avec les Ambassadeurs de l'Empereur, il y trouva de grandes difficultez. Il fit même publier une bule par laquelle il déclaroit le Duc de Savoïe déchu de ses Etats & les donnoit au Roi & au Daufin. Mais le Roi ne prit pas le change, & fit une assemblée à Lion où assisterent en son nom Jaque Juvenal des Ursins Archevêque de Reims, le Maréchal de la Fayette, Elie de Pompadour Archidiacre de Carcaſſonne & Thomas de Courcelles Docteur en Theologie. Le Comte de Dunois y amena les Ambaſſadeurs d'Angleterre. Le Cardinal d'Arles & le Prevôt de Montjouy y vinrent de la part de la Maiſon de Savoïe. Le Daufin & le Roi de Naple y envoyerent auſſi. Il fut réſolu d'envoyer des Ambaſſadeurs à Felix qui s'étoit retiré à Geneve, pour l'exhorter à ceder le Pontificat, & d'en envoyer en même tems à Rome pour preſſer le Pape d'acorder les conditions raiſonables qu'on lui demandoit. Jean Juvenal des Urſins Archevêque de Reims, Elie de Pompadour Archidiacre de Carcaſſone & le Comte de Dunois allerent à Rome. Le Pape Nicolas avoit envoyé au Roi un plein-pouvoir d'acorder à Felix les conditions les plus avantageuſes, pourvû qu'elles ne bleſſaſſent point l'honneur & l'autorité du Saint Siege & qu'il demeurât ſeul Pape. Le projet d'acommodement fut accepté, & le Pape acorda tout ce qu'on lui demanda. Les Ambaſſadeurs allerent enſuite trouver Felix qui renonça au Pontificat, qu'il avoit reçû preſque malgré lui, à condition qu'il ſeroit le premier dans l'Egliſe Romaine aprés le Pape & Legat perpetuel dans les Etats de Savoïe : qu'il conſerveroit l'habit & les ornemens de Pape, excepté l'anneau du pécheur, le dais & la croix ſur ſa chauſſure ; que ceux qu'il avoit créez Cardinaux ſeroient

reconnus

DE L'EGLISE. Liv. XXVI. Chap. VI. 153
reconnus à Rome en cette qualité, & qu'on oublieroit tout ce qui s'étoit passé de part & d'autre. Ces conditions furent acceptées & executées fidélement ; Felix fit son abdication, & le Pape écrivit aussitôt à tous les Fidéles en ces termes : *Les divisions arrivées entre notre Predecesseur le Pape Eugene d'heureuse memoire & le Concile de Bâle avoient affligé & troublé l'Eglise ; mais nous aprenons avec consolation, que par la grace de Dieu & par les soins des Ambassadeurs de nos trés-chers fils les Rois de France, d'Angleterre & de Sicile, la paix est renduë à l'Eglise, puisque notre trés-cher frere Amedée Cardinal de Sainte Sabine nommé Felix V. dans son obedience, nous a cedé librement & volontairement tous les droits qu'il prétendoit avoir au souverain Pontificat, & que l'Assemblée de Bâle transferée à Lauzane aprés nous avoir reconnu solemnellement, s'est séparée. Aussi de notre côté voulant contribuer à la paix de l'Eglise & conserver à chacun sa réputation, ses honneurs & ses revenus, &c.* Il fit publier en même tems trois bules ; il casse par la premiere tout ce qui s'étoit fait contre Felix & ses adherans : la seconde confirme tout ce que Felix avoit fait pandant son Pontificat : & la troisiéme rétablit tous ceux qui avoient été privez de leurs benefices. On arracha des Registres du Pape Eugene IV. tout ce qui s'étoit fait pandant le Schisme, afin que la memoire en fût abolie ; & d'autre côté le Concile de Bâle ou de Lauzane avant que de se séparer, reconnut le Pape Nicolas V. & l'élut tout

Tome VIII. V

de nouveau. Le Cardinal d'Arles, qui presque seul avoit soûtenu le Concile de Bâle, présida encore en cette occasion & mourut l'année suivante chargé de si grans merites, que le Pape Clement VII. le mit au nombre des Bien-heureux. Le Cardinal Amedée de Savoïe qui avoit quitté de bonne foi le nom de Felix, mourut peu après, également loüé d'avoir accepté avec courage le Souverain Pontificat à la priere d'un Concile general, & de l'avoir cedé humblement pour donner la paix à l'Eglise. Il marqua expressément dans l'acte de cession, que les Peres de Bâle l'avoient presque forcé à se charger du gouvernement de l'Eglise, afin de leur aider à conserver l'autorité des Conciles generaux, & qu'il aprouve & confirme tous les actes, decrets & constitutions qu'il a faites pandant les neuf années de son Pontificat.

Le Pape Nicolas V. témoigna au Roi sa reconnoissance par une longue lettre où il rapelle toutes les obligations que les Papes ont euës à la Serenité des Rois de France : *Notre esprit*, lui dit-il, *sent qu'il vous doit plus qu'il ne peut vous rendre, mais il veut vous devoir encore ; & nous esperons qu'à l'exemple des bons medecins, qui n'abandonnent les malades qu'après qu'ils ont repris une santé parfaite, vous aurez toujours l'œil ouvert sur les besoins de l'Eglise encore languissante. La joïe fut generale par tout le monde Chrétien*, dit le Reverend Pere Daniel dans son Histoire de France, *on n'entendoit de toutes parts*

DE L'EGLISE. Liv. XXVI. Chap. VI. 155
que les loüanges de la moderation d'Amedée, de la fermeté du Pape & de la sagesse du Roi de France. Ce qui auroit dû empêcher le Continuateur de Baronius de s'emporter en injures contre Amedée, à qui le Pape Nicolas V. dans ses bules donne souvent le titre de pacifique.

An de J. C. 1449.

A peine la paix de l'Eglise fut-elle faite, que la guerre recommença entre la France & l'Angleterre. Les garnisons Angloises de basse Normandie firent des courses sur les Terres du Duc de Bretagne quoiqu'il fût compris dans la tréve, & prirent Fougeres. Il s'en plaignit, on ne lui en fit point de raison, il surprit le Pont de l'Arche en Normandie & demanda le secours du Roi qui lui envoya des troupes comme auxiliaires, protestant qu'il ne prétendoit pas par-là rompre avec l'Angleterre. Ce Roïaume n'étoit pas trop en état de résister à la France à cause de ses divisions domestiques. Le Duc de Glocestre oncle & tuteur du Roi Henri VI. le gouvernoit avec hauteur, il le connoissoit d'une humeur douce & foible ne songeant qu'à ses plaisirs. Marguerite d'Anjou femme du Roi, habile & imperieuse, voulut gouverner à son tour, & suscita des ennemis au Duc de Glocestre ; on l'accusa de malversation, on le mit dans la Tour de Londres, & sans autre forme de procez il y fut étranglé. Les Anglois étoient en guerre avec les Ecossois, qui venoient de gagner deux batailles. Le Roi de France de son côté par l'éta-

V ij

blissement des Compagnies d'Ordonnances, avoit toujours des Troupes sur pied, & le Comte de Dunois étoit à la tête de ses armées. Il l'avoit déclaré son Lieutenant general dans toute la France, à condition que quand il se trouveroit dans le même lieu avec le Connétable, il lui obéïroit. L'alliance du Roi avec Jaque II. Roi d'Ecosse, l'asturoit d'une diversion du côté de l'Angleterre. Jean Roi de Castille avoit grand nombre d'Armateurs, qui tenoient en respect les vaisseaux Anglois. Le Duc de Bretagne par le sang & par l'état de ses affaires étoit dans les interêts de la France. Le Comte de Dunois & Bertrand de Beauveau Seigneur de Pressigny lui firent signer une ligue offensive & défensive. Enfin le Roi se détermina à la guerre sur les instances de son Argentier Jacques Cœur, qui lui promit qu'il ne manqueroit pas d'argent, pourvû qu'il voulût entreprendre la conquête de la Normandie. Ce Jaque Cœur étoit de Bourges Marchand, habile, heureux dans son commerce & entreprenant. Il avoit des facteurs dans toute l'Europe, grand nombre de vaisseaux & de si grandes richesses, que le peuple étoit persuadé qu'il avoit trouvé la pierre Philosophale. Il faisoit un bon usage de ses richesses & prêtoit de l'argent aux Princes & aux grans Seigneurs. Le Roi le voulut entretenir, & charmé de son esprit le mit dans son Conseil secret, & lui donna la conduite de ses Finances. Il l'employa dans plusieurs negociations & l'envoya à Rome pour la paix de l'Eglise. Mais son merite & son bien causerent sa perte, les intrigues de ses ennemis le perdirent à la Cour. On l'accusa (& cela n'étoit pas sans apparance) d'avoir envoyé de grandes sommes d'argent au Daufin qui en avoit besoin : on lui fit son procez, on le condamna à cent mille écus d'or d'amande & tous ses biens furent confisquez. Il se sauva dans l'Isle de Chipre où il se maria avec une Dame du païs, & y mourut tranquillement. Il avoit emporté avec lui assez de bien pour vivre par tout avec magnificence. Le Roi Loüis XI. rétablit son fils Geoffroi Cœur dans une partie des biens que son pere avoit laissez en France.

La guerre d'Angleterre recommença. Le Duc de Bourgogne voulut demeurer dans la neutralité, mais il permit à plusieurs Seigneurs de ses Etats de venir servir le Roi. Les principaux de ceux qui y vinrent furent le Comte de Saint Pol, Robert de Bethune, Jean d'Ailly, & les sires de Mailly, de Rambures, de Croy, de Mouy & de Rubempré. On résolut d'attaquer la Normandie avec quatre armées. La premiere commandée par le Connétable de Richemont oncle du Duc de Bretagne : la seconde par le Comte de Dunois Lieutenant general de l'Etat : la troisiéme par les Comtes d'Eu & de Saint Pol ; & la quatriéme par le Duc d'Alençon. Ces troupes entrerent en Normandie par quatre endroits diffe-

An de J. C. 1449.

rens. Le Comte de Saint Pol prit Gournai & Neuchatel. Le Comte de Dunois s'empara des Châteaux d'Harcourt, de Chambrai & d'Hieme. Le Duc d'Alençon prit la ville d'Alençon. Le Duc de Bretagne s'empara de Couſtance, de Saint Lo & de Carantan. Le Roi voyant les progrez de ſes Generaux, entra lui-même en action & prit le Château Gaillard à ſept lieuës de Roüen. Les Anglois cependant ne ſongeoient qu'à la ville de Roüen, le Duc de Sommerſet Gouverneur de Normandie & le General Talbot croyoient aſſez faire de conſerver la Capitale de la Province. Ils ſe ſouvenoient que le Duc de Betfort dans la décadence de ſes affaires, n'avoit d'application qu'à la ville de Paris, outre qu'ils ne pouvoient pas faire autrement, les déſordres qui étoient à la Cour d'Angleterre empêchant qu'on ne leur envoyât du ſecours.

Mais le Comte de Dunois toûjours vigilant, ménagea une intelligence dans la ville de Roüen, & pour la ſoûtenir s'avança avec l'armée qu'il commandoit. On lui fit le ſignal dont il étoit convenu avec deux Bourgeois, cinquante ſoldats étoient déja montez ſur la muraille, quand par malheur le Duc de Sommerſet qui faiſoit la ronde, s'en aperceut & chargea les François & quelques Bourgeois qui s'étoient joints à eux; les échelles furent renverſées, le Comte de Dunois ſe retira auprés du Pont de l'Arche où le Roi étoit demeuré. On alloit envoyer les Trou-

DE L'EGLISE. Liv. XXVI. CHAP. VI. 159

pes en quartier d'hiver, lorsqu'il arriva des Deputez de la ville de Roüen, qui offrirent de se rendre au Roi. Les Bourgeois avoient pris les armes dans tous les quartiers, douze cens Anglois qui composoient la garnison, n'étoient pas capables de les contenir. Le Roi leur acorda l'amnistie, la conservation de leurs privileges, avec la permission de se retirer à ceux qui voudroient suivre les Anglois. Ils livrerent leurs portes, le Duc de Sommerset & Talbot se retirerent au vieux Palais & quelques jours aprés firent leur Capitulation, par laquelle ils promirent de faire livrer aux Troupes du Roi Honnefleur, Arques, Caudebec, Tancarville, Lilebone & Montivilliers, moyennant quoi ils sortirent avec armes & bagages. Le Roi quatre jours aprés fit son entrée dans Roüen aux acclamations du peuple. Il étoit armé de toutes pieces, mais au lieu de casque il avoit un capeau de castor doublé de velours rouge avec une houpe de fil d'or. On s'étoit servi jusque là de chaperons. Le Comte de Dunois finit la Campagne par la prise de Harfleur à l'embouchure de la Seine.

An de J. C. 1449.

Tant de glorieux succez furent effacez dans le cœur du Roi par la mort de la belle Agnés. On l'appelloit depuis quelques années la Damoiselle de Beauté, parce que le Roi lui avoit donné son Château de Beauté sur Marne. Elle avoit quarante ans & n'en paroissoit pas vint; son courage, son esprit & ses manieres engageoient tout le monde à la servir, la Reine elle-même ne pouvoit s'empêcher de l'aimer. Les Eglises qu'elle faisoit rebâtir la regardoient comme leur bienfaictrice & les pauvres comme leur mere; mais elle faisoit vanité de son crime, & effaça par-là toutes les belles qualitez du corps & de l'esprit, que la nature lui avoit prodiguées. Elle mourut dans de grans sentimens de pieté, & fit un long discours sur la fragilité de ce petit avantage dont les femmes font tant de cas. Le bruit courut qu'elle avoit été empoisonnée, mais il n'en paroît aucune preuve.

An de J. C. 1450.

La Conquête de la Normandie fut achevée l'année suivante. Le Connétable ayant été joint par le Comte de Clermont fils aîné du Duc de Bourbon, passa le Vé à la vûë de l'Armée d'Angleterre & la défit à Fourmigny. Le Vé est un guai entre la Basse Normandie & le Cotentin, où l'on ne passe que quand la mer est retirée. Le Connétable permit au Comte de Clermont de coucher sur le champ de bataille, parce que c'étoit la premiere action de guerre où il s'étoit trouvé. Le Comte de Castres fils du Comte de la Marche & Godefroi de Boulogne fils du Comte de Boulogne & d'Auvergne furent faits Chevaliers aprés la bataille où ils s'étoient fort distinguez. Le Connétable alla ensuite assieger la ville de Caën où le Duc de Sommerset s'étoit enfermé avec quatre mille Anglois. Le Comte de Dunois se rendit au Siege avec cinq mille hommes,

hommes, & le Roi y vint en perſone avec ſept mille hommes & beaucoup de Nobleſſe. La ville aprés une vigoureuſe réſiſtance capitula, le Comte de Dunois en eut le gouvernement. Le Château qui paſſoit alors pour une bonne place, fut rendu par la même Capitulation. Le Duc de Sommerſet repaſſa en Angleterre avec le reſte de ſa Garniſon. Le Connétable demeura en Normandie avec Breſé, qui en fut fait Senechal. La Guyenne couta encore moins que la Normandie; le Comte de Dunois, le Comte de Foix, le ſire d'Albret & le Comte de Clermont de Lodeve batirent les Anglois en diverſes rencontres, & enfin obligerent les habitans de Bordeaux à rentrer dans le devoir, ce qu'ils ne firent que lorſqu'ils ſe virent hors d'eſperance de ſe pouvoir défendre; la domination des Anglois à laquelle ils étoient acoûtumez depuis lon tems & qui étoient éloignez, leur paroiſſoit plus douce que celle des François, qui étant plus proches & plus puiſſans, leur faiſoit craindre la perte de leurs privileges qui aprochoient de l'indépandance. Le Comte de Dunois y fit une entrée magnifique, & gagna le cœur du peuple par la bonne diſcipline qu'il fit obſerver aux Troupes. Le Roi par ſa valeur & encore plus par ſa bonté & par ſa douceur, acheva la Conquête qu'il avoit commencée par la force de ſes armes, & les Gaſcons auſſi-bien que les Normans furent dans la ſuite fort affectionnez à ſon ſervice. Ses

Tome VIII.

victoires venoient de la valeur de ses troupes & de la discipline qu'il faisoit observer dans ses armées, les soldats étoient payez regulierement, les gens d'armes avoient de bonnes armes, l'artillerie étoit bien servie, & les païsans n'étant point pillez, aportoient leurs denrées au camp, comme ils eussent fait au marché d'une ville.

La mort d'Amurat sauva l'Albanie. Le Pape en témoigna sa joïe en envoyant à Scanderbeg un Legat & des presens. Ladislas Roi de Hongrie, le Duc de Bourgogne.& d'autres Princes lui envoyerent aussi des Ambassadeurs ; mais Alphonse Roi d'Aragon & de Naple se distingua entre ses amis : outre une somme d'argent considerable, il lui fit present de trois cens mille mesures de froment & de cent mille d'avoine, ce qui arriva fort à propos dans un pays ruïné par de grandes armées.

An de J. C. 1450.

L'année cinquantiéme du siécle le Pape indiqua le Jubilé universel, qui attira à Rome de toutes les parties de l'Europe des Pelerins en si grande quantité, qu'il y en avoit souvent d'étoufez dans les processions. Ils admiroient la pompe du Service divin ; les ornemens Pontificaux étoient d'étoffes d'or ou d'argent enrichies de pierreries. Le Prince Albert frere de l'Empereur aprés avoir visité les Eglises de saint Pierre, de saint Paul, de Latran & de Sainte Marie Majeure, baisa les pieds du Pape qui lui donna une épée. On avoit eu soin l'année précedente de faire amasser des blés pour nourir un si grand peuple, qui par une si sage prévoyance ne manqua de rien, & en même tems le trésor Apostolique ne diminua pas, les aumônes, les offrandes & la vente des blés firent de grosses sommes. Mais la principale attention du Pape fut de secourir Constantinople, que les Turcs étoient sur le point d'assieger. Ils s'y préparoient depuis lon-tems. L'Empereur Jean Manuel Paleologue étoit mort l'année précedente à l'âge de cinquante-huit ans. Constantin son fils aîné lui avoit succedé. Demetrius le cadet prétendoit à l'Empire, parce qu'il étoit Porfirogenete, c'est-à-dire, né dans la chambre de Porfire, où les Imperatrices avoient acoûtumé d'acoucher, mais les principaux Seigneurs se déclarerent pour l'aîné qui étoit d'un âge plus propre à les gouverner. Le Pape ordonna des Decimes dans toute l'Europe, & fit prêcher par tout la Croisade. Les grandes affaires que Mahomet II. eut à démêler au commencement de son regne, laisserent respirer les Grecs.

Cepandant Scanderbeg se rendit aux vœux de ses Sujets, il épousa la Princesse Donique fille du Prince Ariamnite voisin de l'Albanie : sa beauté & son merite la rendoient digne d'être la femme d'un heros. Il n'y eut que le Prince Amele neveu de Scanderbeg, qui fut au desespoir d'un mariage qui lui ôtoit la Couronne ; il se révolta & se donna à Mahomet, qui le déclara Roi d'Albanie : il y vint à la tête de trente mille Turcs & dans l'esperance d'y être joint par ses amis, mais persone n'entra dans les interêts d'un traître ; Scanderbeg alla au devant de lui, le défit, & par un excés de clemence se contenta de le confiner dans un château. Mahomet averti du malheur d'Amele, ne s'en mit pas fort en peine. Il faisoit depuis plusieurs années ses préparatifs pour le Siege de Constantinople qu'Amurat son pere n'avoit pas été en état d'entreprendre. Il avoit fait venir ses meilleures Troupes de toutes les parties de son Empire, & s'étoit informé exactement des fautes qui avoient empêché ses predecesseurs de réussir dans cette entreprise. Il ne laissa pas de renouveller la paix avec les Grecs, dans l'intention de la rompre dés qu'il seroit en état de les acabler.

An de J.C. 1450.

Le Pape informé de l'état des choses, écrivit à l'Empereur Grec, qu'il s'attiroit la malediction de Dieu & l'oubli des Princes Chrétiens, en ne faisant pas executer l'union de l'Eglise Greque avec la Latine faite si solemnellement dans le Concile de Florence en présence de l'Empereur Jean Paleologue & du Patriarche Joseph. Enfin il le compara dans sa lettre, au Figuier de l'Ecriture que Dieu épargna pandant trois ans, avant que de l'arracher & le jetter au feu, comme par une espece de Profetie fondée sur les apparances présentes, que l'Empire des Grecs seroit renversé quelques années aprés. Les Grecs ne lui répondirent que par des paroles respectueuses semblables aux anciens Hebreux avertis inutilement par leurs Profetes.

Mahomet II. rassembloit ses Troupes de toutes parts, sans qu'on sçût à quoi il les destinoit. Il avoit fait la paix avec les Grecs, avec les Hongrois & avec les Chevaliers de Rhodes; & s'il eût été fidéle aux Traitez, son armement ne pouvoit regarder que l'Isle de Chipre. Le Pape y envoya quelque argent pour achever les fortifications de Nicosie, & menaça d'excommunication les Marchans qui portoient des armes aux Infideles. Il écrivit aussi aux Rois de Castille & d'Aragon pour les exhorter à faire la guerre aux Mores de Grenade, défandant aux Chrétiens d'avoir aucun commerce avec eux. Mais il s'apliqua sur tout à moyenner quelque accommodement entre la France & l'Angleterre, il n'y réussit pas, le Roi Charle VII. victorieux avoit repris la Normandie & la Guyenne. Jean, dit Poton de Saintrailles Gentilhomme Gascon lui avoit rendu de grans services en cette occasion. Il étoit son premier Ecuyer, Bailli du Berri, Sénechal de Limosin, & s'étoit trouvé à la bataille de Patai & au Siege d'Orleans; il fut fait Maréchal de France en 1451. & mourut dix ans aprés. Les Anglois n'étoient plus en état de résister à la France, depuis que les Maisons d'Iork & de Lancastre se disputoient la possession de leur Isle & se donnoient des batailles où trente

& quarante mille hommes demeuroient sur la place. Le Pape preffoit le Roi Charle VII. de marcher contre les Infidéles à l'exemple de fes ancêtres qui étoient moins puiffans que lui. Mais toutes fes remontrances furent inutiles. Le Roi qui avoit reconquis fon Royaume, affez content de fa gloire, ne voulut point aller chercher la guerre fi loin, & fongeoit à donner la paix à fon peuple qui en avoit grand befoin.

An de J. C. 1452.

Au commencement de l'année 1452. l'Empereur Frideric vint en Italie avec beaucoup de Princes & de Seigneurs & fort peu de Troupes, afin d'ôter aux Italiens tout fujet de crainte. Il fut receu magnifiquement à Venife, à Ferrare, à Boulogne & à Florence. Saint Antonin qui en étoit Archevêque, alla au devant de lui à la tête de fon Clergé acompagné de deux Cardinaux que le Pape avoit envoyez à l'Empereur pour lui faire honneur. Il avoit avec lui l'Imperatrice Eleonor fœur du Roi de Portugal & niéce d'Alphonfe Roi de Naple, & le jeune Ladiflas Roi de Hongrie & de Boheme & Duc d'Autriche, dont il étoit tuteur. Il vint enfuite à Rome pour s'y faire couronner Empereur. C'étoit une ancienne coûtume que les Empereurs recevoient à Aix la-Chapelle une couronne d'argent, une de fer à Milan, & une d'or à Rome. Il ne voulut pas paffer à Milan, de peur que François Sforce ne le preffât de lui donner l'inveftiture de ce Duché dont il s'étoit emparé, & qui étoit difputé entre le Duc d'Orleans & Alphonse d'Aragon Roi de Naple. Il entra dans Rome entre les deux Cardinaux Legats & précedé du Maréchal de sa Cour l'épée nuë à la main. Le Pape revêtu de ses habits Pontificaux, assis sur une chaire d'ivoire & environné des Cardinaux, l'atendoit sur le haut des degrez de l'Eglise de Saint Pierre. L'Empereur & l'Imperatrice lui baiserent les pieds. Le lendemain le Pape au milieu de la Messe recommença les ceremonies du mariage de l'Empereur avec l'Imperatrice. Il déclara ensuite l'Empereur Chanoine de Saint Pierre; & aprés lui avoir donné le septre, la pomme d'or & l'épée, il mit sur sa tête la couronne d'or enrichie de pierreries. On avoit aporté de Nuremberg tous les ornemens Imperiaux qui avoient autrefois servi à Charlemagne. Eneas Silvius Evêque de Sienne fit une harangue sur le sujet.

Le lendemain le jeune Ladislas Roi de Hongrie dont l'esprit passoit l'âge (il n'avoit que douze ans) fit au Pape un compliment qu'on admira, & lui demanda la confirmation des privileges acordez par saint Estienne premier Roi Chrétien de Hongrie à l'Eglise de Strigonie, ce qui lui fut acordé.

Aprés toutes ces cérémonies le Pape & l'Empereur confirmerent le Concordat Germanique, qui avoit été dressé trois ans auparavant.

Les Allemans depuis lon-tems fatiguez par les taxes arbitraires, que la Cour de Rome imposoit sur leurs benefices, dont une partie des revenus étoit affetée à l'entretien des Cardinaux, étoient prêts d'éclater, lorsqu'ils aprirent que les François étoient sortis de servitude par le moyen de la Pragmatique Sanction qui s'observoit exactement en France. Un exemple si voisin les anima encore davantage, & le Pape Nicolas V. craignant des suites funestes à son autorité, envoya le Cardinal Carvajal à l'Empereur Frederic III. pour trouver quelque temperament. Aprés beaucoup de conferences ils signerent un Concordat qui fut confirmé par le même Empereur en 1452. & qui s'observe encore presentement. Il contient quatre parties. Dans la premiere le Pape se réserve la collation de tous les Benefices Reguliers à charge d'ame, de quelque maniere qu'ils vaquent, par mort, déposition, translation ou renonciation. Il se réserve aussi la collation des Benefices des Cardinaux & ceux des Officiers de la Cour Romaine, comme aussi ceux des persones qui meurent à Rome ou à deux journées de la ville. Dans la seconde partie il est dit, que dans les Eglises Catédrales & dans les Monasteres sujets immédiatement au Saint Siege, les élections seront faites canoniquement & ensuite confirmées par le Pape : & que quant aux élections des Benefices Reguliers qui ne font point sujets au Saint Siege, elles se feront à l'ordinaire sans avoir besoin de confirmation. Dans la troisiéme partie

il est

il est dit que les Benefices collatifs seront conferez alternativement par le Pape & par les Collateurs ordinaires, qui auront chacun leur mois, excepté les premieres dignitez aprés les Pontificales que le Pape se réserve. Enfin dans la derniere partie du Concordat Germanique il est dit, qu'il sera payé à la Chambre Apostolique dans l'année de la prise de possession, la moitié de l'annate pour les Benefices d'hommes seulement, & l'autre moitié l'année suivante : que les Benefices dont les revenus n'excedent point vint-quatre florins d'or, c'est-à-dire, cent cinquante livres, ne payeront point d'annates. On regla enfin que le Concordat seroit executé, à moins que le premier Concile futur n'y fît quelques changemens. Le Concile de Trente n'y a rien changé.

Aprés avoir reglé leurs affaires particulieres, le Pape & l'Empereur parlerent d'une ligue contre les Turcs, qui menaçoient Constantinople. Ils firent de beaux projets qui n'eurent aucune execution. L'Empereur acordoit tout en présence, mais il n'avoit jamais la force d'executer. Il reprit le chemin d'Allemagne, & découvrit que le jeune Ladislas par le conseil de son précepteur, avoit voulu s'échaper pour se rendre en Hongrie, où les Seigneurs du pays le souhaitoient passionément ; ils n'étoient pas contens de l'Empereur & lui vouloient ôter la tutele de Ladislas & le gouverner à leur fantaisie.

Ce qui arriva dans la suite. Le précepteur de Ladiflas fut arrêté & livré au Pape pour en faire justice (il étoit Ecclefiastique).

Cependant Mahomet II. aprés avoir imposé un tribut aux Princes de Cilicie & de Caramanie, & fait une tréve de trois ans avec Jean Huniade qui commandoit en Hongrie, marcha à Constantinople avec trois cens mille hommes, cent galeres, plus de deux cens vaisseaux de toutes grandeurs, & une nombreuse artillerie. L'invention en avoit été trouvée il y avoit à peu prés cent ans par un Moine Allemand, qui, pour mieux dire, l'avoit perfectionée, les Chinois ou les Tartares en étant les premiers inventeurs. On ne se servoit gueres alors que de canons de fer assez petits & de boulets de pierre. Mais un Fondeur Hongrois qui étoit à Constantinople, croyant faire une plus grande fortune avec Mahomet, le vint trouver & lui fondit deux coulevrines d'une grandeur prodigieuse, qui jettoient des boulets de deux cens livres pesant.

Mahomet II. pouvoit avoir alors vint trois ans, bien fait, infatigable, vaillant jusqu'à la temerité, toujours à la tête de ses Janissaires dans les occasions les plus perilleuses, cruel, n'ayant en vûë que son interêt, n'adorant d'autre divinité que la Fortune, n'ayant de loi que son sabre, méprisant toutes les Religions, la Chrétienne où il avoit été élevé par la Sultane sa belle-mere fille du Despote de Servie, & même celle de son Proféte, qu'il traitoit en particulier de Chef de bandis; adroit, dissimulé, mêlant enfin à ses vices quelques vertus de justice dans l'occasion, de liberalité & d'amour pour les gens de lettres, grand Mathematicien adonné à l'Astrologie, qui lui faisoit connoître, disoit-il, les pays dont il devoit se rendre maître, & si entêté de ces vaines connoissances, qu'il fit élever dans l'Hipodrome place de Constantinople, une colomne d'airain contre les serpens, & une statuë équestre fonduë sous certaines constellations contre la peste. Il savoit outre sa langue naturelle, la Greque, la Latine, l'Arabe, la Caldéenne & la Persane. C'est le portrait que nous en ont laissé Phranzés & Ducas Auteurs contemporains. Phranzés étoit Chancelier de l'Empire Grec pandant le Siege de Constantinople, & Ducas Prince de la Maison Imperiale des Comnenes, s'étoit retiré à Metelin. Mahomet si redoutable par ses grandes qualitez bonnes & mauvaises, commença le Siege de Constantinople à la fin de Mars.

An de J. C. 1453.

Je me dispenserai de faire la description exacte de cette ville que tant d'Auteurs ont faite. Elle étoit fortifiée du côté de la terre par une double enceinte de murailles avec des tours, environnées de fossez d'eau trés-larges & trés-profons: le côté du Port n'avoit qu'une muraille, mais il n'étoit pas aisé de l'ataquer par-là. Le Port étoit défendu par plusieurs Forts & par deux grosses chaînes de fer. Il est vrai que dans une ville si peuplée l'Empereur Constantin n'avoit jamais pû mettre ensemble que six mille soldats Grecs, outre trois mille Venitiens ou Genois, & l'on ne devoit pas faire grand fond sur les Bourgeois : c'étoit autant de petits Seigneurs, que le commerce avoit enrichis ; peu aguerris, adonnez à l'étude ou abîmez dans les plaisirs : à peine vouloient-ils contribuer aux dépenses inévitables de la guerre Ils avoient enfoüi leur argent, & l'Empereur fut obligé de prendre les vases sacrez de l'Eglise, & d'en faire batre de la monoïe pour payer les soldats. Plusieurs Nobles Venitiens étoient établis à Constantinople ; leur valeur & leurs richesses les engageoient à se défendre. Les Genois étoient maîtres de Galata & y avoient des comptoirs pour le commerce du Levant. Leur République venoit de leur envoyer un gros vaisseau de guerre avec cinq cens soldats pour leur aider à défendre Galata. Laurent Justinien Noble Genois étoit arrivé quelques jours auparavant avec deux navires ; & pour garder les chaînes qui fermoient le Port, il n'y avoit que sept gros navires & deux galeres, le tout commandé par l'Amiral Notaras. Justinien tout seul étoit un grand secours ; sa valeur & sa capacité donnoient ordre à tout ; & l'Empereur, dés qu'il le connut, le déclara son Lieutenant general.

 Constantin frere de Jean Manuel Paleologue,

lui avoit succedé à l'Empire. Son frere Demetrius plus jeune y prétendoit aussi, comme nous l'avons dit. Mais les Grecs s'en étant remis à l'arbitrage du Sultan Amurat, il décida en faveur de Constantin, que mille grandes qualitez élevoient au dessus de son frere. Il avoit quarante-neuf ans, sa valeur & sa prudence étoient connuës, & sa douceur le faisoit aimer de ses sujets, qui sans plus songer aux disputes de Religion, se réünirent tous à ses ordres pour la défence commune.

L'Empereur prévoyant l'orage qui se formoit, imploroit par ses lettres le secours des Princes Chrétiens qui ne songeoient qu'à se faire la guerre; il n'y eut que les Venitiens & le Roi de Naple (ils y avoient le plus grand interêt) qui armerent quelques vaisseaux & trente galeres, dont ils donnerent la conduite à Jaque Loredan; mais ce secours, comme nous le verrons bientôt, arriva trop tard.

Le Pape Nicolas V. promit de faire les derniers efforts, & en atendant, il envoya à Constantinople le Cardinal Isidore, qui fut receu en Legat, & célebra l'Office à la maniere de l'Eglise Romaine dans l'Eglise de sainte Sophie: l'Empereur suivi de quelques Courtisans, accepta & jura l'union faite au Concile de Florence, mais il ne fut pas le maître de son peuple: les Moines & les Religieuses par le zele d'une tradition mal fondée, crioient continuellement contre les Latins qu'ils nommoient Azimites, & la sédition pensa devenir révolte. Le Moine Gennadius, qui s'étoit déclaré pour l'union au Concile de Florence, étoit rentré dans le schisme, & osa prêcher qu'il valoit mieux tomber sous la puissance des Turcs, que de communiquer avec les Latins. Nous parlerons de lui dans la suite.

Les choses étoient en cet état-là, lorsque Mahomet commença le Siege de Constantinople. Il fit le tour de la ville & résolut de l'ataquer du côté de la terre. D'abord son canon fit de grandes bréches à la premiere enceinte de murailles; il fit donner l'assaut par ses Troupes d'Asie dont il ne faisoit pas grand cas, les exposant les premieres aux attaques, moins pour vaincre les assiegez, que pour les lasser à force de tuer : mais lorsqu'il vit les fossez comblez de corps morts, il donna lui même à la tête des Troupes d'Europe : ses efforts, ses cris, ses menaces furent inutiles : il vit tomber à ses pieds les plus braves de ses Janissaires ; & ce qui le mit au desespoir, il vit crever l'une de ses grandes coulevrines qui avoit trop tiré, & l'Ingenieur Hongrois qui les avoit fonduës, fut tué d'un éclat & puni de son apostasie. Mahomet fit sonner la retraite.

Ce malheureux succés lui fit changer d'attaque. Il passa du côté du Port, & tenta plusieurs fois inutilement de forcer les chaînes de fer qui le fermoient ; mais n'ayant pû en venir à bout, il fit aplanir un chemin de deux lieuës de long passant au dessus de Galata depuis le Bosphore jusqu'au fond du Golphe, malgré les ruisseaux, les torrens & les collines ; & quand il fut praticable, il fit transporter par ce chemin nouveau à force de bras & de machines, soixante & dix vaisseaux & quatrevint galeres, qui dans une nuit à la faveur de son canon rangé sur le bord, furent décendus dans le port avec des cordages, sans que les vaisseaux Grecs qui étoient en petit nombre, osassent ou pussent l'empêcher. Ce fait historique seroit difficile à croire, si tous les Auteurs ne le raportoient avec les mêmes circonstances. Alors cette flote comme décenduë du Ciel, s'aprocha en bataille des murailles de la ville & commença à les batre de son canon.

Constantin ne perdit pas courage à un évenement si imprévû, il redoubla de vigilance & disposa le peu de troupes quil avoit pour la défence des postes attaquez. Les Ecclesiastiques & les Religieux furent chargez de faire la garde le jour, & les femmes de reparer les bréches pandant la nuit. Mahomet de son côté poussoit sa pointe ; il lui arrivoit tous les jours de nouvelles Troupes, & il ne paroissoit aucun secours de la part des Princes Chrétiens. Les assiegez virent bien que s'ils ne chassoient les Turcs du Port, il faudroit enfin succomber. Ils formerent l'entreprife de brûler leurs vaiffeaux ; une galere de Genes avec les feux d'artifices neceffaires, devoit fe couler pandant une nuit obfcure au milieu d'eux & les embrafer en un moment. Les mefures étoient bien prifes ; mais les Turcs avertis coulerent à fond la galere Genoife, & fe moquerent des Grecs. On acufa les habitans de Pera d'avoir donné l'avis aux Turcs, & ce foupçon fut beaucoup confirmé par les bons traitemens que Mahomet leur fit dans la fuite, & les privileges qu'il leur acorda. Il continua à faire donner des affauts, & fut toujours repouffé. Enfin perdant patience, fe voyant prefque obligé à lever le Siege, il déclara à fes Bachas, qu'il vouloit encore donner un affaut general par terre & par mer, & qu'il abandonnoit aux foldats le pillage de la plus riche ville du monde, leur permettant tout, hors d'y mettre le feu ; il vouloit conferver Conftantinople pour en faire le Siege de fon Empire. On avoit toujours continué l'attaque de la ville par terre & le canon y avoit fait plufieurs bréches à l'une & à l'autre enceinte de murailles, & l'on y pouvoit prefque monter à cheval. Il fe détermina à fe trouver en perfone à l'attaque du côté de la terre. Il difpofa fon infanterie vis à vis des bréches ; & pour la foûtenir il fit ranger en bataille cent mille Spahis à cheval prêts à mettre pied à terre, fi cela étoit neceffaire. Il ordonna à Zagan Bacha de la mer de faire avancer vers la ville les vaiffeaux & les

galeres

galeres qui étoient dans le Port & fur lefquels ou avoit élevé des plateformes avec du canon, afin que l'attaque fe fît en même tems de toutes parts. Aprés avoir donné de fi bons ordres, fait fa priere à Dieu & s'être recommandé à fon Proféte, il marcha vers la porte Karfie où la bréche étoit la plus grande, à la tête de dix mille Janiffaires, qu'il encouragea par fes paroles, par fes juremens & par fon exemple, renouvellant à haute voix la promeffe qu'il avoit déja faite à fes foldats de leur laiffer piller la ville. Ils courent auffitôt à la bréche avec de grans cris & fe font tuer à l'envi l'un de l'autre. On attaquoit avec fureur, on fe défendoit avec courage; l'Empereur qui avoit communié le matin, y étoit en perfone avec Juftinien qui ne le quittoit pas. Les Turs combatirent tout le jour à la faveur de la fumée du canon & la nuit à la lueur du feu: le combat étoit encore douteux, & il paroiffoit même que les Janiffaires commençoient à fe rebuter : l'Empereur qui s'en aperçut, monta à cheval & courut entre les deux enceintes de murailles, criant : *Courage foldats, Dieu combat pour nous.* La joïe des vainqueurs paroiffoit déja dans les yeux des Grecs, lorfque Juftinien fut bleffé à la cuiffe d'un coup de fléche & à la main d'un coup d'arquebuze. Ces bleffures étoient legeres; mais à la vûë de fon fang, ce heros, qui ne le fut pas ce jour-là, perdit tout fon courage, & quitta fon pofte pour fe fauver dans la ville. En

treprife de brûler leurs vaiſſeaux ; une galere de Genes avec les feux d'artifices neceſſaires, devoit ſe couler pandant une nuit obſcure au milieu d'eux & les embraſer en un moment. Les meſures étoient bien priſes ; mais les Turcs avertis coulerent à fond la galere Genoiſe, & ſe moquerent des Grecs. On acuſa les habitans de Pera d'avoir donné l'avis aux Turcs, & ce ſoupçon fut beaucoup confirmé par les bons traitemens que Mahomet leur fit dans la ſuite, & les privileges qu'il leur acorda. Il continua à faire donner des aſſauts, & fut toujours repouſſé. Enfin perdant patience, ſe voyant preſque obligé à lever le Siege, il déclara à ſes Bachas, qu'il vouloit encore donner un aſſaut general par terre & par mer, & qu'il abandonnoit aux ſoldats le pillage de la plus riche ville du monde, leur permettant tout, hors d'y mettre le feu ; il vouloit conſerver Conſtantinople pour en faire le Siege de ſon Empire. On avoit toujours continué l'attaque de la ville par terre & le canon y avoit fait pluſieurs bréches à l'une & à l'autre enceinte de murailles, & l'on y pouvoit preſque monter à cheval. Il ſe détermina à ſe trouver en perſone à l'attaque du côté de la terre. Il diſpoſa ſon infanterie vis à vis des bréches ; & pour la ſoûtenir il fit ranger en bataille cent mille Spahis à cheval prêts à mettre pied à terre, ſi cela étoit neceſſaire. Il ordonna à Zagan Bacha de la mer de faire avancer vers la ville les vaiſſeaux & les

galeres

galeres qui étoient dans le Port & fur lefquels ou avoit élevé des plateformes avec du canon, afin que l'attaque fe fît en même tems de toutes parts. Aprés avoir donné de fi bons ordres, fait fa priere à Dieu & s'être recommandé à fon Proféte, il marcha vers la porte Karfie où la bréche étoit la plus grande, à la tête de dix mille Janiffaires, qu'il encouragea par fes paroles, par fes juremens & par fon exemple, renouvellant à haute voix la promeffe qu'il avoit déja faite à fes foldats de leur laiffer piller la ville. Ils courent auflitôt à la bréche avec de grans cris & fe font tuer à l'envi l'un de l'autre. On attaquoit avec fureur, on fe défendoit avec courage; l'Empereur qui avoit communié le matin, y étoit en perfone avec Juftinien qui ne le quittoit pas. Les Turs combatirent tout le jour à la faveur de la fumée du canon & la nuit à la lueur du feu: le combat étoit encore douteux, & il paroiffoit même que les Janiffaires commençoient à fe rebuter: l'Empereur qui s'en aperçut, monta à cheval & courut entre les deux enceintes de murailles, criant: *Courage foldats, Dieu combat pour nous.* La joïe des vainqueurs paroiffoit déja dans les yeux des Grecs, lorfque Juftinien fut bleffé à la cuiffe d'un coup de fléche & à la main d'un coup d'arquebuze. Ces bleffures étoient legeres; mais à la vûë de fon fang, ce heros, qui ne le fut pas ce jour-là, perdit tout fon courage, & quitta fon pofte pour fe fauver dans la ville. En vain l'Empereur le conjura de demeurer au moins quelques momens & s'offrit à le panfer lui-même; la peur lui avoit tourné la tête, il s'enfuit, traverfa la ville à pied & fe jetta dans une barque qui le paffa à Galata. Les Troupes qu'il commandoit fe voyant abandonnées d'un pareil General, crurent que tout étoit perdu, & fe fauverent en foule dans la ville. L'Empereur acompagné de quelques Princes des Maifons Paleologues & Comnenes, fe fit tuer avec eux fur la bréche. Les Turcs forcerent par tout même du côté du Port, ils arborerent le Croiffant fur les murailles, & fuivant la promeffe de Mahomet pillerent la ville trois jours durant, & y trouverent dequoi s'enrichir: *Que l'exemple de ces malheureux Grecs*, dit le Sultan à fes Bachas, *vous rende fages; aprenez à abandonner à vôtre Prince, quand il le faut, tous vos biens pour la défenfe de la patrie; car fi le Prince & l'Etat font perdus, vous perdez vos biens comme eux avec la liberté & la vie*. Il y eut quarante fept Nobles Venitiens pris prifoniers, dont la plûpart furent maffacrez de fens froid: quelques-uns racheterent leur vie en découvrant leurs tréfors. Le Cardinal Ifidore Archevêque de Kiovie fut pris comme les autres, mais n'étant pas connu il fe fauva en Morée comme par miracle; il avoit affifté au Concile de Florence, le Pape Eugene IV. l'avoit fait Cardinal, & Nicolas V. l'envoya Legat à Conftantinople. Il fit plufieurs Ecrits fur la Nativité, l'Annonciation, la Présentation & l'Assomption de la Sainte Vierge, & mourut Patriarche titulaire de Constantinople en 1462.

La ville de Constantinople fut prise le 29. de Mai aprés quarante-deux jours de Siege. Il ne faut pas s'étonner qu'un Prince aussi brave & aussi habile que Mahomet II. réussit dans toutes ses entreprises. Toujours maître de lui-même, ses passions lui étoient aussi soûmises que ses Janissaires. Aprés le sac de Constantinople un Bacha lui amena une jeune Princesse nommée Irene, dont la beauté avoit ébloüi les yeux & moderé la fureur des soldats les plus barbares; il l'admira comme les autres, & s'abandonna à ses charmes trois jours durant sans donner ordre à rien. Les Janissaires commencerent à murmurer, un Vizir osa lui en faire des reproches. Le lendemain il fit venir devant les Officiers de sa garde la Princesse fort parée, leur laissa quelque tems admirer sa beauté, la prit par les cheveux, tira son sabre & lui coupa la tête: *C'est ainsi*, leur dit-il, *que Mahomet en use avec l'Amour*. Trois jours aprés sur un leger prétexte, il coupa la tête au doneur d'avis.

An de J. C. 1453.

L'Amiral Notaras croyant sauver sa vie & sa liberté, découvrit à Mahomet un trésor qu'il avoit caché pandant le Siege: *Chien*, lui dit il, *est-ce à toi à me donner ce que je tiens uniquement de Dieu: Que ne m'offrois-tu ce trésor avant qu'il fût à moi par la prise de Constantinople, ou que ne le portois-*

tu à ton Empereur? il lui fit trancher la tête. Il traita de même tous les grans Officiers de l'Empire, mais il traita fort humainement les Bourgeois de la ville, rapella ceux qui étoient à la campagne, ne les contraignit point sur la Religion & leur permit d'élire un Patriarche. Ce fut le célebre George Scholarius, qui en se faisant Religieux se fit nommer Gennadius selon la coûtume du tems, parce qu'il embrassoit une vie nouvelle. Il avoit été Juge Imperial, & s'étoit fort distingué au Concile de Florence où il se déclara pour l'union, mais à son retour à Constantinople il fut séduit par Marc d'Ephese & rentra dans le schisme. Aprés la prise de Constantinople il se cacha quelque tems dans un monastere; mais comme Mahomet II. déclara qu'il laissoit aux Grecs la liberté de Religion, pourvû qu'ils n'entreprissent point de convertir les Mahometans, ils chercherent Gennadius, le découvrirent dans sa retraite, & le demanderent à grans cris pour leur Patriarche. On assembla un Sinode de plusieurs Evêques d'Europe & d'Asie, qui l'élurent tout d'une voix aprés l'avoir fait Diacre, Prêtre & Evêque. Le Sultan y consentit, & ayant apris que les Empereurs Grecs avoient acoûtumé de donner aux nouveaux Patriarches un bâton Pastoral enrichi de pierreries, en leur disant ces paroles: *La Sainte Trinité qui m'a donné l'Empire, vous a fait Patriarche de la nouvelle Rome;* il voulut en quelque façon les imiter, & envoya à Gennadius un bâton Pastoral magnifique & le plus beau cheval de son Ecuyerie, sur lequel le Patriarche étant monté, fit son entrée accompagné des Seigneurs Grecs & même de quelques Bachas, & fut conduit à son Palais aux acclamations du peuple. Le Sultan dans la suite honora Gennadius de sa familiarité, eut avec lui plusieurs conferences sur la Religion Chrétienne, & fit traduire en Turc une Dissertation que le Patriarche avoit faite sur la Trinité & sur l'Incarnation. Il changea l'Eglise de Sainte Sophie en Mosquée, & abandonna au Patriarche l'Eglise des Saints Apôtres. Mais l'année suivante un Turc ayant été assassiné auprés de la maison du Patriarche, il s'enfuit & ne revint qu'aprés que la colere du Sultan eût été passée. Il tâcha durant quelque tems de remettre la discipline parmi les Prêtres Grecs ; mais n'en pouvant venir à bout, il abandonna le Patriarchat au bout de cinq ans, & se retira dans le monastere de Saint Jean-Baptiste sur le mont Menecée, d'où il adressa une Apologie à tous les Chrétiens, attribuant les malheurs des Grecs à l'union qu'ils avoient faite avec les Latins. Il y mourut en 1460. & laissa plusieurs ouvrages, entre autres le Traité de la nature de l'Ame & celui de la Prédestination ; l'Exposition de la Foi Chrétienne adressée à Mahomet II. des Dialogues contre les Juifs, & une infinité de Sermons & d'Epîtres sur toutes sortes de sujets de pieté & de morale.

An de J. C. 1453.

Ainsi finit l'Empire d'Orient, onze cens vint-trois ans aprés que Constantin premier Empereur Chrétien l'eut établi à Constantinople, & l'on remarqua qu'il avoit commencé & qu'il étoit fini sous deux Princes, qui portoient le nom de Constantin. Le Pape avoit fait équiper une flote considerable pour le secours de la ville; mais on aprit sa prise que la floté n'étoit pas encore en mer. Plusieurs Marchans étrangers & quelques Seigneurs Grecs trouverent le moyen dans la confusion de l'assaut de se jetter dans cinq vaisseaux qui étoient dans le Port & de se sauver en Morée. Le Pape donna une retraite consolante à tous les Grecs qui se retirerent en Italie, dont les principaux furent Manuel Chrisoloras, Jean Lascaris, Martullus, Theodosius, Gaza & George de Trebizonde. Ils aporterent en Italie plusieurs ouvrages Grecs, entre autres ceux de saint Gregoire de Nazianze, de Bazile le Grand, de saint Cyrille, de saint Jean Chrisostome & même ceux qu'on attribuë à saint Denis l'Areopagite. On les traduisit tous en Latin. Le Pape promit cinq mille écus d'or à celui qui lui aporteroit l'Evangile de saint Mathieu en Hebreu. La langue Grèque commença à venir à la mode en Occident, & l'on vit Gregoire Tiphenas, Hermonime de Sparte & Janus Lascaris l'enseigner dans l'Université de Paris. Le Pape aimoit les gens de lettres; un homme d'esprit & habile ne le voyoit jamais qu'il n'en fût content & s'en retournoit toujours chez lui, ou chargé de ses presens ou charmé au moins de ses caresses. *Les savans,* dit le Cardinal de Viterbe dans son Histoire, *les pauvres, les pupilles, les filles qu'il marioit, les veuves qu'il protegeoit, les murailles réparées, les Temples rebâtis; tout s'acordoit à célebrer sa liberalité.*

La nouvelle de la prise de Constantinople allarma tous les Princes Chrétiens & les réveilla de leur assoupissement; ils se repentirent de n'y avoir pas envoyé du secours, & reconnurent un peu tard, que les Turcs n'étant plus arrêtez par cette barriere joindroient sans obstacle leurs forces d'Asie avec celles d'Europe, & poursuivroient aisément leurs conquêtes.

LIVRE VINT-SEPTIÉME.

CHAPITRE PREMIER.

LE Pape Nicolas V. aprés avoir heureusement fini le schisme, s'apliqua à faire la paix entre les Princes Chrétiens pour former une Croisade. On voyoit assez que les Turcs rassembloient toutes leurs forces pour acabler Scanderbeg petit Roi d'Albanie, qui les arrêtoit depuis plusieurs années. On regardoit ce Prince comme le rempart de la Chrétienté; & l'on voyoit assez que si les Turcs venoient à bout de le soûmetre, ils passeroient bientôt en Italie. Le Pape lui promit des secours encore plus considerables, que ceux qu'il avoit receus de son prédecesseur.

La perte de Constantinople dont nous avons parlé, causa une grande douleur au Pape. Jusque-là son Pontificat avoit été fort heureux ; des forteresses bâties en plusieurs endroits de l'Etat Ecclesiastiques, des hôpitaux fondez, des vases d'or & d'argent & des ornemens magnifiques donnez à l'Eglise de Saint Pierre, le faisoient aimer, & l'on ne laissa pas de conjurer contre lui. Un nommé Etienne citoyen Romain exilé à Boulogne aprés avoir mangé son bien, s'associa à des gens comme lui, qu'il persuada aisément, en leur faisant envisager des richesses & la liberté de la patrie. Il devoit se saisir de la persone du Pape, & l'attacher à une chaîne d'or qu'il avoit fait faire exprés, ne voulant le faire mourir qu'aprés qu'il leur auroit fait livrer le Château Saint Ange. La conspiration fut découverte, & le chef fut pandu dans le Château Saint Ange.

La guerre n'étoit plus en Boheme, on n'y massacroit plus les Prêtres, on n'y voyoit plus de Hussites, mais la plûpart du peuple l'étoit dans le cœur ; leur Religion étoit devenuë hypocrisie. Le Pape y envoya Jean de Capistran disciple de saint Bernardin de Sienne & Vicaire general des Freres Mineurs de l'étroite Observance, & lui donna le pouvoir de lier, de délier,
d'absoudre

d'abſoudre de toutes excommunications, & d'accorder des Indulgences. On ne ſauroit exprimer le concours des peuples, les villes entieres alloient au devant de lui, ſon chemin étoit ſemé de fleurs; on s'aſſembloit dans les places publiques pour aſſiſter à ſes ſermons, ſa voix tonante par une force ſurnaturelle ſe faiſoit entendre en même tems, diſent les Auteurs, à quatre-vint mille perſones, tout étoit en larmes, tout retantiſſoit de cris, les malades ſe trouvoient gueris tout d'un coup & rendoient graces à Dieu : les plus endurcis étoient touchez. Soixante hommes de l'Univerſité de Lipſik lui demanderent l'habit de ſon Ordre, qu'il leur donna avec la joïe de voir de nouveaux ouvriers pour la vigne du Seigneur. Il parcourut avec un pareil ſuccés la Boheme & la Moravie. Caſimir Roi de Pologne l'invita par des lettres preſſantes à aller prêcher la parole de Dieu à ſes Sujets Lithuaniens & Ruſſiens : *Notre venerable Pere*, lui dit-il, *nous aprenons les grandes merveilles que vous operez en Boheme; le triomfe de cette nation rebelle vous étoit reſervé, & vous avez plus fait par vos prédications que les Empereurs par leurs armes : Venez maintenant dans un pays où vous trouverez plus de docilité, la Pologne eſt Chrétienne depuis lon-tems, mon pere Uladiſlas a détruit le Paganiſme en Lithuanie, nous avons beſoin de vous pour l'inſtruction de tant de peuples, ils reconnoiſſent le Siege Apoſtolique; & ſi les Ruſſiens ſuivent encore le ſchiſme des Grecs, il ne vous ſera pas difficile de les déſa-*

buser de leurs erreurs ; c'est une nation simple, grossiere, mais qui cherche la verité. On ne sait point si Capistran alla en Pologne. Mais Casimir peu de tems aprés eut des affaires plus pressantes que les Missions. Il fut ataqué par Batou-can Roi du Capsat & Empereur des Tartares. Ce Prince aussi brave que son gran-pere Genghiskan, soûmit les Russiens ou Moscovites, les Bulgares, ravagea la Pologne & marchoit à Constantinople, lorsque la mort le surprit au milieu de ses conquêtes. Son fils Bereke-can lui succeda & se fit Mahometan. Sa posterité regne encore à present dans la Crimée sous la protection du Grand Seigneur. Le Pape à la nouvelle de l'irruption des Tartares, acorda au Roi de Pologne des Decimes & des Indulgences. Il écrivit aussi à Hugue le Noir Dominicain Inquisiteur de la Foi en France, pour l'exhorter à reprimer les Schismatiques, les Blasfémateurs, les Sacrileges & les Devins, & à les punir des peines Ecclesiastiques quand il auroit verifié leurs crimes, sans consulter les Ordinaires des lieux & sans avoir égard à l'appel au Saint Siege qu'ils pouroient former. Il lui recommanda particulierement de faire le procés à Guillaume Edelin Prieur de Saint Germain en Laie, qui par le commerce qu'il prétendoit avoir avec les demons, croyoit pouvoir en sûreté s'abandonner à toutes sortes d'abominations : & comme le Pape avoit eu toute sa vie une grande aversion pour les Juifs, & sur ce qu'il aprit qu'ils ofoient conftruire de nouvelles Sinagogues, il leur permit feulement de reparer les anciennes, & leur défendit de fortir de leurs maifons & d'ouvrir leurs fenêtres pandant la Semaine fainte, impofant de rudes peines à ceux qui blafféméroient le nom de Jefus-Chrift.

La guerre déchiroit l'Italie depuis plufieurs années : Alphonfe Roi de Naple & les Venitiens étoient d'un côté, & de l'autre François Sforce Duc de Milan affifté du Duc de Savoie, du Marquis de Montferrat & des Florentins. Ils avoient pris le Pape pour arbitre, mais il ne paroiffoit pas fort preffé de décider; Simoneta Camers Moine Auguftin, homme de bien & d'efprit, s'avifa de dreffer des articles de paix, qu'il montra aux parties & qu'il alloit leur faire figner, lorfqu'à cette nouvelle le Pape envoya à Naple le Cardinal Dominique de Saïnte Croix. On parla de la paix comme fi la négociation n'avoit jamais été commencée, & l'on convint d'une tréve de vint-cinq ans.

On faifoit de grandes affemblées à Ratisbone & à Francfort pour former une ligue contre les Turcs : l'Empereur Frideric III. y étoit prefent avec la plûpart des Princes d'Allemagne. Le Roi de France y avoit des Ambaffadeurs qui promettoient un fecours confiderable. Les harangues ne finiffoient pas, le Pape & les Princes d'Italie devoient armer une flote pour affieger Conftantinople par mer, tandis que l'armée

Chrétienne l'afsiegeroit par terre. Mais persone ne paroissoit plus ardent pour la cause commune que le Duc de Bourgogne : il ne pouvoit être animé que par un zele de Religion ; ses Etats hors de l'insulte des Turcs, ses richesses, son âge avancé sembloient le dispenser des entreprises guerrieres & éloignées. Il offroit pourtant d'y marcher en persone, il se souvenoit de la prison du Comte de Nevers. Les Hongrois plus exposez que les autres, offroient dix mille chevaux & trente mille hommes de pied, pourvû que les Allemans en fournissent autant. Tous ces beaux projets s'en allerent en fumée. Eneas Silvius Ambassadeur du Pape auprés de l'Empereur, l'avoit prévû, & l'avoit mandé à Leonard de Sienne son ami : *Je ne compte, lui dit-il, que sur le Duc de Bourgogne ; tous les autres Princes aiment le repos & les plaisirs, & la plûpart ont leurs interêts particuliers, qu'ils preferent à la cause de Jesus-Christ.* Augustin Petrucci Chanoine de Sienne, étoit Secretaire d'Eneas Silvius : il nous a laissé une histoire fort exacte des Conciles de Bâle & de Florence, & une relation de ce qui s'étoit passé à l'assemblée de Ratisbone.

Le Pape avoit été tourmenté toute sa vie par des douleurs de goute si violentes, qu'elles eussent mis un autre homme hors d'état de s'apliquer aux affaires ; la Medecine n'y avoit pû rien faire, & il ne trouvoit d'adoucissement à ses maux, que dans sa résignation à la volonté de

Dieu. Mais enfin ses douleurs augmenterent à tel point, qu'il vit bien que sa derniere heure aprochoit. Il fit assembler les Cardinaux, les exhorta à l'union & à élire un bon Pape. Il reçut ensuite avec beaucoup de pieté les Sacremens de l'Eglise, & s'enferma avec l'Evêque d'Arras son ami pour se preparer au dernier passage; & voyant que l'Evêque pleuroit: *Ne pleurez point, lui dit il, & au lieu de verser des larmes, demandez à Dieu pour moi la misericorde dont j'ai besoin, vous ne sauriez me donner une plus grande marque d'amitié.* Il expira un moment aprés. Il avoit au commencement de son Pontificat élevé au Cardinalat Antoine de Majorque son ami & son compagnon d'étude, & dans la suite il ne créa que sept Cardinaux, tous illustres ou par leur naissance ou par leur capacité, savoir Philippe Calandrin Evêque de Boulogne son frere de mere, Astorge Agnence Archevêque de Benevent, Alain de Coëtivi Breton Evêque de Dol, Jean Raulin Evêque de Châlons Confesseur du Daufin, qui fut depuis le Roi Loüis XI. Loüis de la Palu François Seigneur de Varambon, & Nicolas de Cusa Allemand Archidiacre de Liege employé en diverses legations, quoiqu'il eût été soupçonné de croire à l'astrologie judiciaire. Il avoit fait plusieurs ouvrages sur les Mathematiques, sur la Theologie Scholastique, sur la Metaphisique, une réfutation de l'Alcoran, un écrit en faveur du Concile de Bâle & des conjectures sur

An de J. C. 1455.

la fin du monde, qui n'ont pas la moindre vraisemblance & passent de bien loin les allegories les plus outrées. Cet Auteur paroît avoir été dominé par une imagination qui le poussoit toujours au-delà du vrai, & à qui le simple & le naturel ne pouvoit jamais plaire. Le Pape aprés l'abdication de Felix V. avoit rétabli dans sa dignité le Cardinal d'Arles, & pour le bien de la paix avoit donné de nouveaux chapeaux à ceux qui avoient adheré à Felix.

An de J. C. 1455.

Quand les obseques de Nicolas V. eurent été achevées, les quinze Cardinaux qui se trouverent à Rome entrerent au Conclave, & furent quelque tems sans pouvoir s'acorder. Ils convenoient enfin presque tous d'élire le Cardinal Bessarion comme le plus habile d'entre eux, lorsque le Cardinal Aloncés Archevêque d'Avignon leur remontra, qu'en élisant un Grec ils feroient honte à l'Eglise Latine : *Il n'a pas encore coupé sa barbe*, leur cria-t-il, *& il deviendroit notre tête*. Ils changerent de sentiment & donnerent toutes leurs voix au Cardinal Alphonse de Borgia Evêque de Valence qui prit le nom de Calixte III. Il étoit fort vieux & presque dans la décrepitude, mais son esprit & son courage avoient toute la vigueur de la jeunesse. Sitôt qu'il eût été couronné, il s'engagea par un vœu solemnel à faire la guerre aux Turcs, il étoit conçû en ces termes : *Je Calixte Pape 3. promets à la Trés-sainte Trinité Pere, Fils & Saint-Esprit, à la Bien-heureuse*

Vierge, aux faints *Apôtres Pierre & Paul*, & à toute la Cour celefte, d'employer toutes mes forces jufqu'à l'effufion de mon fang, pour prendre la ville de Conftantinople dont les Infidéles fe font emparez par une permiffion de Dieu qui a voulu punir nos pechez. Je promets auffi de travailler à racheter les pauvres Efclaves, qui font dans un peril continuel de perdre la foi ; & qu'ainfi Dieu m'aide & fes faints Evangiles.

Platine dans l'hiftoire des Souverains Pontifes raporte, que le Cardinal de Borgia avoit fait le même vœu lon-tems avant que d'être Pape, fur l'affurance que lui avoit donnée faint Vincent Ferrier qu'il feroit un jour Chef de l'Eglife; ce qui l'engagea à travailler avec plus d'ardeur à la canonifation d'un Saint qu'il reconnoiffoit pour Profete. Il envoya auffi-tôt des Legats à tous les Princes Chrétiens, pour les exhorter à la Croifade, & fut le premier des Papes qui mit en mer une flote confiderable & qui fit bâtir des galeres fur le Tibre. Il envoya auffi un Legat & quelques Troupes en Hongrie. L'Empereur Frideric, les Rois de France, d'Angleterre, de Hongrie & d'Efpagne lui envoyerent des Ambaffades d'obedience. Saint Antonin Archevêque de Florence le vint complimenter au nom de fa Republique, Jean de Medicis fils du grand Cofme étoit l'un des Ambaffadeurs. Saint Antonin dans fa Cronique nomme le Pape Défenfeur de la foi, docteur des Nations, lumiere du Monde, ami de l'Epoux, pere des Rois, &

Vicaire de Jesus Christ. Il étoit trés-savant dans le Droit Canon. Les Genois lui demandoient du secours, ils possedoient sur les rives Septentrionales du Pont Euxin la ville de Caffa, que le grand nombre & la richesse de ses habitans qui faisoient tout le commerce de la Moscovie & de la Tartarie, rendoit considerable. Les Turcs & les Tartares l'avoient attaquée plusieurs fois inutilement, les Genois y avoient envoyé des armes & des munitions de guerre sur deux vaisseaux qui avoient passé à la vûë de Constantinople, mais au retour l'un de ses vaisseaux avoit été coulé à fond par le canon des forteresses Turques, & l'autre fort endommagé. Il n'y avoit qu'une Croisade qui pût sauver Caffa, l'Empire de Trebizonde & quelques autres villes situées sur le Pont Euxin & toutes habitées par des Chrétiens.

Le Pape fit publier en même tems une bule, pour exhorter les Princes Chrétiens à une Croisade particuliere contre les Mores d'Espagne, qui resserrez depuis plusieurs siecles dans le Royaume de Grenade, recommençoient depuis quelques années à faire des Courses en Castille & en Aragon. Henry Roi de Castille assisté des Rois d'Aragon & de Portugal entreprit de les chasser d'Espagne.

A la fin de l'année mourut Laurent Justinien premier Patriarche de Venise, que la pieté, la doctrine, le don de Profétie avoient rendu célebre:

lebre : il avoit foixante & quinze ans. Il avoit été fait en 1435. Evêque de Caftel, qui eft l'un des fix quartiers de Venife, & élevé à la dignité de Patriarche par Nicolas V. qui pour terminer les differens qui étoient entre le Patriarche de Grado & celui de Venife, regla que celui qui furvivroit à l'autre, demeureroit feul Patriarche. Celui de Grado mourut le premier, ainfi le Patriarchat demeura attaché à l'Eglife de Venife. Laurent Juftinien fut canonifé par le Pape Clement VII. Il a laiffé plufieurs ouvrages de pieté, entre autres deux livres de la Réfurrection fpirituelle par l'operation de la grace de Jefus-Chrift, & des Inftructions pour les Prelats. Son neveu Bernard Juftinien a écrit fa vie. Il avoit inftitué l'Ordre des Chanoines Reguliers de Saint George d'Alga.

La France fit en même tems une grande perte par la mort du Duc de Bourbon grand Chambrier, Gouverneur de Languedoc, de Champagne, de Brie & de l'Ifle de France; fa fidelité meritoit tant de bienfaits.

Mahomet II. aprés la prife de Conftantinople s'étoit repofé quelque tems dans fa gloire, & ne fongeoit qu'à embellir une ville qu'il regardoit comme la premiere de fon Empire. Il voyoit par là la communication établie entre fes Etats d'Europe & ceux d'Afie, ce qui faifoit une grande augmentation de puiffance. Les Eglifes

An de J.C. 1456.

ruinées par le canon avoient été rétablies & changées en Mosquées, les murailles rétablies, les fossez creusez & élargis. Il traitoit les Grecs fort doucement, leur laissoit quelques Eglises avec la liberté entiere de professer leur Religion, pourvû qu'ils n'entreprissent pas de convertir des Mahometans. C'étoit un crime irrémissible. Aprés avoir passé quelques années dans ces occupations tranquilles où il ne fit d'autres exploits de guerre, que de chasser le reste des Princes Grecs des petites Provinces qu'ils occupoient encore. Il entra en Morée qu'il pilla, prit Athenes, & sans aucun prétexte attaqua Etienne Roi de Bosnie, le prit prisonier dans un combat & le fit écorcher tout vif ; il marcha ensuite en Hongrie à la tête de cent cinquante mille hommes acoûtumez sous ses ordres à ne trouver aucune résistance. *Il n'y a*, disoit il, *qu'un Dieu dans les cieux, il ne faut qu'un Monarque sur la terre.* Mahomet assiegea Belgrade, & commença à batre la ville avec deux cens pieces de canon. Jean Huniade y avoit mis une bonne garnison, & tenoit la campagne pour rassembler une armée & tenter le secours. Les Turcs avoient sur le Danube soixante galeres & des vaisseaux plats qui leur aportoient des vivres de Constantinople. Huniade trouva le moyen d'avoir aussi des galeres & quantité de petits vaisseaux, avec lesquels sans compter ses ennemis peu habiles dans la navigation, il les attaqua, leur prit vint-sept galeres, & obligea le reste à s'abandonner au courant du fleuve qui leur étoit favorable pour la fuite. Le Pape de son côté assisté des Venitiens & des Genois, avoit armé une flote qui pilloit les côtes de l'Asie & de la Grece, pour faire diversion & obliger Mahomet à lever le Siege. Il avoit aussi ordonné qu'à l'heure de midi dans toutes les Eglises on sonnât trois fois une cloche pour avertir les Fidéles de dire trois fois à genoux le *Pater noster* & l'*Ave Maria*, pour implorer l'assistance de Dieu, & avoit attaché à cette priere de grandes indulgences. Le Cardinal de Saint Ange Legat étoit demeuré à Bude où il rassembloit des Troupes, & Jean Capistran qui avoit autant de courage qu'aucun des guerriers, animoit les peuples par ses prédications. Il portoit à la main une croix que le Pape lui avoit envoyée.

Le Siege de Belgrade continuoit toûjours. Mahomet par la perte de sa flote jugea qu'il se faloit presser; il donna plusieurs assauts inutilement, & il y avoit dix-sept jours que le Siege étoit commencé, lorsque Huniade s'en aprocha avec une armée capable d'inquieter les Turcs. Il se campa sur le Save qui le séparoit du camp des Turcs, avec défence à ses soldats sous peine de la vie de passer la riviere, mais à la voix de Capistran qui étoit à l'autre bord du côté de la ville, deux ou trois mille Croisez la passerent, entrerent dans le camp ennemi & se saisirent de l'artillerie. Cependant Mahomet suivi de ses Janissaires & de la plus grande partie de ses Troupes, étoit venu par un autre côté attaquer le camp des Chrétiens. Le combat se donna furieux, & les Chrétiens fort inferieurs en nombre commençoient à perdre du terrain, lorsque Mahomet fut blessé d'un coup de fléche & perdit connoissance. On l'emporta à deux lieuës de là où quelques Janissaires le suivirent, les Turcs perdirent courage & se laisserent tuer sans se défendre. Les Chrétiens pillerent leur camp, y trouverent plus de deux cens pieces de canon, neuf tentes du Sultan d'étoffes d'or & d'argent, & des richesses immenses. Dés que Mahomet eût été pansé il revint de son évanoüissement; mais quand il aprit qu'il avoit été batu, il demanda du poison, qu'on lui refusa; & ce fut presque malgré lui qu'il reprit le chemin de Constantinople avec une armée fort délabrée. Il avoit perdu vint-cinq mille hommes à l'attaque de la ville, & en perdit encore davantage dans sa retraite. Huniade contre l'avis de Jean Capistran, ne le poursuivit point, & verifia le proverbe militaire, qu'on gagne les batailles plus aisément qu'on n'en profite. Capistran pandant le combat la croix à la main, s'écrioit de tems en tems : *Seigneur venez à notre secours, & délivrez ce peuple que vous avez racheté de votre sang; venez où sont vos anciennes misericordes! venez, depeur que les Infidelles ne disent, où est donc le Dieu des Chré-*

tiens. Il avoit souvent remis l'esprit de Huniade, qui ne pouvoit pas se flater de résister aux Turcs, & dans une espece d'extase il disoit souvent : *C'est la cause de Dieu, il défendra ses serviteurs ; le secours des hommes ne lui est pas necessaire.*

La déroute de Mahomet arriva le jour de la Transfiguration de Notre Seigneur, ce qui donna la pensée au Pape, de rétablir cette fête & de la rendre plus solemnelle. Le Cardinal Baronius assure, qu'elle avoit été établie lon-tems auparavant.

Les grandes fatigues que Huniade Corvin avoit suportées durant le siege de Belgrade, & l'air corrompu par une infinité de cadavres qu'on n'avoit pas eu le soin d'enterrer, lui donnerent la peste. La vigueur de son temperamment endurci par la guerre, résista quelques jours, mais enfin sentant ses forces défaillir & son dernier moment aprocher, il se fit porter à l'Eglise & y receut le Corps de Notre-Seigneur avec beaucoup de pieté. Jean Capistran son ami l'assista pandant sa maladie & rendit compte au Pape de sa mort. Il étoit aussi malade que lui, & mourut quelque tems après du même mal à l'âge de soixante & onze ans. Dieu couronna une vie sainte par une fin exemplaire. Il avoit composé plusieurs Traitez sur l'Excommunication, sur l'Usure, sur le Jugement universel, une Apologie du Tiers-Ordre de Saint François, & une Instruction pour les Prêtres. Il a été canonisé.

An de J. C. 1456.

Huniade laissa deux fils Ladiflas & Mathias, heritiers du courage de leur pere. Ils étoient fort riches & possedoient plusieurs Comtez en Hongrie. Le jeune Roi Ladiflas les aimoit fort, le Comte de Silly son oncle & son gouverneur les craignoit & les haïssoit. Il prit secretement la résolution de les faire arrêter ; mais le Comte Ladiflas en ayant été averti, le prévint & le tua de sa propre main en entrant dans le château de Belgrade. Le Roi Ladiflas feignit de n'en être pas trop fâché & jura aux deux freres qu'il ne s'en vangeroit jamais. Il les fit arrêter quelque tems aprés, fit faire le procés au Comte Ladiflas, qui eut le cou coupé, & confina Mathias dans un château de Boheme. Ladiflas mourut l'année suivante un peu brusquement : on accusa George Podiebrak, qui commandoit en Boheme, de l'avoir fait empoisonner. En effet il se fit bientôt couronner Roi de Boheme, & à la priere du Pape qui le reconnut pour Roi, il mit en liberté le Comte Mathias, lui fit épouser sa fille Caterine, & le conduisit en Hongrie où il fut couronné avec de grandes acclamations ; les Hongrois se souvenoient du grand Huniade & n'atendoient pas moins de son fils. Il fit au Pape de grans remercimens & lui promit de se joindre aux autres Princes Chrétiens pour attaquer les Infidéles, son interêt l'y portoit assez.

Le Pape prétendoit faire une ligue de tous les Princes Chrétiens contre les Turcs & y faire entrer Ufum-caffan Roi de Perfe, Conftantin Zara Jacob Empereur d'Ethiopie, & l'Empereur des Tartares d'Afie. Il leur reprefentoit que Scanderberg avec une poignée de foldats, réfiftoit à toute la puiffance de Mahomet II. que tandis que l'armée Chrétienne marcheroit à Conftantinople, les Tartares & les Perians entreroient dans les Provinces Turques du côté de Babilone, & les Ethiopiens en Egypte, pour renverfer tout d'un coup l'Empire Turc & celui du Soudan du grand Kaire. Son zele étoit grand, il entretenoit une flote dans le port de Rhodes, pour aller felon le befoin ou en Egypte ou à Conftantinople : il ne laiffa pas d'être accufé par Theodoric Archevêque de Mayence, de ne point obferver les decrets des Conciles de Conftance & de Bâle, de ne pas vouloir confirmer les élections canoniques, d'exiger beaucoup d'argent de ceux qu'il admettoit aux Ordres facrez, & enfin de ruïner les Ecclefiaftiques d'Allemagne par les decimes qu'il impofoit tous les jours fous prétexte de la guerre fainte. Le Clergé de France fit les mêmes plaintes, l'Univerfité de Paris & les Chanoines de Roüen s'oppoferent à la levée des decimes ; & quoique l'Empereur & le Roi y euffent confenti, il n'en tira pas grand'chofe. L'Univerfité de Paris comptoit alors parmi fes principaux Regens Charle Fernand de Bruges, qui perdit la vûë dans fa jeuneffe, & ne laiffa pas de devenir fameux Orateur, Philosophe, Poëte, & même Prédicateur: nous avons de lui des Traitez sur la tranquilité de l'ame, sur l'immaculée Conception de la Sainte Vierge, des Conferences Monastiques, & un discours sur l'observation de la Regle de Saint Benoist.

Le Pape avant que d'être Pape, étoit demeuré dans la simplicité Ecclesiastique. Il n'avoit jamais voulu avoir d'autres Benefices que l'Evêché de Valence: *Je me contente*, disoit il, *d'une épouse, & qui est vierge*; mais pandant son Pontificat il parut magnifique, donna beaucoup aux pauvres, & fit rétablir les anciennes murailles de Rome qui tomboient en ruïne. Il envoya le Cardinal Carvajal Legat en Hongrie, pour assister au Couronnement de Mathias Corvin fils du grand Huniade. Le Cardinal de Capranica vint en France & décida le different entre l'Eglise de Lion & celle de Roüen qu'il déclara exempte de la Primatie de Lion.

Le Pape eut de grans demêlez avec Alphonse Roi d'Aragon & de Naple: il avoit été plusieurs années President de son Conseil: ce Prince ne pouvoit oublier, que celui qui lui parloit souvent en maître, avoit été son domestique, mais Calixte se regardoit comme le Vicaire de Jesus-Christ, & Alphonse lui ayant fait demander, comment il prétendoit qu'ils vécussent ensemble: *Qu'il gouverne ses Royaumes*, répondit-il, *& qu'il me laisse gouverner l'Eglise*. Il envoya des Missionaires

sionaires en Moscovie, en Perse, en Ethiopie, pour convertir les peuples ou pour les affermir dans la Foi. Il ordonna aux Prédicateurs, qui devoient prêcher dans sa chapelle, de montrer leurs discours au Maître du sacré Palais, afin qu'ils n'avançassent rien contre la Foi. Il canonisa Edmond Anglois Evêque de Salisbery qui étoit mort il y avoit trois cens ans. Les Papes Gregoire IX. Martin V. Eugene IV. & Nicolas V. avoient fait faire sur les lieux, des informations de la vie & des miracles du Saint; le Roi d'Angleterre Henri VI. & tous les Evêques de son Royaume demandoient sa canonisation. Le Pape selon la coûtume fit revoir les procez verbaux en plein Consistoire, & de l'avis unanime des Cardinaux mit le nom d'Edmond dans le Catalogue des Saints. Il envoya à Scanderbeg de grandes sommes d'argent, qui le mirent en état de résister à Mahomet; enfin il mourut d'une maladie qui dura quarante jours à l'âge de soixante & quatorze ans, aprés trois ans & quatre mois de Pontificat, fort regretté des gens de bien & des pauvres. On lui reprocha seulement d'avoir trop enrichi ses neveux: il ne laissa pas d'amasser cent quinze mille écus d'or pour la guerre sainte. Les Historiens raportent qu'il disoit, que le peril étoit le champ de la gloire: que l'homme né libre se rendoit esclave par la flaterie: qu'en mantant on servoit, & qu'on commandoit en disant toûjours vrai. Il avoit aussi acoûtumé de

An de J. C. 1458.

Tome VIII.

dire, que si la France le secondoit, il esperoit avec l'aide du Tout-puissant renverser le Mahometisme. Il créa plusieurs Cardinaux, entre autres Eneas Silvius Picolomini Evêque de Sienne célebre par sa capacité, qui l'éleva au Souverain Pontificat ; Richard Olivier François Evêque de Coutance en Normandie ; Jean de Mella Espagnol Evêque de Zamora ; Jaque Prince de Portugal, qui étant fort malade aima mieux mourir que de guerir en commettant un peché mortel ; & Roderic Lenzole fils de sa sœur, qui prit le nom de Borgia, devint Pape dans la suite, & sous le nom d'Alexandre VI. deshonora la Chaire de Saint Pierre. Calixte pandant son Pontificat eut une confiance particuliere en deux Cardinaux, Guillaume Archevêque de Roüen, & le Cardinal de Saint Marc Venitien, soit qu'il les crût plus habiles que les autres, soit qu'il s'imaginât gouverner par leur moyen la France & la Republique de Venise.

Le bon état où étoient les affaires du Roi par la conquête de la Normandie & de la Guyenne, pensa être troublé par la conspiration du Duc d'Alençon. Ce Prince ambitieux & inquiet avoit eu part à la premiere révolte du Daufin, & quoique le Roi lui eût pardonné, il n'étoit pas content. Charle d'Anjou Comte du Maine favori du Roi le traitoit avec hauteur. Il prétendoit que le Duc de Bretagne lui rendît la ville de Fougeres, qu'il lui avoit venduë à bon marché pour payer une partie de fa rançon (il avoit été pris par les Anglois à la bataille de Verneüil.) Il offrit inutilement au Duc de Bretagne de lui rendre la fomme qu'il en avoit receuë, & prefloit le Roi de lui faire faire juftice. Le Roi qui menageoit le Duc de Bretagne, ne s'en voulut pas mêler. Alors le Duc d'Alençon ne fongea qu'à la vangeance. Il manda au Roi d'Angleterre que le tems étoit venu de reprendre la Normandie, qu'il n'y avoit que quatre cens Lances, toutes les Troupes Françoifes étoient en Guyenne à caufe de la révolte de Bordeaux; qu'il lui livreroit plufieurs places, que le plat païs prendroit les armes dés qu'on verroit la flotte Angloife fur les Côtes, qu'il avoit une intelligence avec le Daufin qui s'ennuyoit de fa retraite en Brabant, & que le Duc de Bourgogne fe déclareroit quand il croiroit y trouver fon avantage.

Le Roi d'Angleterre écouta avec joïe un parti qui lui faifoit remettre le pied en France, où il n'avoit plus que Calais & le Comté de Guienes. Il promit des troupes & de l'argent, & de faire époufer la fille du Duc d'Alençon au fils du Duc d'Iork. Il eut bientôt équipé une flotte, mais le Roi averti de la confpiration avant qu'elle pût éclater, fit arrêter le Duc d'Alençon par le Comte de Dunois acompagné de Brezé Senechal de Normandie. On le conduifit à Vandôme où le Parlement s'affembla pour lui faire fon procés; tous les Pairs du Royaume y furent appellez suivant la coûtume: il avoüa tout & fut condamné à avoir le cou coupé, ses biens confisquez. On suivit dans ce Jugement les mêmes formalitez qui avoient été observées sous les regnes précedens dans les procez du Comte d'Artois, du Comte de Montfort & du Roi de Navarre. Le Roi à la priere du Connétable de Richemont oncle du Duc d'Alençon, lui fit grace de la vie, rendit ses biens à ses enfans à la réserve d'Alençon, de Verneüil & de Samblançai, & se contenta de le confiner dans le Château d'Aiguemortes en Languedoc.

Le Connétable étoit devenu Duc de Bretagne par la mort de ses trois neveux. On lui proposa de quitter la charge de Connétable: *Non non, dit-il, elle m'a honoré dans ma jeunesse, & je la veux honorer dans ma vieillesse.* Mais il avoit pour la garder une raison plus intéressante; il vouloit attaquer l'Angleterre, & croyoit que les François aimeroient mieux dans cette entreprise suivre leur Connétable que le Duc de Bretagne. Il faisoit porter devant lui deux épées, l'une la pointe en haut comme Souverain, & l'autre la pointe en bas comme Connétable. Il rendit au Roi l'homage pour le Duché de Bretagne: *C'est l'homage lige*, lui dit le Comte de Dunois: *Je le prête*, répondit le Duc, *tel que l'ont prêté mes prédecesseurs*. Il ôta son épée quand il prêta homage pour le Comté de Monfort & de Neaufle-le-Château. Il mourut dix-huit mois aprés âgé de soixante

& cinq ans. Il avoit été pris à la bataille d'Azincourt & demeura cinq ans en Angleterre : il suivit quelque tems le parti du Duc de Bourgogne, mais il se donna de bonne foi au Roi Charle VII. qui le fit Connétable en 1424. Il défit les Anglois à Patai en Beausse, moyenna avec beaucoup d'adresse la réduction de la Ville de Paris, reconcilia le Duc de Bourgogne avec le Roi & assista au Traité d'Arras, gagna la bataille de Fourmigny contre les Anglois, & succeda au Duché de Bretagne en 1457. Il avoit fondé les Chartreux de Nantes & y fut enterré : grand Capitaine, vigilant, brave, heureux dans ses entreprises, affectionné à l'Etat, servant le Roi fidélement, mais avec des manieres si hautes, si insolentes, qu'il en perdit plus d'une fois les bonnes graces. Il fut surnommé le Justicier, à cause de sa severité à faire observer les Ordonnances du Roi, ce qui rétablit en France la discipline militaire, & fut la principale cause des victoires que les François remporterent sous le regne de Charle VII. Charle d'Anjou Comte du Maine eut aprés lui l'épée de Connétable.

Dix jours aprés la mort de Calixte III. vintdeux Cardinaux qui se trouverent à Rome, entrerent au Conclave. On n'y fit rien le premier jour ; le second, on regla quelques articles que le Pape futur devoit observer ; le troisiéme, on mit sur l'autel le calice d'or, dans lequel chaque Cardinal alla jetter le billet de scrutin en présence

An de J. C.
1458.

de trois Cardinaux obfervateurs. L'Archevêque de Roüen eut fix voix, Eneas Silvius Picolomini Cardinal de Sienne en eut onze, il lui en faloit douze pour être élû ; alors le Cardinal Colomne s'écria : *Je lui donne aussi ma voix, & le fais Pape.* Auffitôt Beffarion le harangua au nom du facré College, & lui dit avec franchife, que le voyant fort mal fain il avoit fongé d'abord à l'Archevêque de Roüen qui lui paroiffoit plus en état de fecourir l'Eglife ; mais que puifque la Providence en avoit difpofé autrement, il reconnoiffoit en lui toutes les qualitez neceffaires au Vicaire de Jefus-Chrift. Il avoit rendu de grans fervices à l'Eglife fous les précedans Pontificats. Il prit le nom de Pie II. Il avoit été autrefois un des principaux défenfeurs du Concile de Bâle, dont il étoit Secretaire & dont il a écrit l'hiftoire ; mais il changea de maximes & de langage à mefure qu'il s'éleva dans les dignitez, & défavoüa les écrits qu'il avoit faits pour foûtenir la fuperiorité du Concile. Il fit publier fur ce fujet une bule, dans laquelle il fe retracte de fa premiere opinion, quoique ce fût celle de toute l'antiquité, & que jufqu'au Concile de Pife on n'eût jamais mis en doute, que les Conciles generaux ne fuffent au deffus des Papes. Eneas Silvius avoit été Chef du Confeil de l'Empereur, qui obtint pour lui le Chapeau de Cardinal. Il jura auffitôt aprés fon Couronnement de réformer l'Eglife Romaine, de ne point créer de Cardinaux que du consentement de la meilleure partie du Sacré College, & de ne point aliener les terres de l'Eglise. Ses premiers soins allerent à former la Ligue tant de fois projettée des Princes Chrétiens contre les Turcs ; il convoqua pour cela une assemblée à Mantouë, où il invita l'Empereur Frideric, le Roi Charle VII. Mathias Roi de Hongrie, George Podiebrak Roi de Boheme, le Roi d'Angleterre, le Duc de Bourgogne & tous les autres Princes, leur promettant de donner l'exemple & de marcher lui-même à la tête de la Croisade malgré sa mauvaise santé. Il n'avoit pourtant que cinquante-deux ans ; mais ses fréquentes Légations, où il avoit travaillé de l'esprit encore plus que du corps, l'avoient fort affoibli. Il s'acommoda avec Ferdinand d'Aragon Roi de Naple, qui lui prêta homage lige & de vasselage ; & cassa la bule du Pape Calixte qui avoit réüni ce Royaume au Siege Apostolique. Il obligea seulement les Rois de Naple à envoyer tous les ans au Pape un cheval blanc & huit mille onces d'or par maniere de tribut. Ferdinand promit de grans secours par terre & par mer.

George Podiebrak avoit été reconnu Roi de Boheme par le Pape Calixte, mais Pie II. en faisoit difficulté, tant parce qu'il étoit accusé de favoriser les Hussites, que parce que l'Empereur prétendoit que ce Royaume lui étoit dévolu ; & dans cette vûë il n'avoit jamais voulu rendre la Couronne d'or, dont les Rois de Boheme avoient acoûtumé d'être couronnez. Podiebrak envoya des Ambassadeurs à Mantouë avec sa profession de foi, dont le Pape étant content, le reconnut pour Roi, & manda à l'Empereur que dans le tems que les Princes Chrétiens alloient s'unir contre les Infidéles, il ne devoit pas entreprendre une nouvelle guerre.

Avant que le Pape partît de Florence pour se rendre à Mantouë, mourut le saint Archevêque Antonin à l'âge de soixante & dix ans. Il étoit de l'Ordre de Saint Dominique. Il y avoit treize ans qu'il étoit Evêque, Prédicateur affectueux qui tiroit des larmes de la plûpart de ses auditeurs ; ennemi des jeux défendus, il fit distribuer aux pauvres mille écus d'or qu'un de ses Prêtres avoit gagnez aux dez : il étoit toûjours le premier à l'Office divin, & célebroit le Saint Sacrifice avec une dévotion qui en donnoit aux assistans. Il ne faisoit du bien à ses parens, que quand ils étoient pauvres. Il fut enfin l'exemple des Evêques : *Notre ville*, disoit le grand Cosme de Medicis en parlant de lui, *eût été renversée cent fois par la guerre, par la peste & par les seditions, sans les prieres de notre saint Archevêque.* La ville de Florence lui fit un service solemnel aux dépens du Public, il n'avoit laissé qu'un méchant lit & de la vaisselle de terre.

Dés que le Pape eût été reconnu dans tout le Monde Chrétien, il commença à faire valoir son autorité ; il condamna la Pragmatique Sanction

DE L'EGLISE. Liv. XXVII. Chap. I. 209
ction comme injurieuse au Saint Siege. Il en écrivit au Roi Charle VII. & le trouvant inébranlable, il résolut d'employer les moyens les plus violens pour la faire abroger. Il avoit convoqué une grande assemblée à Mantoüe pour tâcher d'y former une Croisade ; & quand il aprit que les Deputez y arrivoient de tous côtez, il partit de Sienne où il demeuroit ordinairement, passa par Florence & par Ferrare où le Marquis d'Est le receut avec de grans honneurs, & arriva à Mantoüe au mois de Mai, acompagné de plusieurs Cardinaux & des Officiers de la Cour Romaine. Le Marquis Loüis de Gonzague & les Ambassadeurs qui étoient arrivez, le suivirent à son entrée qui fut magnifique. On y vit trois étendars, celui de la Croix, celui des Clefs de l'Eglise, & celui des cinq Lunes qui sont les armes de la Maison Picolomini ; on y porta le Saint Sacrement sous un dais, le Pape suivoit dans une chaise élevée en habits Pontificaux avec une mitre toute couverte de diamans. Le Marquis de Gonzague lui présenta les clefs de la ville.

Le lendemain le Pape tint la premiere assemblée, & accusa de negligence les Princes qui n'avoient pas encore envoyé leurs Ambassadeurs. Quelque tems aprés l'Archevêque de Tours & l'Evêque de Paris Ambassadeurs de France arriverent & prêterent au Pape l'obedience filiale. Mais le Saint Pere voyant que la Ligue ne se pouvoit faire à cause des guerres qui embra-

An de J.C. 1459.

An de J.C. 1459.

Tome VIII.   Dd

soient toute l'Europe, il s'appliqua à son interest particulier, & ne songea plus qu'à faire révoquer la Pragmatique Sanction. Il menaça d'interdire le Royaume, & s'en prit au Parlement de Paris: *Il n'est pas croyable*, dit-il dans le Consistoire, *qu'un Roi religieux ait pû publier une Ordonnance qui blesse le Siege Apostolique & qui ôte la liberté à l'Eglise universelle. Ses sentimens seroient bien bien differens de ceux de Charlemagne: Nous honorons, dit ce grand Prince dans ses Capitulaires, la sainte Eglise Romaine & le Siege Apostolique en memoire du bien-heureux Apôtre Pierre; & quand même elle nous imposeroit un joug presque intolerable, nous le porterions avec humilité & devotion.* Le Pape ajoûta: *Comment souffrir que des Juges laïques jugent les Causes des Ecclesiastiques? Comment soufrir que le Pontife Romain, dont l'Univers est la Paroisse, dont les Provinces ne sont point renfermées par l'Occean, n'ait de Jurisdiction en France qu'autant qu'il plaît au Parlement de Paris, jusque là que souvent il ose s'opposer à nos censures & examiner nos Constitutions?*

Guillaume Chartier Evêque de Paris, l'un des Ambassadeurs de France, répondit au Pape avec respect & fermeté. Il dit que le Roi rendroit toujours au Pape les honneurs qui lui étoient dûs; mais il soûtint que la Pragmatique Sanction étoit fondée sur les decrets des Conciles generaux de Constance, de Sienne & de Bâle, qui avoient été approuvez par Martin V. par Eugene IV. & par tous les Evêques de l'Eglise Gallicane : qu'elle conferve aux Papes toute l'autorité que les Canons des Conciles leur ont donnée : qu'au refte le Parlement de Paris compofé de cent perfones d'un merite diftingué, des Pairs de France tant Ecclefiaftiques que Seculiers, & de plufieurs Evêques habiles dans le Droit Canon, n'étoit pas capable d'attenter à l'autorité du Saint Siege, & qu'il confervoit toujours la réputation de juftice qu'il s'étoit acquife dans les fiecles paffez, lorfque les Princes Etrangers venoient foûmettre leurs differens à fon arbitrage. Il ajoûta que le Roi pour montrer à Sa Sainteté, qu'il vouloit avoir égard aux raifons qui lui avoient été reprefentées de fa part, feroit encore affembler les Prelats de fon Royaume, pour prendre leur confeil fur une affaire fi importante. Il ajoûta, que le Roi avoit jufte fujet de fe plaindre du Pape, qui avoit donné l'Inveftiture du Royaume de Naple à Ferdinand fils naturel d'Alphonfe Roi d'Aragon, au préjudice de la Maifon d'Anjou ; & que pandant que les Turcs s'emparoient de l'Empire de Trebizonde, du Peloponefe & de plufieurs Ifles de l'Archipel, Sa Sainteté employoit toutes les forces de l'Etat Ecclefiaftique en faveur de Ferdinand. Le Pape ne parut pas content des Ambaffadeurs de France, & menaça tout de nouveau d'interdire le Royaume. Mais aprés bien des difcours, il conclut qu'il faloit fonger à la Croifade. Il impofa pour cet effet une groffe decime pour la guerre contre les Turcs. Les Princes d'Italie & les Isles de Sicile, de Sardagne & de Corse s'y soûmirent. Ses soins s'étendoient à tout ; & ne croyant pas que les Chevaliers de Rhodes fussent assez puissans pour défendre les Isles de l'Archipel contre les Sarasins d'Egypte & contre les Turcs, il institua l'Ordre Hospitalier des Chevaliers de la Bien-heureuse Marie de Bethleem, leur assigna l'Isle de Lemnos pour leur résidence, suprima les Ordres de Sainte Marie de Boulogne, du Saint Sepulcre, des Cruciferiens, de l'Hôpital de Saint Jaque du Haut-pas & du Saint Esprit, & attribua tous leurs biens aux nouveaux Chevaliers avec de grans privileges & la Croix rouge sur leur habit. Les Prêtres pouvoient aussi être Chevaliers. Le Pape défendit dans la même assemblée à tout particulier d'oser appeller des Mandats Apostoliques au futur Concile, ce qui étoit alors assez ordinaire ; les Princes qui n'étoient pas contens des Constitutions Apostoliques, croyoient par là se mettre à couvert des excommunications. *Les Pauvres*, dit le Pape dans sa bule, *sont oprimez par les Puissans, les crimes demeurent impunis, on nourit la révolte contre le premier Siege, la discipline Ecclesiastique est renversée.*

Cependant le Roi averti par ses Ambassadeurs, fit assembler les Princes, les Evêques & les plus habiles Jurisconsultes du Royaume, & déclara par la bouche de Jean Dauvet son Procureur General, que si le Pape se portoit à cette extremité, il en appelleroit au premier Concile general qui seroit assemblé dans une ville où les déliberations seroient libres, & non pas au Concile de Saint Jean de Latran que le Pape avoit indiqué, n'y ayant pas d'apparance que dans une assemblée dont il seroit le maître, il laissât rien passer contre l'autorité sans bornes qu'il se vouloit attribuer. Il protesta en même tems qu'il conserveroit toujours la reverence & l'obéïssance dûë au Saint Siege & au Souverain Pontife, suivant les canons des Conciles generaux & les écrits des saints Peres. Il écrivit aussi au Pape une lettre fort respectueuse comme d'un fils à son pere, lui représentant que la puissance d'enhaut lui est donnée pour édifier & non pour détruire, & qu'il doit éviter des extrémitez qui causeroient un grand scandale. Nous verrons dans la suite de cette Histoire, ce qui arriva là-dessus aprés la mort de Charle VII.

Le Pape receut des Deputez des Patriarches d'Alexandrie, d'Antioche & de Jerusalem qui avoient embrassé les Decrets du Concile de Florence sur la réunion des Grecs, & qui demandoient du secours contre la tiranie des Infidéles. Il écrivit au Roi de Perse & à quelques autres Princes de l'Orient, pour les engager à entrer dans la ligue contre les Turcs.

Cette année Eugene Religieux de l'Ordre de la Sainte Trinité & deux de ses compagnons, fu-

An de J. C. 1459.

furent brûlez tout vifs à Conſtantinople, où ils étoient allez pour racheter des Captifs. Ils y avoient porté beaucoup d'argent qu'ils montrerent imprudamment.

Aprés avoir chaſſé les Anglois de Guyenne & de Normandie, il ne reſtoit plus pour la gloire du Roi Charle VII. que de les aller attaquer dans leur Iſle. Brezé Sénechal de Normandie fut chargé de cette expedition, dont il s'acquitta avec autant de prudence que de courage. Il fit ſa dêcente à deux lieuës de Sandwic, prit trois vaiſſeaux dans le port, pilla la ville & ſe rembarqua ſans aucune perte, quoique toutes les Milices du pays euſſent pris les armes. Ce fut la derniere action du regne du Roi. Ce Prince victorieux & conquerant devint les dernieres années de ſa vie, mélancolique, chagrin, ne prenant plaiſir à rien. Il croyoit toujours que le Daufin ſe révolteroit, & que les peuples ſuivroient le ſoleil levant. Il étoit à Meun ſur Yeurre en Berry, lorſque par malheur un Courtiſan indiſcret l'avertit qu'on vouloit l'empoiſonner. Soit que l'avis fut vrai ou faux, il ne voulut plus manger; & quoi qu'on lui pût dire, il fut ſept jours ſans rien avaler, & lorſqu'il ſe vit prés de mourir de foibleſſe, on lui perſuada enfin de prendre quelque nouriture, il n'étoit plus tems, l'eſtomac étoit reſſerré : il receut tous les Sacremens de l'Egliſe avec beaucoup de pieté, & mourut veritablement par la peur imaginaire de mourir. Il étoit dans la soixantiéme année de son âge & dans la trente-neuviéme de son regne. Il expira le jour de la Magdelaine, en priant Dieu de lui faire la même misericorde qu'il avoit faite à cette sainte Pecheresse. On lui fit à Saint Denis un Service magnifique, où officia Guillaume de la Tour Evêque de Rhodés & Patriarche titulaire d'Antioche, ce qu'on voit dans le Céremonial François. L'Oraison funebre fut prononcée par Thomas de Courcelles Docteur en Theologie. Il avoit eu de Marie d'Anjou quatre fils dont deux lui survêcurent, & sept filles: Prince plus heureux qu'habile, plus soldat que capitaine: il eut un grand discernement dans le choix de ses Ministres & des Generaux de ses armées: sacrifiant sa gloire particuliere au bonheur de ses Sujets: il souffrit avec une patience heroïque les emportemens du Connétable de Richemont, qui avoit mis son frere le Duc de Bretagne dans son parti; & pour ôter aux Anglois un allié aussi puissant que le Duc de Bretagne, il consentit à recevoir la loi de son Sujet. On lui a reproché d'avoir sacrifié tout son tems à ses maîtresses, quoiqu'il donnât plus de quatre heures par jour à des Conseils d'Etat, de Guerre ou de Finances, & que même il tirât souvent de l'arbalête & joüât aux échecs.

An de J. C.
1461.

HISTOIRE

CHAPITRE SECOND.

An de J.C.
1461.

APrés la mort de Charle VII. le Roi Loüis XI. parut peu affectionné à la memoire de son pere qu'il blâmoit assez hautement. Il receut la nouvelle de sa mort à Genep en Brabant, & ne fut pas fort affligé. Le Duc de Bourgogne & son fils le Comte de Charollois le vinrent trouver avec quatre mille chevaux (il ne voulut pas d'une plus grosse escorte); & ils prirent ensemble le chemin de Reims, où le nouveau Roi fut sacré. Le Duc de Bourgogne l'arma Chevalier, & lui fit homage de la Bourgogne, de la Flandre & de l'Artois. On lui fit une entrée magnifique à Paris; mais dés qu'il se vit le maître, il déposa le Chancelier Guillaume Juvenal des Ursins, & mit à sa place Pierre de Morvillier: il ôta la Charge d'Amiral à Jean de Beuil Comte de Sancerre, & dépoüilla de leurs Charges André de Laval, dit le Maréchal de Loheac, le Prevôt de Paris, & plusieurs Maîtres des Requêtes, Conseillers du Parlement, Maîtres des Comtes & Secretaires du Roi. Il ôta au Comte de Dunois qu'il haïssoit, parce que son pere l'avoit fort aimé, la Charge de grand Chambellan, la Lieutenance generale de l'Etat, & le Gouvernement de Normandie: il en donna la Lieutenance generale avec douze mille écus de pension au Comte de Charollois fils aîné du

Duc

Duc de Bourgogne. Il fit faire le procez à Antoine de Chabanes Comte de Dammartin, qui l'avoit voulu arrêter par ordre du feu Roi six ans auparavant. D'autre côté voulant faire le clement, il fit mettre en liberté le Duc d'Alençon qui étoit prisonier à Loche. Il rendit aux enfans de Jaque Cœur Argentier du Roi Charle VII. tous les biens dont leur pere avoit été dépoüillé, donna la Charge de grand Echanson à Geoffroi Cœur, & appella auprés de sa persone Jean Cœur Archevêque de Bourges, lui donnant l'administration du College de Navarre, & le pouvoir de visiter les Maladreries & les Hôtels-Dieu. La même année il receut l'homage de François II. Duc de Bretagne.

Nous avons vû pandant le regne de Charle VII. que les Papes Eugene IV. Calixte III. & Pie II. avoient fait des efforts inutiles pour faire abolir la Pragmatique: le Roi soûtenu de ses Parlemens & de ses Universitez, n'en avoit pas voulu entendre parler, & ces Papes avoient mieux aimé perdre une partie de leur autorité, que de rompre la communion avec le plus puissant des Royaumes Chrétiens. Mais quand Pie II. vit Charle VII. mort, il renouvella d'esperance, & crut que Loüis XI. se piquant de penser autrement que son pere, seroit aisé à persuader. Il commença de gagner Jean de Joffredi Evêque d'Arras, en lui promettant de le faire Cardinal. Il le fit son Legat pour complimenter le Roi sur son avenement à la couronne. Le même Evêque d'Arras, aprés avoir fait les complimens du Pape au Roi, eut la commiſſion d'aller à Rome faire ceux du Roi au Pape. Sa naiſſance étoit ſi baſſe, qu'il ne la connoiſſoit pas lui même. Il avoit ſoixante ans & n'étoit qu'Aumônier du Commun dans la Maiſon du Duc de Bourgogne; mais ce Prince voulant inſtituer l'Ordre de la Toiſon d'or, le connoiſſant homme d'eſprit & fort habile dans un ſiecle d'ignorance, il l'envoya à Rome ſolliciter l'aprobation de ſon Ordre. Il n'y trouva aucune difficulté; le Pape étoit bien aiſe qu'on s'adreſſât à lui, dans les affaires même où l'on s'en pouvoit paſſer. Joffredi eut à ſon retour l'Evêché d'Arras, & fut employé dans la ſuite en pluſieurs négociations & y réuſſit toujours. Le Duc le fit ſon premier Secretaire : mais n'étant pas content d'une fortune mediocre, il s'attacha au Daufin pandant qu'il étoit en Brabant & le gagna ſi bien, que lorſque ce Prince fut devenu Roi, il le prit à ſon ſervice & lui donna toute ſa confiance. Joffredi lui perſuada que pour devenir le plus puiſſant Roi de l'Europe, il faloit être de bonne intelligence avec le Pape, & que le moyen d'y parvenir étoit de lui ſacrifier la Pragmatique Sanction, Ordonnance née pandant le Schiſme & qui renverſoit toute la hierarchie de l'Egliſe. Le Roi perſuadé fit dreſſer une Declaration qui abrogeoit la Pragmatique, mais à deux conditions; l'une que le Pape aſſiſteroit la Maison d'Anjou dans la conquête du Royaume de Naple; & l'autre, qu'il établiroit un Legat François pour la nomination des Benefices. L'Evêque d'Arras partit pour l'Italie; mais quand il aprit en chemin que le Pape l'avoit déja fait Cardinal, il fut si transporté de joïe & de reconnoissance, qu'en arrivant à Rome, il montra au Pape la Declaration du Roi, sans exiger aucunes conditions. Le Pape envoya au Roi des bules de remerciment, où il le compare à Constantin, à Theodose & à Charlemagne, qui s'étoient rendus illustres par leur attachement au Saint Siege: *Vous vous montrez*, lui dit-il, *un grand Roi en gouvernant par vous-même*. Le Roi touché de ces belles paroles, fit publier contre l'avis de son Conseil une Declaration, par laquelle il avouë que la Pragmatique Sanction a été faite par des Prelats inferieurs, dans un tems de division & de schisme; qu'en diminuant l'autorité du Pape, elle donne lieu au desordre & à la licence; qu'elle rompt l'unité qui doit être entre tous les Royaumes Chrétiens, qu'elle offense l'Eglise Romaine mere de toutes les Eglises, d'où découlent toutes les loix sacrées; & que par ces raisons, qui doivent penetrer le cœur d'un Roi trés-Chrétien, il ordonne qu'on ne la suive plus dans son Royaume, & qu'à l'avenir les Papes y ayent la même autorité qu'ils y avoient euë dans les siecles passez. On fit des feux de joïe à Rome pour un avantage qu'on n'eût jamais ofé efperer, & le Pape en fut fi tranfporté, qu'il fit déchirer publiquement dans les carrefours de Rome les feuillets de la Pragmatique, & par une vangeance affez legere les fit traîner dans les bouës. Il fe fervit d'abord de fon autorité recouvrée, & donna au Cardinal d'Arras l'Evêché d'Albi qui étoit fort riche. Il avoit déja les Abbayes de Saint Waft, de Saint Denis, & de Fefcamp. Tout lui étoit bon, il employoit toutes fortes de moyens pour s'élever. Quelques Auteurs l'ont accufé d'avoir fait empoifonner le Comte d'Armagnac qui avoit été excommunié par le Pape pour avoir époufé fa fœur contre les loix de l'Eglife; mais il paroît conftant qu'il n'y eut point de part, & que fi ce crime fut commis, ce fut par Jean Favre Vefai Abbé de Saint Jean d'Angeli, qui fut conduit en Bretagne où l'on lui fit fon procez pour d'autres crimes.

L'année fuivante le Roi envoya au Pape une Ambaffade folemnelle pour lui prêter obedience. Elle étoit compofée des Cardinaux de Coutance & d'Arras, des Evêques d'Angers & de Saintes, de plufieurs Abbez & de quelques Seigneurs. Le Cardinal d'Arras fit la harangue, confirma l'abrogation de la Pragmatique, & promit une puiffante armée contre les Turcs, pourvû que René d'Anjou fût remis en poffeffion du Royaume de Naple. Le Pape ne fongeoit plus qu'à former la ligue des Princes Chrétiens contre les Infidéles, mais il y trouva des difficultez insurmontables ; la mort d'Alphonse Roi d'Aragon & de Naple, fit recommencer la guerre en Italie. Alphonse laissa l'Aragon & la Sicile à Jean son fils aîné, & Naple à Ferdinand son fils naturel, qui avoit été legitimé par le Pape Eugene IV. Aussi-tôt Jean d'Anjou Duc de Calabre, fils de René Comte de Provence, voulut faire valoir ses droits sur le Royaume de Naple. Il eut dans son parti tous les Princes d'Italie, excepté le Duc de Milan & le Pape. Ferdinand avoit marié sa fille Marie avec Antoine Picolomini neveu du Pape, & lui avoit donné en dot le Duché d'Amalphi. Il lui ceda aussi le Duché de Spolette & les villes de Benevent & de Terracine qu'Alphonse avoit usurpées sur l'Etat Ecclesiastique. Jean d'Anjou avec une armée de François eût été le plus fort, si Scanderbeg ne s'en fût pas mêlé. A peine ce Prince eut-il la nouvelle que Ferdinand fils de son bon ami Alphonse avoit besoin de son secours, qu'il y vola. Le Pape lui écrivit pour l'en prier : *Je regarde*, lui répondit-il, *les prieres de Votre Sainteté comme des commandemens.* Il s'embarqua à Raguse avec trois mille chevaux & cinq mille hommes de pied acoûtumez à vaincre sous ses ordres, & passa dans la Pouille. Paul Lange Archevêque de Duras son conseil & son ami, l'acompagnoit dans toutes ses expeditions. Ce Prelat joignoit à une naissance illustre un esprit sublime, une éloquence qui enlevoit, une connoissance profonde de l'Ecriture sainte, de la Theologie & des belles Lettres, & sur tout une pieté solide & un grand zele pour la Religion. Il avoit apris à Scanderbeg le Grec & le Latin, & l'avoit instruit à fond de la doctrine Chrétienne. Il ne faut pas s'étonner qu'avec de si grandes qualitez, il fut devenu favori de son Prince.

Cepandant le Roi Ferdinand poursuivi par ses ennemis, étoit assiegé dans la ville de Bari ; mais à la vûë des vaisseaux de Scanderbeg, ils leverent le siege & se retirerent à dix lieuës de là. Les Albanois mirent pied à terre & allerent joindre le Duc d'Urbin & Alexandre Sforce, leurs troupes jointes les rendirent aussi forts que les François. Les deux armées se rencontrerent auprés de Nocera. Jean d'Anjou & le Comte Picinin se signalerent, mais ils ne purent resister à Scanderbeg, la victoire le suivoit par tout. Le Duc d'Anjou aprés la perte de la bataille se retira en France, & tout le Royaume de Naple se soûmit à Ferdinand. Le Pape envoya à Scanderbeg de grandes sommes d'argent, & lui manda qu'il vouloit aller en persone à Croie le couronner Roi d'Albanie, de Macedoine, de Trace & de Romanie, & le déclara Generalissime des Armées Chrétiennes. On avoit eu avis que Mahomet II. aprés avoir affermi les nouvelles conquêtes qu'il avoit faites en Asie depuis la prise de Constantinople, se préparoit à repasser en Europe. Il avoit dépoüillé de ses Etats David

Empereur de Trebizonde de la Maison des Comnenes & l'avoit fait mourir avec toute sa famille. Uzumcassan Roi de Perse avoit été obligé à faire la paix en lui cedant quelques places en Armenie. Scanderbeg vit bien qu'il seroit le premier attaqué. Il retourna dans son Royaume & ne manqua pas d'y voir aussitôt trois Generaux de Mahomet avec de grosses armées, qu'il défit l'une aprés l'autre. Le Sultan au lieu d'être en colere, écrivit à Scanderbeg, le reconnut Roi d'Albanie, & lui proposa de faire la paix & d'établir le comerce entre leurs Etats. Sa proposition fut acceptée par un Vainqueur déja sur l'âge & rassasié de victoires. La paix fut signée & observée fidélement par les Turcs pandant quelques années.

An de J. C. 1462.

Il s'étoit élevé en Italie une question Theologique entre deux Ordres celebres. Les Freres Mineurs prétendoient que pandant les trois jours que Notre-Seigneur étoit demeuré dans le tombeau, les parties de son Sang qui étoient tombées sur la terre, avoient été séparées de la divinité, & que par conséquant il ne faloit pas les adorer. Les Dominicains soûtenoient l'opinion contraire. Le Pape Pie II. qui avoit besoin des uns & des autres pour prêcher la Croisade, ne voulut point décider, & se contenta de leur défendre d'en parler. Il suprima un livre qu'il avoit écrit dans sa jeunesse sur l'Amour : *J'en suis honteux*, dit-il à son ami Charle de Chipre ; *n'écoutez pas un jeune homme particulier, écoutez plûtôt un Evêque; rejettez Enée, recevez Pie : le nom Apostolique doit être preferé au mondain.* Il condamna à une rude penitence le Comte d'Armagnac, qui fur une fauffe difpenfe avoit époufé publiquement fa fœur, & fit enfuite la paix de ce Prince humilié & repentant avec le Roi, qui l'avoit dépoüillé de fes Etats. Mais il crut remporter une grande victoire en obtenant du Roi Loüis XI. la révocation de la Pragmatique Sanction. Nous en avons parlé affez amplement. Il receut avec grand honneur & dépofa dans l'Eglife de Saint Pierre le corps de Sainte Caterine de Sienne. Il écrivit une lettre fort éloquente à Mahomet; & voyant que fes raifons ne le convertiffoient pas, il arma une flote confiderable, & réfolut avec plus de courage que de prudence d'aller en perfone à la Croifade. Il avoit apris que les Turcs avoient forcé les murailles qui défendoient l'Ifthme de Corinthe, & que les Venitiens n'ayant pas affez de troupes pour s'y oppofer, s'étoient retirez dans leurs fortereffes, tandis que les Infidéles ravageoient la Morée. D'autre côté Mathias Roi de Hongrie les avoit chaffez de la Bofnie. Scanderbeg fe préparoit à entrer en Macedoine, le Roi de Perfe & les Princes de Caramanie, de Silicie & de Cholchide raffembloient leurs troupes pour attaquer les Turcs en Afie. Le Duc de Bourgogne avoit promis de marcher avec une armée plus aguerie que nombreufe;

enfin

enfin tout fembloit fe difpofer à une célebre Croifade, lorfque le Pape tout malade qu'il étoit, partit de Rome pour fe rendre à Ancone, d'où il devoit paffer en Albanie. La plûpart des Croifez qui l'avoient attendu lon-tems n'ayant point de Chef, s'en étoient retournez dans leur pays. Le Duc de Bourgogne ne vint point & s'excufoit toujours. Le chagrin, l'âge & la fiévre attaquerent le Pape, il receut les Sacremens de l'Eglife avec beaucoup de pieté : *Mes freres*, dit-il aux Cardinaux, *j'ai fait ce que j'ai pû, l'œuvre de Dieu eft prefentement entre vos mains, c'eft à vous à pourfuivre la fainte entreprife.* Le Cardinal Beffarion le plus ancien & le plus habile du Sacré College l'affura au nom de tous, qu'ils fe fouviendroient des bons exemples qu'il leur avoit toujours donnez, & que fes derniers confeils qu'ils regardoient comme des ordres, feroient fuivis exactement. Il mourut âgé de cinquante-huit ans la fixiéme année de fon Pontificat. Il créa plufieurs Cardinaux de merite, entre autres Ange Capranica Romain, Nicolas Fortiguere Noble de Piftoie, François Picolomini fon neveu, Bartelemi de la Rouere Archevêque de Ravenne, Loüis d'Albret François, que le Cardinal de Pavie appelle dans fes lettres les délices du Sacré College, & François de Gonzague fils du Prince de Mantoüe. C'étoit un grand Pontife, qui s'étoit élevé aux dignitez de l'Eglife par fa capacité. Il s'apliqua toujours à l'augmentation

An de J.C. 1464.

des Sciences, & fonda à Bâle en Suisse une Université, qui est devenuë célebre par les Zuinglers, les Platers, les Buxtorffs & les Bernoullis, dont les noms font honeur à la Republique des Lettres. Il avoit écrit tout ce qui s'étoit passé au Concile de Bâle jusqu'à l'élection de Felix dont il devint favori. Nous avons de lui l'histoire de Boheme, des discours à la loüange d'Alphonse Roi d'Aragon, un Poëme sur la Passion de Notre-Seigneur, deux Réponses aux Ambassadeurs de France dans l'Assemblée de Mantouë, un Traité des mauvaises Femmes, & un Recueil de quatre cens trente-deux Lettres sur diverses questions de Theologie ou de discipline Ecclesiastique. Sa vie a été écrite par Jean Gobelin, mais on croit qu'il n'avoit fait que prêter son nom au Pape, qui l'avoit écrite lui-même. Jean Antoine Campanus Evêque d'Arezzo écrivit la vie de Pie II. son bienfaicteur & celle d'André Brachio Duc de Perouse. Il avoit fait l'Oraison funebre de Calixte III. & dans l'assemblée de Ratisbone, il se servit en vain de toute son éloquence pour persuader aux Princes d'Allemagne de faire la guerre aux Turcs.

Le Pape Pie II. peut tenir son rang parmi les Historiens. Il écrivit l'Histoire du Concile de Bâle, celle de Boheme, une Cosmographie ou Histoire universelle, & douze livres de ce qui s'étoit passé en Italie pandant son Pontificat; mais comme il ne les avoit pas revûs, il défendit en mourant de les publier, à moins qu'on ne les corrigeât auparavant.

Dés qu'on fçut la mort de Pie II. les Cardinaux qui l'avoient suivi & ceux qui étoient dispersez en divers endroits de l'Italie, se rendirent à Rome, & aprés les obseques solemnelles qui durerent neuf jours selon la coûtume, ils entrerent au Conclave au nombre de vint & un. Ils jurerent que celui d'entre eux qui seroit élu Pape, observeroit exactement les loix suivantes: Pousser la guerre contre les Turcs & y contribuer des revenus de l'Eglise: reformer les mœurs de la Cour Romaine: assembler dans trois ans un Concile general & y convier tous les Princes Chrétiens: ne point faire de nouveaux Cardinaux, jusqu'à ce qu'il en mourût, & n'en faire qu'un seul de ses parens: ne donner les grans benefices que dans le Consistoire, aprés avoir pris l'avis de ceux qui y assistent: ne jamais destituer un Evêque ou un Abbé à la priere des Princes, sans les avoir oüis dans une assemblée solemnelle: ne jamais aliener le bien d'Eglise: permettre aux Cardinaux de disposer de leurs biens en mourant: ne point établir de nouveaux impôts dans l'Etat Ecclesiastique: ne point donner à ses parens le commandement de l'armée de l'Eglise: ne commettre qu'à des Clercs la garde des principales forteresses: faire relire ces reglemens tous les mois dans le Consistoire, & permettre aux Cardinaux en cas que le Pape

An de J. C. 1464.

manquât à les obferver, de lui faire là-deffus de trés-humbles remontrances. Aprés avoir pris de fi fages précautions les Cardinaux élurent tout d'une voix & dans le premier fcrutin Pierre Barbo Cardinal de Saint Marc Venitien neveu d'Eugene IV. Le Cardinal Beffarion Evêque de Tufculum lui fit une harangue, & le proclama : il eut envie de prendre le nom de Formofe, mais parce qu'il étoit fort beau de vifage, Beffarion lui confeilla d'en prendre un autre pour éviter quelque mauvaife plaifanterie : il fe fit nommer Paul II. & jura d'abord tous les articles cy-deffus. Mais bientôt aprés l'Archevêque de Milan & l'Evêque de Tarvife fes Prelats domeftiques lui perfuaderent de faire d'autres loix qui ne le tiendroient pas en tutele (ils avoient envie d'être Cardinaux) : ils en drefferent un écrit qu'ils préfenterent aux Cardinaux, qui tous le fignerent ou par intereft ou par foibleffe ; jufques-là que le Pape força le Cardinal Beffarion qui étoit malade dans fon lit, à figner en le menaçant de l'excommunier. Il n'y eut que le Cardinal de Carvajal Evêque de Porto qui le refufa conftamment : *Je ne me reproche point*, lui-dit-il, *d'avoir jamais rien fait contre mon devoir, je ne changerai point à l'âge de foixante & dix ans*. Ces particularitez font raportées par le Cardinal de Pavie dans le fecond Livre de fes Commentaires. Aprés avoir par ce moyen établi fon autorité, le Pape donna tous fes foins à la guerre contre les Turcs.

La mort du Pape Pie II. affligea extrémement Scanderbeg, il sentit la perte que faisoit l'Eglise & le danger où il se voyoit exposé presque seul à toute la puissance des Turcs, mais il ne perdit pas courage, il leva des troupes, il fortifia ses places & se prépara à bien recevoir Mahomet. En effet ce Prince irrité envoya en Albanie à diverses reprises quatre de ses Generaux avec des armées de trente & de quarante mille chevaux qui furent défaites l'une aprés l'autre. Scanderbeg n'avoit qu'à se présenter avec douze ou quinze mille hommes (il n'en vouloit pas davantage) & tantôt en plaine campagne & souvent dans des défilez, son nom seul remplissoit ses ennemis de terreur & les mettoit en fuite. Ballaban fut celui qui lui donna le plus de peine : né simple soldat il s'étoit élevé par sa valeur ; & lorsqu'il fut dans les premiers emplois de la guerre, il montra une grande capacité. Scanderbeg l'appelloit la Vieille, parce que dans un âge fort avancé il n'avoit jamais eu de barbe. Il fut batu comme les autres, mais il eut le plaisir de prendre prisoniers dans une rencontre particuliere huit Officiers Albanois, tous huit celebres par leurs grandes actions. Ils se nommoient Moyse, Musache (il étoit neveu de Scanderbeg) Givrise, Perlat (il avoit défendu la ville de Sfetigarde) Berise, Chuque, Gine Musache & Monese. Ballaban les envoya chargez de chaines à Mahomet, qui les fit écorcher tout vifs, aucun

An de J. C. 1464.

d'eux n'ayant voulu renoncer à la Foi.

An de J.C. 1466.

L'année suivante les Turcs rentrerent en Albanie avec cinquante mille chevaux. Ballaban en commandoit trente mille & Jacup vint mille. Ils marcherent par des chemins differens pour la commodité des fourages, resolus de se joindre pour assieger Croie ; Scanderbeg ne leur en donna pas le tems. Il alla au devant de Ballaban jusqu'en Macedoine, le défit & retomba sur les troupes de Jacup qui ne résisterent pas. On auroit peine à croire tant de batailles & tant de victoires, si plusieurs Auteurs contemporains ne raportoient la même chose avec les mêmes circonstances. Enfin Mahomet hors de lui-même vint en persone assieger Croie avec six vint mille hommes. Il avoit conquis l'Empire de Constantinople, celui de Trebizonde, & forcé presque tous les Princes ses voisins à lui payer tribut. Il perdit devant la place la moitié de son armée & se retira à Andrinople, sous prétexte que le Roi de Perse lui vouloit faire la guerre ; mais il laissa Ballaban devant Croie avec quatre-vint mille hommes, résolus d'y passer l'hiver. Alors Scanderbeg vit bien qu'avec ses seules forces il ne pouvoit pas faire lever le Siege. Il écrivit au Pape une lettre fort touchante : *Saint Pere*, lui dit-il, *Mahomet est maître de l'Asie, les Grecs, les Rasciens, les Triballiens, les Illiriens sont sous le joug, le Peloponese lui est soumis, il a pillé vint fois l'Albanie. Il ne reste que moi, Saint Pere, pour lui resister avec peu de soldats qui n'ont plus de place sur leur corps pour recevoir de nouvelles blessures, ni de sang à verser pour la Republique Chrétienne. Nos victoires nous ont épuisez. Vous savez, Saint Pere, que je ne me suis pas épargné, & jusqu'à mon dernier moment je défendrai la cause de Jesus-Christ.* Le Pape fit à Scanderbeg une réponse fort obligeante ; mais ce Prince n'étant pas content de belles paroles, qui souvent ne signifient rien, passa lui-même en Italie & vint à Rome demander du secours. Il y fut receu comme un heros, qui depuis vint ans arrêtoit un torrent qui eût peut-être inondé l'Italie. Le Pape fit assembler le Consistoire : Scanderbeg y harangua avec l'éloquence qui lui étoit naturelle, on lui promit des troupes & de l'argent. Les Venitiens & tous les petits Princes voisins de l'Albanie se rendirent à deux lieuës de Croie avec ce qu'ils purent ramasser de troupes : l'armée se trouva de vint cinq mille hommes; c'étoit plus qu'il n'en faloit pour faire lever le Siege. Mais Scanderbeg averti que la ville aprés cinq mois d'attaques continuelles n'étoit pas encore pressée, marcha au devant de Jonime, qui amenoit vint mille chevaux à son frere Ballaban. Les Turcs ne résisterent pas. Ballaban craignant l'aproche du vainqueur donna un assaut à la ville, il fut tué, & son armée à moitié défaite se retira la nuit, Scanderbeg les poursuivit, & la plûpart perirent ou de misere ou par les armes.

Scanderbeg ne joüit pas lon-tems de sa derniere victoire. Il tomba malade à Lisse en Albanie, & fut bientôt réduit à la derniere extremité. Il montra pandant sa maladie les sentimens Chrétiens qu'il avoit eus toute sa vie. On lui aporta la nouvelle que quinze mille Turcs avoient fait une irruption sur ses terres; son courage lui rendit des forces, il donna ses ordres à l'ordinaire, & fit partir la petite armée qu'il avoit toujours sur pied, les Turcs furent batus, & il eut la consolation de se voir mourir toujours vainqueur. Il avoit soixante & trois ans & regnoit depuis vint ans. On racontoit des prodiges de sa force, & sur ce que quelques-uns l'attribuoient à la bonté de son épée, Mahomet dans le tems qu'ils étoient en paix, le pria de la lui prêter, ce qu'il fit de bonne grace. Mahomet en fit l'épreuve, & la trouvant comme une autre épée, la renvoya: *Dites à votre maître*, dit Scanderbeg à celui qui la lui raporta de la part de Mahomet, *qu'en lui envoyant l'épée, je ne lui ai pas envoyé le bras.* Il recommanda en mourant à ses fidéles Sujets de reconnoître son fils pour leur Roi (il étoit encore fort jeune) & de le mener en Italie, jusqu'à ce qu'il fût en état de porter les armes. Le Roi Ferdinand lui avoit donné des Terres considerables en Calabre, aprés qu'il l'eut rétabli dans son Royaume. Mahomet à la nouvelle de la mort de Scanderbeg, oublia sa gravité & s'écria en sautant de joïe: *Qui m'empéchera*

DE L'EGLISE. Liv. XXVII. CHAP. II. 235
pêchera maintenant de détruire les Chrétiens, ils ont perdu leur épée & leur bouclier. En effet il eut bientôt conquis l'Albanie, dés que Scanderbeg ne fut plus; & cette fameuse ville de Croie qui avoit soûtenu tant de sieges, se rendit presque sans résistance.

Le Pape Paul II. résolut d'employer à la guerre contre les Turcs les grandes sommes qu'il tiroit des mines d'alun qui étoient auprés de Civitavecchia. L'Empereur Frideric vint exprés en Italie pour conferer avec lui sur la Croisade, & à son retour en Allemagne il assembla à Ratisbone cinq Electeurs & plusieurs Princes & Seigneurs de l'Empire, qui convinrent de contribuer aux frais de la guerre chacun suivant son pouvoir, ensorte que celui qui auroit cinq cens écus d'or de revenu, entretiendroit un fantassin, & s'il en avoit mille un cavalier. Mais toutes ces belles résolutions n'aboutirent à rien; l'Empereur pandant un regne de plus de cinquante ans discourut beaucoup & agit peu, on lui donna le nom de trés-pacifique. Ce qui faisoit dire à Antoine Campanus en écrivant au Cardinal de Pavie : *L'Empereur se porte à merveilles, & s'il se bat aussi fort qu'il éternuë, nous vaincrons nos ennemis.* Mathias Corvin fils du grand Huniade Roi de Hongrie profita de sa foiblesse, lui fit lon-tems la guerre, pilla ses provinces; & tandis qu'il assiegeoit & prenoit Vienne Capitale d'Autriche, l'Empereur voyageoit en Allemagne & écrivoit sur les murailles des hôtelleries ces paroles : *L'oubli est un grand remede aux maux irréparables*. Il ne voulut prendre aucun interest à la mort de Philippe Marie Duc de Milan, quoique ce Duché fût Fief de l'Empire, & laissa démêler ce different entre Alphonse Roi de Naple qui y prétendoit en vertu d'un Testament, & la Maison d'Orleans qui y avoit droit par Valentine fille de Galeas Viscomti & femme du premier Duc d'Orleans fils du Roi Charle V.

La Pragmatique Sanction fut rétablie en France, dés qu'on y aprit la mort de Pie II. le Roi Loüis XI. s'étoit repenti d'avoir été si vîte dans une affaire si importante. Le Pape n'avoit jamais voulu donner l'investiture du Royaume de Naple aux Princes de la Maison d'Anjou, ni voulu établir en France un Legat François pour la distribution des benefices. Le Parlement de Paris par la bouche de Jean de Saint Romain Procureur General representa au Roi, qu'au grand bien de la France la Pragmatique avoit été observée pandant vint-trois ans, & que depuis qu'elle avoit été abrogée il en étoit arrivé de grans maux ; que l'argent sortoit du Royaume pour fournir à la magnificence des Cardinaux ; que tout l'Ordre Ecclesiastique étoit renversé & les Eglises ruïnées ; qu'au reste on rendroit toujours au Pape l'honneur, le respect & l'obéïssance qui étoient dûës au Vicaire de Jesus-Christ ; & que si l'on y avoit manqué en quelque chose, le Parlement étoit tout prêt à le reparer. L'Université de Paris fit les mêmes protestations, & fit signifier au Cardinal d'Arras Legat du Saint Siege un appel au futur Concile. Le Roi ne vouloit point donner de Declaration pour le rétablissement de la Pragmatique ; il se gardoit toujours une échapatoire pour ses négociations. Les Papes firent depuis plusieurs tentatives pour faire casser la Pragmatique, qui fut toujours observée jusqu'au Concordat passé entre le Pape Leon X. & le Roi François I. comme nous le verrons dans la suite de cette histoire.

Ce fut en 1472. qu'on commença à bâtir à Paris les Ecoles de la Faculté de Medecine dans la ruë de la Bucherie aux dépens des Medecins. Ils y ont toujours depuis fait des leçons publiques & soûtenu des Theses pour parvenir aux Degrez. On chante tous les samedis dans leur Chapelle une grande Messe, aprés laquelle les Medecins donnent *gratis* leurs consultations aux pauvres malades qui se présentent. Les Ecoles de Theologie sont plus anciennes & ont deux principaux Colleges, celui de Sorbone fondé en 1250. sous le regne de saint Loüis par Robert Sorbone & mis dans sa splendeur par le Cardinal de Richelieu, & celui de Navarre fondé en 1304. par la Reine Jeanne de Navarre épouse de Philippe le Bel. On enseigne la Theologie dans l'un & dans l'autre College.

Les Ecoles de la Faculté de Droit sont fort

anciennes, mais elles furent reparées en 1464. On y fait des Leçons publiques, on y prend des Degrez, le concours des Ecoliers y est fort grand, depuis que le Roi Loüis le Grand y a rétabli en 1679. l'étude du Droit Civil. Il y a aussi fondé un Professeur en Droit François. Quant à la Faculté des Arts qui comprend la Philosophie, la Retorique & la Grammaire, elles ont été toujours enseignées à Paris depuis Charlemagne.

Le Pape donna de grans secours aux Venitiens contre François Sforce qui s'étoit emparé de Milan. Il mit à la raison les enfans du Comte d'Anguillare petit tiran dans l'Etat Ecclesiastique, & les dépoüilla de leurs biens. Il suprima les charges d'Abbréviateurs, ce qui poussa l'historien Platine, qui en étoit l'un des principaux, à lui écrire une lettre fort insolente : *Puisque vous nous dépoüillez sans raison*, lui dit-il, *nous aurons recours aux Princes & aux Rois, qui vous obligeront à indiquer un Concile où vous rendrez compte de votre conduite.* Le Pape le fit mettre en prison, & l'accusa d'heresie pour avoir parlé de Dieu & de l'immortalité de l'ame, à la maniere des Philosophes. Le procés dura jusqu'à la mort du Pape.

Mais avant toutes choses Paul II. s'apliqua à faire la paix entre Ferdinand Roi de Naple & René d'Anjou. On proposoit de donner à René Avignon & le Comtat Venaissin, à condition de ceder ses droits au Roi de Naple, qui pour dédomager l'Eglise lui abandonnoit la ville d'Aquila & fon territoire ; mais le Cardinal de Carvajal Evêque de Porto s'oppofa à cet échange, ne voulant point ôter aux Papes dans une neceffité preffante une retraite audelà des monts: *Et il ne faut pas craindre*, dit-il, *que les Papes ayent envie de retourner à Avignon, tant qu'ils pourront demeurer à Rome, d'où ils commandent à tout l'Univers.* Les François furent bientôt aprés entierement chaffez de Naple.

An de J.C. 1464.

Mourut la même année le grand Cofme de Medicis à l'âge de quatre-vint ans : le plus riche particulier de l'Europe par le moyen de fes vaiffeaux qui trafiquoient par toute la terre, l'ami des Papes & des Rois à qui il faifoit part de fes richeffes immenfes, le protecteur de la Republique de Florence, qu'il eût foûmife plus d'une fois s'il eût voulu. Il laiffa à fes enfans une fucceffion opulente, & l'amour des peuples qui les éleva dans la fuite à la fuprême domination.

Le Pape cependant fut bien étonné de la queftion que lui fit le Roi de Naple. Il le prioit de lui confeiller ce qu'il avoit à répondre à un Ambaffadeur de Mahomet II. qui lui demandoit fon amitié & fon alliance, & lui promettoit huit cens mille écus d'or tous les ans, pourvû qu'il fufcitât entre les Princes d'Italie une guerre qui les empêchât de fonger à la Croifade. Ce n'eft pas que Ferdinand fût tenté de faire une pareille alliance, il favoit bien que fes Sujets fe feroient bientôt revoltez; mais il vouloit fe faire craindre, & demandoit hautement une décharge de tous les arrerages qu'il devoit au Saint Siege, & qu'à l'avenir la redevance fût réduite à la moitié.

George Podiebrak Roi de Boheme avoit toujours dans son cœur favorisé les Huslites; mais quand il se vit bien établi & reconnu par tout, il leva le masque & persecuta les Catoliques. Il fit faire des Conferences sur la Religion, où ses émissaires crioient toujours victoire. Les Legats que le Pape lui envoya se voyant peu écoutez, l'excommunierent, son fils Victorin, & Jean Roquezance le Docteur des Hussites, & qui prétendoit à l'Archevêché de Prague; ce qui fit recommencer les guerres civiles de Boheme: le peuple étoit partagé. Il sembloit pourtant que les heretiques étoient les plus forts, parce qu'ils étoient audacieux & entreprenans. L'Empereur, le Roi de Pologne, le Roi de Hongrie, & presque tous les Princes d'Allemagne tant Ecclesiastiques que Seculiers promirent au Pape de pousser le Roi de Boheme & n'en firent rien, soit qu'ils eussent des affaires plus pressantes, soit qu'il les eût gagnez avec de l'argent. Le seul Mathias Roi de Hongrie l'attaqua, & défit son fils Victorin, qui se sauva en Moravie. Mais Podiebrak regagna le Roi de Pologne, en reconnoissant Uladiflas Prince de Pologne pour son successeur au préjudice de ses propres enfans, qui se contenterent de quelques Principautez.

Le Pape defaprouva fort un pareil traité, qui mettoit l'herefie en fureté.

Les Archevêques de Benevent que les révolutions de la guerre avoient rendus tantôt dépendans des Papes & tantôt des Rois de Naple, s'étoient attribuez tous les droits des fouverains Pontifes, jufqu'à fe fervir de la Thiarre furmontée de trois couronnes, & à faire porter le faint Sacrement devant eux; privileges réfervez aux fouverains Pontifes. Le Pape les remit dans le devoir & leur pardonna leurs entreprifes, qui n'avoient aucun fondement.

La même année mourut à Rome le Cardinal de Turre-Cremata, ainfi nommé en Latin du nom du lieu de fa naiffance, en Efpagnol Torquemado dans le Diocefe de Palenza. Il étoit de l'Ordre de faint Dominique, Docteur en Theologie de l'Univerfité de Paris, & fut maître du facré Palais du Pape Eugene, qui l'employa fort dans le Concile de Florence. Il fut celebre par fa fcience & par fa pieté, & foûtint toûjours que le Pape eft au-deffus du Concile. Il rétablit l'Eglife de fainte Marie de la Minerve & celle de l'Annonciation, où l'on entretenoit des pauvres filles en l'honneur de la fainte Vierge.

An de J. C. 1468.

A la fin de l'année l'Empereur, qui aimoit affez à voyager, vint à Rome pour s'acquitter d'un vœu, & fut reçû avec de plus grans honneurs que lorfqu'il étoit venu recevoir la Couronne Imperiale. Il vécut avec le Pape dans une grande familiarité, se visitant l'un l'autre sans Maître de ceremonies. Ils confererent plusieurs fois sur la Croisade sans pouvoir s'arrêter à rien; le Pape étoit las de prier les Princes & de leur envoyer des Legats, & l'Empereur avoit fait en Allemagne plusieurs assembées inutiles. Ils convinrent pourtant d'en faire encore une à Constance. Mais avant que de se separer, ils firent une Cavalcade magnifique suivant l'ancienne maniere des triomphateurs, & vinrent chanter le *Te Deum* dans l'Eglise de saint Pierre. Ils aimoient l'un & l'autre ces sortes de spectacles. Le Pape étoit monté sur un cheval blanc dont le harnois étoit couvert de lames d'or & de pierreries, l'Empereur marchoit à côté de lui vêtu d'une robe de drap d'or que le Pape lui avoit donnée. On ne peut rien ajoûter aux respects que l'Empereur rendit au Pape, jusqu'à vouloir lui tenir l'étrier quand il montoit à cheval; mais le Pape ne le vouloit jamais soufrir, & ils montoient tous deux à cheval en même tems. L'Empereur partit deux heures avant l'heure marquée pour son départ, le Pape le vouloit conduire hors des portes de Rome. Il érigea à sa priere un Evêché dans la ville de Vienne capitale d'Autriche. Elle étoit fort peuplée & avoit de belles Eglises, plusieurs Monasteres & une Université.

Jean de Lusignan Roi de Chipre à sa mort laissa deux enfans, Jaque bâtard qu'il avoit eu

de

de Marie de Patras la plus belle persone de la Grece, & Charlotte legitime fille d'Helene Paleologue. Charlotte favorisée des Seigneurs épousa Loüis de Savoie, & chassa son frere de l'Isle. Il alla implorer la protection du Soudan d'Egypte, qui lui donna quatre-vint galeres & des troupes avec lesquelles à son tour il chassa sa sœur: mais craignant une nouvelle révolution, il épousa Caterine Cornaro, que le Senat de Venise adopta, & lui donna en dot cent mille écus d'or; la nôce se fit à Venise avec beaucoup de magnificence, le Doge conduisit la jeune Reine jusqu'à son vaisseau, & la fit acompagner jusqu'à Nicosie par André Bragadin Ambassadeur de la Republique. Le Roi Jaque mourut bien-tôt aprés & son fils postume aussi, & par-là la Republique prétendit heriter du Royaume de Chipre. Les Turcs dans la suite mirent d'acord le Duc de Savoie & les Venitiens.

Cette année fut terminée par la mort de Jean Carvajal Cardinal de Saint Ange à l'âge de soixante & onze ans; il étoit Espagnol, & fut vint-deux fois Legat du saint Siege avec desinteressement ce qui n'étoit pas ordinaire. Il pensoit prudemment & s'expliquoit avec éloquence, il apuyoit son sentiment dans le Consistoire par de bonnes raisons & par la modestie. Malgré ses grandes occupations il portoit en secret un cilice, jeûnoit & faisoit l'Oraison comme un Religieux, semblable malgré le relâchement des siecles aux premiers Peres de l'Eglise.

Le Pape fit la paix entre les Polonois & les Porte-croix Chevaliers de Prusse. Il envoya Jean Cardinal Evêque d'Arras Legat en France pour tâcher de faire enregistrer au Parlement de Paris la revocation de la Pragmatique Sanction que le Pape Pie II. avoit obtenuë du Roi Loüis XI. mais il n'en pût venir à bout, Jean de saint Romain Procureur General soûtenu par l'Université s'y opposa & l'empêcha. On lui reprocha un faste mondain, qui ne convenoit gueres au Vicaire de Jesus-Christ. Il paroissoit souvent en public avec une triple Couronne brillante de diamans: il faisoit batre des médailles de son Image avec des titres superbes, & les jettoit lui-même dans les fondemens des édifices magnifiques qu'il faisoit élever; & pour plaire au peuple Romain, on representoit souvent par son ordre des jeux publics, qui rapelloient la memoire des anciens Cesars. Le Cardinal de Pavie prit la liberté de lui representer que ces magnificences étoient indignes d'un Pontife. *On croira*, lui dit-il, *que vous cherchez une gloire qui ne vous convient pas. Un Pape doit mener une vie sans reproche, rétablir la discipline de l'Eglise, songer continuellement au bien du prochain, presser les Princes de défendre la foi & leur servir d'exemple, ne point renverser les loix de la nature en faisant de la nuit le jour;* (il ne donnoit jamais audiance que la nuit) *vous souvenir que dans vos Lettres Apostoliques vous prenez la qualité de serviteur des serviteurs de Dieu, ne pas oublier ce passage de l'A-pôtre: A Dieu ne plaise que je me glorifie autrement que dans la Croix de Nôtre-Seigneur Jesus-Christ. C'est ainsi, ajoûte-t-il, ô Paul, que vous acquerrez de la gloire, & non pas dans les vains honneurs de la Genti-lité.*

Mais si le Pape avoit le foible d'une vanité humaine, il faut avoüer qu'il fit d'ailleurs de grandes choses pour le bien de l'Eglise. Il abolit entierement la simonie. Il donna rarement des Indulgences, quoique ce fût un trésor où il n'y avoit qu'à pêcher : il abrogea les graces expecta-tives. Il défendit d'aliener les biens Ecclesiasti-ques, & même de les affermer à la même perso-ne durant plus de trois ans. Il pourvût liberale-ment au besoin des pauvres & à la dot des filles. Si d'abord il paroissoit dur dans les audiances publiques, il acordoit ordinairement plus qu'on ne lui demandoit; il disoit souvent qu'un Pape doit être un Ange quand il fait des Evêques, & presque un Dieu quand il fait des Cardinaux, & que dans les autres actions de la vie il faut lui pardonner d'être un homme. Il donna le chapeau à Olivier Caraffa Archevêque de Naple, à Marc Barbo Evêque de Vicence Venitien & son on-cle, à Jean Baluë François, dont nous parlerons dans la vie du Roi Loüis XI. à François de la Rouere General des Freres Mineurs, qui devint Pape sous le nom de Sixte IV. à Theodore Pa-leologue fils du Marquis de Montferrat, & à

Baptiste Zenon & à Jean Michieli ses neveux. Il mourut d'apoplexie à l'âge de cinquante-quatre ans après sept ans de Pontificat. On le trouva mort dans son lit, & il ne faut pas s'en étonner, il étoit fort gras, faisoit peu d'exercice, & avoit beaucoup de sang qui le suffoqua tout d'un coup.

CHAPITRE TROISIE'ME.

CEpandant le Roi Loüis XI. par une politique trop raffinée aliena les esprits de tous les Princes de son sang, & de la plûpart des grans Seigneurs du Royaume. Il refusoit ouvertement au Duc de Calabre Chef de la Maison d'Anjou de lui donner des troupes pour reconquerir le Royaume de Naple, & bien loin d'assister le Duc d'Orleans heritier legitime du Duché de Milan, il fit alliance avec François Sforce qui en étoit usurpateur.

Attendulo Bourgeois de Cottignole en Lombardie s'étant enrollé, parvint par les degrez & par ses belles actions jusqu'à commander sept mille hommes de troupes ramassées, qui se donnoient à celui des Princes Italiens qui leur faisoit le meilleur parti. Il étoit Bucheron, & un jour en voyant passer des Soldats, il lui prit envie d'aller à la guerre. *Je m'en vas*, dit-il en lui-même, *darder ma hache contre cet arbre, & si elle y entre assez avant pour y demeurer attachée, je me ferai Soldat.* La hache s'attacha à l'arbre & il s'en rolla, & parce qu'il l'avoit dardée de toute sa force, il prit le nom de Sforce. Il servit lon-tems Jeanne II. Reine de Naple, & défendit sa Capitale contre Alphonse Roi d'Aragon; mais il se noya dans un marais. Son fils bâtard nommé François (il n'avoit point d'enfans legitimes) fut reconnu par ses Soldats, & se donna aux Veniciens qui faisoient la guerre au Duc de Milan Philippe Viscomti. Ce Prince qui avoit perdu deux batailles contre eux, gagna Sforce en lui donnant de l'argent, & en lui faisant épouser sa fille unique qui étoit aussi bâtarde: il lui donna en même tems le commandement de son armée. Il mourut peu de tems aprés, & Sforce fut assez heureux & assez habile pour se faire reconnoître Duc de Milan. Le Roi Loüis XI. qui ne vouloit point entendre parler de guerre étrangere, fit alliance avec lui, lui donna Savone où il y avoit garnison Françoise, & lui abandonna la Seigneurie de Genes, ce qui affermissoit sa puissance, & fermoit aux François l'entrée de l'Italie; & sur ce que les Genois envoyerent au Roi une Ambassade pour lui offrir la Souveraineté de leur pays: *Vous vous donnez à moi*, leur dit-il, *& moi je vous donne au diable*. Il connoissoit leur inconstance. Il étoit bien aise de tenir bas les Princes de son sang. Alors ces Princes se voyant abandonnez de celui qui devoit les proteger, formerent une ligue contre le Roi, & firent la guerre qu'on appella du bien public. Le Comte de Dunois, à qui le Roi avoit ôté toutes ses charges, se joignit à eux, moins pour se vanger, que pour soûtenir le Duc d'Orleans son frere. Pierre de Brezé Senéchal de Normandie, piqué d'avoir été abandonné dans son entreprise d'Angleterre, y entra aussi. Le Comte de Charollois, à qui le Duc de Bourgogne son pere avoit remis l'administration de ses Etats, & le Duc de Bretagne ne se firent pas prier pour en être, enfin le Duc de Berri frere du Roi peu content de son petit appanage y entra comme les autres; chacun leva des troupes, on donna la bataille de Montleheri, le Roi & le Duc de Bourgogne y firent des merveilles de leur persone, la victoire n'osa se déclarer, le Roi se retira à Paris, & le Duc marcha vers Etampes où il joignit le Duc de Bretagne, qui avoit avec lui le Comte de Dunois, le Maréchal de Loheac, huit cens hommes d'armes & six mille hommes de pied. S'il étoit arrivé quatre jours plutôt, le Roi étoit perdu. En arrivant à Paris, il remit le 4e. du vin au 8e. & revoqua tous les impôts à la réserve des cinq grosses Fermes. Il établit aussi un Conseil de dix-huit persones, six du Parlement, six de l'Université, & six Bourgeois par les avis desquels il promit de se gouverner; & reprimant son naturel feroce, il se montra populaire & alla souper chez de simples Bourgeois sans Gardes & sans tout l'appareil de la Royauté. Il croyoit s'être assuré de Paris & étoit allé en Normandie assembler des troupes, lorsqu'il aprit que les Princes s'étoient aprochez de la ville avec cent mille hommes, & que la fidelité des Bourgeois chanceloit. Il revint assez à tems pour empêcher la trahison ; mais se voyant environné de tous côtez (le Duc de Bourbon avoit aussi pris les armes) il se résolut suivant le conseil du Duc de Milan à faire la paix à Conflans en acordant aux Princes liguez une partie de ce qu'ils demandoient, sauf à ne pas tenir sa parole. Il promit en particulier à son frere de lui donner le Duché de Normandie en appanage, & aux Ducs d'Orleans & de Calabre de leur fournir des troupes pour reconquerir leurs Etats d'Italie; il rendit au Comte de Dunois toutes ses terres, ses charges & ses gouvernemens : il remit Amiens & les autres villes de la Somme entre les mains du Comte de Charollois, & fit le Comte de Saint Pol Connétable de France. On mit aussi dans le traité un article pour le peuple, sçavoir que le Roi nommeroit trente-six Notables pour examiner les défauts du gouvernement ; qu'ils seroient tirez également du Clergé, de la Noblesse & du tiers Etat, & que le Comte de Dunois en seroit le President. La paix fut d'abord executée d'assez bonne foi, mais le Duc de Calabre mourut en Catalogne où il faisoit la guerre au Roi d'Aragon. Il avoit gagné une bataille, & trois jours aprés il mourut de la fiévre chaude. Le Duc d'Orleans mourut presque en même tems ; ainsi on ne parla plus d'envoyer de troupes en Italie; les Normans ne voulurent point reconnoître le Duc de Berri, & le Comte de Charollois alla faire la guerre aux Liegeois.

Quelque habile que fût le Roi, il ne laiſſoit pas d'être ſouvent gouverné par le Cardinal Baluë ſon premier Miniſtre. Jean Baluë fils d'un Cordonnier de Verdun, s'étoit élevé par ſon merite: Evêque d'Evreux & d'Angers, Abbé de Feſcamp & de Saint Thierri, le Pape Paul II. l'avoit enfin fait Cardinal à la recommandation de la France, & rien ne ſe faiſoit à la Cour que par ſon miniſtere. Il aimoit les gens de guerre & payoit lui-même les ſoldats: ce qui donna la penſée au Comte de Dammartin de demander au Roi la commiſſion d'aller regler le Dioceſe d'Angers. Le Roi fort perſuadé de ſa fidelité pandant huit ans, lui communiqua le deſſein qu'il avoit pris de ſe reconcilier de bonne foi avec ſon frere le Duc de Berri, & de lui donner la Guyenne en apanage au lieu du Berri dont il avoit raiſon de n'être pas content. Il ſuivit en cela la politique en l'éloignant du Duc de Bourgogne & du Duc de Bretagne, qui fomentoient ſans ceſſe ſa révolte. Le Cardinal s'imagina que ſi ce projet s'executoit, il ne ſeroit plus neceſſaire à ſon maître & verroit bientôt tomber ſon credit. Il ne s'étoit point oppoſé à l'entrevûë de Peronne entre le Roi & le Duc de Bourgogne, ſe doutant bien que ces deux Princes ſe haïſſant
mortellement

mortellement depuis la guerre du bien public, au lieu de s'acorder en le voyant, se broüilleroient encore davantage ; ce qui étoit arrivé. Le Roi étoit venu à Peronne assez mal acompagné, croyant par là montrer plus de confiance ; le Duc de Bourgogne le fit arrêter, mais d'une maniere fort respectueuse, sous pretexte qu'il entretenoit la revolte des Liegeois, & l'obligea malgré lui à le suivre au siege & à la prise de Liege. Il l'avoit relâché ensuite contre l'avis de ses Ministres, qui étoient bien persuadez qu'une pareille injure ne pouroit jamais se pardonner. Dés que le Roi fut parti le Duc livra la ville de Liege à la fureur du Soldat, qui aprés l'avoir pillée y mit le feu. On n'épargna pas les Eglises ni les maisons des Chanoines.

Le Cardinal Baluë assuré que ces deux Princes ne seroient jamais amis, travailloit à fomenter la même haine entre le Roi & son frere. Il craignoit que la nature ne se fît entendre aux deux freres dans l'entrevûë que le Roi demandoit entre l'Anjou & la Bretagne où le Duc de Berri s'étoit retiré. Il connoissoit le Roi pour un esprit artificieux, qui ne manqueroit jamais de persuader son frere qui n'en savoit pas tant que lui. Dans ces vûës le Cardinal écrivit au Duc de Berri par un homme à qui il se fioit, que le Roi le vouloit tromper, & qu'il ne lui offriroit la Guyenne qu'afin de l'éloigner des Ducs de Bourgogne & de Bretagne ses veritables amis, & les seuls qui le puffent foûtenir contre les violences de fon frere. Sa lettre fut interceptée & envoyée au Roi dans le tems qu'il prenoit le chemin de l'Anjou. Jamais furprife ne fut pareille à la fienne, le Cardinal étoit convaincu de trahifon, & le Roi réfolut d'en faire juftice. Mais il diffimula jufqu'à ce qu'il eût vû fon frere, & qu'il lui eût montré la lettre du Cardinal (il connoiffoit fon écriture) les deux freres pleurerent & s'embrafferent de bonne foi. Alors le Roi fit arrêter le Cardinal, & demanda au Pape des Commiffaires pour lui faire fon procez. Le Pape vouloit foûtenir le privilege qu'avoient les Cardinaux de ne pouvoir être jugez que par leurs confreres. Il offrit aprés bien du tems de nommer des Commiffaires pour inftruire le procez, qui enfuite feroit jugé à Rome en plain Confiftoire. Mais le Roi ne s'acommodoit pas de toutes ces longueurs, & envoya le Cardinal dans le Château de Montbazon & enfuite dans celui de Loche où il demeura treize ans. Le Cardinal Julien de la Rouere Legat en France, obtint enfin fon élargiffement, & il fe retira à Rome où il mourut Evêque d'Albane.

Le Roi donna alors à Agnet de la Tour Vicomte de Turene la Charge de fon Chambellan, & dans les provifions qu'il lui en fit expedier, il marque qu'il le connoiffoit homme de bon fens, vaillance & bonne loyauté. Il fit couper le cou peu de tems aprés au Comte de Saint Pol Connétable de France. Il s'étoit aperçû auffi-bien que le Duc de Bourgogne, que le Connétable depuis sept ou huit ans les trahissoit tous deux & les entretenoit en mauvaise intelligence pour se faire valoir; & ils étoient convenus que le premier qui pouroit s'en saisir, le feroit mourir huit jours aprés, ou le livreroit à l'autre. Le Connétable averti de ce traité, aima mieux se confier au Duc de Bourgogne qu'au Roi; qu'il se sentoit avoir le plus offensé. Il se rendit à Mons, & malgré le sauf-conduit que le Duc lui avoit envoyé, il fut livré aux Officiers du Roi, qui le conduisirent à Paris. Le Parlement lui fit son procez, il fut aisément convaincu de trahison par les lettres qu'il avoit écrites au Roi d'Angleterre, pour lui persuader de déclarer la guerre à la France. Il fut condamné à avoir le cou coupé; on lui ôta l'épée de Connétable & le Colier de Saint Michel, & l'Arrest fut executé dans la place de Gréve. *C'est la premiere fois*, dit Philippe de Comines, *que le Roi Loüis XI. & le Duc de Bourgogne agirent de concert & de bonne foi.*

Philippe le Bon Duc de Bourgogne étoit mort en 1467. à l'âge de soixante & onze ans. Il poursuivit lon-tems la vangeance de la mort de son pere, & fut cause en partie de tous les maux qui affligerent la France jusqu'en 1435. qu'il conclut le Traité d'Arras avec le Roi Charle VII. qu'il servit depuis fidélement. Il ne laissa pas suivant le droit des Souverains, de donner retraite dans ses Etats au Daufin, qui y demeura jusqu'à son avenement à la Couronne. Il assista à son Sacre comme le premier des Pairs, & lui donna l'Ordre de Chevalerie. Il avoit institué l'Ordre de la Toison d'or à Bruges en 1430. Ses Sujets de Flandre se révolterent plusieurs fois contre lui, mais enfin il les soûmit par plusieurs victoires; & aprés avoir élevé sa Maison au plus haut point de grandeur qu'elle ait jamais été, il mourut à Bruges le plus sage Prince de son siecle, estimé & craint de ses voisins, aimé de ses sujets qui lui donnerent le glorieux surnom de Bon. Il avoit laissé quelques années avant sa mort l'administration de ses Etats au Comte de Charolois son fils.

An de J.C. 1470.

Jean Comte de Dunois & de Longueville fils naturel de Loüis I. Duc d'Orleans, mourut deux ans aprés à l'âge de soixante & dix ans, grand Capitaine, habile negociateur, d'un esprit doux, souple & s'acommodant au tems, toujours d'acord avec les favoris & même avec le Connétable de Richemont, qui n'étoit pas aisé à vivre, ne songeant qu'au bien de l'Etat qu'il préferoit toujours à ses interêts particuliers. Il eut beaucoup d'autorité sous le regne de Charle VII. fut grand Chambellan & Gouverneur de Normandie, commanda les armées & donna les ordres dans toutes les places du Royaume; autorité si grande, que depuis Hugue Capet elle n'a été confiée qu'à lui seul. On le nomma le Bâtard d'Orleans jusqu'en 1439. que Charle Duc d'Orleans son frere lui donna le Comté de Dunois. Il contribua fort à le faire revenir d'Angleterre, eut pendant sa longue prison soin de ses affaires domestiques & lui envoya toujours de l'argent, & enfin pressa le Roi de payer une partie de sa rançon. Ce fut alors qu'il changea ses armes en tournant la bare du côté droit au gauche comme la portent les Princes du Sang. L'Historien Favin raporte, que les Etats generaux du Royaume assemblez à Orleans, lui acorderent à lui & à sa posterité le rang aprés les Seigneurs ou Princes du Sang avant tous les Princes de Maison étrangere établis dans le Royaume. Il n'y avoit alors que la Maison de Cleves. Sa vie fut une suite continuelle de victoires: compagnon d'armes de la Pucelle d'Orleans, il fut le témoin de ses grandes actions: aussi habile dans les negociations que dans les entreprises de guerre, il fit plusieurs Traitez avec les Rois d'Angleterre. Il remit sous l'obéïssance du Roi la Normandie & la Guyenne par la prise de Roüen & de Bordeaux: il eut la conduite des funerailles du Roi Charle VII. & y marcha comme Prince du Sang: il reconcilia le Duc de Savoie avec le Roi, & deux ans avant sa mort il maria son fils aîné premier Duc de Longueville avec Agnés de Savoie sœur de la Reine. Le Roi Loüis XI. lui ôta ses Charges & ses Gouvernemens, il se retira à Châteaudun content de sa gloire & sans vouloir se méler des affaires d'Etat, ausquelles il n'étoit plus appellé : mais quand il vit que le Roi abandonnoit le Duc d'Orleans son frere, en faisant une ligue offensive & défensive avec François Sforce usurpateur du Duché de Milan, il se joignit aux autres Princes dans la guerre du bien public. La paix s'étant faite à Conflans en 1467. il rentra des premiers dans son devoir : le Roi lui rendit tous ses emplois, & quelque défiant qu'il fût, il le fit Président des Notables assemblez à Paris pour la réformation du Royaume. Les douleurs de la goute l'obligerent dans les dernieres années de sa vie à quitter la Cour & à se retirer dans ses maisons de campagne, où il mourut comblé d'honneurs & de biens. Il fut enterré dans l'Eglise de Notre-Dame de Clery. Il avoit outre le Comté de Longueville & le Comté de Dunois, le Comté de Perigord & celui de Gien, Romorantin, Milançoy, Parthenai, Danneville & la Terre de Vaubonnois en Daufiné, que le Daufin lui avoit donnée.

An de J.C. 1471.
Au commencement de l'année Denis Rikel, connu sous le nom de Denis le Chartreux, mourut à l'âge de soixante & neuf ans, qu'il employa à l'édification de l'Eglise. Il a composé une infinité d'Ouvrages, dont il a fait lui-même le Catalogue. On y voit des Commentaires sur tous les Livres de l'ancien & du nouveau Testament, sur les Oeuvres de saint Thomas, de Guillaume d'Auxere, de saint Jean Climaque, de Cassien & de Boëce, plusieurs Livres contre les Gentils

& les Mahometans, contre les Superstitions & l'art Magique, une Exposition de la Messe & de la maniere de la celebrer dignement, & un traité de la connoissance mutuelle des Saints dans le Ciel & de la veneration de leurs Reliques ; sans parler de ses Ouvrages sur la discipline de l'Eglise, du devoir des Papes, de l'autorité des Conciles generaux, une infinité de Sermons & de Reg¹mens pour gouverner les Religieux de son Ordre : enfin il n'y a gueres d'Auteur mystique dont, suivant M. du Pin, on puisse lire les Ouvrages avec plus d'utilité & de plaisir.

Thomas à Kempis ou de Kempis, né à Kempen dans le Diocese de Cologne, mourut trois mois aprés à l'âge de quatre-vint-onze ans. Il étoit Chanoine Regulier, & en copiant des manuscrits de la Bible, la pieté entra profondément dans son esprit & dans son cœur ; il a laissé plusieurs Ouvrages qui respirent l'amour de Dieu & la charité du prochain, & entre autres les quatre Livres de l'Imitation de Jesus-Christ qui lui sont attribuez communément, quoique quelques Auteurs les ayent donnez à Gerson, & d'autres à l'Abbé Gersen, ce qui a causé de grandes contestations entre les Chanoines Reguliers & les Benedictins.

Aprés la mort de Paul II. les Cardinaux dans le premier scrutin donnerent des voix au Cardinal Bessarion, à l'Archevêque de Roüen, au Cardinal de Pavie & au Cardinal des Ursins. Mais

An de J.C.
1471.

craignant l'humeur severe de Beſſarion, ils ſe réunirent & élurent tout d'une voix le Cardinal François de la Rouere natif de Savone prés de Genes, Vicaire General de l'Ordre des Freres Mineurs en Italie. Paul Jove dit que le Cardinal Beſſarion ne fut point Pape par l'imprudence de Nicolas Perot ſon Conclaviſte, qui ne voulut pas ouvrir ſa cellule à pluſieurs Cardinaux qui vouloient lui donner leur voix; & que Beſſarion l'ayant ſçû le lendemain, ſe contenta de lui dire: *Nicolas vous m'avez fait perdre la Thiare, & vous avez perdu le Chapeau.* Le Cardinal de la Rouere avoit cinquante-ſept ans, & prit le nom de Sixte IV. Il étoit renommé par ſa pieté & par ſa ſcience, dont il avoit donné des preuves dans pluſieurs ouvrages; & lorſque Paul II. voulut réformer les Freres Mineurs, il les avoit empêchez d'appeller au Concile, ce qui lui fit meriter le chapeau de Cardinal. Il ſongea d'abord ſuivant la coûtume de ſes prédeceſſeurs, à défendre la Chrétienté contre les Turcs, qui avançoient leurs conquêtes & menaçoient déja l'Italie. Il envoya en Allemagne le Cardinal de Saint Marc, pour tâcher de faire la paix entre le Roi de Hongrie & le Roi de Pologne, qui ſe diſputoient la Boheme. Le Cardinal Beſſarion fut Legat en France; mais ayant fait la faute d'aller voir le Duc de Bourgogne le premier, il fut fort mal receu du Roi, qui le traita de Barbe à la Greque. Beſſarion revint fort affligé, & mourut

l'année

l'année suivante à Ravenne, comme nous le dirons dans la suite; mais ce ne fut pas d'affliction, comme on le croit communement; Nicolas Perot qui a écrit sa vie, en accuse l'incapacité de son Medecin. Il fut regretté de tous les gens de bien, qui l'avoient toujours vû attaché au Saint Siege & prest à sacrifier sa santé & sa vie à l'avantage de l'Eglise. Il laissa des harangues qu'il avoit faites au Concile de Florence pour l'union des Grecs, un livre contre Marc d'Ephese, & des traitez de Philosophie pour la défense de Platon. Les Venitiens l'avoient aggregé au corps de leurs Nobles, & eurent toujours beaucoup de consideration pour lui. Le Cardinal Roderic de Borgia alla Legat en Espagne. Le Cardinal Caraffa Napolitain eut le commandement de la Flote que le Pape envoya dans l'Archipel au secours des Chevaliers de Rhodes. Elle étoit composée de cent galeres que le Pape, le Roi de Naple & les Venitiens avoient équipées, & prit la Ville de Smirne où elle fit un grand butin.

Les Venitiens se contenterent de piller Smirne & n'oserent s'y établir, de peur d'en être chassez aussi aisément qu'ils l'avoient prise. Ces petits avantages ne suffisoient pas pour affoiblir les Turcs en Europe, & les Chrétiens ne profitoient pas de la diversion que les Persans faisoient en Asie: leur Roi Usum-cassan avoit remporté plusieurs victoires sur Mahomet & pris la ville de

Trebizonde, Mahomet étoit malade & ne pouvoit marcher: Usum-cassan avoit passé l'Eufrate avec une grande armée, étoit entré en Cappadoce, & avoit pillé les villes de Cesarée & de Sebaste.

Le Pape envoya aussi au Roi Christierne de Dannemarc Nicolas de Fregose pour l'exhorter à la guerre sainte, & pour lever des decimes dans ses Royaumes de Dannemarc, de Norvege & de Suede & dans le Duché de Slesvic. Il s'acquitoit ainsi des devoirs d'un souverain Pontife, lorsqu'il eut le chagrin d'aprendre la mort de Denis le Chartreux, qui avoit publié divers ouvrages de pieté, & qui avoit merité l'éloge que lui donna le Pape Eugene IV. en s'écriant: *Heureuse l'Eglise mere d'un tel fils*.

Cependant Mahomet étant gueri poussoit ses conquêtes. Les Auteurs contemporains assurent, qu'il n'avoit que deux millions d'écus d'or de revenu ordinaire, & il en falloit au moins la dixiéme partie pour l'entretien de sa Maison qui étoit magnifique. La prise du Peloponeze le mit en état d'attaquer l'Isle de Lemnos & celle d'Eubée ou de Negrepont, la flote Venitienne n'osa se présenter devant la sienne; il fit élever un pont de bateaux, qui joignoit l'Isle à la terre ferme de la Grece, & y fit passer son armée qui prit d'assaut la ville de Chalcis Capitale de l'Isle. L'Italie trembloit & ne se remuoit pas. Le Cardinal Bessarion malgré son grand âge agissoit

An de J. C. 1470.

continuellement, prêchoit le peuple, écrivoit aux Princes, qui pour toute réponse l'accusoient de timidité, défaut qu'on reproche ordinairement aux vieillars. Nicolas Canale Venitien Gouverneur de Negrepont, montra peu de courage à sa défense; sa garnison étoit foible par sa faute, il manquoit de munitions de guerre, il ne s'étoit pas opposé à la construction du pont, comme il l'eût pû faire aisément, & il eût obligé Mahomet à lever le siege de Chalcis, s'il eût donné le tems d'arriver aux secours qui venoient d'Italie. Les Venitiens le firent arrêter aprés la prise de la ville & l'envoyerent au Pape pour en faire justice, Sa Sainteté lui pardonna.

On vit alors qu'on ne se corrige presque jamais. Le Duc d'Alençon repris tant de fois de Justice & déja vieux, essaya de faire encore une ligue des Princes contre le Roi Loüis XI. Ses menées furent découvertes, on lui fit son procez & il fut condamné à avoir le cou coupé; mais le Roi dont il étoit filleul lui pardonna, & se contenta de le tenir lon-tems dans la Tour du Louvre, d'où il ne sortit que pour mourir bientôt aprés à l'âge de soixante & sept ans, accablé de chagrins qu'il s'étoit attirez par sa faute. Il fut prisonier des Anglois en 1424. & leur paya une grosse rançon. Il tint la place du Duc de Bourgogne au Sacre du Roi Charle VII. & le servit fidélement jusqu'en 1440. qu'il persuada au Dauphin de se revolter contre son pere; mais ayant été poussé par tout, il fut obligé à faire sa paix. Il eut dans la suite des intelligences secretes avec les Anglois, il fut arrêté par ordre du Roi Charle VII. en 1456. & condamné à la mort; l'Arrest ne fut point executé, il demeura en prison jusqu'à la mort du Roi. Le Dauphin devenu Roi le mit en liberté, & il ne laissa pas de vouloir encore se revolter contre lui.

Le Roi Loüis XI. n'étoit pas si occupé de la guerre, ou pour mieux dire de la politique, qu'il ne songeât quelquefois aux affaires de l'Eglise. Il étoit dévot à sa maniere, bâtissoit des Eglises, fondoit des Chapitres, faisoit continuellement des pelerinages; mais enfin s'attachant à quelque chose de plus solide, il envoya au Pape Tibaut de Luxembourg Evêque du Mans le presser de convoquer un Concile general à Lion où tous les Princes Chrétiens pouroient se rendre aisément, pour y accommoder leurs differens & signer une ligue contre les Turcs : qu'ils y pouroient convenir de ce que chacun contribuëroit à la guerre sainte. Il demanda ensuite un Chapeau de Cardinal pour Charle de Bourbon Archevêque de Lion, & qu'à l'avenir aucun François ne pût être élevé à cette dignité sans la participation du Roi : qu'on ne promût aux Evêchez que des personnes agreables au Roi: que la collation des moindres benefices apartînt aux Evêques six mois de l'année: que les Causes ne fussent point portées à Rome en premiere in-

An de J. C.
1472.

stance : que la taxe des benefices se fît suivant les decrets du Concile de Florence. Il promit de son côté de faire examiner la Pragmatique Sanction par les trois Ordres de son Royaume, qui en adouciroient quelques articles en faveur de la Cour Romaine. On n'avoit point observé les decrets des Conciles de Constance, de Bâle & de Florence, qui ordonnoient que tous les dix ans on tiendroit un Concile general. Il fit avertir en même tems par une Déclaration publique tous les Evêques du Royaume de se tenir prêts, & manda à ceux qui étoient dans les pays étrangers, d'en revenir dans cinq mois sous peine de saisie de leur temporel. Il défendit aux Abbez de Clugni & de Cîteaux, d'aller tenir des Chapitres generaux hors du Royaume, à peine d'être chassez, & ordonna aux Gouverneurs d'arrêter sur la frontiere tous ceux qui aporteroient en cachette des Mandats Apostoliques, à moins qu'ils ne les fissent voir aux Officiers des lieux.

Le Pape lui répondit que le tems d'assembler un Concile n'étoit pas venu, qu'il faloit secourir incessament le Royaume de Hongrie & l'Allemagne, & que le Roi se montreroit Roi Trés-Chrétien, s'il donnoit l'exemple aux autres Princes, en obligeant ses sujets Ecclesiastiques & Seculiers à contribuer aux frais immenses de la guerre. Il fit publier en même tems une Constitution, qui acorde aux Collateurs ordinaires du Royaume de France six mois pour donner les

Benefices; qu'on nommeroit des Commiſſaires pour regler les annates ſur la veritable eſtimation des fruits des Egliſes, & que les Juges ordinaires Eccleſiaſtiques auroient la premiere connoiſſance des Cauſes, ſans qu'on en pût appeller, qu'aprés leur Sentence définitive. L'Evêque du Mans fut fait Cardinal, quoiqu'il n'eût pas réüſſi dans tous les points de ſa négociation.

Le Cardinal Roderic de Borgia ne changea point de conduite dans ſa legation d'Eſpagne: ravi de ſe voir honoré dans ſon pays natal, il ne contraignit point ſes paſſions, & montra par tout ſa vanité, ſon luxe & ſon avarice. Henri Roi de Caſtille avoit eu deux filles, Jeane que le peuple croyoit bâtarde, & Iſabelle qui ſans avoir demandé les diſpenſes de parenté, avoit épouſé Ferdinand Roi d'Aragon & de Sicile ; le Pape manda au Legat de confirmer le mariage pour le bien de l'Egliſe ; l'union des deux Royaumes de Caſtille & d'Aragon pouvant mettre ces Princes en état de chaſſer les Mores, qui n'avoient plus en Eſpagne que le Royaume de Grenade. Alphonſe Roi de Portugal dans le même tems étoit paſſé en Afrique avec trente mille hommes, avoit batu les Mores, fait cinq mille eſclaves, & pris la ville d'Arzilles & celle de Tanger, ce qui le rendoit maître des Algarbes au deçà & au delà de la mer.

Le Legat eſſaya de montrer du zele dans la punition d'un crime comis à Pampelune. Jaque de Peralte l'un des Seigneurs du pays avoit aſſaſſiné l'Evêque, il en fit une penitence publique, & trois jours de fuite il vint nuds pieds la torche noire à la main demander l'abſolution au Legat.

Le Pape ſongeoit à des Croiſades, mais en même tems il fit de grans biens à ſes neveux aux dépens de l'Egliſe. Il donna à ſon neveu Leonard de la Rovere le Duché de Sorano pour lui faire épouſer la fille de Ferdinand Roi de Naple. Il fit un autre de ſes neveux, qui étoit General de l'Egliſe, Seigneur d'Imola & de Forti, & donna à Jean fils de ſa ſœur la Seigneurie de Signigale, en le mariant à la fille du Comte d'Urbin, qu'il fit Duc. Il envoya Alphonſe Bolano de l'Ordre des Freres Mineurs prêcher la Foi aux Iſles Canaries & ſur les côtes d'Afrique conquiſes par les Portugais, & lui permit de choiſir dans ſon Ordre ſeize Miſſionaires pour l'acompagner. Il érigea l'Evêché d'Avignon en Archevêché, & lui donna pour ſufragans les Evêchez de Cavaillon, de Carpentras & de Vaiſon, qui juſque là avoient été ſufragans de l'Archevêché d'Arles, auſſi bien que l'Evêché d'Avignon. Il acorda de grandes Indulgences à ceux qui célebroient devotement la Fête de la Conception immaculée de la ſainte Vierge.

Julien & Laurent de Medicis gouvernoient preſque ſouverainement la Republique de Florence. Les Salviati, les Pazzi & leurs amis conſ-

An de J.C. 1478.

pirerent contre eux; (on accufa le Legat qui étoit à Florence d'être entré dans la confpiration) ils les attaquerent dans l'Eglife de fainte Reparate à l'élevation de l'Hoftie, & maffacrerent Julien ; Laurent tout bleffé fe fauva dans la Sacriftie, & s'y défendit jufqu'à ce que le peuple vînt à fon fecours, dés qu'on fçeut qu'il n'avoit pas été tué. Cependant Jaque Pazzi couroit par la ville criant liberté, mais perfone ne le fuivit; il fortit de la ville & fe fauva. Le Legat Raphaël Cardinal de faint George fut pris & mis en prifon. L'Archevêque de Florence Salviati, François Pazzi & Jaque fils du Poggio furent pendus aux fenêtres de l'Hôtel de Ville. Cette conjuration loin d'abbaiffer la Maifon de Medicis l'éleva infiniment. Laurent prit des Gardes du corps, & fe faifit du tréfor de la Republique avec lequel il leva des troupes: le fils de Julien nommé Loüis fut dans la fuite Cardinal & Pape fous le nom de Clement VII. Il rétablit à Florence fa famille qui en étoit exilée. Le Pape Sixte IV. favorifoit les Pazzi, ils étoient fes parens & amis du Cardinal Riario fon neveu; mais il fe fervit inutilement des Cenfures Ecclefiaftiques pour faire mettre en liberté le Legat. Il eut recours aux armes, & fit une ligue avec le Roi de Naple, plufieurs Princes d'Italie, & la Republique de Sienne ennemie perpetuelle de celle de Florence. Les Medicis d'autre côté furent foûtenus par le Roi Loüis XI. & par les Ducs de Milan

lan & de Ferrare, par le Marquis de Mantouë, par les Venitiens, & par Robert Malateste Seigneur de Rimini. On se batit quelque tems avec des succés divers; mais enfin tous les Princes Chrétiens presque de concert écrivirent au Pape, que pandant qu'il employoit les revenus de l'Eglise à faire une guerre civile en Italie, les Turcs avançoient toujours leurs conquêtes; que les Venitiens avoient déja été obligez à faire leur traité avec Mahomet, & que bientôt il planteroit le Croissant sur le Capitole. Le Roi Loüis XI. manda au Pape que s'il n'acordoit la paix aux Florentins & s'il ne faisoit punir les assassins de Julien de Medicis, il feroit assembler un Concile general pour remedier aux maux de l'Eglise, & en atendant il convoqua une Assemblée generale du Clergé, où se trouverent des Docteurs de toutes les Universitez, & des Députez des principales villes du Royaume. Pierre de Bourbon Comte de Beaujeu gendre du Roi s'y trouva avec le Chancelier Doriole. On y demanda hautement l'entier rétablissement de la Pragmatique Sanction. Martin Magistri grand Maître du College de sainte Barbe, Confesseur du Roi, & le plus habile Theologien de son tems, y parla contre les abus de la Cour de Rome. Mais cela n'alla pas plus loin, & le Pape fort sagement leva les Censures qu'il avoit fulminées contre les Florentins. Le Roi ne laissa pas de faire saisir les revenus de tous les Ecclesiastiques

François qui étoient en Italie, jufqu'à ce qu'ils fuffent retournez à leurs Benefices. A cette nouvelle le Pape fut étonné, & manda au Roi qu'il étoit mal informé, & qu'il devoit fe fouvenir de ces belles paroles de Charlemagne : *En memoire du bienheureux Pierre Apôtre, nous honorons l'Eglife Romaine & le faint Siege ; & quoique le joug qu'on nous impofe foit dur, nous le foufrons avec humilité & devotion.* Il ajoûta que fi le tems y étoit propre, il affembleroit volontiers un Concile general où il préfideroit en perfone comme Chef de l'Eglife univerfelle. Qu'au refte le Roi le menaçoit en vain de rétablir la Pragmatique Sanction qu'il avoit abolie lui-même, & qu'au lieu de foûtenir Laurent de Medicis qui s'étoit mis à la tête des révoltez de Florence, il devoit plutôt lui confeiller d'implorer la miferlcorde de l'Eglife. Il confentit pourtant à nommer pour arbitres les Rois de France & d'Angleterre ; & en cas qu'ils ne puffent pas s'acorder, il leur donna pour adjoints l'Empereur & l'Archiduc Maximilien. La guerre continuoit à l'avantage du Pape, & la ville de Florence étoit aux abois, lorfque Laurent de Medicis auffi habile en négociations qu'en guerre, alla trouver le Roi de Naple, & s'étant remis à fa difcretion, obtint la paix en lui payant un leger tribut. Le Pape ne fut point confulté, & fut obligé de s'appaifer. On lui envoya feulement par honneur douze Ambaffadeurs, qui lui demanderent pardon pour le peuple de Florence.

Le Roi échapé comme par miracle des mains du Duc de Bourgogne, crut en avoir l'obligation à l'Arcange Saint Michel, c'étoit le protecteur de la France, & l'on avoit remarqué comme une chose singuliere que le Mont Saint Michel n'avoit point été pris par les Anglois durant qu'ils étoient maîtres de la Normandie. Le Roi y alla en pelerinage, & depuis par reconnoissance il institua l'Ordre de Saint Michel. Le nombre des Chevaliers fut fixé à trente-six, qui devoient faire preuve de Noblesse. L'Ordre de l'Etoile institué par le Roi Jean étoit entierement avili. La devotion à Saint Michel ne diminuoit en rien celle qu'il avoit toujours euë à la Sainte Vierge. Il fit rétablir l'Eglise de Notre-Dame de Cleri, & y fonda un Chapitre avec les mêmes privileges que ceux de sa Chapelle, & obtint du Pape que lui & les Rois ses successeurs en seroient les premiers Chanoines & pouroient porter le surplis & l'aumusse. Il donna aussi au Tresorier & aux Chanoines de la Sainte Chapelle de Paris, le revenu de tous les Benefices vacans en regale. La Reine peu de tems aprés acoucha d'un fils qui fut nommé Charle, & par là le Duc de Guyenne n'étant plus l'heritier présomptif de la Couronne, fut moins consideré & eut moins d'amis. Mais bientôt ils se réünirent tous contre le Roi. Ils avoient éprouvé plus d'une fois, qu'il n'avoit d'amitié ni de parole qu'autant que son interêt le demandoit. Les

Ducs de Bourgogne & de Bretagne recommencerent une ligue contre lui, & y firent entrer aifément le Duc de Guyenne, qui avoit encore plus d'ambition depuis qu'il ne devoit plus prétendre à la Couronne. Les Anglois devoient décendre en Picardie, dés que les Princes auroient pris les armes. L'Empereur Frideric III. entra aussi dans la ligue & vint à Treves où le Duc de Bourgogne le receut magnifiquement. Ils eurent ensemble plusieurs conferences ; le Duc vouloit être declaré Roi de la Gaule Belgique & Vicaire de l'Empire, & l'Empereur y consentoit, pourvû qu'on fît auparavant le mariage du Prince Maximilien son fils avec la Princesse de Bourgogne. Mais depuis il se ravisa ; l'ambition du Duc de Bourgogne lui fit peur ; il craignoit que de la Royauté il ne voulût passer à l'Empire au préjudice de Maximilien, quand même il seroit son gendre ; on ne conclut rien, ces deux Princes ne se vouloient pas fier à des paroles, & après bien des complimens & des festins, ils se séparerent fort mal contens l'un de l'autre. On aprit peu de tems aprés que le Duc de Guyenne étoit mort ; ce qui déconcerta la ligue. On crut avec quelque apparence qu'il avoit été empoisonné. On en accusa Jourdain Faure, dit le Versois, Aumônier & Chancelier du Duc de Guyenne & Abbé de Saint Jean d'Angeli. Il fut arrêté & mené en Bretagne. On commença d'instruire son procez ; mais il se trouva mort dans sa chambre, tué, difoit-on, d'un coup de tonnere, ou étranglé par le Diable. Henri IV. Roi de Caſtille avoit quelques années auparavant acordé au Duc de Guyenne la Princeſſe Jeanne ſa fille unique. Bertrand de la Tour d'Auvergne Comte de Boulogne étoit allé à Tolede en faire la demande en ſon nom, & avoit été preſent aux fiançailles qui furent celebrées à Segovie par Jean Geoffroi Cardinal d'Albi, mais le Duc de Guyenne à la perſuaſion du Comte de Saint Pol Connétable de France, ayant repris ſes anciennes vûës d'épouſer l'Heritiere de Bourgogne, il recula la concluſion de ſon mariage avec la Princeſſe de Caſtille & moûrut ſans avoir épouſé ni l'une ni l'autre. La Princeſſe Jeanne fut mariée au Roi de Portugal ; mais comme on la croyoit bâtarde, les Caſtillans reconnurent pour Reine Iſabelle ſœur de Henri, qui épouſa dans la ſuite Ferdinand Roi d'Aragon, & par la jonction des deux Royaumes ils devinrent aſſez puiſſans pour chaſſer les Mores d'Eſpagne, comme nous le verrons dans la ſuite. Dés que le Duc de Guyenne fut mort, le Roi Loüis XI. ſe remit en poſſeſſion de la Guyenne, & ſe vit en état de réſiſter à tous ſes ennemis.

Le Roi fit alors une ligue perpetuelle avec les Suiſſes, à condition de leur payer chaque année un ſubſide de vint mille frans, outre la ſolde ordinaire de ceux qui ſeroient actuellement au ſervice de la France.

La Republique des Suisses n'étoit alors composée que de huit Communautez ou Cantons, savoir Uri, Schuits, Underwal, Lucerne, Zurik, Glaris, Zug & Berne. Mais en 1481. Fribourg & Soleure, en 1507. Basle & Schaffouse, & en 1515. Appensel furent associez & composerent les treize Cantons. Il y en a sept Catoliques, savoir Lucerne, Uri, Schuits, Underwal, Fribourg & Soleure ; quatre Protestans, savoir Zurich, Berne, Basle & Schaffouse, & deux mêlez de Catoliques & de Protestans, savoir Glaris & Appensel. Les anciens Suisses ou Helvetiens passoient pour les plus braves des Gaulois. Jule Cesar eut de la peine à les soûmettre à cause de leurs montagnes où ils se retranchoient. Quatre cens cinquante ans aprés les Bourguignons se rendirent maîtres de leur pays ; mais aprés la déposition de Charle le Gros, ils demeurerent sous l'Empire Germanique. L'Empereur Albert d'Autriche leur ayant donné un Gouverneur qui les traitoit tiraniquement, les Cantons d'Uri, de Schuits & d'Underwal se révolterent en 1308. & s'associerent pour défendre leur liberté. Le Gouverneur fut massacré. Il avoit pour se divertir obligé le nommé Guillaume Tel à abatre d'un coup de fleche une pomme sur la tête de son fils : & comme le Canton de Schuits étoit le plus exposé à la vangeance des Autrichiens, tous les habitans du pays furent nommez Suisses. Leopold d'Autriche les attaqua avec vint mille hommes, & fut défait : ils se formerent dans la suite une sorte de gouvernement, qui avec des manieres qui paroissent un peu rustiques, ne laisse pas d'avoir beaucoup de sagesse. Chaque Canton est une petite Republique separée & gouvernée suivant les Coûtumes. Leur pays qui est presque tout entier dans les Alpes, joüit en même tems de toutes les saisons de l'année : le haut des montagnes est toujours couvert de nege, le milieu a de petits terrains revêtus d'une agréable verdure, & dans le bas on trouve des valons où l'on voit des blés, des fruits, & même des vignes qui produisent d'assez bon vin. Le Canton de Zurich est le premier des Cantons, à cause de l'antiquité & de la grandeur de sa ville. Berne est la Capitale du second Canton, qui est le plus riche & le plus peuplé. Le Nonce du Pape demeure à Lucerne. On voit dans une Abbaye voisine le tombeau d'un Chanoine nommé Jean de Valdek, qui mourut en 1348. âgé, disoit-on, de 186. ans; on voit à Basle le tombeau d'Erasme. C'est dans l'Hôtel de Ville de Bade que s'assemble la Diete des treize Cantons. Les Députez de Zurich y sont assis au fond de la Chambre comme à l'endroit le plus honorable : à leur droite sont assis les Ambassadeurs des Puissances étrangeres, les Deputez des autres Cantons sont assis sur des bancs des deux côtez de la chambre. Les Suisses ou quelques Cantons en particulier, ont des Alliez, qui ont fait avec eux des ligues, comme le pays de Valais, la Souveraineté de Neuchâtel, l'Evêque de Bâle Prince de Porentru, l'Abbé de Saint Gal, les Grisons & la ville de Geneve. L'Alliance des Suisses avec nos Rois a toûjours été renouvellée depuis Loüis XI. avec de grandes ceremonies, & ordinairement observée avec fidelité. Les Suisses n'ont point degeneré de la valeur des anciens Helvetiens. Ils ne font que des alliances défensives, & n'aiment pas à sortir du pays des Princes qui les tiennent à leur service. Ils se peuvent diviser en trois classes, Paysans, Noblesse & Bourgeois. Les Paysans labourent la terre, & par un travail infatigable deviennent quelquefois fort riches. La Noblesse y est peu consideree, parce que de toute celle qui est dans le pays, il y a fort peu de familles qui soient admises aux Charges. Elles sont ordinairement pour les Bourgeois, & ce sont proprement les Seigneurs de leurs Republiques. Ils ne laissent pas d'avoir de grans égars pour ceux qui ont été à la guerre. Ils ne font pas grand cas des Marchans, n'y ayant de comerce que dans les Cantons de Zurik, de Bâle & de Schaffouse.

An de J. C. 1472.

Ce fut à peu prés en ce tems-là que Philippe de Comines Seigneur Flamand & premier Ministre du Duc de Bourgogne, se donna au Roi. Les Auteurs en ont raporté plusieurs raisons; Qu'il avoit toujours eu de l'inclination pour la France en donnant de bons conseils à son maître, qui ne les suivoit presque jamais; & que d'ailleurs d'ailleurs le Roi qui étoit son Seigneur Suzerain, & qui vouloit l'ôter au Duc, lui avoit fait des offres si avantageuses, qu'il ne pût y résister ; ce Prince se souvenoit qu'à l'entrevûë de Peronne le Duc avoit résolu de l'enfermer dans la même Tour où autrefois Herbert Comte de Vermandois avoit enfermé le Roi Charle le Simple, qui y mourut : qu'il vouloit ensuite mettre sur le Trône le Duc de Guyenne, qui étoit alors heritier présomptif de la Couronne ; qu'il eût été soûtenu dans ce dessein par le Duc de Bretagne, & par la plûpart des Princes & des Seigneurs de France qui y trouvoient leurs avantages : il l'alloit faire sans les remontrances de Comines qui l'empêcherent de se porter à une si grande extremité, & il se contenta de mener le Roi au siege de la ville de Liege. Ce service étoit grand, & le Roi s'en souvenoit. D'autres ajoûtent que Comines & Angelo Cattho Napolitain premier Medecin du Duc & grand Mathematicien étant amis prévirent, l'un par son bon sens, & l'autre par l'Astrologie dont il se piquoit, que le Duc aussi témeraire qu'il étoit, periroit enfin dans quelqu'une de ses folles entreprises, & qu'ils résolurent de concert de se donner un maître plus sage, & avec qui leur fortune seroit plus assûrée. Quoiqu'il en soit, Comines & Cattho passerent ensemble en France ; le Roi fit Comines son Chambellan, & lui donna la Principauté de Talmont & quelques autres terres ; Cattho fut fait

de Valais, la Souveraineté de Neuchâtel, l'Evêque de Bâle Prince de Porentru, l'Abbé de Saint Gal, les Grifons & la ville de Geneve. L'Alliance des Suiſſes avec nos Rois a toûjours été renouvellée depuis Loüis XI. avec de grandes ceremonies, & ordinairement obſervée avec fidelité. Les Suiſſes n'ont point degeneré de la valeur des anciens Helvetiens. Ils ne font que des alliances défenſives, & n'aiment pas à ſortir du pays des Princes qui les tiennent à leur ſervice. Ils ſe peuvent diviſer en trois claſſes, Payſans, Nobleſſe & Bourgeois. Les Payſans labourent la terre, & par un travail infatigable deviennent quelquefois fort riches. La Nobleſſe y eſt peu conſiderée, parce que de toute celle qui eſt dans le pays, il y a fort peu de familles qui ſoient admiſes aux Charges. Elles ſont ordinairement pour les Bourgeois, & ce ſont proprement les Seigneurs de leurs Republiques. Ils ne laiſſent pas d'avoir de grans égars pour ceux qui ont été à la guerre. Ils ne font pas grand cas des Marchans, n'y ayant de comerce que dans les Cantons de Zurik, de Bâle & de Schaffouſe.

An de J. C. 1472.

Ce fut à peu prés en ce tems-là que Philippe de Comines Seigneur Flamand & premier Miniſtre du Duc de Bourgogne, ſe donna au Roi. Les Auteurs en ont raporté pluſieurs raiſons; Qu'il avoit toujours eu de l'inclination pour la France en donnant de bons conſeils à ſon maître, qui ne les ſuivoit preſque jamais; & que
d'ailleurs

d'ailleurs le Roi qui étoit son Seigneur Suzerain, & qui vouloit l'ôter au Duc, lui avoit fait des offres si avantageuses, qu'il ne pût y résister ; ce Prince se souvenoit qu'à l'entrevûë de Peronne le Duc avoit résolu de l'enfermer dans la même Tour où autrefois Herbert Comte de Vermandois avoit enfermé le Roi Charle le Simple, qui y mourut : qu'il vouloit ensuite mettre sur le Trône le Duc de Guyenne, qui étoit alors heritier présomptif de la Couronne ; qu'il eût été soûtenu dans ce dessein par le Duc de Bretagne, & par la plûpart des Princes & des Seigneurs de France qui y trouvoient leurs avantages : il l'alloit faire sans les remontrances de Comines qui l'empêcherent de se porter à une si grande extremité, & il se contenta de mener le Roi au siege de la ville de Liege. Ce service étoit grand, & le Roi s'en souvenoit. D'autres ajoûtent que Comines & Angelo Cattho Napolitain premier Medecin du Duc & grand Mathematicien étant amis prévirent, l'un par son bon sens, & l'autre par l'Astrologie dont il se piquoit, que le Duc aussi témeraire qu'il étoit, periroit enfin dans quelqu'une de ses folles entreprises, & qu'ils résolurent de concert de se donner un maître plus sage, & avec qui leur fortune seroit plus assurée. Quoiqu'il en soit, Comines & Cattho passerent ensemble en France ; le Roi fit Comines son Chambellan, & lui donna la Principauté de Talmont & quelques autres terres; Cattho fut fait

Aumônier & premier Medecin, & dans la suite Archevêque de Vienne. Comines servit le Roi fort fidelement, & mourut trente-sept ans après dans sa terre d'Argenton en Poitou, qu'il avoit euë de sa femme.

L'Angleterre, dont il y a lontems que nous n'avons parlé, avoit été agitée par les révolutions ordinaires à ce pays-là. Le Roi Henri VI. qui avoit été couronné Roi de France à Paris dans les dernieres années de Charles VI. avoit perdu sous Charle VII. toutes les Provinces qu'il possedoit en France, & s'étoit vû deux fois dépossedé de l'Angleterre & deux fois rétabli, l'une par sa femme Marguerite d'Anjou qui commandoit une armée comme le plus habile General, & l'autre par le secours de Loüis XI. mais enfin il avoit été vaincu par Edoüard Comte de la Marche Prince de la branche d'Iork, qui prit le nom d'Edoüard IV. & étoit mort en 1471. Marguerite d'Anjou femme du Roi Henri VI. se retira en France. Edoüard puissant par ses victoires gouvernoit son Royaume avec une autorité absoluë.

CHAPITRE QUATRIE'ME.

An de J. C. 1472.

LE Pape se déclara pour Mathias Roi de Hongrie contre Uladiflas fils de Casimir Roi de Pologne, & menaça d'excommunication les peuples de Boheme, de Silesie & de Moravie, s'ils ne reconnoissoient Mathias, les déchargeant du serment de fidelité qu'ils avoient prêté à Uladislas ; mais en même tems il écrivit au Roi de Pologne des Lettres pleines d'estime & d'amitié. Songez, lui dit-il, *que vos prédecesseurs ont tous été trés Catoliques, & qu'en protegeant les Bohemiens vous protegez l'heresie dont ils sont infectez depuis lontems, & que par cette guerre vous empêchez l'union des Princes Chrétiens contre les Infideles.* Le Pape venoit de recevoir des Ambassadeurs Moscovites. Leur Duc Jean Basilowits lui manda qu'il acceptoit les Decrets du Concile de Florence, qu'il ne reconnoissoit plus le Patriarche de Constantinople, & que regardant le Pape comme le Vicaire de Jesus Christ en terre, il le conjuroit de lui envoyer des Missionaires pour corriger les abus qui pouvoient s'être glissez dans la Religion de son pays. Il avoit épousé la Princesse Zoé de la famille Imperiale des Paleologues.

Le Pape confirma le Decret de Paul II. qui avoit fixé le grand Jubilé à vint-cinq ans, & y ajoûta des Indulgences dont on commença à faire quelque abus. Il continua à donner en commande plusieurs Benefices ; quelques Cardinaux s'y opposerent en vain, quoique depuis le Pontificat de Calixte il y en eût eu plus de cinq cens donnez de cette maniere, les Papes avoient peine à refuser aux Rois ces sortes de petites graces. Il honora de la qualité d'Internonce Apostolique Alphonse de Bolano Frere Mineur, pour aller, comme nous l'avons déja dit, annoncer l'Evangile aux Isles Canaries, & sur les côtes de Guinée que le Roi de Portugal venoit de conquerir. Mais en travaillant au bien de l'Eglise, il ne negligeoit pas celui de sa famille. Il maria son neveu Leonard de la Rovere à une fille du Roi de Naple, & le fit Duc de Sorano & Gouverneur de Rome. Il lui acheta plusieurs belles terres auprés de Rome. Il remit aussi au Roi de Naple en faveur de ce mariage, tous les arrerages qu'il devoit au Saint Siege, ce que Paul II. lui avoit toujours refusé. Il donna à Jerôme Riario fils de sa sœur la Seigneurie d'Imola & celle de Forli; tous ces biens mal aquis ne leur profiterent pas, Riario fut assassiné par les Bourgeois d'Imola, & son corps jetté par les fenêtres.

L'Année 1473. commença par quelques succés heureux pour les Chrétiens. Les Venitiens étoient rentrez en guerre avec les Turcs. Pierre Moccenigo General de leur flote, jointe à quelques galeres du Pape, pilla les côtes d'Asie, & fournit des canons & des munitions de guerre à Assembek Prince de Caramanie, pour reprendre Seleucie & quelques autres villes de ses Etats. Le Senat de Venise envoya à Usum-cassan Roi de Perse plusieurs vases d'un ouvrage exquis, des vestes d'étoffes précieuses, & ce qui lui fit encore plus de plaisir, cent jeunes Canoniers qui aprirent à ses sujets à prendre les villes. Un Sicilien nommé Antoine arma une grosse barque où il cacha beaucoup d'artifices; il l'a chargea de pommes, & sous prétexte de les vendre, il entra dans le port de Gallipoli où la flote des Turcs étoit à l'ancre : il y mit le feu la nuit, mais l'artifice ayant fait son effet trop tôt, il fut pris & mené à Mahomet, qui le fit scier en sa presence par le milieu du corps. Le Senat de Venise maria sa sœur.

Cependant le fils d'Usum-cassan qui n'avoit que trente mille chevaux, défit quarante mille Turcs en Armenie; mais ayant voulu pousser sa victoire jusque dans le camp de Mahomet, il y fut receu par cinquante gros canons, ausquels les Persans n'étoient pas acoûtumez, sa mort ôta le courage à ses troupes; Usum-cassan jusque-là vainqueur fut obligé à se sauver dans les montagnes d'Armenie.

An de J.C. 1473.

De tous les Princes Chrétiens il n'y avoit qu'-Etienne Palatin de Moldavie & les Venitiens qui fissent la guerre à Mahomet. Les Venitiens avoient toujours une grosse flote qui pilloit les Isles de l'Archipel & le Moldave nouveau Scanderbeg avec vint mille hommes, attaqua soixante mille Turcs & les batit. Il avoit jeuné quatre jours au pain & à l'eau avant la bataille, & aprés qu'il l'eût gagnée, il fit publier dans ses Etats, qu'il ne devoit la victoire qu'à la protection du Tout-puissant. Mais Mahomet ne s'embarassoit pas de si petits ennemis, il voulut tâter les Chrétiens par un autre côté, & envoya le Bacha So-

An de J. C. 1474.

liman affieger Scutari avec cent mille hommes, quatre-vint pieces de canon & cinq cens chameaux qui portoient les munitions de guerre. A cette nouvelle toute l'Italie trembla, & ne se remua pas. Les Venitiens avoient mis une bonne garnison dans la Place sous les ordres d'Antoine Lauredan, le Pape y envoya de l'argent & des rafraîchissemens. Le siege dura lon-tems, la peste se mit dans l'armée Turque (c'est un pays de marais); & aprés quelques assauts donnez & soûtenus, les Infideles leverent le siege. Il n'y avoit plus d'eau dans la ville que pour trois jours, & les Assiegez étoient résolus de sortir les armes à la main, pour vanger leur mort en tuant des Turcs. Dés qu'ils furent partis, tout femmes & enfans coururent en foule à la riviere, & plusieurs moururent pour avoir bû trop d'eau. Le General Moccenigo rendit compte de ses exploits au Doge & au Senat de Venise. Pierre Justinien dans son Histoire, dit qu'il parla en ces termes: *Prince illustre, Peres conscripts, je rens des graces immortelles au Dieu tout-puissant, qui aprés m'avoir fait essuyer tant de dangers sur mer & sur terre, m'a ramené ici sain & vainqueur. J'ai de grandes choses à vous raconter. Aprés la perte de l'Isle de Negrepont vous me donnâtes le Commandement de vos Armées navales. J'arrive dans les Isles de la Grece étonnées de la formidable puissance de Mahomet. Je rassure les villes de Mitone, de Corone, de Lepante, de Nauplie, d'Epidaure, tremblantes encore de la perte de Chalcis.*

Les peuples à mon arrivée reprirent courage ; je porte la guerre aux Infidéles, Pergame est brûlée, les Côtes de Licie & de Carie sont pillées. Je prens Coricum & Seleucie, que par votre ordre, Peres conscripts, j'ai renduës au Prince de Caramanie. J'ai appaisé les seditions arrivées dans l'Isle de Chipre après la mort du Roi Jaque de Lusignan, & je l'ai maintenuë dans l'obéïssance de la République. J'ai passé les jours & les nuits dans un travail continuel pandant le siege de Scutari, que les Infidéles viennent de lever honteusement. La Reine Charlote de Savoie femme de Jaque de Lusignan dernier Roi de Chipre, chassée par les Venitiens qui avoient adopté Caterine Cornaro, se sauva en Egypte pour implorer le secours du Soudan qui ne l'écouta pas, & ensuite elle se retira à Rome, refuge ordinaire des Reines, ou veuves, ou saintes, ou ennuyées de la Royauté.

Au commencement de l'année mourut Pierre Riario neveu du Pape, que son oncle avoit comblé d'honneurs en le faisant Cardinal, & de biens en lui donnant toutes les charges & tous les benefices qui vinrent à vaquer. Il étoit Patriarche titulaire de Constantinople, Archevêque de Seville & de Florence, Evêque de Mende en France : aussi faisoit-il une dépense si prodigieuse, qu'il mangea en deux ans deux cens mille écus d'or, & en emprunta soixante mille : On ne laissa pas de trouver encore dans sa maison le poids de trois cens livres d'argent. Il mourut à l'âge de vint-sept ans, & le bruit courut qu'il avoit

An de J.C.
1474.

été empoisonné, mais il ne faloit point chercher d'autre cause de sa mort que ses débauches.

François de Paule en Calabre avoit institué l'Ordre des Minimes. Le Pape le confirma cette année, & lui acorda les mêmes privileges qu'aux autres Ordres Religieux. Le Pape Paul II. informé de la vie sainte & des miracles de François de Paule, en avoit déja fait faire plusieurs informations, quoiqu'il fût encore vivant, qui raportoient sa douceur, son austerité, sa confiance en Dieu, qui lui fit jetter dans le lieu de sa naissance les premiers fondemens d'une grande Eglise, sans savoir comment il la bâtiroit; mais dés le lendemain tous les peuples du voisinage y travaillerent à l'envi chacun de son métier. Pirrhus Archevêque de Cozense y contribua plus que persone.

En 1475. le Pape institua la Fête de la Visitation de la Sainte Vierge, pour implorer son assistance auprés de Dieu, dans le danger pressant où les conquêtes des Turcs mettoient la Chrétienté. La Fête en fut célébrée dans toute l'Eglise avec Octave & de grandes Indulgences. Le Pape en envoya la bule à tous les Patriarches, Archevêques & Evêques. Saint François de Sale en a renouvellé & augmanté la devotion par l'institution d'un Ordre de Religieuses, dont le prodigieux acroissement en peu d'années, fait assez connoître que Dieu y a répandu ses benedictions.

La

La même année les Juifs de Trente commirent un crime, qui acheva de les mettre en execration. Ils martiriferent pour mieux faire leur Pâque un jeune Chrétien nommé Simeon, & le couperent tout vivant par pieces, s'imaginant par-là fe vanger des Chrétiens, & renouveller, pour ainfi dire, la Paffion du Fils de Dieu. Le crime fut découvert, & leurs principaux prétendus Pontifes furent punis feverement.

An de J.C. 1475.

L'Eglife étoit confolée de tems en tems par de faints Perfonages, qui prêchoient la Foi & la prouvoient par des miracles. Jaque de la Marche Francifcain grand Predicateur s'étoit rendu célebre en Autriche, en Croatie, en Boheme, en Hongrie & en Pologne, où il avoit fait beaucoup de converfions. Les Empereurs & les Rois le regardoient comme le dépofitaire de la puiffance de Dieu. Il avoit prédit au Pape Sixte IV. encore fimple Moine, le Generalat, le Cardinalat, & la premiere place dans l'Eglife. Il prédit auffi que Mahomet II. mourroit dans le tems qu'il feroit prés d'entrer en Italie. Jaque de la Marche mourut à Naple, & depuis fut canonifé par le Pape Leon X.

Pandant qu'on parloit de Croifades en Occident, les Princes d'Orient qui craignoient tous également la domination des Turcs, faifoient entre eux des ligues pour réfifter à l'ennemi commun. Ils écrivirent tous au Duc de Bourgogne comme à celui qui avoit le plus de zele. David

Empereur de Trebizonde lui manda qu'il avoit trente galeres & vint mille hommes : qu'Ufumcaffan Roi de Perfe avoit foixante mille hommes : que Gorgora Duc de Georgie entreroit en campagne avec vint mille chevaux : que Bendia Roi de Mingrelie auroit foixante mille hommes : que la nation des Gots fuivroit les étendars du Roi de Perfe avec dix mille hommes : que Dardebek Prince de la petite Armenie auroit dix mille chevaux : qu'Azambek & les Princes de Sinope & de Caramanie fe joindroient à la ligue pour tâcher de recouvrer leurs Etats, & que déja le Peloponefe avoit fecoüé le joug des Turcs. Le Duc de Bourgogne répondit à tous ces Princes qu'il n'étoit pas affez puiffant pour marcher feul contre Mahomet, & que tant que l'Empereur & le Roi de France ne prendroient pas l'affaire plus à cœur, il ne faloit point efperer de Croifades. Le Pape écrivit des lettres pleines de loüanges au Duc de Bourgogne & au Duc de Bretagne, qui lui avoit envoyé l'Evêque de faint Malo l'affurer qu'il feroit toujours prêt à expofer fa vie & celle de fes fujets pour la caufe de Jefus-Chrift. Il lui avoit auffi envoyé pour lui prêter obediance un écrit qui commençoit par ces mots : *François par la grace de Dieu Duc de Bretagne, Comte de Montfort, de Richemont, d'Etampes & de Vertus, &c.*

Le Pape voyant qu'il n'y avoit rien à efperer du Roi de France, qui avant toutes chofes vouloit qu'on rendît le Royaume de Naple à la Maison d'Anjou, ni de l'Angleterre où la guerre civile étoit allumée, eut recours à l'Allemagne. Sigismond Duc d'Autriche & Albert Marquis de Brandebourg étoient venus à Mantouë, & avoient promis tout ce qui dépendroit d'eux; le Pape leur avoit donné à chacun une épée garnie de diamans. Mais Sigismond au lieu de l'employer contre les Turcs, assiegea dans un Château le Cardinal de Saint Pierre Evêque de Brixen, avec qui il avoit des démêlez, le prit, le traita indignement, enleva une grande somme d'argent, & tous les titres de l'Evêché. Le Pape s'en plaignit à l'Empereur, qui ne lui en fit point faire de justice, & il en falut venir aux excommunications, dont le Duc d'Autriche appella au futur Concile.

L'Empereur avoit peine à s'ébranler contre les Turcs, & s'il faisoit quelquefois la guerre, c'étoit au Roi de Hongrie qu'il traitoit d'usurpateur. Le Cardinal Bessarion Legat Apostolique, quoique vieux & malade, l'alla trouver malgré la rigueur de l'hiver. On lui fit une entrée à Nuremberg, l'Empereur alla au devant de lui, l'accabla de presens, & lui promit beaucoup de choses qu'il ne lui tint pas. Le titre de Generalissime de l'armée Chrétienne ne le flata pas assez pour lui faire quitter une vie molle qu'il mena toute sa vie, exempte de crimes & privée de vertus.

An de J.C. 1476.

Le Pape qui étoit toujours à Mantouë fit publier au commencement de l'année une Bule adressée à tous les Princes Chrétiens pour les exhorter encore à la Croisade, & leur prouver que par la jonction de leurs forces avec celles des Princes d'Orient, l'Empire Turc attaqué de toutes parts seroit aisément renversé. Mais voyant que toutes ses exhortations étoient inutiles, il retourna à Sienne, & en donna l'Archevêché qui étoit vacant à son neveu François, qui devint Pape sous le nom de Pie III. Il y trouva le Cardinal Roderic Borgia neveu de Calixte III. & vice Chancelier de l'Eglise, qui menoit une vie délicieuse & scandaleuse indigne de son caractere. Il l'en reprit avec amitié & vivement, le menaçant de son indignation, s'il ne rentroit de lui-même dans son devoir, ce qu'il ne fit pas.

Cependant Jean de Lusignan Roi de Chipre maria Charlotte sa fille unique & son heritiere à Loüis fils du Duc de Savoie, & mourut peu de tems aprés; mais Jaque son fils bâtard à l'exemple de Ferdinand d'Aragon qui s'étoit emparé du Royaume de Naple avec aussi peu de justice, se révolta & alla implorer l'assistance d'Abusac Soudan d'Egypte. Le Soudan qui avoit déja pillé plus d'une fois cette Isle, le reçût à bras ouverts, le fit couronner Roi de Chipre, & lui donna une armée pour en aller prendre possession. Il avoit signé un traité avec Mahomet, qui lui abandonnoit l'Isle de Chipre, pourveu qu'il lui laissât prendre l'Isle de Rhodes. Le Pape & le Duc de Savoie envoyerent en Chipre quelque petit secours, qui ne pût empêcher les Egyptiens de se rendre maîtres de l'Isle.

Mahomet II. de son côté profitant de la mes-intelligence de ses ennemis, qui ne l'attaquoient que de paroles, poursuivit ses conquêtes. Il s'é-toit emparé du Peloponese, de Sinope, de l'Isle de Lesbos, dont il fit empaler le Gouverneur Genois, & enfin de l'Empire de Trebizonde. David Comnene dernier Souverain de ce petit Empire, où il y avoit plusieurs belles villes habitées par les Chrétiens, se voyant abandonné de tout le monde, se rendit à discretion à Mahomet, qui le tua de sa propre main. Les habitans de la ville de Trebizonde, qui étoit fort peuplée, furent pour la plus grande partie transportez à Constantinople, & le reste n'eut permission d'y demeurer que dans les faubourgs. Les murailles & les fortifications de la ville furent ruinées.

Le Pape n'ayant pû arrêter Mahomet par les armes, lui écrivit une longue Epître fort éloquente, où après lui avoir expliqué la Religion Chrétienne, dont il prouve la verité par les profeties & par les miracles, il lui expose les rêveries & les impertinences de l'Alcoran, & l'exhorte à recevoir le Baptême. Cette lettre ne fit pas grand effet.

Le Duc de Bourgogne inquiet ne pouvoit demeurer en paix; il avoit fait une tréve avec le

An de J.C. 1473.

Roi, & tourna ses desseins du côté de l'Allemagne. Le Duc de Gueldre venoit de lui donner son pays, ce qui augmentoit son ambition. Il n'avoit qu'une fille unique, qui devoit être la plus riche heritiere de l'Europe, & il la promettoit à tous les Princes l'un aprés l'autre, sans savoir encore à qui il la donneroit. La mort du Duc de Guyenne l'avoit dégagé de sa parole: le Roi d'Angleterre la demandoit pour le Prince de Gales, & la Duchesse de Savoie pour son fils. Mais le Duc la vouloit faire servir à sa grandeur. Il la promit enfin à Maximilien d'Autriche fils de l'Empereur Frideric III. Ils s'aboucherent à Treves pour convenir des conditions. Le Duc, comme nous l'avons dit, vouloit avant que de faire le mariage, que l'Empereur érigeât toutes ses Terres en Royaume; & l'Empereur qui connoissoit celui avec qui il traitoit, vouloit que le mariage precedât. Ils ne purent s'acorder, & se firent la guerre. Le Duc prétendoit envahir la Lorraine, soûmettre les Suisses qui n'étoient pas encore fort puissans, & pousser ses conquêtes jusqu'à la Provence que le Roi René avoit promis de lui donner. Ce vieux Prince rebuté des entreprises de Naple, vivoit en paix en Provence, lorsque le Roi se saisit de la ville d'Angers & du Duché de Bar sous prétexte des droits de sa mere Marie d'Anjou. Le Roi René pour s'en vanger & se faire rendre justice, menaçoit de traiter avec le Duc de Bourgogne; mais il n'en fit rien, & la même année il donna par son testament le Duché de Bar à René Duc de Lorraine fils de sa fille Joland d'Anjou, & la Provence au Comte du Maine son neveu.

Cependant le Duc de Bourgogne aprés avoir pris Nancy & toute la Lorraine, attaqua les Suisses dans leurs montagnes, & fut défait à Grantson & à Morat, pandant que les Lorrains reprenoient Nancy. Le Roi envoyoit de l'argent au Duc de Lorraine pour payer les Suisses & les Allemans, qui aprés les victoires de Grantson & de Morat, vouloient se retirer chez eux, & l'eussent fait sans l'argent de France.

Le Duc de Bourgogne piqué contre de si foibles ennemis qu'il méprisoit trop, alla assieger Nancy avec ses Troupes délabrées, & trois jours aprés le Duc de Lorraine suivi des Suisses vainqueurs, l'attaqua dans son camp; on s'y batit avec fureur, & le Duc de Bourgogne y fut défait par la trahison du Comte de Campobasso Napolitain l'un de ses Generaux. Campobasso à qui il avoit donné un soufflet dans une dispute, resolut de s'en vanger, il l'avoit empêché de se retirer à Pont-à-Mousson où il eût été en sureté. Il deserta au commencement du combat avec quatre cens Lanciers qu'il commandoit & passa du côté du Duc de Lorraine, mais les Suisses ennemis des traîtres, l'obligerent à se retirer honteusement. Ils étoient trois fois plus forts que le Duc, qui se défendit jusqu'à l'extremité. Son corps défiguré couvert de fang & de bouë, fut reconnu le lendemain parmi les morts par Enguerand Sugnard Evêque d'Auxerre fon Confeffeur. Le Duc de Lorraine en habit de deuil avec une barbe d'or à la maniere des anciens Preux, lui dit en lui donnant de l'eau benite : *Votre ame ait Dieu, vous nous avez fait moult de maux & de douleurs.* On l'enterra à Nancy. Le bruit courut qu'il s'étoit fauvé, & qu'il s'étoit retiré dans un hermitage pour y faire penitence, & qu'au bout de fept ans il reviendroit dans fes Etats.

An de J.C. 1476.

Ainfi mourut Charle le Belliqueux dernier Duc de Bourgogne, à l'âge de quarante-quatre ans, univerfellement haï de tous ceux avec qui il eut des affaires. Il avoit trouvé le moyen de ruiner les plus beaux Etats de l'Europe que fon pere Philippe le Bon lui avoit laiffez riches & floriffans; fans foi, cruel, temeraire, mais vaillant à l'excez, affez bon General; pourvû que la colere lui laiffât l'ufage de la raifon. Il n'avoit de defirs que pour les chofes qu'il ne pouvoit ni obtenir ni executer, ne prenant confeil que de lui-même, fe défiant de fes Sujets les plus fidéles, & dans les plus heureux fuccez fe vantant de ne les tenir que de fon épée. On prétend qu'Angelo Cattho premier Medecin & Aumônier du Roi & depuis Archevêque de Vienne, en lui préfentant à Chinon aprés la Meffe la paix à baifer le propre jour que le Duc de Bourgogne fut tué à cent cinquante lieuës de là, lui dit :

dit : *Sire, Dieu vous donne la paix & le repos, votre ennemi le Duc de Bourgogne vient de mourir.* Le Roi lui dit que si cela étoit vrai, il promettoit de faire un treillis d'argent autour de la châsse de saint Martin, au lieu de celui de fer qui y étoit. Il aprit huit jours aprés une nouvelle si agreable, & s'acquitta de son vœu qui lui couta deux cens mille frans. Les Huguenots dans les guerres civiles enleverent le treillis d'argent, & en firent de la monoïe, sur laquelle ils mirent la figure de cette grille.

Le Roi avoit depuis quelques années établi les Postes dans tout le Royaume, ce qui lui servit extremement pour aprendre plûtôt les nouvelles, profiter des bonnes & remedier aux mauvaises. Il pouvoit alors faire épouser l'Heritiere de Bourgogne au Dauphin, & se rendre par là le plus puissant Prince de l'Europe ; mais il crut pouvoir s'emparer de ses Etats sans faire le mariage, qui paroissoit assez disproportionné pour l'âge, le Daufin n'avoit que six ans & la Princesse en avoit vint. Il se saisit d'abord de Boulogne, de Peronne & de Saint Quantin. Bertrand de la Tour d'Auvergne lui fit homage du Comté de Boulogne comme relevant du Comté d'Artois. Le Comté de Boulogne avoit été envahi sur Marie de Boulogne ayeule de Bertrand de la Tour par Philippe le Bon Duc de Bourgogne, qui s'en étoit fait confirmer la possession par les Traitez d'Arras & de Conflans ; mais aprés la mort de Charle le Belliqueux, le Roi Loüis XI. ayant pris la ville de Boulogne, la réunit à la Couronne; & pour recompenſer Bertrand de la Tour qui en étoit Seigneur, il lui donna le Comté de Lauragais en Languedoc & d'autres Terres dans la Senechauſſée de Toulouſe. Cet échange fut enregiſtré au Parlement de Paris, à la Chambre des Comptes & au Parlement de Toulouſe aprés pluſieurs juſſions.

Le Roi s'empara auſſi facilement du Duché & du Comté de Bourgogne; mais les ſerviteurs fidéles de Marie la défendirent courageuſement, & dans la ſuite la marierent avec Maximilien d'Autriche, ce qui commença l'agrandiſſement de cette Maiſon, qui s'eſt élevée par les mariages plus que par les armes.

Maximilien avoit vint ans, bien fait, d'un eſprit doux, mais en ſi mauvais équipage par l'avarice de l'Empereur ſon pere, que la jeune Ducheſſe fut obligée de lui envoyer de l'argent pour faire ſon voyage. L'Empereur Frideric III. ſon pere avoit érigé en ſa faveur le Duché d'Autriche en Archiduché. Il ſe mit preſque en arrivant à la tête d'une armée que les Flamans leverent ſans ſe faire prier, & il obligea le Roi qui avoit des affaires ailleurs, à faire une tréve & à lui rendre Bouchain, le Quenoi & Cambrai.

En 1479. Pierre d'Oſma Theologien de Salamanque oſa enſeigner que la Confeſſion Sacramentale étoit une invention des hommes, & que les pechez mortels ne pouvoient être effacez que par la seule contrition du cœur, & que les mauvaises pensées ausquelles on s'étoit arrêté le plus, étoient effacées par un simple désaveu. Alphonse Archevêque de Tolede assisté de plusieurs Docteurs condamna des propositions si dangereuses & plusieurs autres qu'il n'ose nommer dans sa Censure : *Afin*, dit-il, *que la memoire en soit éteinte*. On brûla publiquement dans l'Ecole de Salamanque le livre de Pierre d'Osma & la chaire où il avoit professé une doctrine si abominable.

En 1480. René d'Anjou Roi de Sicile mourut à Aix en Provence à l'âge de soixante & douze ans. Il étoit Duc de Lorraine par sa femme Isabelle fille aînée & heritiere de Charle I. Duc de Lorraine ; mais ce Duché lui fut disputé par le Comte de Vaudemont, qui prétendit qu'il ne tomboit pas en quenoüille, & qui le défit & prit en 1431. à la bataille de Blugneville. Ils firent la paix, & le Comte de Vaudemont épousa Ioland d'Anjou fille du Roi René, qui même avant que de mourir, eut la consolation de voir le Duché de Lorraine tomber à son petit fils René de Lorraine fils de sa fille Ioland. Il lui donna aussi par son testament le Duché de Bar, que lui avoit donné le Cardinal de Bar son oncle. Il herita du Royaume de Naple aprés la mort de son frere Loüis II. & de plus fut adopté par la Reine Jeanne II. en 1435. Il fut aussi malheureux en Italie qu'en Lorraine, & fut obligé à se retirer dans les

Provinces qu'il avoit en France. Il épousa en secondes nôces la fille du Comte de Laval, & n'en eut point de posterité. Il laissa la Provence à son neveu le Comte du Maine, qui ne songea à se rendre considerable que par les grans titres qu'il portoit. Tous ses Actes étoient intitulez: Charle Comte du Maine, Roi de Jerusalem, de l'une & de l'autre Sicile, Comte de Provence & de Piemont, Roi d'Aragon, de Valence, de Majorque, de Sardagne & de Corse, & Comte de Barcelonne. Il mourut au bout de deux ans, aprés avoir pris possession de la Provence, qu'il réunit au Royaume de France par son testament, à la persuasion de Palamede de Fourbin de Souliers, qui en fut Gouverneur & presque Souverain tant qu'il vêcut, récompense encore au dessous d'un service qui ouvroit à la France la mer Mediterranée & le commerce du Levant. Le Duc de Lorraine reclama contre cette disposition; mais on lui dit pour toute raison, que la Provence est dans le pays de Droit-écrit où chacun peut disposer de son bien. Le Duché d'Anjou & le Comté du Maine, qui étoient des apanages, furent réünis à la Couronne.

An de J. C. 1480.
Mahomet II. au commencement de l'année crut avoir trouvé l'occasion favorable de se rendre maître d'une partie de l'Europe. Il regnoit depuis vint-sept ans, & toujours de victoires en victoires; il avoit gagné vint batailles, pris deux cens villes, & renversé deux Empires. Il n'avoit

pas encore cinquante ans. Les Princes Chrétiens acharnez les uns contre les autres : l'Empereur Frideric par une pareſſe qui lui étoit naturelle, ne ſavoit ni attaquer ni ſe défendre : le Roi Loüis XI. faiſoit tous les efforts pour s'emparer de la ſucceſſion du Duc de Bourgogne, & en dépoüiller l'heritiere qui avoit épouſé l'Archiduc Maximilien : Ferdinand Roi d'Aragon faiſoit la guerre en Rouſſillon : le Pape même conjointement avec Ferdinand Roi de Naple attaquoit les Florentins & leurs alliez, & toute l'Italie avoit pris parti : l'Angleterre étoit déchirée par ſes diſſentions domeſtiques, & le Roi Mathias de Hongrie, quelque brave qu'il fût, ne pouvoit pas réſiſter tout ſeul à la puiſſance Ottomane & aux Venitiens, qui l'attaquoient vivement & l'avoient chaſſé de Gorice. Dans cette triſte ſituation pour les Chrétiens, Mahomet leva deux puiſſantes armées de terre, & fit armer une flote de cent vaiſſeaux & de cent cinquante galeres. Il en donna une à commander au Bacha Chatite Grec renegat de la famille des Paleologues, & lui ordonna d'aſſieger Rhodes; & l'autre au Bacha Acomat Albanois pour aſſieger Otrante dans la pointe de l'Italie.

L'Iſle de Rhodes s'étoit défenduë depuis deux cens ans contre les Soudans d'Egypte & contre toute la puiſſance des Turcs; les Chevaliers de ſaint Jean de Jeruſalem s'y étoient retirez aprés la priſe de Jeruſalem, & l'avoient bien fortifiée :

ennemis perpetuels des Infideles, ils enlevoient leurs vaisseaux à la vûë de leurs ports, & troubloient leur commerce. Enfin Mahomet fatigué des plaintes des Marchands de son Empire, donna au Bacha Chatite, le plus habile de ses Generaux, soixante mille hommes de ses vieilles troupes accoûtumées à vaincre, avec ordre de prendre Rhodes ou d'y perir avec toute son armée. L'Artillerie qui foudroyoit tout, ne lui manqua pas, les vaisseaux & les galeres porterent en abondance tout ce qui étoit necessaire pour un siege. Les Chevaliers les atendoient ; animez par la Religion de Jesus-Christ & par le courage qu'inspire la naissance, loin de craindre les Turcs ils ambitionnoient une mort glorieuse, & regardoient avec mépris la multitude d'ennemis qui les environnoit. La mer étoit couverte de vaisseaux, de galeres, de barques qui sembloient leur annoncer la perte de leur vie ou de leur liberté. Jean d'Aubusson Gentilhomme François leur Grand Maître, montra dans cette occasion qu'il étoit digne de les commander. Les Turcs firent joüer ces effroyables canons, dont Mahomet II. s'étoit servi la premiere fois au siege de Constantinople, ils jettoient des pierres d'une grosseur prodigieuse. Les murailles furent bientôt renversées, & les fossez comblez de pierres : les Turcs se préparoient à l'assaut, lorsqu'ils s'apperçurent qu'il n'y avoit plus de pierres dans les fossez, & que les assiegez pandant la nuit par des voutes souterraines les avoient retirées dans la ville. Ils ne laisserent pas de donner plusieurs assauts, & furent toujours repoussez. Ils minerent à coups de canon la grosse tour qui défendoit l'entrée du port, & donnant de furie ils planterent le Croissant avec de grans cris sur les murailles éboulées. Alors le Grand Maître fit élever l'étendart de la Religion, & suivi de ses Chevaliers la pique à la main, tous résolus à vaincre ou à mourir, il alla attaquer les Infideles, quoiqu'ils fussent déja plus de deux mille sur les rampars, & les renversa dans le fossé. Le canon tirant continuellement avoit ruiné tous les édifices de la ville, les femmes & les enfans se cachoient dans les lieux souterrains, ou dans les jardins où il y avoit moins à craindre. Les Turcs jettoient aussi des pierres & des fleches enflamées; mais les Bourgeois de la ville se jettoient dessus dés qu'elles étoient tombées, & trouvoient le moyen de les éteindre. Enfin les Turcs qui craignoient la fureur de leur Sultan, s'aviserent par une invention nouvelle de creuser des fossez qu'ils couvroient de planches & de terre, & qui en tournoyant leur donnoit le moyen d'aprocher de la ville sans danger. C'est delà qu'est venuë la premiere tranchée. Les assiegeans bâtirent aussi des forts de distance en distance, d'où ils tiroient continuellement.

Les assiegez de leur côté firent un nouveau

rampart le plus épais qu'ils purent d'arbres & de terre joints enfemble, contre lefquels le canon s'amortiffoit & perdoit une partie de fa force. Enfin les Turcs aprés avoir perdu leur Bacha Chatite & leurs principaux Officiers aux differens affauts qu'ils donnerent, voyant leurs canons crevez à force de tirer, leurs munitions de guerre & de bouche épuifées, les courages abatus, leverent le fiege au bout de trois mois, & remonterent fur leurs vaiffeaux. Nous voyons toutes ces particularitez dans une lettre en Latin, que le Grand Maître d'Aubuffon écrivit à l'Empereur Frideric III. Nous pouvons remarquer ici qu'avant l'invention de la poudre à canon on aprochoit affez prés des forterefles. On élevoit des machines de bois & des cavaliers de terre auffi hauts que les murailles de la place affiegée, on les chargeoit de foldats qui tiroient des fleches, mais tout cela n'eût pas réfifté au moindre coup de canon.

Le Pape Sixte IV. fufpendant fon animofité contre les Florentins, avoit envoyé à Rhodes quelques foldats, des munitions de guerre & de bouche, & de l'argent. Le Roi de Naple y envoya auffi quelques rafraîchiffemens, qui n'arriverent qu'aprés la levée du fiege, & qui ne laifferent pas de faire grand plaifir aux affiegez qui manquoient de tout. Quelques Hiftoriens, fur la parole des affiegez, ont écrit que dans le tems du grand affaut, lorfque le Grand Maître fit élever

ver l'étendart de la Religion, on vit en l'air la sainte Vierge acompagnée de plusieurs legions d'Anges, & qu'un pareil spectacle ôta le cœur aux Infideles, & les obligea à se retirer. Le Bacha Acomat plus heureux dans son entreprise, prit d'assaut la ville d'Otrante, & y fit tout passer au fil de l'épée sans épargner ni femmes ni vieillars; on conserva les seuls enfans pour en faire des esclaves. L'Archevêque, la plûpart de ses Prêtres, & huit cens habitans n'ayant pas voulu renoncer Jesus-Christ, furent massacrez dans une petite Valée, qui fut honorée du nom de Valée des Martirs. Les Turcs en mettant une grosse garnison dans Otrante, pouvoient faire des courses par toute l'Italie. Le Pape en fut si effrayé qu'il mit en déliberation de se sauver en Avignon; mais il reprit courage, laissa en paix les Florentins, obligea les Princes d'Italie à faire une tréve de trois ans, & écrivit à tous les Princes Chrétiens pour les exhorter à faire entre eux une tréve au moins de trois ans pour marcher contre les Infideles. Il leur represente dans sa Bule tout ce qu'a fait Mahomet II. depuis la prise de Constantinople, toutes ses conquêtes en Europe & en Asie, & qu'en dernier lieu s'il a manqué Rhodes par la valeur des Chevaliers, il a pris la ville d'Otrante, d'où il menace l'Italie d'un joug prochain; que la Hongrie n'est pas en état de lui résister; qu'il fait de nouveaux préparatifs pour venir une seconde fois assieger Rhodes, & que pour vaincre un ennemi si puissant, il faut demander à Dieu la foi de Pierre, la constance de Paul, le zele de Phineés, & le courage de Machabée.

Mathias Corvin fils du grand Huniade & Roi de Hongrie, envoya aussi des Ambassadeurs aux Princes d'Allemagne comme aux plus interessez à le secourir. Ils representerent que leur Roi avoit refusé de faire la paix avec Mahomet, qui lui offroit le Royaume de Bosnie & des Provinces entieres, pourveu seulement qu'il lui acordât le passage sur ses terres : qu'eux seuls comme ses plus proches voisins pouvoient le secourir : que la guerre étoit alumée en Italie, en France & en Espagne, & qu'enfin si Mahomet étoit le plus fort, il seroit bientôt sur le Rhin.

Toute l'Europe étoit dans ces allarmes, lorsque Mahomet II. mourut à Nicomedie dans la rage de ne pouvoir se vanger des Chevaliers de Rhodes. Il avoit rassemblé une armée prodigieuse, qu'il vouloit commander en persone & mener en Italie. La prise d'Otrante lui en facilitoit le moyen, & il se vantoit que dans peu il braveroit la Religion Chrétienne sur son trône, & feroit une Mosquée de l'Eglise de saint Pierre. Il se repentit en mourant d'avoir mis de trop grans impôts sur son peuple, & ordonna qu'on les suprimât, ce que les successeurs ne font jamais. Il laissa deux enfans Bajazet II. & Zizim, qui se disputerent quelque tems l'Empire. Bajazet quoique le cadet fut le plus fort, Zizim perdit deux batailles en Asie, & se sauva en Egypte; mais le Soudan n'ayant pas voulu se mêler de ses affaires, il se retira à Rhodes & de là en France dans la Commanderie de Bourgneuf en Auvergne, où les Chevaliers furent accusez de l'avoir gardé malgré lui plusieurs années, moyennant une pension de cinquante mille écus que Bajazet leur payoit fort regulierement.

Mourut alors dans les montagnes de Suisse auprés de Lucerne un hermite nommé Nicolas, dont l'Evêque de Constance attestoit la sainteté. Il avoit vêcu dans une austerité incroyable, toujours gai, simple, répondant à tous ceux qui vouloient l'interroger; & quoiqu'il ne sût ni lire ni écrire, il expliquoit avec la capacité d'un Docteur les questions les plus difficiles de l'Ecriture. On disoit qu'il avoit été vint ans sans manger; mais il ne faut pas croire legerement ces sortes d'histoires, puisque nous avons vû de nos jours une fille à Troies en Champagne, qui onze ans durant ne prenoit, disoit-on, d'autre nouriture que la sainte Euchariftie, pandant que ses parens en secret lui donnoient à manger; & lorsqu'en éloignant ses parens on l'observoit plus exactement, elle se nourissoit des emplâtres qu'elle se faisoit mettre de tems en tems sur l'estomac.

Pp ij

CHAPITRE CINQUIE'ME.

An de J.C. 1481.

LA nouvelle de la prise d'Otrante reveilla enfin les Princes Chrétiens, ils signerent une ligue où il étoit marqué ce que chacun devoit contribuer. Le Pape promit vint-cinq galeres, le Roi de Naple en arma cinquante. Le Pape envoya cinquante mille écus d'or au Roi de Hongrie, le Roi de Naple lui en envoya cent mille, chaque Prince se taxa suivant ses forces. Ils s'en remirent tous à la discretion du Roi de France pour sa taxe, sachant bien que comme le plus puissant, il fourniroit lui seul plus que tous les autres. Le Pape & le Duc de Calabre fils du Roi de Naple assemblerent une armée & reprirent Otrante aprés un long siege, où les Turcs quoiqu'abandonnez par leur Empereur, se défendirent en désesperez ; le Duc de Calabre les prit d'assaut & ne pardonna à pas un, leur barbarie le meritoit bien. Mahomet II. étoit mort ; mais au lieu d'en tirer avantage pour la cause commune, la ligue s'en alla en fumée ; le Pape recommença la guerre tantôt pour les Venitiens & tantôt contre suivant les évenemens. Tant de dépenses avoient épuisé le trésor de l'Eglise, aussi fut il obligé à mettre de nouveaux impôts & à exiger des decimes extraordinaires. Il fut le premier des Papes qui crea des Colleges, dont il vendit les charges : il rétablit toutes celles que Paul II. avoit fuprimées, & inftitua celles de Procureur de la Chambre Apoftolique, de Protonotaires du Capitole, de Notaires du Fifc Apoftolique & de Mefureurs du fel. Il eft vrai qu'il employoit utilement les grandes fommes qu'il levoit, ou à faire la guerre aux Infidéles, ou à embellir la ville de Rome par des bâtimens fuperbes. Il fit bâtir fur le Tibre un pont qui s'appelle encore aujourd'hui le pont Sixte.

Les Princes Chrétiens eurent beaucoup de joïe de la mort de Mahomet II. mais au lieu d'en profiter ils recommencerent à fuivre leurs animofitez particulieres. L'Empereur Frideric fit la guerre au Roi de Hongrie, le Roi de France attaqua Maximilien dans les Pays-bas, & le Pape qui n'avoit pardonné que par force aux Florentins & aux Venitiens, fit une nouvelle ligue contre eux avec Ferdinand Roi de Naple. Les Italiens ne craignoient plus rien du côté des Turcs, qui avoient chez eux la guerre civile; la ville d'Otrante aprés un long fiege avoit été reprife: mais bientôt le Pape fe broüilla avec le Roi de Naple, qui envoya fon armée fous la conduite de fon fils jufqu'aux portes de Rome, qu'il eût prife fans Robert Malatefta Seigneur de Rimini grand Capitaine qui amena un fecours de Venitiens (le Pape s'étoit racommodé avec eux) & qui obligea les Napolitains à fe retirer.

Le Cardinal Julien étoit revenu de fa legation de France, fans avoir pû mettre d'acord Loüis

XI. & Maximilien ; mais glorieux d'avoir fait mettre en liberté le Cardinal Baluë que le Roi tenoit en prison depuis treize ans. Ces deux Princes quelque tems aprés firent une tréve, à condition que le Daufin Charle épouseroit Marguerite fille de Maximilien, qui lui donneroit pour sa dot la Bourgogne & le Comté d'Artois.

An de J. C. 1482.

Pandant que l'Italie étoit agitée de tant de guerres, l'Archevêque André qui avoit été Ambassadeur de l'Empereur auprés du Pape, excita en Allemagne une guerre Ecclesiastique. Il osa imputer à Sa Sainteté divers crimes imaginaires, & s'étant cantonné à Bâle où il étoit fort acredité, il convoqua de son autorité un Concile general. On dit qu'il étoit soûtenu en secret par plusieurs Princes. Les Habitans de Bâle le favorisoient dans l'esperance de gagner de l'argent par l'assemblée des Evêques. Le Pape commença par l'excommunier, & puis il envoya faire ses plaintes à l'Empereur, qui fit arrêter l'Archevêque ; on lui fit son procez, il fut deposé, il abjura ses erreurs, & la vie seulement lui fut acordée à l'instante priere du Duc de Savoie.

An de J. C. 1482.

Dés que Bajazet fut paisible dans son Empire par la fuite de son frere Zisim, il recommença à faire la guerre aux Chrétiens. Il envoya cent mille hommes en Hongrie sous cinq Bachas. Le Roi Mathias étoit malade, mais il donna son armée à commander à Etienne Bathori, qui attaqua les Turcs deux fois plus forts que lui, les batit & en fit un grand carnage.

Dans le même tems les Rois Ferdinand & Isabelle poussoient vivement la guerre contre les Mores de Grenade. Ils furent secondez par le Pape, qui leur envoya des sommes considerables, & acorda des Indulgences à ceux qui se croiseroient pour cette guerre. Il s'y porta encore plus volontiers, quand il aprit que les armées de Ferdinand & d'Isabelle étoient reglées comme des monasteres de saints Religieux : *Ce qui nous réjoüit*, leur dit-il dans ses lettres, *c'est que nous savons, que dans vos Royaumes il n'y a plus de violences ni de brigandages, que les blasfemateurs y sont punis, que la justice y est renduë, que Dieu y est servi*. Aussi leurs armes furent-elles heureuses, ils gagnerent plusieurs batailles & réduisirent les Mores aux villes de Baça, d'Almenar & de Grenade.

L'acquisition de la Provence étoit importante, & le Roi Loüis XI. pour sa grandeur n'avoit plus rien à souhaiter ; tous ses ennemis étoient morts, vaincus ou rebutez de leurs pertes, lorsqu'il tomba en apoplexie dans un village auprés de Chinon. Il fut secouru promptement & revint, mais fort affoibli de corps & d'esprit, & ne fit plus que traîner les dernieres années de sa vie. Ses craintes, ses défiances, sa cruauté augmenterent avec l'âge & le chagrin. Il fit une tréve avec Maximilien d'Autriche, & s'appliqua à l'éducation & à la sûreté du Daufin. Il avoit ma-

An de J. C.
1483.

rié sa fille Anne au Sire de Beaujeu cadet du Duc de Bourbon, & la destinoit pour être Tutrice du Dauphin, sa cadette Jeanne épousa le Duc d'Orleans. Il voulut imiter le Duc de Bourgogne, qui le premier en tems de paix rassembla des troupes dans un camp pour leur faire faire l'exercice. Il en fit aligner un dans une plaine auprés du Pont de l'Arche, le fit entourer de fossez & de chariots, & y mit quinze cens Lanciers & dix mille hommes de pied sous le commandement du General Descordes, & pour les entretenir il imposa une taille de quinze cens mille livres.

La devotion du Roi redoubla, lorsqu'il se sentit malade il alla en Franche Comté visiter l'Abbaye de saint Claude & le tombeau du saint Hermite Jean de Gand, dont il sollicitoit la canonisation : En chemin faisant il fit arrêter Philbert Duc de Savoie, & l'amena en France sous prétexte qu'étant fils de sa sœur, il étoit obligé en conscience à prendre soin de ses affaires. Philbert fut fort bien traité, mais il mourut l'année suivante.

Le Roi revint à Clery, où il eut la douleur de perdre son Confesseur Martin Magistri, qu'il fit enterrer auprés du tombeau qu'il y avoit fait élever pour lui-même. Ce tombeau n'étoit pas magnifique, & souvent sans être effrayé d'un pareil objet, il y décendoit pour reflechir sur le neant des grandeurs humaines. Martin Magistri

étoit

étoit de Tours, grand Maître du College de sainte Barbe à Paris, où il enseigna la Theologie. Il avoit prêché à l'Assemblée du Clergé, qui se tint à Orleans en presence du Sire de Beaujeu gendre du Roi, & de Pierre Doriole Chancelier de France. On y avoit proposé le rétablissement de la Pragmatique Sanction pour faire peur au Pape, & l'obliger par là (ce qui réüssit) à lever l'excommunication qu'il avoit fait publier contre les Florentins.

Loüis XI. mêloit sans doute à une pieté souvent sincere beaucoup de superstitions, comme de n'oser jurer par la Croix de saint Lô, qu'on gardoit dans une Eglise d'Angers, quand il n'avoit pas intention de tenir son serment, de baiser souvent des médailles de plomb attachées à son chapeau, de ne vouloir jamais conclure aucune affaire le jour des Innocens; de ne pardonner point quand il avoit juré par la Pâque Dieu qu'il s'en vangeroit. Il faisoit faire des Prieres & des Processions contre le vent de bise, qu'il croyoit contraire à sa santé. Jean Lhuillier Docteur & Proviseur de Sorbone & Evêque de Meaux lui persuada le merite des bonnes œuvres, & lui fit fonder à Paris le Couvent des Cordelieres dit l'*Ave Maria*. Le Roi se défioit du Duc d'Orleans, qui aprés le Daufin étoit l'heritier présomptif de la Couronne; il le tenoit toujours auprés de lui sans lui donner aucune éducation, & lui fit épouser par force sa fille Jeanne, laide, boiteuse, & qui ne pouvoit (disoient les Medecins) avoir d'enfans. Il se fit aporter dans le Château du Plessis lez Tours la sainte Ampoule, la Verge d'Aaron & la Croix de Charlemagne. Mais il eut beaucoup d'empressement pour faire venir d'Italie François Martotile natif de Paule en Calabre Instituteur des Minimes. Ces Religieux furent appellez dans le commencement Hermites de saint François, mais par humilité ils prirent le nom de Minimes, comme se disant les moindres des Religieux. Leur saint Instituteur eut beaucoup de peine à se résoudre à venir en France, & il falut plusieurs Brefs du Pape pour l'y obliger, jusqu'à le menacer d'excommunication s'il n'obéïssoit pas. Le Roi presque mourant le reçut avec le respect qu'il meritoit; il lui fit bâtir un Couvent au Plessis lez Tours, & un autre auprés d'Amboise, & le prioit souvent à genoux d'employer son credit auprés de Dieu pour lui faire obtenir la santé; mais le saint homme ne lui promit jamais rien d'extraordinaire, & se contenta de l'exhorter à la penitence & à s'abandonner à la misericorde de Dieu. Le Roi refusa genereusement d'avoir commerce avec Bajazet Empereur des Turcs, qui lui offroit tous les corps Saints qui se trouvoient dans son Empire, pourveu qu'il lui renvoyât son frere Zizim. Il promit au contraire à Zizim de l'assister de toutes ses forces, pourveu qu'il se fit Chrétien. Jaque Costier son Medecin se faisoit donner dix mille écus par mois, en lui disant avec insolence : *Je sai bien que vous me chasserez un de ces jours, comme tant d'autres ; mais je vous jure que vous mourrez huit jours après.* Il envoya un Calice d'or à l'Eglise de saint Jean de Latran. Son mal augmentant toujours, il fit venir le Daufin du Château d'Amboise où le Sire de Beaujeu avoit soin de son éducation, & lui donna par écrit une instruction pour regner, dont la principale maxime étoit, *qui ne sait pas dissimuler ne sait pas regner*. Il ordonna que cette instruction fût enregistrée au Parlement de Bourgogne qu'il avoit érigé, & à la Chambre des Comptes de Paris, comme une marque de son amour pour son fils & pour son peuple. Il avoit aussi érigé le Parlement de Bordeaux suivant les dernieres volontez du Roi Charles VII. Il vouloit toujours paroître en meilleure santé, & donnoit tous les jours des ordres qu'on executoit dans tout le Royaume avec la derniere severité. Jamais il ne fit tant de négociations dans les pays étrangers, & jamais les pensions ne furent mieux payées. Il envoyoit en Afrique & en Espagne acheter les plus beaux chevaux, des oiseaux rares, & d'autres curiositez pour faire croire qu'il se portoit bien. Ce fut proprement le premier de nos Rois qui agit avec une pleine autorité sans consulter ses Ministres : il se vantoit de porter tout son Conseil dans sa tête ; aussi se trompa-t il souvent dans ses mesures, & pensa perir plus d'une fois à force de finesses, dont tout le monde se défioit ; il chassa de sa maison tous les hommes de merite & de naissance, & se servit lon-tems de son Barbier Olivier le Daim pour Ambassadeur, & de son Medecin Jean Cattho pour Chancelier : malade il se faisoit voir de tems en tems habillé magnifiquement contre sa coûtume, pour tâcher d'attirer les regars sur ses habits plus que sur son visage où la mort étoit dépeinte. Il s'avisa un peu tard de vouloir soulager son peuple, & forma le dessein de réduire en une les differentes Coûtumes des Provinces, & les differens poids & mesures. Enfin quand il se sentit défaillir tout à fait, il envoya ses principaux Officiers au Daufin, & ne songea plus qu'à son salut ; il reçût les Sacremens de l'Eglise avec beaucoup de pieté & plus de courage qu'on n'eût osé l'esperer, & mourut à l'âge de soixante & un an, la vint-troisiéme année de son regne. On l'enterra suivant sa volonté dans le tombeau assez simple qu'il avoit fait bâtir dans l'Eglise de Notre-Dame de Clery. On observa exactement en faisant ses funerailles les ceremonies qu'il avoit marquées en mourant, & l'on peut assurer, dit Monsieur l'Abbé Archon, qu'il fut aussi regulierement obéi aprés sa mort, qu'il l'avoit été pandant sa vie. Il avoit toujours cru mourir à soixante ans, parce qu'aucun de ses prédecesseurs depuis Hugue Capet n'avoit passé cét âge là. Il réünit à la Couronne le Duché de Bourgogne, l'Anjou, le Maine, la Pro-

An de J. C. 1483.

vence, plusieurs villes de Picardie & d'Artois, le Roussillon, la Cerdagne & le Comté de Boulogne, sans parler des droits sur les Royaumes de Naple & de Jerusalem. Il n'aimoit pas à donner des batailles, dont l'évenement est toujours fort douteux; c'étoit par prudence; il avoit montré son courage n'étant que Daufin, & depuis étant Roi à la bataille de Montlehery : mais il faisoit volontiers des sieges, & prenoit les précautions necessaires pour y réüssir. Il fit publier une Ordonnance par laquelle il assuroit à tous les Officiers du Royaume leurs Charges pandant leur vie, à moins de forfaiture ou de démission volontaire; ce qui les attacha à son service, & empêcha que dans la suite on ne vît tant de changemens de Chanceliers, de Presidens & d'autres Juges. Il étoit assez lettré, dit Philippe de Comines, & avoit, dit Robert Guaguin, plus d'érudition, que les Rois n'ont accoûtumé d'en avoir. Il travailla à la réformation de l'Université de Paris, & augmenta fort la Biblioteque Royale que son bisayeul Charle V. avoit commencée à Fontainebleau, & que Charle VI. avoit fait transporter au Louvre. Enfin la vie de ce Prince est un problême, bassesse & grandeur, vice & vertu; on peut raisonablement en parlant de lui, donner dans toutes les extrémitez du blâme & de la loüange : genie élevé, vif, penetrant, fécond en expediens, Capitaine, Soldat, vigilant, infatigable : mais aussi ne marchant jamais que par des voies détournées, promettant d'ordinaire ce qu'il ne vouloit pas tenir, se servant assez souvent du manteau de la devotion pour cacher le crime : mauvais fils, mauvais frere (il en courut d'étranges bruits) mauvais pere, il ne voyoit le Daufin que fort rarement, & le tenoit dans le Château d'Amboise, de peur, disoit-il, qu'on ne l'enlevât pour le mettre à la tête d'une faction : mauvais mari, il fut presque toujours éloigné de sa femme Charlotte de Savoie, & ne la vouloit voir que pour avoir un heritier : mauvais maître, ses serviteurs les plus affectionnez n'étoient sûrs de rien : mauvais Roi, il avoit triplé les impôts ; enfin mauvais Chrétien, agissant avec Dieu comme il eût fait avec un Prince de ses voisins, & se flatant de lui donner le change par une devotion toute exterieure. Ce fut François I. qui dit que Loüis XI. avoit mis les Rois de France hors de page.

An de J. C. 1483.

La mort de Loüis XI. sembloit devoir être suivie de beaucoup de desordres en France. Le Roi Charle VIII. n'avoit que treize ans & deux mois, & quoiqu'il fût majeur par les loix du Royaume, il n'étoit pas en état de gouverner ; foible de corps & d'esprit, c'étoit encore un enfant. La Reine sa mere Charlotte de Savoie mourut peu de tems aprés. Le feu Roi avoit commis l'éducation de son fils à sa fille aînée Anne femme de Pierre Sire de Beaujeu frere du Duc de Bourbon, elle en avoit toute la capacité ; aussi les

Etats Generaux assemblez à Tours lui confirmerent la qualité de Gouvernante du Roi & du Royaume malgré les brigues du Duc d'Orleans heritier présomptif de la Couronne, qui prétendoit que la Regence du Royaume lui apartenoit. On regla neanmoins qu'elle ne pouroit rien décider qu'avec l'avis du Conseil. Les trois Etats présenterent chacun leur cahier de remontrances. Jean de Reli Doyen de Saint Martin de Tours, insista au nom du Clergé sur le rétablissement de la Pragmatique Sanction fondée sur les decrets des Conciles de Constance & de Bâle. Le Cardinal de Bourbon Archevêque de Lion & le Cardinal Elie de Bourdeilles Archevêque de Tours s'y opposerent par l'ordre secret de la Gouvernante qui ne vouloit pas se broüiller avec le Pape. D'ailleurs les Evêques que le Roi avoit nommez aux Evêchez contre les reglemens de la Pragmatique Sanction, ne se croyoient pas en sûreté si l'on la rétablissoit, & encore moins ceux qui avoient été nommez par le Pape ; ainsi la chose demeura indécise. Jean de Reli parla avec tant d'éloquence qu'on lui commit l'éducation du Roi qui ne savoit pas encore lire. Il lui trouva un esprit vif & docile qui aprit beaucoup en peu de tems.

La Noblesse se plaignit des frequentes convocations de l'arriere-ban, demanda qu'il lui fût permis de chasser sur ses terres malgré la défense de Loüis XI. qui en avoit usé avec une rigueur odieufe : que dans deux ans elle pût racheter les rentes qu'elle avoit venduës pour aller à la guerre ; & enfin que le Roi ne donnât jamais à des Etrangers les Gouvernemens des Places frontieres. Le Roi leur acorda la chaffe & le rachat des rentes, remettant à faire droit fur le refte.

Le Tiers Etat fuplia le Roi de ne plus recevoir de Legat en France, puifqu'ils n'y venoient ordinairement que pour s'enrichir. Ils fe plaignirent auffi de la maniere dure dont fe levoient les fubfides, de la multiplication des Officiers & de l'augmentation des penfions inutiles. On leur permit de racheter les rentes qu'ils avoient venduës pour payer les tailles, on exempta de l'arriere-ban ceux qui n'avoient point de fiefs, & fur les autres articles on dit que le Roi verroit. Les Etats acorderent au Roi deux millions cinq cens mille livres, & trois cens mille livres pour les frais du Sacre. Il fe fit à Reims avec beaucoup de folemnité, l'Archevêque Pierre de Laval fit la ceremonie. Geoffroi de Pompadour Evêque de Perigueux, Grand Aumônier de France, étoit Premier Prefident de la Chambre des Comptes ; ce fut lui qui conjointement avec Guillaume de Rochefort Chancelier de France fut nommé pour examiner la Bule de la Legation du Cardinal Baluë, quand le Pape Sixte IV. l'envoya en France. René de Prie fils d'Antoine de Prie Grand Ecuyer tranchant, étoit auffi Aumônier & Evêque de Bayeux. Le Pape Jule II. dans la fuite le fit Cardinal. Tout

Tout demeura paifible jufqu'à ce que le Duc d'Orleans jeune Prince ambitieux fe retira en Bretagne & leva des Troupes pour foutenir fes prétentions. Il avoit un gros parti. Maximilien Archiduc d'Autriche qui avoit époufé Marie heritiere de Bourgogne, promettoit d'entrer en Picardie; & comme fa femme étoit morte depuis peu, il avoit envie d'époufer la Princeffe Anne heritiere de Bretagne. Il fe fouvenoit toujours que les Etats de Flandre l'avoient forcé à fiancer fa fille au jeune Roi, & à lui abandonner le Comté de Bourgogne.

Le Duc de Lorraine qui n'étoit pas content qu'on lui eût enlevé la Provence, & qu'on lui retînt le Duché de Bar, étoit prêt à fe declarer. Le Duc de Longueville fils du grand Comte de Dunois & auffi habile que fon pere, entra dans la ligue & y fit entrer le Duc de Bourbon jaloux du pouvoir de Beaujeu fon cadet, le Prince d'Orange, le Comte de Cominge, le Sire d'Albret & quantité d'autres Seigneurs. Mais la Dame de Beaujeu plus habile qu'eux tous, trouva le moyen de déconcerter cette ligue. Elle regagna le Duc de Lorraine en lui rendant le Duché de Bar, & lui promettant de faire examiner fes droits fur la Provence. C'étoit le plus dangereux de fes ennemis, il avoit batu le Duc de Bourgogne & reconquis fes Etats à la pointe de l'épée. Elle fit enfuite marcher l'armée du Roi du côté de la Bretagne où le Duc d'Orleans s'étoit retiré. Il y avoit assemblé une armée, & se crut en état de résister à celle du Roi commandée par le Sire de la Trimoüille, qui à l'âge de vint-cinq ans passoit déja pour Capitaine. Le Duc d'Orleans contre l'avis du Duc de Longueville s'avança dans la plaine de Saint Aubin du Cormier, donna la bataille & la perdit. Il avoit combatu à pied à la tête de l'Infanterie. Il fut pris prisonier, & mené à la grosse Tour de Bourges, où il fut lontems enfermé. Il s'y apliqua à l'étude & principalement à l'Histoire, *laquelle est aux bons Rois,* dit Saint Gelais, *ce que la Boussole & la Carte sont au sage Pilote.*

An de J.C. 1484.

Aprés la mort de Sixte IV. les Cardinaux entrerent dans le Conclave, & selon leur coûtume firent plusieurs reglemens pour diminuer l'autorité des Papes & augmenter la leur; ils les jurerent tous avant que de proceder à l'élection, & ils ne furent pas mieux observez que par le passé. Ils élurent ensuite Jean-Baptiste Cybo Genois d'une illustre famille, qu'on disoit originaire de Grece. Il étoit parvenu par son merite à tous les degrés de la Prelature : Sixte IV. qui connoissoit sa capacité, l'avoit fait son Dataire, & enfin Cardinal. Il prit le nom d'Innocent VIII. & promit d'abord plus qu'on ne lui demanda : le College des Cardinaux devoit gouverner tout, & les Benefices de Rome ne devoient être donnez qu'à des Citoyens Romains : promesses qui ne furent pas tenuës fort exactement. On lui avoit presenté selon la coûtume avant son couronnement des étoupes allumées au bout d'un bâton, en lui disant ces paroles : *Ainsi passe la gloire du monde.*

La Croisade faisoit toujours le premier soin des nouveaux Papes. Il envoya des Legats aux Princes Chrétiens les exhorter à faire la paix entre eux, pour former la ligue contre les Infidéles, & fit armer soixante galeres & plusieurs grans vaisseaux pour assurer les Côtes d'Italie. Et comme l'avis étoit venu que Bajazet faisoit de grans préparatifs de guerre, le Pape lui envoya en ambassade le Grand Maître d'Aubusson célebre par sa capacité en paix aussi-bien qu'en guerre, qui lui fit entendre que s'il attaquoit quelqu'un des Princes Chrétiens, ils se réuniroient contre lui & remeneroient son frere Zizim à Constantinople. Bajazet en eut peur, cassa ses Troupes, & assura d'Aubusson qu'il demeureroit en paix, pourvû qu'on ne l'attaquât pas. Il lui fit de grans honneurs, & lui donna une main de Saint Jean l'Evangeliste que Mahomet II. à la prise de Constantinople avoit fait mettre dans son trésor à cause de la veneration que les Grecs avoient pour cette relique. Cette paix ne fut pas de longue durée : Bajazet s'apperçut bientôt que les Princes Chrétiens se faisoient toujours la guerre, sans songer à lui. Il entra en Moldavie qu'il ravagea & y fit quarante mille esclaves. La Boheme & d'autres Provinces d'Allemagne étoient pleines de prétendus Magiciens, qui en faisant mille abominations, faisoient acroire aux peuples, qu'ils avoient en main tout le pouvoir des demons : les Legats du Pape & les Inquisiteurs de la foi en firent brûler quelques-uns, qui soit en dormant, soit pour avoir pris des breuvages violens, croyoient aller au Sabath.

An de J.C. 1485.
Les Rois Ferdinand & Isabelle avoient levé une grande armée pour attaquer les Mores de Grenade. Les troupes étoient belles; mais il sembloit qu'elles alloient plûtôt à un tournoi qu'à une bataille. Les Seigneurs Espagnols ne songeoient qu'à avoir de grans équipages, de beaux chevaux, des armes magnifiques avec des devises, & à faire bonne chere. Les Mores en faisoient de même, & sans l'aveu des Generaux, les particuliers qui ne se vouloient point de mal, se donnoient des fêtes galantes en l'honneur de leurs Dames. Le Pape averti de ce désordre en écrivit fortement au Roi Ferdinand, & l'exhorta à faire la guerre à outrance aux ennemis de Jesus-Christ. On leur prit des villes, ils les reprirent; les Mores d'Afrique leur envoyoient de tems en tems de petits secours, & le Soudan d'Egypte leur promettoit de venir les défendre avec ses Mamelus.

Le Roi de Portugal de son côté continuoit ses conquêtes en Afrique, & y établissoit en même tems la Religion. Le Pape lui renouvella toutes les concessions de terres nouvelles, & toutes les Indulgences que Sixte IV. lui avoit acordées.

Mais le Pape qui ne songeoit qu'à la paix, fut obligé de recommencer la guerre contre Ferdinand Roi de Naple, qui refusoit de lui payer la redevance ordinaire, & qui acabloit ses Sujets, sur tout les Ecclesiastiques, de taxes exorbitantes. Il avoit attiré à son parti le Duc de Milan & les Florentins, & le Pape de son côté fit une ligue avec les Venitiens & les Genois. Le Roi de Hongrie fut accusé de vouloir envoyer des troupes pour soûtenir Ferdinand, & le Pape lui écrivit pour s'en plaindre : *Que Votre Majesté*, lui dit-il dans sa lettre, *prene garde à ce qu'elle fera :* & c'est la premiere fois que nous voyons les Papes traiter les Rois de Majesté.

Cepandant Ferdinand Roi d'Aragon, qui vouloit achever de chasser les Mores d'Espagne, & qui craignoit que les François renouvellant leurs anciennes prétentions sur le Royaume de Naple, ne se mêlassent des guerres d'Italie, envoya à Rome des Ambassadeurs pour faire la paix d'Italie. Le Pape les receut magnifiquement, & le Roi de Naple haï de ses Sujets, dont la plûpart parloient de se donner au Turc pour éviter sa tiranie, écouta leurs propositions, & le Traité fut signé à condition que le Roi de Naple payeroit le tribut ordinaire avec les arrerages; que le Pape nommeroit à tous les Evêchez de ce Royaume; & qu'il pardonneroit aux Urfins à l'exception des Cardinaux de cette famille, qui se remettroient à la discretion de Sa Sainteté.

Les désordres de la guerre n'empêcherent pas le Pape, de mettre au nombre des Saints Leopold Marquis d'Autriche, celebre par une infinité de miracles & par son attachement au Saint Siege, qui lui avoit fait meriter de la bouche d'Innocent II. la qualité de Fils de saint Pierre. Il mit aussi au rang des saintes Vierges la bienheureuse Caterine de Suede fille de sainte Brigitte.

La guerre étoit plus violente que jamais en Allemagne, l'Empereur étoit attaqué en Autriche par le Roi de Hongrie, pandant que les François entroient en Flandre, mais les Electeurs voulant soûtenir la Maison d'Autriche dont le gouvernement étoit fort doux, élurent Roi des Romains l'Archiduc Maximilien. Ils s'assemblerent pour cela à Francfort; les Archevêques de Mayence, de Cologne & de Tréves, le Comte Palatin du Rhin, le Duc de Saxe & le Marquis de Brandebourg concoururent à son élection, Uladislas Roi de Boheme ne s'y trouva pas. Frideric ceda le nom d'Empereur à son fils, à condition de conserver pandant sa vie l'administration de l'Empire. Maximilien bientôt après retourna en Flandre avec beaucoup de troupes Allemandes. Elles y firent de si grans desordres que les peuples se révolterent. Les Etats du pays

An de J. C.
1486.

s'aſſemblerent à Bruges, & Maximilien y étant venu peu acompagné, les Bourgeois prirent les armes & le retinrent priſonier deux mois & demi dans ſon Palais; ils le relâcherent enfin, l'Empereur Frideric levoit une armée, & le Pape menaçoit de les excommunier.

Le Roi Ferdinand & Iſabelle continuoient avec ardeur la guerre contre les Mores; le Cardinal de Mendoza Archevêque de Tolede & Primat d'Eſpagne, avoit tous les pouvoirs du Pape pour impoſer des decimes & acorder des Indulgences, & pour permettre au Roi d'Aragon de mettre ſur ſes ſujets tels impôts qu'il jugeroit à propos, ce qui étoit contraire aux privileges du pays. D'ailleurs les Princes Mores ſe faiſoient la guerre, & ne ſe réüniſſoient que quand il faloit donner quelque bataille, qu'ils perdoient toujours par leur meſintelligence. Il ne leur reſtoit que la ville de Grenade, celles de Malaga, d'Almeria, & quelques Foreteresses qui paſſoient pour imprenables. L'année ſuivante ils perdirent Malaga, qui leur étoit d'autant plus importante, que c'étoit à ſon port qu'abordoient les ſecours d'hommes & d'argent qui leur venoient d'Afrique & d'Egypte.

Les Eſpagnols en ſe rendant maîtres du pays y établiſſoient la Religion, & le Pape n'avoit point de regret aux grandes ſommes d'argent qu'il leur envoyoit tous les ans. Il y établit l'Inquiſition contre les Juifs & les Mahometans, dont grand nombre de familles se retirerent à Tunis & à Tripoli pour éviter les rigueurs de ce Tribunal, qui contribua à la solitude des Espagnes presque autant que la découverte du nouveau Monde, où il falut envoyer des Colonies.

Les Portugais s'établissoient sur les côtes d'Afrique : Bartelmi Piacio avoit découvert le Cap des Tourmentes, que le Roi Jean de Portugal nomma Cap de Bonne-Esperance, persuadé qu'étant à la pointe de l'Afrique du côté du Sud, l'établissement qu'il y alloit faire serviroit d'entrepos à ses vaisseaux, & lui faciliteroit la conquête des Indes.

An de J. C. 1487.

A la fin de l'année Charlotte Reine de Chipre mourut à Rome, où elle s'étoit retirée depuis lon tems, aprés qu'elle eût été chassée de son Royaume. Les Papes lui avoient fourni une subsistance honorable. Elle laissa ses droits aux Ducs de Savoie.

Les Turcs étoient moins à craindre depuis que le Soudan d'Egypte leur avoit déclaré la guerre. La prison du Prince Zizim, & l'envie de le rétablir sur un Trône qui lui étoit dû par le droit d'aînesse, lui servirent de raison ou de prétexte. Il gagna une bataille en Cilicie, & si Zizim y avoit été present, il y a apparence que les peuples se seroient déclarez pour lui. Le Soudan l'avoit demandé plusieurs fois au Grand Maître de Rhodes, qui le gardoit en France dans une de ses Commanderies, & lui avoit offert de grandes

des sommes d'argent. Bajazet lui en offroit encore de plus grandes, & même il avoit envoyé en France des Ambassadeurs, qui promettoient de faire ramasser toutes les Reliques des Saints qui se trouveroient dans son Empire pour en faire present au Roi ; & ce qui étoit encore plus touchant, de lui faire rendre par le Soudan d'Egypte Jerusalem & toute la Terre Sainte, ce que tant de Croisades avoient tenté inutilement. D'autre côté Mathias Roi de Hongrie, voisin & ennemi perpetuel des Turcs, offroit de l'attaquer pourveu que le Prince Zizim l'acompagnât à la guerre, ne doutant point que sa presence ne causât du trouble parmi les Turcs. Enfin le Pape vouloit l'avoir en sa puissance pour former plus aisément la ligue des Princes Chrétiens, & l'envoyer à celui qui feroit de plus grans efforts contre l'ennemi commun. C'est ce dernier parti qui fut suivi, Zizim avec l'agrément du Roi passa à Rome, le Pape le reçut fort bien, & n'en tira pas beaucoup d'utilité.

Cepandant le Roi Charle VIII. qui avoit dixneuf ans, & à qui l'esprit étoit venu, se lassa d'être sous la tutelle de la Dame de Beaujeu, & sans la consulter fit mettre en liberté le Duc d'Orleans. Ce Prince lui fut quelque tems fidele, & ramena à son service le Duc de Longueville & tous les autres Seigneurs. Le Roi dés l'année 1488. avoit été marié par Procureur à Marguerite d'Autriche fille de l'Archiduc Maximilien, cette

An de J.C. 1488.

Princesse étoit élevée à la Cour de France en attendant la consommation du mariage. Maximilien de son côté avoit aussi épousé par Procureur en secondes nôces la Princesse de Bretagne. Mais tout d'un coup ces deux mariages furent rompus, le Roi renvoya Marguerite à Maximilien & épousa Anne de Bretagne. Le Duc d'Orleans, qui l'aimoit & qui en étoit aimé, fit en cette occasion une action heroïque, il menagea ce mariage avec beaucoup d'adresse ; la Princesse y avoit de la repugnance, elle se voyoit engagée à Maximilien qu'elle savoit être fort bien fait, au lieu que Charlés VIII. ne l'étoit pas : mais enfin pressée par le Duc de Longueville & par le Maréchal de Rieux, elle préfera aux mouvemens du cœur les interests de la Bretagne, qui étoit assurée d'une longue paix par sa réunion à la France. Les nôces furent faites à Langeais en Touraine sur les frontieres de l'Anjou. La Cour passa quelques jours au Plessis lez Tours, & vint ensuite à Paris ; la Reine fut sacrée & couronnée à saint Denis, & pandant la ceremonie l'on admira sa pieté, & l'on fut charmé de ses graces. Le Duc d'Orleans obtint pour lui le Gouvernement de Normandie, & pour George d'Amboise son Ministre l'Archevêché de Roüen avec la Lieutenance generale de cette Province. Ses envieux prirent occasion de faire entendre au Roi que le Duc vouloit se rendre souverain de Normandie, dont il étoit déja le maître, mais il n'en crut rien, la Reine répondit de sa fidelité, mais l'ambition lui fit bien tôt oublier son devoir.

En 1489. les Rois Ferdinand & Isabelle entrerent en campagne avec cinquante mille hommes de pied, & douze mille chevaux. Les Mores n'étoient plus en état de donner de batailles; mais ils avoient encore des Places, & s'y défendoient opiniâtrement. On les prenoit pourtant l'une aprés l'autre, & sans la peste qui obligea de separer l'armée Chrétienne, la ville de Grenade auroit été assiegée.

A la fin de l'année le Pape sans faire atention qu'il avoit juré dans le Conclave avant que d'être élu, de ne point faire de Cardinaux tant qu'il y en auroit vint-deux, en fit six nouveaux, & dit pour excuse que le Pape Innocent VI. avoit par une Bule expresse déclaré nuls tous les sermens qu'on feroit dans le Conclave, quand ils iroient à diminuer l'autorité des souverains Pontifes. Le premier des nouveaux Cardinaux fut son neveu Laurent Cybo Archevêque de Benevent. Le second fut Ardicin de la Porte savant homme, qui meritoit bien cette dignité. Le troisiéme fut Jean de Medicis, qui n'avoit que quinze ans, & qui dans la suite fut Pape sous le nom de Leon X. Le Grand Maître d'Aubusson illustre par la défense de Rhodes fut le quatriéme. André de l'Epinai Archevêque de Bordeaux fut nommé à la priere du Roi de France. Le sixiéme fut Antoine Palavicin Evêque d'Orense en Galice.

An de J. C. 1489.

An de J. C. 1489.

Cepandant Bajazet & Caïtbée Soudan d'Egypte envoyerent chacun de leur côté des Ambassadeurs & des presens au Pape. Bajazet lui promettoit fix-vint mille écus d'or par an, & de ne faire jamais la guerre aux Chrétiens, pourveu qu'il gardât le Prince Zizim. Le Soudan offroit quatre cens mille écus d'or comptant & la ville de Jerusalem dont il étoit maître, pourveu qu'on lui envoyât Zizim, & promettoit de plus de partager avec les Chrétiens les conquêtes qu'ils feroient ensemble, sans compter la liberté qu'il étoit prêt à donner à plus de cent mille esclaves. Ces Ambassadeurs avant que de délivrer leurs presens voulurent voir Zizim, pour être assurez qu'il étoit encore vivant. Les presens furent visitez avec soin, parce que Bajazet avoit tenté plus d'une fois de faire empoisonner son frere. Mais pandant ces négociations qui aboutirent à prendre l'argent de Bajazet & à refuser les offres avantageuses du Soudan, le Roi Mathias de Hongrie mourut si subitement, qu'on crut qu'il avoit été empoisonné. Tous les Auteurs ont loüé son courage, sa liberalité, sa magnificence quand elle étoit necessaire, presque toujours vainqueur, soit contre les Turcs, soit contre l'Empereur Frideric qu'il obligea plus d'une fois à demander la paix. Sa mort rendit à Bajazet toute sa fierté, il entra en Hongrie & y prit plusieurs villes, pandant que le Roi des Romains Maximilien, Uladiflas Roi de Boheme fils de

Cafimir Roi de Pologne, & le Roi de Naple Ferdinand fe difputoient une Couronne où chacun d'eux croyoit avoir droit. Il n'y eut pas jufqu'à Jean Corvin fils naturel du Roi Mathias qui n'y prétendît, s'imaginant que le grand nom de fes peres devoit effacer le défaut de fa naiffance.

Le Roi d'Aragon animé par les heureux fuccés de l'année précedente, marcha contre les Mores avec foixante mille hommes de pied & quinze mille chevaux. Il affiegea la ville de Baça qu'il faloit encore prendre, avant que d'aller à Grenade. Le Roi donna toujours les ordres pandant fix mois que dura le fiege. La Reine avoit foin d'y faire conduire les munitions de guerre & de bouche ; & comme le fiege tiroit en longueur, elle y alla elle-même pour encourager les foldats & y mena de nouvelles troupes. On remarqua comme une protection vifible du Ciel, que la pefte n'aprocha pas du camp, où il y avoit plus de deux cens mille perfones, tandis qu'elle défoloit le refte de l'Efpagne. La garnifon fit une défenfe extraordinaire ; mais quand les Mores aprirent que la Reine étoit arrivée, ils perdirent courage & fe rendirent à la famine plûtôt qu'à la force. Le Pape en rendit à Dieu de folemnelles actions de graces, qu'il redoubla l'année fuivante à la prife de la ville de Grenade, qui foûtint un fiege de huit mois, & qui ne fe rendit qu'après avoir vû à leurs yeux bâtir une nouvelle ville où les Rois Ferdinand & Ifabelle

An de J. C.
1490.

avoient résolu de passer l'hiver. On acorda aux assiegez la liberté de conscience, avec pouvoir pandant trois ans de vendre leurs biens & de passer en Afrique. On arbora aussi-tôt sur l'une des Tours du Château de l'Alhambre l'étendart de la Croix, & dés que Ferdinand le vit, il se jetta à genoux & toute l'armée à son exemple, & fit chanter le *Te Deum*. Ainsi finit la domination des Mores en Espagne qui avoit duré huit cens ans ; & quoique les Rois Chrétiens de Leon, de Castille, d'Aragon, de Navarre & de Portugal, se fussent établis peu à peu, la puissance des Mores étoit encore grande, lorsque les Rois Ferdinand & Isabelle les attaquerent. Ils possedoient le meilleur pays d'Espagne & le plus peuplé, vint villes considerables & quantité de grosses bourgades & de châteaux ; leurs richesses étoient immenses, leurs Rois, suivant les Historiens, avoient un million de ducats d'or de rente, leurs troupes aguerries, leurs places fortifiées, & sans la guerre civile qui les perdit, ils eussent pû résister à toutes les forces de Castille & d'Aragon. L'extremité où ils se virent les dernieres années, les obligea d'implorer le secours des Princes Mahometans. Le Soudan d'Egypte manda à Ferdinand, que s'il ne laissoit les Mores en paix, il alloit faire égorger tous les Chrétiens de ses Etats, détruire la ville de Jerusalem & renverser le Saint Sepulcre. La Reine Isabelle ne s'émut pas de ces menaces, sachant bien que les

An de J. C. 1491.

Infidéles ne feroient pas un mal qui retomberoit sur eux. Elle entra dans la ville le lendemain qu'elle fut prise, & fit changer toutes les Mosquées en Eglises, qui furent benites par le Cardinal de Mendozza Archevêque de Tolede. Tous les Chrétiens esclaves qui languissoient depuis lon-tems dans les prisons de Grenade, precedez de la croix, vinrent au devant de la Reine en procession, en chantant *O Crux ave, &c.* Un Heraut monta aussi-tôt sur la plus haute tour de l'Alhambra, & dit à haute voix : *C'est aujourd'hui que le Roi & la Reine rendent le Royaume de Grenade à la foi Catolique par l'ordre de Dieu & par l'assistance de la bien-heureuse Vierge, de saint Jacque, & du Pape Innocent VIII.* Plusieurs Seigneurs Mores se firent Chrétiens, deux Infans du Roi Boabdilla receurent le baptême, & furent nommez les enfans de Grenade. Ferdinand à son retour à Barcelonne fut attaqué & fort blessé par un fou, qui s'étoit imaginé qu'aprés une pareille action, on le proclameroit Roi d'Espagne. Le Roi qui guerit de sa blessure, ne voulut pas qu'on le fit mourir.

CHAPITRE SIXIEME.

LE Pape canonisa cinq Freres Mineurs, qui avoient soufert le martire en Afrique, & mit aussi au nombre des Saints le bien-heureux Bonaventure, qui avoit rendu de grans services à l'Eglise au Concile general de Lion. Le Pape après avoir fait faire les informations acoûtumées, fit assembler dans une sale du Palais Apostolique les Cardinaux, les Evêques, les Chefs d'Ordre Religieux, les Abbez, les Docteurs, les Magistrats de la ville & tous les Juges de la Rote. Laurent Octavien célebre par son éloquence, raporta la vie & les miracles du saint Docteur; le Pape pria Dieu à haute voix, qu'il ne permît pas que l'Eglise errât en cette occasion. Toute l'assemblée se prosterna & fit la même priere. Aprés quoi le Pape prit encore l'avis des Cardinaux, des Evêques & des Docteurs, & enfin déclara que le nom de Bonaventure devoit être inscrit dans le Catalogue des Saints.

Il confirma aussi l'Ordre des Minimes institué par saint François de Paule, la Congregation des Augustins Déchaussez que Baptiste Poggio avoit établie à Genes sa patrie, & l'Ordre de la Conception de la Sainte Vierge institué par Beatrix de Silva Portugaise sous la Jurisdiction des Evêques. Ces Religieuses suivirent d'abord la Regle de Citeaux, & prirent en 1494. celle de Sainte Claire.

Le Pape fit tout ce qu'il put pour assoupir la grande dispute sur les Stigmates de Sainte Caterine de Sienne. Les Dominicains les soûtenoient veritables, & les Franciscains les attaquoient ouvertement. Le Pape Clement VIII. dans la suite leur imposa silence; & enfin le procés fut jugé par Urbain VIII. qui en reformant le Breviaire

Romain,

Romain y fit inferer une leçon, où il est marqué que la Servante de Dieu fut honorée des facrez Stigmates, fans qu'elles paruffent au dehors, comme à faint François. Enfin le Pape décida la queftion fur l'Immaculée Conception de la Sainte Vierge, & ordonna qu'elle feroit prêchée pieufement dans toute l'Eglife, fans pourtant accufer d'herefie ceux qui en particulier foûtiendroient l'opinion contraire. Mais malgré fa pieté il ne pût jamais demeurer en paix avec les Venitiens. Ces fiers Republicains avoient fait la paix avec les Turcs, & toute leur ambition s'étoit tournée du côté de la terre. Ils affiegerent Ferrare pandant cinq mois, & ne leverent le fiege qu'aprés y avoir perdu la moitié de leur armée. Ils furent batus dans la fuite en plufieurs occafions, & ne pouvoient plus réfifter lorfque les Princes d'Italie leur acorderent la paix à l'infçû du Pape. Le chagrin de voir une paix honteufe au Saint Siege & faite fans fa participation, redoubla les accés de fa goute, & le réduifit à l'extremité. Il y avoit deux ans qu'il étoit tombé en apoplexie, & quoiqu'il en fût revenu aprés avoir été vint heures fans connoiffance, il ne s'étoit jamais bien rétabli. Un Medecin Juif propofa de lui faire boire le fang de trois enfans âgez de dix ans, mais il eut horreur d'un pareil remede, il arriva à fa derniere heure avec beaucoup de refignation à la volonté de Dieu, reçût les Sacremens de l'Eglife, & mourut à l'âge de soixante & onze ans aprés huit ans de Pontificat. Il se défendit courageusement contre les ennemis qui attaquerent le Saint Siege, aima la justice, fit tous ses efforts pour mettre la paix entre les Princes Chrétiens, & n'éleva au Cardinalat que des persones de merite. Il rétablit plusieurs Eglises de Rome qui tomboient en ruine, & fit bâtir le Palais de Belveder auprés du Vatican. Il condamna les neuf cens Propositions que Jean Pic Souverain de la Mirandole avoit soûtenuës publiquement à Rome à l'âge de vint-quatre ans, comme suspectes d'heresie, ou du moins de temerité. Ce jeune Prince prodige de science les avoit soûmises, comme nous l'avons dit, à la correction du Saint Siege.

Innocent VIII. étoit un des plus savans hommes de son siecle, ce qui paroît par ses ouvrages du Sang de Jesus-Christ, de la Puissance de Dieu, de la Conception de la sainte Vierge. Il avoit entrepris de concilier la doctrine de saint Thomas & celle de Scot, ce qu'il eût eu peine à executer. Ce fut lui qui regla le Jubilé de vint-cinq ans en vint-cinq ans. Il crea en diverses promotions trente-trois Cardinaux, entre autre Pierre Riario de la Rovere & Jerôme de la Rovere ses neveux, Raphaël Riario qu'il avoit adopté comme son neveu, Philippe de Levis François Archevêque d'Arles, Auxiam de Podio Espagnol Archevêque de Montreal en Sicile, Pierre de Mendoza Espagnol Archevêque de Tolede &

Grand Chancelier de Castilie, Jean Baptiste Cibo Genois, Charle de Bourbon Archevêque de Lion, Pierre de Foix François Evêque de Vormes, Gabriel de Verone celebre par ses Legations, Jean d'Aragon fils de Ferdinand Roi de Naple, Elie de Bourdeille François Archevêque de Tours qui mourut en odeur de sainteté, Jean-Baptiste Savelli noble Romain, Tibaut de Luxembourg Evêque du Mans, & Ascagne Marie Sforce fils de François Duc de Milan. Il avoit commencé la réunion de l'Eglise Moscovite à la Romaine. Le Duc Jean Basilowits lui demandoit des Missionnaires, & le prioit de lui donner le titre de Roi des Russes ; mais il ne le voulut pas faire, de peur de déplaire à Casimir Roi de Pologne, qui prétendoit avoir d'anciens droits sur la Russie. On accusa le Pape d'avoir fait trop de bien à ses enfans naturels sans se soucier du scandale : son fils François Cibo eût de grandes terres, & de lui viennent les Princes de Masse & de Carare. Il épousa Madelaine fille de Laurent de Medicis, & en faveur de ce mariage Jean de Medicis frere de Madelaine fut fait Cardinal à l'âge de quinze ans. C'est lui qui depuis fut Pape sous le nom de Leon X.

Quelques années auparavant étoit mort le Cardinal d'Etouteville François, illustre par sa pieté, dont il avoit donné des marques en diverses Provinces de France, & à Rome en bâtissant l'Eglise des Augustins, & en donnant des ornemens magnifiques à celle de Sainte Marie Majeure. Il étoit Abbé de saint Oüen de Roüen, & ce fut par ses soins & par ses liberalitez que cette Eglise magnifique fut achevée.

An de J.C. 1492.

Aprés la mort d'Innocent VIII. les Cardinaux entrerent au Conclave pour faire un Pape, & quoique Leonel Evêque de Concordia, comme un autre Jeremie, leur eût representé le déplorable état de l'Eglise qui avoit besoin d'un bon Chef, la puissance formidable des Turcs, les erreurs des Hussites qui renaissoient en Allemagne, le luxe du Clergé, les assassinats frequens, ils élurent par une espece d'enchantement le Cardinal Roderic Borgia neveu du Pape Sixte IV. Evêque de Porto, qui prit le nom d'Alexandre VI.

Il semble qu'on devroit effacer de l'Histoire de l'Eglise un Pontificat aussi infame que celui-cy; mais comme les mauvais Pontifes ne sont pas décaracterisez par les vices & par les débauches, & que semblables aux tirans ils sont autant de verges dont Dieu châtie les peuples pour les porter à la penitence, nous dirons toujours la verité & raporterons fidelement le bien & le mal. La plûpart des Cardinaux n'étoient gueres plus reglez qu'Alexandre, & tous ceux qui voulurent s'opposer à son élection furent exilez ou mis en prison. Il étoit connu avant que d'être Pape : Pie II. l'avoit repris souvent de ses débauches, & chassé de sa presence : il vivoit avec Lucrece Vanofia fille Romaine, comme fi elle avoit été fa femme, & il en eut quatre garçons & une fille, qu'il reconnut tous publiquement, & qu'il établit tous aux dépens de l'Eglife : le Cardinal Julien de la Rovere, qui demandoit hautement un Concile general, fe fauva en France. Il faut pourtant avoüer que la nature avoit donné à Alexandre VI. de grandes qualitez, l'efprit vif, un courage au deffus des évenemens, beaucoup d'éloquence, & une adreffe extrême pour s'attirer, finon l'eftime, du moins la crainte, & quelquefois la confiance des Princes & des Rois. Il eut lon-tems la Charge de Vicechancelier de l'Eglife, qui lui valoit, dit-on, chaque année huit mille ducats d'or. La magnificence de fes meubles & de fes habits égaloit celle des plus grans Princes. La pompe de fon couronnement paffa de bien loin toutes celles de fes prédeceffeurs, & le peuple Romain qui aime les fpectacles ne montra jamais tant de joie. Mais comme la chaleur étoit exceffive au mois d'Aouft, & qu'il avoit marché lon-tems au foleil couvert d'ornemens de toile d'or fort pefans, il eut une foibleffe qui l'empêcha durant quelques momens de donner la benediction au peuple. Son fils Cefar eut en un même jour l'Archevêché de Valence & l'Evêché de Pampelune. Mais en faifant du bien à fes parens, il fongea à rétablir la fûreté publique, vifita lui-même les prifons, fit punir feverement les voleurs & les affaffins, &.

An de J. C.
1492.

gagna par là les bonnes graces de la multitude qui lui pardonnoit ſes foibleſſes. Il eut le chagrin d'aprendre la mort de Laurent de Medicis, avant que d'avoir pû travailler à l'élevation de cette Maiſon, qui bien tôt aprés parvint à la Souveraineté de Florence.

An de J. C. 1492.

Le Pape envoya des Miſſionaires en Ethiopie ſous l'autorité & aux dépens de Jean Roi de Portugal. Il avoit établi l'Inquiſition en Caſtille & en Aragon, ce qui paroiſſoit alors aſſez utile à cauſe du grand nombre de Mores & de Juifs qui changeoient de Religion ſuivant que leurs affaires temporelles le demandoient. Thomas de Turre-Cremata Dominicain fit avoüer à dix-ſept mille perſones de toutes conditions & de tout âge des crimes horribles en leur promettant le pardon, mais il en fit brûler deux mille pour mieux établir la terreur de ce Tribunal.

Quoique Ferdinand & Iſabelle vécuſſent en parfaite intelligence, ils vouloient chacun gouverner leurs Etats, & tous les actes s'intituloient au nom de l'un & de l'autre. Ils avoient eu de grans demêlez là-deſſus au commencement de leur mariage, les Etats du pays avoient decidé, qu'Iſabelle gouverneroit ſeule les Etats de Caſtille ; mais pour avoir la paix domeſtique, elle voulut bien partager ſon autorité avec Ferdinand. Sa capacité ſurpaſſoit de beaucoup celle de ſon mari, & ce fut par ſes conſeils & à force de le pouſſer à la gloire, qu'il entreprit & acheva la guerre des Mores. La découverte du nouveau Monde se fit sous leur regne.

Christophe Colomb Genois s'étoit adonné dés son enfance à la navigation ; & comme il avoit un bon sens naturel, beaucoup de courage & une grande connoissance de la Geographie & du cours des astres, il lui vint dans l'esprit, que par la constitution du Monde il devoit y avoir des Terres habitées du côté de l'Occident, & prit la résolution malgré tous les dangers qu'il prévoyoit assez, de les aller découvrir. On dit aussi qu'un vieux pilote poussé par la tempête avoit découvert quelques Isles de ce côté-là, & lui en avoit laissé des Memoires. Il proposa son dessein à divers Princes de l'Europe, qui le traiterent de vision. Les Rois Ferdinand & Isabelle l'ayant entretenu plusieurs fois en particulier, lui donnerent trois vaisseaux pour aller tenter l'entreprise. Il surmonta avec un courage invincible la contrarieté des vents & les revoltes frequentes de ses matelots, & découvrit enfin la Floride dans la grande Terre, & une Isle qu'il nomma l'Hispaniole. On la nomme aujourd'hui Saint Domingue. Il y mit pied à terre, mais à sa vûë & au bruit de ses canons, les habitans se sauverent dans leurs montagnes. On ne put atraper qu'une femme à qui il donna de petits miroirs & d'autres bagatelles qui la ravirent en admiration : elle les porta à sa famille, & bientôt les Insulaires s'aprivoiserent avec les Espagnols. Ils ne faisoient pas grand cas de l'or & de l'argent dont ils avoient en abondance, & Colomb en raporta en Espagne plusieurs lingots. Il fut receu comme il meritoit de l'être. Le Roi & la Reine le firent asseoir auprés d'eux pour entendre le recit de son voyage. On lui donna un plus grand nombre de vaisseaux, dont il fut déclaré Amiral. Son frere Bartelmi Colomb eut le gouvernement de l'Hispaniole. Ils y retournerent, y firent plusieurs établissemens & commencerent la conquête des Indes Occidentales.

An de J. C. 1493.

Le Pape leur acorda des Indulgences & des Missionaires pour y prêcher la foi. Le Pape jugea l'année suivante le grand different pour la proprieté du nouveau Monde entre les Rois de Castille & ceux de Portugal, quoique ce droit en soi ne lui apartînt pas, & que toute son autorité là-dessus consistât à y envoyer des Missionaires pour y prêcher la foi. Il confirma aux Portugais leurs Conquêtes en Afrique, & adjugea aux Castillans tout ce qu'ils avoient découvert ou qu'ils découvriroient à l'avenir du côté de l'Occident: & afin d'éviter toute dispute entre ces deux nations, il marqua du consentement des deux Rois une ligne imaginaire du Pole arctique au Pole antarctique, qu'on appella ligne de demarcation, qui passe à cent lieuës à l'Occident des Isles Açores; & en vertu, dit-il, de la puissance acordée à saint Pierre & à ses successeurs, il donna aux Rois de Castille en Souveraineté toutes les

Terres,

Terres, qui se trouveroient au-delà de cette ligne du côté de l'Occident, & leur promit encore le titre de Rois de l'Afrique, quand ils en auroient fait la conquête. Il donna en même tems aux Rois de Portugal toutes les Terres qui se trouveroient au-delà de la même ligne du côté de l'Orient, à condition d'y faire prêcher l'Evangile & d'y établir la foi en même tems que leur domination. Cette ligne de demarcation a depuis été assignée à cent lieuës à l'Occident de l'Isle de Fer, la plus Occidentale des Canaries, & par-là le Bresil s'est trouvé dans le partage des Portugais.

En 1493. un nommé Simon Pharés, qui enseignoit à Lion l'Astrologie judiciaire, fut arrêté par l'ordre de l'Official, ses livres saisis, & il fut condamné à quelque amande. Il en appella au Parlement, qui envoya les livres saisis à la Faculté de Theologie pour en dire son avis. Les Docteurs les examinerent, & condamnerent cet art comme fabuleux, sans fondement, superstitieux & capable de corrompre les mœurs. Le Parlement sur cet avis confirma la Sentence de l'Official de Lion, & fit remetre la persone de Pharés & ses livres entre les mains de l'Official de Paris.

Galeas Sforce Duc de Milan avoit été assassiné l'année précedente dans l'Eglise de saint Estienne, par Ogliati & quelques autres conjurez entêtez de la liberté publique. Ils furent arrêtez par le peuple, & dans les tourmens qu'on leur fit souffrir ils criyoient : *Nous mourons, mais notre nom ne mourra point.* Jean Sforce fils de Galeas encore enfant fut reconnu Duc par les soins de Cicco Calabrois, qui gouverna plusieurs années avec beaucoup de sagesse & d'autorité.

Cependant le Pape pour faire fleurir les lettres en Allemagne avoit confirmé l'Université d'Ingolstat fondée par Loüis Duc de Baviere, & avoit reglé qu'il y auroit trois Professeurs en Theologie, trois en Droit Civil & Canon, & trois en Medecine. L'Université de Tubingue fut fondée en même tems par Everard Comte de Wirtemberg & de Montbelliard : Gabriel Biel Suisse y enseigna la Philosophie & la Theologie. Il composa plusieurs ouvrages, entre autres un Commentaire sur les quatre Livres du Maître des Sentences, & un abregé des écrits de Jerôme Ockam, & selon M. du Pin, ce fut un des meilleurs Theologiens Scolastiques de son tems. Le Pape s'apliqua aussi à conserver & à augmenter la Bibliotheque Vaticane, en faisant rechercher par tout à grans frais les meilleurs livres, *afin*, dit-il dans sa Bule, *que les fideles puissent s'instruire des veritez de la Foi, & aprendre sans peine l'histoire admirable de l'Eglise Chrétienne.* Le Pape Sixte IV. en avoit donné le soin à Bartelmi Platine dont on connoissoit la capacité. Il attribua de gros gages à un emploi qu'il croyoit important, & ordonna d'acorder l'entrée de la Bibliotheque à tous ceux qui la demanderoient. Platine Philofophe & habile Reteur avoit été accusé d'herefie & mis en prifon par le Pape Paul II. mais fon innocence fut reconnuë par Sixte IV. & ce fut par fon ordre que fur des manufcrits & d'anciens monumens, il compofa l'Hiftoire des Papes, où il ne manqua pas d'inferer tous les privileges de l'Eglife Romaine. Onufre Panvinus continua fon ouvrage, & le dedia au faint Pape Pie V. Les Poëtes raillerent Platine de ce qu'aprés avoir écrit l'Hiftoire des Papes, il avoit fait un Traité de la Cuifine. Il étoit mort de la pefte en 1481. à l'âge de foixante ans.

Le foin des lettres n'empêchoit pas les Princes d'Allemagne de fe faire la guerre. L'Empereur par un efprit ambitieux, qu'il ne foûtenoit jamais par fes actions, déclara la guerre aux Hongrois, le Roi de Pologne fe joignit à lui dans l'efperance de reprandre la Boheme; mais les Hongrois plus guerriers & plus habiles qu'eux les batirent, ravagerent l'Autriche & prirent Vienne.

Le Pape n'étoit pas content du Roi de Naple, qui avoit refufé fon alliance avec mépris; il figna contre lui une ligue avec le Duc de Milan & les Venitiens, & manda fecretement au Roi de France que s'il vouloit reprendre le Royaume de Naple, la ligue fe déclareroit pour lui, dés que fon armée auroit paffé les Monts. Jamais propofition ne fut reçûë plus agréablement. Le Roi Charle

VIII. avoit fait un mariage avantageux en toutes manieres en épousant une belle Princesse, qui réünissoit le Duché de Bretagne à la Couronne; elle venoit d'acoucher d'un Daufin, qui fut baptisé avec la derniere magnificence. Les Ducs d'Orleans & de Bourbon furent ses parains, la Reine de Sicile veuve du Roi René fut sa maraine. Le Duc de Nemours portoit le cierge, le Comte de Foix la saliere d'or, le Prince d'Orange tête nuë portoit le Daufin, l'Amirale fille naturelle de Loüis XI. portoit un vase enrichi de pierreries où étoit le saint Chrême, & quoiqu'il y eut beaucoup d'Evêques & de Cardinaux, le Roi voulut qu'il fût baptisé par un Religieux appellé Jean Bourgeois dont la sainteté étoit connuë, & pandant la ceremonie il s'apuyoit sur le bras de saint François de Paule, qui par l'ordre exprés du Roi donna au Daufin le nom de Charle Orland. Aprés cette ceremonie le Roi donna toute son application à la conquête du Royaume de Naple, qui lui apartenoit par le droit de la Maison d'Anjou. La conjoncture étoit favorable, il n'y avoit plus à craindre de guerre civile dans le Royaume, depuis que le Duc d'Orleans étoit rentré sincerement dans son devoir, le Pape & les plus puissans Princes d'Italie lui offrirent leurs secours. Mais avant que de faire une pareille entreprise, il faloit être en paix avec tous ses voisins.

Henri VII. Roi d'Angleterre affermi sur le

Trône, après avoir plus d'une fois essuyé l'inconstance de la fortune, vouloit vivre en paix dans les plaisirs, & n'avoit déclaré la guerre aux François que pour en tirer de l'argent de son Parlement. Il étoit décendu à Calais avec vint-cinq mille hommes de pied & seize cens chevaux; mais dés que le Roi lui eût fait proposer par le Maréchal des Cordes un traité soûtenu d'un present de sept cens mille écus, il l'accepta & repassa en Angleterre.

Il y avoit trente ans que Jean Roi d'Aragon avoit engagé au Roi Loüis XI. pour trois cens mille écus la Cerdagne & le Roussillon; Ferdinand les demandoit avec hauteur, il venoit de prendre Grenade & de renvoyer les Mores en Afrique, sa victoire le rendoit plus fier; le Roi écouta ses propositions, & lui rendit la Cerdagne & le Roussillon, sans lui demander les trois cens mille écus de l'engagement, à condition seulement que Ferdinand ne donneroit aucun secours au Roi de Naple, & qu'il se déclareroit contre le Roi d'Angleterre, s'il rompoit la paix, qu'il avoit signée depuis peu avec la France.

Maximilien Archiduc d'Autriche avoit été depuis huit ans élû Roi des Romains. L'Empereur Frideric III. son pere venoit de mourir dans une extrême vieillesse; il avoit merité le surnom de Pacifique, parce qu'il n'aimoit pas la guerre, quoiqu'il l'eût faite assez souvent. On dit qu'il n'avoit jamais juré que deux fois en sa vie, l'une

An de J.C. 1493.

quand il fit son serment à Aix-la-Chapelle le jour de son couronnement, & l'autre quand il fut couronné à Rome ; & quoiqu'il fût d'une humeur fort douce, il ne laissoit pas d'exiger de grans respects, & sur ce qu'un de ses Courtisans lui demandoit un jour qui étoient ses amis : *Ceux,* répondit-il, *qui me craignent autant que Dieu.*

Maximilien avoit toutes les qualitez des grans Princes, brave, éloquent, aimant les gens de lettres ; & quand la paix lui en donnoit le loisir, il s'ocupoit à écrire l'Histoire. Il proposa aux Savans huit questions, dont Tritheme donna la Solution dans un Traité qu'il intitula Curiosité Royalle. Jean Tritheme né dans un village sur la Mozelle fut un prodige d'érudition, Philosophe, Mathematicien, Chimiste, Historien, Poëte, Theologien, habile dans les langues Hebraïque & Greque ; il se fit Moine Benedictin, & fut élu Abbé de Spanhem. Le nombre de ses ouvrages sur toutes sortes de sujets est fort grand. Il déplore la décadence de l'Ordre de saint Benoist, qu'il atribuë au peu de soin qu'avoient eu les Superieurs de cultiver les Sciences, & de faire lire l'Ecriture sainte. Mais celui de ses ouvrages qui lui acquît le plus de réputation, fut l'Art d'écrire en chifre, qui parut si surprenant qu'on l'accusa de magie, quoique ce fût un fort bon Religieux.

An de J. C. 1496.
Ce fut en ce tems-là que l'Empereur Maximilien assembla une Diete à Wormes pour faire la

guerre aux Turcs qui devenoient redoutables, mais on n'y regla que quelques affaires d'Allemagne. Il érigea le Comté de Virtemberg en Duché. La Chambre Imperiale jufqu'à lui fuivoit les Empereurs dans tous leurs voyages, il l'établit fixe à Wormes, elle fut depuis transferée à Spire, & eft prefentement à Vetflar prés Francfort. Il maria l'Archiduc Philippe fon fils âgé de dixhuit ans avec l'Infante Jeanne fille de Ferdinand d'Aragon & d'Ifabelle de Caftille. Et quoi qu'alors felon l'ordre de la naiffance elle eût devant elle le Prince Jean fon frere aîné, neanmoins contre les apparances elle devint heritiere des Royaumes d'Efpagne, ce qui fit la grandeur de la Maifon d'Autriche. Maximilien eut toujours des démêlez avec les villes de Flandres qui étoient fort feditieufes. Marie de Bourgogne fa premiere femme lui avoit laiffé l'Archiduc Philippe dont il avoit la garde noble. Le voifinage & les prétentions réciproques étoient un fujet de guerre avec la France. Le Roi qui avoit en tête la conquête du Royaume de Naple, lui fit faire des propofitions fi avantageufes, qu'il les accepta. On lui rendit les Comtez de Bourgogne, d'Artois & de Charolois, & l'on promit de rendre à l'Archiduc Philippe cinq ans aprés, les villes de Hefdin, d'Aire & de Bethune dés que ce Prince auroit vint ans.

Ces differens traitez fignez & bien jurez, le Roi fit fes préparatifs pour la guerre d'Italie malgré tous ses Ministres, qui se souvenoient de la politique de Loüis XI. Guillaume Brissonet President de la Chambre des Comptes & sur-Intendant des Finances étoit seul d'avis contraire, prévoyant que la guerre d'Italie, soit que le Roi fût bien ou mal avec le Pape, pouroit l'élever au Cardinalat.

L'Italie étoit alors assez tranquille. Les petits Princes contens de leur sort demeuroient en paix, & les plus puissans comme le Pape, le Roi de Naple & les Venitiens n'osoient commencer la guerre par une crainte mutuelle. Loüis Sforce usurpateur du Duché de Milan tâchoit de s'affermir dans sa nouvelle domination. Les choses étoient en cét état là, lorsque le Pape, comme nous l'avons dit, demanda au Roi de Naple une de ses filles en mariage pour l'aîné de ses enfans. La proposition fut rejettée avec mépris, & pour s'en vanger le Pape forma la ligue avec le Duc de Milan & les Venitiens pour faire venir les François en Italie. Loüis Sforce avoit fait un traité particulier, par lequel il promettoit de donner passage sur ses terres à l'armée de France, d'y joindre cinq cens hommes d'armes qu'il entretiendroit pandant la guerre, de livrer au Roi le port de Genes pour y armer sa flotte, & de lui faire tenir deux cens mille ducats avant son départ : Et le Roi de son côté promettoit de le soûtenir envers & contre tous, & de lui ceder la Principauté de Tarente aprés la conquête du

Royaume

Royaume de Naple. Mais Sforce en même tems, pour avoir des amis par tout, maria Blanche Marie fa niéce avec Maximilien d'Autriche Roi des Romains. En ce tems-là les Princes élus par les Electeurs de l'Empire ne prenoient que la qualité de Rois des Romains, jufqu'à ce que les Papes les euffent couronnez Empereurs. Maximilien avoit été fort tourmenté par fes fujets de Flandre, qui n'étoient pas acoûtumez à être traitez tiraniquement. Ils avoient ofé l'arrêter à Bruges & le tenir deux mois en prifon, jufqu'à ce que l'Empereur Frideric fon pere vînt à fon fecours. Ils s'étoient revoltez encore plus d'une fois, tant pour fe faire décharger des impôts, que pour avoir la tutelle du Prince Philippe fils de Maximilien qu'ils vouloient élever à leur mode; mais enfin il étoit devenu le maître par la mort de l'Empereur Frideric III. Aprés avoir affermi fon pouvoir dans les Pays-Bas & en Allemagne, il voulut auffi fe faire reconnoître en Italie; & moyennant de groffes fommes d'argent, il donna à Loüis Sforce l'Inveftiture du Duché de Milan.

Le Roi Ferdinand d'Aragon n'étoit pas trop content de l'expedition des François en Italie. Il craignoit que le Roi aprés s'être emparé du Royaume de Naple, ne voulût faire valoir d'anciens droits fur la Sicile. Il favoit même que les François pour flater leur jeune Prince, lui donnoient déja les titres faftueux de Roi des deux

Siciles & de Jerufalem. Il envoya des Ambaſſadeurs au Pape & au Duc de Milan pour tâcher de rompre la ligue faite en faveur de la France.

Aprés que le Roi Charle VIII. eut pris toutes ſes meſures, il donna le rendé-vous à ſon armée auprés de Lion. Ses principaux Chefs étoient le Duc d'Orleans, Loüis de la Trimoüille, les Maréchaux de Gié & de Rieux, & d'Aubigny Ecoſſois. Le Duc de Bourbon demeura en France avec la qualité de Lieutenant General de l'Etat. Les troupes étoient belles, mais le Roi n'avoit point d'argent pour les payer. Il en emprunta de quelques Marchans de Genes & de Milan, & en paſſant par Turin il fut obligé à emprunter les pierreries de la Ducheſſe, & à les mettre en gage. En marchant il envoya des Ambaſſadeurs aux Princes d'Italie, les aſſurer qu'il n'en vouloit qu'au Roi de Naple, & que dés qu'il auroit repris ſon bien il retourneroit en France, ou qu'il iroit faire la guerre aux Turcs, ſi on le vouloit ſeconder.

Cependant Ferdinand Roi de Naple étoit mort d'apoplexie à l'âge de ſoixante & dix ans, & ſon fils Alphonſe lui avoit ſuccedé. Le Pape qui étoit mal avec le pere, donna l'Inveſtiture à ſon fils Alphonſe, ſans ſe ſoucier du traité qu'il avoit avec le Roi, & ſe repentant déja des pas qu'il avoit faits pour l'attirer en Italie. Il envoya à Naple le Cardinal de Sainte Suzane Legat *à Latere* pour le ſacrer & le couronner. Il maria en même tems son fils Geoffroi Borgia avec Sancie fille naturelle d'Alphonse, qui le créa Prince de Tricastin, Comte de Clermont & de Carinole. Le Pape fit plus, il avertit Bajazet que le Roi de France après la conquête de Naple étoit résolu de l'aller attaquer, & qu'il meneroit avec lui le Prince Zizim. Il demandoit un secours d'argent au Sultan, n'osant pas lui demander des troupes, dont le seul aspect eût indigné les Chrétiens. Il fit partir en même tems le Cardinal de Saint Eustache pour tâcher de persuader au Roi de remetre à l'année prochaine son entreprise de Naple ; que la peste & la famine étoient à Rome, & qu'il y avoit à craindre que le Roi Alphonse au desespoir n'appellât Bajazet à son secours. Le Roi ne voulut point donner audiance au Legat, & fit mander au Pape qu'il ne craignoit point la peste. Il alla joindre ses troupes auprés Lion, passa les Alpes & traversa l'Italie, sans que persone s'y opposât. Loüis Sforce le reçut à Milan, & lui donna de l'argent & des troupes. Pierre de Medicis le reçut aussi à Florence, mais de mauvaise grace ; il n'étoit pas aussi habile que son pere Laurent, & craignant qu'on ne l'arrêtât, il se sauva à Venise avec son frere le Cardinal, qui fut depuis le Pape Leon X. Les Florentins promirent de donner au Roi cent trente mille écus d'or, & douze mille par an jusqu'à la fin de la guerre.

Le Roi avant que d'entrer en Italie avoit fait

publier un Manifeste pour prouver les droits de la Maison d'Anjou sur le Royaume de Naple, avec protestation que ne pouvant esperer qu'on lui fît justice à l'amiable, c'étoit malgré lui qu'il avoit recours aux armes. Enfin il s'avança jusqu'aux portes de Rome avec une armée qui se trouva de vint-cinq mille chevaux, & de quinze mille hommes de pied.

Le Pape étoit fort embarassé, & ne se voyant pas en état de lui résister, il songeoit à sortir de Rome, sans sçavoir trop bien où il se retireroit; mais les Cardinaux qui étoient restez auprés de lui releverent son courage abatu: les Venitiens lui manderent qu'ils ne l'abandonneroient pas, & les Rois Ferdinand & Isabelle lui firent sçavoir qu'ils avoient écrit en sa faveur au Roi Charle VIII. & qu'il n'en seroit pas maltraité, pourveu qu'il s'humiliât. Il le fit, tira de prison le Cardinal de Saint Severin, & l'envoya au Roi le conjurer de ne point entrer à Rome en ennemi, l'assurant qu'on lui rendroit tous les honneurs dûs au fils aîné de l'Eglise. Les Cardinaux de Saint Pierre aux Liens & de Gurk, ennemis déclarez du Pape, l'acculoient d'avoir fait alliance avec Bajazet, & vouloient qu'on assemblât un Concile pour le déposer; mais le jeune Roi avide de gloire & de conquêtes, craignoit de s'embarquer dans une affaire Ecclesiastique difficile, de longue haleine, & qui pouroit causer un schisme dans l'Eglise. Il étoit d'une devotion exemplaire, & lorsqu'il entreprit d'aller à Naple pour reprendre son bien, il avoit principalement en vûë la délivrance du saint Sepulcre, & le rétablissement de l'Empire de Constantinople. Il brûloit de commencer une entreprise si glorieuse, l'on lui avoit remis entre les mains le Prince Zizim. Il consentit à la paix avec le Pape, mais il voulut qu'on lui livrât Terracine, Viterbe & Spolette, & moyennant cela il entra dans Rome sans appareil de guerre : les Magistrats lui presenterent les clefs de la ville, son armée fut mise dans les villages voisins. On avoit remarqué comme une chose surprenante & presque miraculeuse, qu'une partie des murailles de la ville & de celles du Château saint Ange étoient tombées à l'aproche des François. Le Pape sortit du Château saint Ange où il s'étoit retiré, & revint au Vatican. Il promit de reconnoître Charle VIII. pour Roi de Naple, & de rendre ses bonnes graces aux Cardinaux de Saint Pierre aux Liens, de Gurk, Savelli & Colomne.

Dés que ces conditions eurent été reglées, le Roi alla voir le Pape, lui baisa les pieds, la main & la jouë, & lui rendit l'obéïssance filiale. Il ne voulut point s'asseoir, parce qu'on lui avoit préparé un siege au dessous du Doyen des Cardinaux, & qu'il ne voulut pas troubler la ceremonie. Le Pape le nomma plusieurs fois fils aîné de l'Eglise, confirma tous les privileges dont joüissoient les Rois de France, & fit Cardinal Guillaume Briſſonnet ſon premier Miniſtre. *Remerciez le Pape*, lui dit le Roi ; *non, non*, reprit le Pape, *remerciez le Roi*. Il eſt pourtant bon de remarquer que ſuivant le Journal de Burchard Maître des ceremonies du Pape, ſa Sainteté pandant toutes ces ceremonies demeura ſur ſon trône, les Cardinaux à droite & à gauche, & que le Roi étoit ſur un ſiege vis à vis de ſa Sainteté, & qu'en parlant ils ſe couvroient & ſe découvroient en même tems. Le Roi pandant quelques jours viſita les principales Egliſes de Rome, & y laiſſa des marques de ſa magnificence. Il fonda le Couvent de la Trinité du Mont pour les Religieux Minimes de la nation Françoiſe.

Le même jour que le Roi entra dans Rome mourut Jean Pic Souverain de la Mirandole & de Concordia. Il n'avoit que trente-deux ans. Une merveilleuſe penetration d'eſprit jointe à une memoire prodigieuſe le firent admirer dés ſon enfance, & nommer le Phenix de ſon ſiecle. Scaliger l'appelle *Monſtrum ſine vitio*. Il eut pandant ſes premieres années quelque foibleſſe pour les femmes, ſa naiſſance, ſes richeſſes, les agrémens de ſa perſone, tout le portoit à une vie molle & délicieuſe ; mais bientôt la grace & la ſcience qu'il puiſa dans les Livres ſacrez, lui firent connoître la vanité des faux plaiſirs, & il ſe donna tout entier au ſervice de Dieu & à l'étude de la ſageſſe. Il avoit parcouru toutes les Univerſitez de France & d'Italie à l'âge de vint-trois ans ; il proposa à Rome dans des Theses qu'il soûtint publiquement neuf cens Propositions sur toutes sortes de sciences, la plûpart étoient sur des questions Scolastiques ou de Metaphisique. Quelques Docteurs ayant cru y voir des heresies, le Pape les fit examiner. Il avoit avancé par exemple, que Jesus-Christ n'est pas réellement décendu aux Enfers, quant à la presence, mais seulement quant aux effets : qu'une peine infinie n'est pas dûë au peché mortel, à moins que sa durée ne soit infinie : que les paroles de la Consecration sont recitées materiellement par le Prêtre, & non pas significativement : qu'enfin l'ame n'entend & ne conçoit distinctement qu'elle-même. Il tâcha d'expliquer ces Propositions, il avouë que l'ame de Jesus-Christ est décenduë aux Enfers, mais que quant à la maniere, il n'y a rien de déterminé, & que l'ame separée du corps n'étant point dans le lieu par presence, mais par operation, sa Proposition qui n'a point d'autre sens ne sauroit être condamnée. Il dit que le peché mortel, entant qu'il est aversion de Dieu, qui est un bien infini, merite une peine éternelle ; mais que la peine éternelle ne suivra le peché mortel, que quand le peché sera infini dans la durée. Il dit que les paroles de la Consecration étoient significatives dans la bouche de Jesus-Christ, qui effectivement donnoit son Corps & son Sang à ses Disciples ; mais que dans la bouche du Prêtre qui ne donne point son corps, mais le corps de Jesus-Christ, ces paroles doivent être considerées comme un recit. Il répond enfin sur la derniere Proposition, qu'elle doit s'entendre de la connoissance intime que l'ame a immediatement de soi-même. Il soûmit toutes ses opinions à l'autorité du saint Siege. Le Pape Innocent VIII. ne laissa pas de les condamner, trouvant qu'il y en avoit plusieurs qui sentoient l'heresie, & la plûpart qu'on pouvoit au moins accuser de temerité. Le Pape Alexandre VI. lui donna un Bref d'absolution, & il revint à Rome. Il s'apliqua tout entier à l'étude de l'Ecriture sainte, entreprit de combatre les Juifs & les Mahometans, & de confondre les Astrologues. Il se défit de ses Souverainetez en faveur de Jean-François son neveu pour vaquer aux sciences avec plus de tranquilité. Il avoit eu dessein d'entrer dans l'Ordre de saint Dominique. Sa pieté égaloit sa science : *Quel est notre aveuglement*, dit-il, dans son Traité sur le premier Etre, qu'il envoye à Ange Politien son ami, *nous pouvons en cette vie aimer Dieu, & nous avons bien de la peine à le connoître ! En l'aimant nous lui obéissons avec moins de peine & plus de profit, & cepandant nous cherchons toujours ce que nous ne trouvons point, & ce que l'on ne trouve que par l'amour.* Le nombre de ses ouvrages est fort grand, sans parler de ceux qui n'ont pas été imprimez. Nous avons l'Apologie de ses Theses, sept Livres sur la Genese, un Traité de l'Etre & de l'Unité, des Préceptes pour l'instruction

ction Chrétienne, un Traité du Royaume de Jefus-Chrift & de la vanité du monde, douze Livres fur l'Aftrologie, & trois fur le Banquet de Platon, une Expofition fur l'Oraifon Dominicale, un Traité de la dignité de l'homme, où il découvre divers fecrets de la cabale Juifve & des Philofophes Caldéens & Perfans, & beaucoup de lettres où l'efprit brille par tout. Il avoit encore compofé d'autres ouvrages qui n'ont point été imprimez, comme la défenfe de la verfion des Septante, un Traité de la fuputation des tems, un Commentaire fur le nouveau Teftament, un Traité contre les fept ennemis de l'Eglife, qui font les Athées, les Payens, les Juifs, les Mahometans, les Chrétiens heretiques, les Chrétiens pecheurs, & les Heretiques pecheurs & heretiques. Il avoit brûlé en fe donnant à Dieu tous les Livres de vers qu'il avoit compofez dans fa premiere jeuneffe, & fi la mort ne l'avoit prévenu, il fe feroit fait Religieux. *La fcience*, difoit-il, *n'eft rien fans les œuvres*. Son neveu Jean-François Pic de la Mirandole, prefque auffi favant que fon oncle, écrivit fa vie. Nous avons auffi de lui des ouvrages fur les Theorêmes de la Foi, fur la Philofophie divine, & fur la Philofophie humaine qu'il fait fort bien diftinguer, fur l'Aftrologie & la Chiromancie qu'il traite de ridicules, en fe foûmettant avec humilité aux revelations des Profetes. Il combat fortement les erreurs des Ariftetoliciens; enfin dans fes écrits,

Tome VIII. Yy

s'il n'y a pas tant d'esprit, de vivacité, ni d'élégance que dans ceux de son oncle, il y a peut-être autant de solidité. Il garda ses Souverainetez au milieu des sciences, & en fut chassé deux fois, l'une par son frere Loüis, & l'autre par les François.

Ange Politien Curé de l'Eglise de saint Paul de Florence mourut la même année à l'âge de quarante ans. Laurent de Medicis qui gouvernoit sa Republique avec une autorité despotique, l'y attira par ses liberalitez & lui confia l'éducation de Pierre son fils aîné. Jean son second fils étoit déja Cardinal, quoiqu'il n'eût que dix-huit ans, & fut depuis le Pape Leon X. Laurent étoit le protecteur déclaré des gens de lettres: il faisoit venir des Livres de toutes les parties du monde; *& si je n'ai point d'argent*, disoit-il, *pour les payer, je vendrai mes meubles*. Ange Politien professa plusieurs années les langues Greque & Latine, & se rendit celebre par ses Epîtres, par ses Poësies, & par ses mêlanges de litterature qui lui attirerent l'amitié de tous les Savans, l'estime & les bienfaits des plus grans Princes. Jean Pic Duc de la Mirandole & Hermolaüs Barbarus, l'un & l'autre celebres par une érudition vaste & polie, lui écrivirent plusieurs lettres qui ont été imprimées avec les siennes. Il fut envelopé dans la disgrace de ses protecteurs, & lorsque les Medicis furent chassez de Florence, il en mourut de déplaisir. Ses ennemis publierent beaucoup de fables sur sa mort, qui fut fort chrétienne.

LIVRE VINT-HUITIÉME.

CHAPITRE PREMIER.

QUELQUES jours aprés que le Roi Charle VIII. fût entré dans Rome, il fit marcher son armée du côté de Naple. Le Roi Alphonse prit aussi-tôt l'épouvante, & se voyant haï de ses sujets, il fit proclamer Roi son fils Ferdinand Duc de Calabre, jeune Prince que les Napolitains aimoient fort. Le jeune Roi s'avança à la tête de quelques troupes ; mais ayant apris que Capouë & Naple même s'étoient rendus aux François, il se retira dans l'Isle d'Ischia à trente mille de Naple pour y atendre quelque révolution. Le Gouverneur de la Forteresse vint à la porte lui déclarer fierement qu'il ne laisseroit entrer que lui seul ; mais Ferdinand furieux mit l'épée à la main, chargea le Gouverneur, & par sa presence intimida tellement la garnison, qu'elle mit les armes bas & ie laissa entrer avec le peu de troupes qui l'avoient suivi : le Pape l'avoit averti qu'il se formoit une ligue des Princes d'Italie en sa faveur. La ville de Naple & le reste du Royaume reconnut Charle VIII.

On ne peut exprimer la joie qu'eurent les Napolitains de se voir un Roi heritier des anciens Princes d'Anjou. Les Princes de cette Maison doux, braves & magnifiques leur étoient en veneration, au lieu que les Aragonnois la plûpart avares & cruels les avoient traitez bien differemment. Le Roi fit chanter le *Te Deum* dans l'Eglise Catedrale, communia & toucha les malades des écroüelles qui s'y étoient rendus de toutes les parties de l'Europe, & pandant la semaine Sainte il s'acquitta de toutes ses devotions ordinaires. Il fit son entrée quelques jours aprés avec beaucoup de magnificence, & donna l'Ordre de Chevalerie à la jeune Noblesse Napolitaine. Ce ne furent pandant un mois que Fêtes, courses de Bagues & Tournois où le Roi montra son adresse. On represanta des Comedies où l'on tournoit en ridicule les soldats du Pape, & ceux du Duc de Milan & des Venitiens, & même les vains offices des Rois Ferdinand & Isabelle, qui n'avoient osé s'opposer aux armes de France. Mais pandant ces divertissemens qui n'étoient pas de saison dans une domination encore mal affermie, les Princes d'Italie qui voyoient le Roi maître de Naple, de Florence & de Sienne, s'unirent contre lui. Le Pape piqué que le Roi se fût saisi de ses places, entra des premiers dans la ligue. Le Duc de Milan voyoit le Duc d'Orleans dans son Comté d'Ast avec des troupes, & craignoit qu'il ne voulût faire valoir ses droits sur Milan. L'Empereur se plaignoit que son autorité étoit méprisée en Italie, & le Roi d'Aragon n'aimoit pas à voir les François si voisins de la

Sicile. Les Venitiens se déclarerent les derniers, aprés avoir fait des propositions de paix assez raisonnables. Philippe de Comines Ambassadeur de France à Venise, dit qu'ils offroient d'obliger les Rois Alphonse & Ferdinand de Naple à payer tribut au Roi, & à lui ceder des ports pour rassembler les vaisseaux de la ligue contre les Turcs, pour laquelle ils s'obligeoient à fournir cent galeres & beaucoup d'argent : que l'Empereur, les Princes d'Allemagne & le Roi de Pologne les attaqueroient par terre, pandant que le Roi les attaqueroit par mer. Ces offres furent rejettées par un jeune Prince plein de lui-même & vainqueur, & la ligue contre les François fut publiée à Venise entre l'Empereur, les Rois d'Espagne, le Duc de Milan & les Venitiens. Ils mirent ensemble quarante mille hommes pour s'opposer au Roi, qui vouloit retourner en France. Il ne songeoit plus à faire la guerre aux Turcs : le Prince Zizim, qu'il avoit mené avec lui à Naple, venoit de mourir pour avoir trop mangé de fruit, & bû excessivement. On accusa sans raison les Venitiens & même le Pape de l'avoir fait empoisonner.

Cepandant le Roi averti de la ligue qui se formoit contre lui pour empêcher son retour en France, laissa à Naple le Comte de Montpensier Prince du Sang & beau-frere du Sire de la Trimoüille, avec la qualité de Viceroi & quelques troupes, & marcha avec une assez petite armée du côté de Rome. Le Pape n'osa l'y attendre, & ne voulut point de conferences (il l'avoit trop offensé.) Le Roi alla à Sienne, dont les habitans lui prêterent serment de fidelité, dans l'esperance qu'il les soûtiendroit contre les Florentins leurs tirans : tous les enfans de la ville étoient vêtus de satin blanc semé de fleurs de lis d'or. Mais il s'y amusa lontems, ses ennemis n'étoient pas encore assemblez, & il n'auroit trouvé aucune opposition. Il passa à Florence les Fêtes de la Pantecôte, & à Pontgibon prés de Sienne la Fête du saint Sacrement, qu'il solemnisa comme il eût fait à Paris. Il n'avoit au plus que sept mille hommes, & arriva le 23. de Juin au pied des montagnes. Il y demeura dix jours jusqu'à ce que son canon fut passé. Jean de la Grange Maître de l'Artillerie, & le Sire de la Trimoüille premier Chambellan & Garde du Cachet ou petit Scel du Roi, travaillerent à franchir à force de bras les montagnes les plus escarpées, & par-là mirent le Roi en état de combatre ses ennemis. Il s'avança dans la plaîne de Fornouë à quatre lieuës de Parme, & y rangea sa petite armée en bataille. Il étoit entouré de sa Garde Françoise & Ecossoise, & de cent Gentilshommes Pensionaires. Charle de Maupas, Aimard de Prie & Claude de la Châtre étoient auprés de sa persone. Mais ce qui étoit plus remarquable, André Depinai Cardinal & Archevêque de Bordeaux revêtu de ses habits Pontificaux ne le quitta pas

An de J. C. 1495.

durant la bataille. Le Roi alloit par les rangs criant aux soldats: *Que dites-vous, mes amis, n'êtes-vous pas résolus de bien faire votre devoir, & ne voulez-vous pas vivre & mourir avec moi?* Le Comte de Ligny, celui de Piennes, Mathieu bâtard de Bourbon & quelques autres prirent le jour de la bataille des habits semblables à celui du Roi, parce qu'ils avoient remarqué qu'un Heraut des ennemis qui étoit venu reclamer quelque prisonier, s'étoit fort attaché à remarquer l'habillement du Roi.

Cependant les Venitiens, qui faisoient la plus grande force de l'armée ennemie, s'avancerent en bon ordre avec une mine fort fiere pour attaquer le corps de bataille où étoit le Roi. Le Marquis de Mantouë parut en même tems sur la gauche à la tête de huit cens lances pour venir prendre le Roi par le flanc; mais le Sire de la Trimoüille suivi seulement de trois cens lances alla au devant de lui, & aprés un combat assez opiniâtré l'obligea de plier & de s'enfuir. Le Roi de son côté combatoit comme le soldat le plus déterminé. Enfin les Venitiens voyant le Marquis de Mantouë défait & leurs principaux Chefs tuez ou blessez, se retirerent & laisserent les François maîtres du champ de bataille. L'armée marcha le lendemain & soufrit beaucoup manque de vivres, les bagages avoient été pillez par les ennemis, mais le Roi ne s'en étoit pas mis en peine, ne songeant qu'à se faire un passage pour arriver dans le Comté d'Aſt. Enfin aprés des peines infinies, que la preſence du Roi faiſoit ſuporter, on arriva à Aſt où les troupes trouverent tout en abondance. Le Duc de Milan aſſiſté des Venitiens aſſiegeoit depuis trois mois la ville de Novarre, que le Duc d'Orleans avoit ſurpriſe durant l'expedition de Naple. La famine étoit dans la place, & le Roi contre l'avis de ſon Conſeil, qui vouloit retourner en France, réſolut de la ſecourir. Il venoit d'être joint par quinze mille Suiſſes ou Allemans, & ſe flatoit de faire lever le ſiege, lorſque ſes ennemis lui propoſerent de faire la paix ; on la ſouhaitoit de part & d'autre, on rendit Novarre au Duc de Milan, qui promit de ne point ſecourir le Roi de Naple, & les Venitiens ſe retirerent chez eux. Le Roi auſſi-tôt retourna en France, & paſſa à Turin où la Ducheſſe de Savoie lui fit des preſens. Il aprit à Lion que le Comte de Montpenſier n'avoit pû réſiſter aux Arragonois, & qu'il avoit abandonné Naple. Le Roi Ferdinand à la premiere nouvelle de la ligue qui ſe faiſoit en ſa faveur, étoit ſorti de l'Iſle d'Iſchia, avoit aſſemblé une armée & repris la plûpart des places de ſon Royaume. Le Roi d'Aragon lui avoit envoyé quelques troupes ſous la conduite de Gonſalve Hermandez de Cordouë, qui s'étoit ſignalé à la guerre contre les Mores, & à qui les Eſpagnols ont donné le ſurnom de grand Capitaine. Ainſi les François, ſelon leur coûtume, auſſi prompts à perdre qu'à conquerir, furent chaſſez de Naple auſſi aiſément qu'ils s'en étoient emparez. Le Comte de Montpenſier aſſiſté de Daubigny ſe maintint encore quelque tems dans la Poüille & dans la Calabre où il avoit quelques forterreſſes. Mais enfin pouſſé par tout par Gonſalve à qui il étoit venu de grans ſecours d'Eſpagne & de Sicile, il fut obligé à capituler. On lui promit des vaiſſeaux pour le repaſſer en Provence avec cinq ou ſix mille hommes qui lui reſtoient. Il mourut à Pouzzoles d'une fiévre continuë, & il ne repaſſa en France qu'environ quinze cens hommes, le reſte étant mort de maladies & de miſere. Ferdinand Roi de Naple ne joüit pas lon-tems de ſa victoire, & mourut de la diſſenterie au pied du Mont Veſuve. Son pere Alphonſe étoit mort en Sicile quelques mois auparavant dans un Monaſtere, où dans les douleurs extrêmes de la pierre il avoit donné un grand exemple de patience & de réſignation à la volonté de Dieu. Son frere Federic ſucceda à Ferdinand.

A peine les François furent-ils ſortis de Naple qu'ils eurent envie d'y retourner. Le Roi qui avoit trouvé tant de facilité dans ſa premiere expedition, ſe flatoit toujours d'un heureux ſuccés, ſa Nobleſſe impatiente de gloire ne demandoit qu'à marcher. Le Sire de la Trimoüille qui venoit d'être fait Amiral de Guyenne aprés la mort de Mathieu Bâtard de Bourbon, qui s'étoit ſignalé à la bataille de Fornouë, preſſoit le Roi

An de J. C. 1497.

de retourner en Italie. On avoit déja fait de grans préparatifs par mer & par terre, lorsque le Duc d'Orleans fit assez connoître, qu'il n'aprouvoit pas cette nouvelle tentative. Il dit au Conseil, que l'envie de reprendre le Duché de Milan son patrimoine ne lui feroit jamais oublier le bien de l'Etat; mais ce n'étoit pas là sa veritable raison. Le Daufin Orland venoit de mourir à l'âge de trois ans, il se voyoit l'heritier présomptif de la Couronne, le Roi étoit d'une complexion fort délicate que les travaux de la guerre avoient encore affoiblie; il n'étoit pas de la prudence dans cette conjoncture d'aller chercher dans un pays étranger une gloire fort incertaine. Ainsi tous les préparatifs furent inutiles, & comme le Comte de Montpensier étoit mort à Pouzzoles, ce qui restoit de François dans le Royaume de Naple firent leur capitulation, & revinrent en France en fort mauvais équipage.

An de J. C. 1498.
L'année suivante le Roi s'apliqua continuellement à des exercices de pieté. Il songea solidement à soulager son peuple & à diminuer les impôts. Il exhorta les Ecclesiastiques à se contenter d'un benefice. Il se fit lire les Registres du Parlement & ceux de la Chambre des Comptes, pour voir si la justice étoit bien renduë & de quelle maniere en usoit saint Loüis, afin de tâcher de l'imiter. Il se confessoit & communioit souvent & metoit son plus grand divertissement à lire l'Ecriture sainte. Il fit bâtir à Paris une

maison pour les Filles repenties. Il étoit dans ces saintes pratiques, lorsqu'au sortir d'une galerie d'où il voyoit joüer à la longue paume dans les fossez du Château d'Amboise, il donna du front contre une porte & tomba à la renverse : huit heures aprés il fut attaqué d'une apoplexie si violente, qu'il mourut sans qu'on pût lui faire revenir la connoissance. L'Evêque d'Angers son Confesseur ne le quitta point, il l'avoit confessé deux fois dans la semaine, & ce Prince avoit dit en conversation qu'il tâcheroit de ne jamais commetre de peché mortel. Il avoit prés de vint huit ans & regnoit depuis quatorze & demi. Son courage avoit paru en Italie, & s'il se laissa gouverner par ses Ministres, on ne pouvoit pas atendre autre chose de l'éducation que le Roi son pere lui avoit donnée. Ses Officiers le servoient avec affection : *Aussi je crois*, dit Philippe de Comines, *que jamais à homme ne dit chose qui lui dût déplaire, & à meilleure heure ne pouvoit-il jamais mourir pour demeurer en grande renommée par les histoires.* La Reine parut sensiblement affligée. Elle n'avoit que vint-deux ans. Elle lui avoit fait instituer depuis peu le Parlement de Rennes composé moitié de Gentils-hommes Bretons & l'autre moitié de François. Elle porta le deuil en noir. Le Feron continuateur de Paul Emile, dit qu'elle changea la coûtume des Reines veuves, qui le portoient en blanc, ce qui leur faisoit donner le nom de Reines blanches. Charle VIII. avoit eu trois fils &

An de J. C. 1498.

une fille, qui moururent tous avant lui. Son corps fut porté à faint Denis & acompagné par trois Cardinaux. L'Evêque d'Angers fon Confeffeur fit l'oraifon funebre moins par fes paroles que par fes larmes.

An de J.C. 1498.

La joïe fut grande en Efpagne à la naiffance du Prince Michel, dont la Reine Ifabelle acoucha, il devoit fucceder aux Efpagnes & au nouveau Monde ; mais il mourut trois ans aprés. La Reine avoit donné l'Archevêché de Tolede à François Ximenés de Cifneros, l'avoit fait fon Confeffeur, Miniftre d'Etat & Archevêque de Tolede aprés la mort du Cardinal de Mendofe. Il avoit été Cordelier & Provincial de fon Ordre, dont il ne quitta jamais l'habit, & dont il eut gardé la fimplicité, fi la Reine Ifabelle ne lui eût repréfenté, qu'un Primat d'Efpagne devoit être plus magnifique. Il n'étoit venu à la Cour qu'à l'âge de cinquante-huit ans, mais fon merite y fut bientôt connu. Il avoit eu grande part à la conquête de Grenade, & depuis il s'étoit occupé continuellement à la converfion des Mores, & avoit trouvé le moyen de bruler cinq mille Alcorans. Il convertit un Seigneur More de la Famille des Zegris : ce More étoit en grande eftime à Grenade, & l'on l'appelloit ordinairement Gonfalve Ferdinand, parce que dans une bataille il avoit lon-tems difputé la victoire à Gonfalve General du Roi Ferdinand. Son exemple fut fuivi par trois mille Mores qui receurent le Batême avec lui. Ximenés eut une grande dispute avec l'Archevêque de Grenade, ils étoient l'un & l'autre zelez pour la converſion des Infideles. L'Archevêque de Grenade vouloit faire traduire la Bible en langue vulgaire pour mieux inſtruire ſes Dioceſains, & Ximenés s'y oppoſoit s'appuyant ſur ce paſſage du Sauveur qu'il ne faut pas ſemer les marguerites devant les pourceaux. Il ajoûtoit que la ſainte Ecriture toute divine, qu'elle eſt, a ſouvent beſoin d'être expliquée par des gens habiles & vertueux. C'eſt ce qui l'engagea dans la ſuite à travailler lui-même & à faire travailler dans l'Univerſité d'Alcala qu'il avoit fondée, à une Bible Poliglote, c'eſt à dire, en pluſieurs langues, comme s'il eût preveu que dans la ſuite l'Egliſe auroit beſoin de ce ſecours contre les nouvelles hereſies. Son avis prevalut à celui de l'Archevêque de Grenade & les peuples s'en trouverent bien. Il s'étoit déja converti plus de cinquante mille Mores. Philippe II. Roi d'Eſpagne fit imprimer à Anvers en 1572. une autre Poliglote qui quoique plus ample eſt copiée ſur celle de Ximenés.

Emmanuel Roi de Portugal de ſon côté fit partir pour les Indes Orientales une flotte de treize vaiſſeaux, qui fut en état de réſiſter aux habitans des pays découverts, & y faire malgré eux des établiſſemens ſolides. Le vent les pouſſa vers l'Occident, & ils découvrirent une terre qu'ils nommerent Sainte Croix. On l'a depuis nommée Bresil, d'un bois rouge qui s'y trouve en abondance, & qui est propre à la teinture. Le Roi de Portugal avoit fait de grandes conquêtes dans les Indes Orientales. Il avoit envoyé au Pape Didace de Almedia l'un de ses Aumôniers pour lui en rendre compte, les Rois de Calicut & de Cananor, & le Roi d'Ormus avoient été soumis & obligez à payer tribut. *Je me réjoüis de vos victoires*, lui répondit le Pape, *& de la propagation de la Foi ; & comme j'aprens que le nom de l'Apôtre saint Thomas est encore en grande veneration dans l'Orient, j'ai fait rendre à Dieu de solemnelles actions de graces dans toutes les Eglises de Rome le jour que nous celebrons la Fête de ce grand Apôtre des Indes.* Les Espagnols ne faisoient pas de moindres progrés dans les Indes Occidentales découvertes par Christofe Colomb ; ils y envoyoient des colonies, y établissoient la Religion, & en tiroient en même tems des richesses immenses en or & en argent.

L'heresie des Picards ou Vaudois faisoit de grans desordres en Boheme & en Moravie. Ils disoient que n'étant point fait mention dans l'Evangile de l'Eglise Romaine, on ne la devoit pas plus considerer qu'une autre Congregation de fideles : que Jesus-Christ n'avoit point voulu que l'Eglise eût d'autre Chef que lui : que le Papat n'étoit point d'institution divine, & que les Evêques de Rome n'avoient été en grande estime que depuis la donation de Constantin : qu'il faloit seulement suivre l'Evangile, sans s'arrêter aux coûtumes de l'Eglise Romaine, & qu'enfin les passages de l'Apocalipse où il est parlé de la femme de mauvaise vie, ne se peuvent entendre que de l'Eglise de Rome qui avoit perdu sa premiere sainteté. Le Pape y envoya des Missionaires, qui n'eurent pas de peine à refuter des erreurs si grossieres.

Aprés la mort de Charles VIII. sans enfans, le Duc d'Orleans premier Prince du Sang fut reconnu Roi, & fut nommé Loüis XII. Il n'avoit que trente-sept ans, & comme il n'étoit pas né sur le trône & qu'il avoit éprouvé la bonne & la mauvaise fortune, on pouvoit esperer de lui un gouvernement doux & moderé, la plûpart des Princes ne tourmentant leurs sujets, que parce qu'ils ne connoissent pas leur misere, que les Ministres ont ordinairement grand soin de leur cacher. George d'Amboise Archevêque de Roüen étoit d'une humeur bien differente. Il ne cachoit rien à Loüis dont il devint premier Ministre. Il lui avoit été toujours attaché pandant qu'il n'étoit que Duc d'Orleans, & aprés la mort de Loüis XI. ayant été accusé par la Dame de Beaujeu d'avoir voulu enlever le Roi Charle VIII. il fut mis en prison, & n'en sortit que parce qu'il ne se trouva point de preuves contre lui. Le Roi par son avis commença par ôter la dixiéme partie des impôts, & ensuite le tiers ; & quand les dépenses de la guerre l'obligerent à chercher de

An de J. C. 1498.

l'argent pour y fubvenir, il créa une infinité de Charges fans forcer perfone à les acheter : ce qui ne paroiffoit pas fi fort à la foule du peuple, quoique dans la fuite ils en dûffent recevoir de grandes incommoditez. Il fut facré à Reims avec les ceremonies acoûtumées par le Cardinal Guillaume Briffonet Archevêque de Reims. Ce Cardinal avoit deux fils, l'un Evêque de Lodeve, & l'autre Evêque de Toulon : ces deux Evêques avoient acoûtumé de fervir de Diacre & de Soûdiacre dans les Meffes folemnelles que leur pere celebroit. Jean de la Tour Comte d'Auvergne & de Boulogne fut fait Chevalier aprés le Sacre. Le Roi ajouta d'abord à fes titres ceux de Roi de Naple & de Jerufalem & de Duc de Milan, ce qui fit juger aux Princes d'Italie qu'ils ne feroient pas lon-tems fans le revoir.

Loüis XII. à fon avenement à la Couronne voulut reformer les defordres, & empêcher les crimes que les Ecoliers cometoient journellement dans Paris. Il caffa quelques privileges de l'Univerfité. Auffi-tôt le Recteur nommé Jean Cave défendit les Sermons dans les Eglifes, & les leçons publiques dans les Colleges. Les Ecoliers prirent les armes, toute la ville étoit prête à fe révolter, lorfque le Roi fuivi feulement de fes Gardes y arriva, & par fa fermeté appaifa la fedition; l'Archevêque de Roüen lui demanda pardon pour le Recteur, les Sermons & les leçons recommencerent, le Roi reçut en
grace

grace sa fille aînée, mais la plûpart de ses privileges demeurerent suprimez.

Jusque-là les procez Normans avoient été jugez par une compagnie nommée l'Echiquier, qui semblable aux grans Jours ne s'assembloit que tous les trois ans : George d'Amboise croyant bien faire, persuada au Roi d'y établir un Parlement fixe, qui en rendant la justice plus souvent, y introduisit la chicane.

Loüis Sforce, dit le More, parce qu'il étoit fort noir de visage, se doutant que les Venitiens avoient fait avec le Roi un traité secret contre lui, eut recours à l'Empereur Maximilien qui avoit épousé en seconde nôces Blanche Marie sa niéce. Mais l'Empereur avoit d'autres affaires plus importantes, il faisoit la guerre aux Suisses, que l'amour de la liberté rendoit assez puissans pour lui résister. Alors le Duc de Milan par desespoir écrivit à Bajazet Empereur des Turcs, que le Roi de France, le plus puissant des Princes Chrétiens, se préparoit à faire la conquête de l'Italie, & que s'il y réüssissoit comme il y avoit de l'apparance, il se feroit un honneur chrétien de l'aller ataquer jusqu'à Constantinople. Le Roi Federic de Naple en fit autant. Bajazet entra aussi-tôt sur les terres des Venitiens, les pilla & emmena plus de quarante mille esclaves. Mais cela n'empêcha pas Loüis XII. de suivre sa pointe. Il avoit renouvellé son traité avec les Suisses, qui l'avoient reconnu Duc de

l'argent pour y fubvenir, il créa une infinité de Charges fans forcer perfone à les acheter : ce qui ne paroiffoit pas fi fort à la foule du peuple, quoique dans la fuite ils en dûffent recevoir de grandes incommoditez. Il fut facré à Reims avec les ceremonies acoûtumées par le Cardinal Guillaume Briffonet Archevêque de Reims. Ce Cardinal avoit deux fils, l'un Evêque de Lodeve, & l'autre Evêque de Toulon : ces deux Evêques avoient acoûtumé de fervir de Diacre & de Soûdiacre dans les Meffes folemnelles que leur pere celebroit. Jean de la Tour Comte d'Auvergne & de Boulogne fut fait Chevalier aprés le Sacre. Le Roi ajoûta d'abord à fes titres ceux de Roi de Naple & de Jerufalem & de Duc de Milan, ce qui fit juger aux Princes d'Italie qu'ils ne feroient pas lon-tems fans le revoir.

Loüis XII. à fon avenement à la Couronne voulut reformer les defordres, & empêcher les crimes que les Ecoliers cometoient journellement dans Paris. Il caffa quelques privileges de l'Univerfité. Auffi-tôt le Recteur nommé Jean Cave défendit les Sermons dans les Eglifes, & les leçons publiques dans les Colleges. Les Ecoliers prirent les armes, toute la ville étoit prête à fe révolter, lorfque le Roi fuivi feulement de fes Gardes y arriva, & par fa fermeté appaifa la fedition ; l'Archevêque de Roüen lui demanda pardon pour le Recteur, les Sermons & les leçons recommencerent, le Roi reçut en grace

grace sa fille aînée, mais la plûpart de ses privileges demeurerent suprimez.

Jusque-là les procez Normans avoient été jugez par une compagnie nommée l'Echiquier, qui semblable aux grans Jours ne s'assembloit que tous les trois ans : George d'Amboise croyant bien faire, persuada au Roi d'y établir un Parlement fixe, qui en rendant la justice plus souvent, y introduisit la chicane.

Loüis Sforce, dit le More, parce qu'il étoit fort noir de visage, se doutant que les Veniciens avoient fait avec le Roi un traité secret contre lui, eut recours à l'Empereur Maximilien qui avoit épousé en seconde nôces Blanche Marie sa niéce. Mais l'Empereur avoit d'autres affaires plus importantes, il faisoit la guerre aux Suisses, que l'amour de la liberté rendoit assez puissans pour lui résister. Alors le Duc de Milan par desespoir écrivit à Bajazet Empereur des Turcs, que le Roi de France, le plus puissant des Princes Chrétiens, se préparoit à faire la conquête de l'Italie, & que s'il y réüssissoit comme il y avoit de l'apparance, il se feroit un honneur chrétien de l'aller ataquer jusqu'à Constantinople. Le Roi Federic de Naple en fit autant. Bajazet entra aussi-tôt sur les terres des Veniciens, les pilla & emmena plus de quarante mille esclaves. Mais cela n'empêcha pas Loüis XII. de suivre sa pointe. Il avoit renouvellé son traité avec les Suisses, qui l'avoient reconnu Duc de

Milan, & qui étoient les plus à craindre à cause du voisinage : il étoit d'acord avec les Rois d'Angleterre & d'Espagne, & avec l'Archiduc Philippe d'Autriche fils de l'Empereur Maximilien & Seigneur des Pays bas du chef de sa mere; il lui avoit rendu les villes de Hedin, d'Aire & de Bethune, que le feu Roi par le traité de Senlis avoit promis de lui rendre dés qu'il auroit vint ans, & ils étoient convenus que sur leurs autres differens ils prendroient des arbitres. Il l'avoit

An de J. C. 1499.

aussi dispensé de venir en persone lui rendre homage pour le Comté de Flandre, & pour ses autres terres qui relevoient de la Couronne. L'Archiduc le prêta à Arras entre les mains de Guy de Rochefort Chancelier de France. Le R. P. Daniel en raporte les ceremonies avec son exactitude ordinaire. Le Pape étoit gagné, & comme le Roi avoit promis aux Venitiens de leur ceder Cremone & quelques autres places du Milanez qui étoient à leur bien-séance, son entreprise avec de si bonnes mesures paroissoit immancable. Le dedans du Royaume étoit paisible. Le Roi suivant les desirs des Parlemens, des Universitez & du peuple avoit rétabli la Pragmatique Sanction qu'il fit observer pandant son regne dans tout le Royaume, malgré les remontrances & les menaces de la Cour de Rome. On avoit admiré la douceur & la clemence du Prince par la maniere dont il traita le Sire de la Trimoüille, qui sous le regne du feu Roi l'avoit défait & pris prifonier à la bataille de Saint Aubin ; il le combla de nouvelles graces : *Le Roi*, dit-il, *doit oublier les injures faites au Duc d'Orleans.* On lui prefenta une lifte de ceux qui l'avoient le plus offenfé fous le regne de Charle VIII. & fur ce qu'il fit une croix à côté de deux noms, ces deux hommes en ayant été avertis & fe croyant perdus, étoient prêts à s'enfuir, lorfqu'il les fit appeller : *Ne craignez rien de moi*, leur dit il, *j'ai marqué vos noms d'une croix pour me fouvenir qu'à l'exemple de Jefus-Chrift, qui nous a tous rachetez par la Croix, je fuis obligé comme Chrétien à vous pardonner.* Il en ufa de même avec la Dame de Beaujeu & avec fon mari, qui étoit devenu Duc de Bourbon. Il confentit qu'ils mariaffent leur fille unique à Charle de Bourbon Montpenfier fils de Gilbert de Bourbon Viceroi de Naple, & que leurs terres qui fuivant le traité qu'ils avoient fait avec Loüis XI. devoient être réunies à la Couronne, paffaffent à leur gendre.

Il traita encore mieux la Ducheffe d'Angoulême, qui le vint trouver à Chinon. Elle étoit veuve & n'avoit que deux enfans, un fils nommé François qui n'avoit que quatre ans, & une fille nommée Marguerite qui en avoit fix. Il les reçut avec amitié, comme fes plus proches parens du côté paternel, & les envoya à Blois afin qu'ils fuffent élevez fous fes yeux ; François étoit l'heritier préfomptif de la Couronne. Mais il s'apliqua fur tout à bien traiter la Reine Anne de Bretagne. Ils avoient eu dans leur jeuneffe de l'inclination l'un pour l'autre, fondée fur les agrémens du corps & fur les qualitez de l'efprit. La Reine ne pouvoit oublier que le Duc d'Orleans en lui faifant époufer le Roi Charle VIII. avoit préferé à fon amour l'élevation de ce qu'il aimoit. Le Roi de fon côté n'avoit point d'enfans de la Reine Jeanne fille de Loüis XI. qu'il avoit époufée depuis vint ans; & quoiqu'il refpectât fa fainteté, il n'aimoit pas fa perfone. Il rapella les proteftations fecretes & en bonne forme qu'il avoit faites contre fon mariage (la chofe d'ailleurs étoit de notorieté publique) & Loüis XI. pour l'engager à ce mariage l'avoit menacé plufieurs fois d'une prifon perpetuelle. Il proteftoit qu'il avoit toujours regardé la Princeffe Jeanne comme fa fœur, & fur ce fondement il efpera pouvoir faire caffer fon mariage & époufer la Reine veuve. Le Pape lui donna des Commiffaires, qui furent le Cardinal de Luxembourg, Loüis d'Amboife Evêque d'Alby, & Ferdinand Evêque de Ceuta Portugais Nonce en France. Ils examinerent les proteftations faites en tems & lieu, & les moyens de nullité, & cafferent le mariage à quoi la Reine Jeanne ne s'oppofa pas, ravie de pouvoir vaquer tranquillement à fes œuvres de charité. Le Roi lui donna la joüiffance du Duché de Berry, Chatillon fur Indre, Chateauneuf fur Loire & Pontoife, dont elle employa tous les revenus au foulagement des pauvres. Elle institua l'Ordre des Religieuses Annonciades Célestes, qui s'atachent particulierement à celebrer les Fêtes de la sainte Vierge & à imiter ses vertus.

Le Pape donna les mains aisément à la dissolution du mariage, il avoit besoin du Roi. Son fils Cesar Borgia qu'il avoit fait Cardinal malgré lui du vivant de son frere aîné le Duc de Benevent, vouloit absolument quitter une profession gênante qui ne lui convenoit pas. Le Pape avoit demandé pour lui au Roi Federic de Naple sa fille avec la Principauté de Tarente pour dot, mais il avoit été refusé. Il s'adressa au Roi, qui donna à Cesar le Duché de Valentinois avec vint mille livres de pension & une Compagnie de Lances, lui promettant outre cela de lui faire épouser Charlotte de Foix sœur du Roi de Navarre. Ces bienfaits fortifierent extrêmement les raisons qui firent casser le mariage du Roi; le Pape reconnoissant, lui promit des troupes & de l'argent pour la conquête du Duché de Milan qui lui apartenoit du chef de Valentine son ayeule, & pour celle du Royaume de Naple qu'il prétendoit comme heritier de la Maison d'Anjou. Le Pape fit aussi Cardinal George d'Amboise Archevêque de Roüen & premier Ministre du Roi. Le Cardinal de Saint Pierre aux Liens lui donna le bonet rouge avec les ceremonies ordinaires dans l'Eglise de Chinon en la presence du Roi. Il obtint aussi pour le tems de dixhuit mois, la nomination de tous les Benefices, que les Papes avoient acoûtumé de donner en France.

Dés que le mariage de la Reine Jeanne eut été déclaré nul, le Roi s'en alla en Bretagne & épousa la Reine Anne. Elle étoit fort belle, heritiere d'une grande Souveraineté, & n'avoit que vint-deux ans. Tous les peuples qui les aimoient l'un & l'autre presqu'à l'adoration en témoignerent leur joie. Ils y demeurerent quelques mois au milieu des fêtes publiques. Les bals, les tournois, les courses de bagues, la chasse, la volerie firent tour à tour les divertissemens de leur Cour. George d'Amboise Archevêque de Roüen, qui venoit d'être fait Cardinal, fit la ceremonie du mariage dans le Château de Nantes. Mais bientôt les pensées de la guerre revinrent au Roi : il faisoit depuis lon-tems des préparatifs pour attaquer le Milanés, & enfin il fit passer les Alpes à son armée composée de seize cens hommes d'armes qui faisoient dix mille chevaux, & de treize mille hommes de pied, huit mille François & cinq mille Suisses. Elle étoit commandée par le Comte de Ligny de la Maison de Luxembourg, le Sire d'Aubigny Ecossois, & Jean Jaque Trivulse ennemi personel du Duc de Milan. Tout s'enfuit devant eux, Alexandrie, Tortone, Pavie & Milan même ouvrirent leurs portes, & le Duc de Milan ne se voyant aucune ressource se sauva à Inspruck avec ses enfans & son tresor. Les Venitiens étoient entrez de leur côté

dans le Milanez, & ne trouverent point de résistance.

A cette nouvelle le Roi qui étoit demeuré
auprés de Lion, passa les Alpes, & vint prendre
possession de sa nouvelle conquête. Il fit son entrée dans Milan en habit Ducal, & traita ses
nouveaux Sujets avec une bonté qui le fit adorer, diminua les impôts, rendit les privileges à
l'Eglise & à la Noblesse, & rétablit l'Université
où il appella Jason Maine celebre Jurisconsulte.
Il favorisoit les Gens de lettres. Claude de Seyssel Savoyard écrivit l'Histoire de France, & fut
fait Maître des Requêtes & dans la suite Archevêque de Turin. Paul Emile Veronois fut chargé
du même emploi. Seyssel écrivit en François &
Paul Emile en Latin. Jean Lascaris & Demetrius
Grecs eurent des pensions. Jean d'Authon Abbé
d'Angles eut la commission d'écrire la vie du
Roi. Ce Prince recompensa encore mieux les services de guerre. Il donna la Seigneurie de Vige-
rano & le Gouvernement du Milanés à Jean Jaque Trivulse, qui par sa valeur & par ses intelligences dans le pays, avoit le plus contribué au
succés. Tous les Princes d'Italie par crainte plûtôt que par d'autres motifs envoyerent complimenter le Roi. Il n'y eut que le Roi de Naple qui
n'osa y envoyer, il sentoit que l'orage alloit tomber sur lui. Il esperoit pourtant que le Roi d'Aragon lui donneroit du secours & n'abandonneroit
pas un Prince de sa maison. Les Genois envoye-

An de J. C.
1499.

rent au Roi des Ambassadeurs lui offrir de se mettre au nombre de ses Sujets. Ils furent mieux receus que ceux qu'ils avoient envoyez autrefois à Loüis XI. Loüis XII. leur promit la continuation de leurs privileges, & leur donna pour Gouverneur le Frere du Duc de Cleves son parent.

Pandant que le Roi s'emparoit du Milanés, les Suisses furent ataquez vivement par l'Empereur Maximilien & se défendirent si bien dans leurs montagnes que les Autrichiens se rebuterent : *C'est un peuple*, dit Nanclerus, *qui semble n'avoir qu'un esprit, un cœur & une volonté, & qui ne songeant qu'à conserver sa liberté marche toujours à la victoire ou à la mort.* On fut reduit de part & d'autre à d'étranges extremitez, la misere & la faim en fit perir plus que l'épée. Bilibalde de Nuremberg en fait une description fort touchante : *J'allois*, dit-il, *chercher des vivres dans le Duché de Milan pour les troupes de l'Empereur, je rencontrai au bas d'une montagne deux vieilles femmes qui conduisoient une grande troupe d'enfans de l'un & de l'autre sexe, tous pâles, foibles & pouvant à peine se soûtenir : Et où allez-vous, mes bonnes femmes, leur dis-je, avec tous ces enfans ? Nous allons, me répondirent-elles, leur donner à manger ; leurs peres ont été tuez, leurs meres sont mortes de faim ; & en me disant ces paroles elles firent un signal à ces pauvres enfans, qui se jetterent dans un pré comme des bêtes, & se nourirent d'herbes comme ils purent.* Cet Auteur dit qu'il ne put retenir ses larmes.

Ce siecle produisit d'habiles Jurisconsultes. Balde de Perouse disciple de Bartole, publia des Commentaires sur le Droit Civil & sur le Droit Canon. Il défendit la cause d'Urbain VI. contre Clement VII. Pancirole & Waldingue en font une mention honorable dans la Bibliotheque des Freres Mineurs.

Pierre d'Ancharane Bolonois Disciple de Balde, merita par ses ouvrages sur les Decretales & sur les Clementines d'être appellé le Miroir du Droit Canon & l'Ancre du Droit Civil.

François Zabarelle Padoüan, célebre par la science des Droits jointe à une pieté singuliere, fut Evêque de Florence & ensuite Cardinal. Il donna un volume sur les Conciles & six sur les Decretales, des Traitez sur les Heures Canoniales, & sur le schisme & les actes des Conciles de Pise & de Constance où il mourut.

On ne manqua pas non plus d'Historiens. Les Grecs fournirent George Gemistus, le Cardinal Bessarion, George Phranzés protovestiaire qui a laissé une Cronique sur les affaires de Bizance & celles du Peloponese: Calchondile Athenien Auteur de l'Histoire des Turcs depuis Ottoman qui commença à regner en 1300. jusqu'en 1463. & Nicolas Secondin qui a fait un abregé depuis Ottoman jusqu'à la prise de Constantinople. Et parmi les Auteurs Latins on compte Jean Froissard Chanoine de Chimai natif de Valencienne, dont la Cronique contenant les

Tome VIII.

affaires de France & de Flandre commence en 1326. & finit en 1499. Lnguerrand Monſtrelet Cambrezien qui a écrit l'Hiſtoire de France depuis 1400. juſqu'en 1477. Poggio Brandolin Florentin Secretaire des Papes Eugene IV. & Nicolas V. a écrit l'Hiſtoire de Florence, & c'eſt avec quelque raiſon qu'un Poëte lui reprocha, que s'il étoit bon citoyen il étoit mauvais hiſtorien. Eric X. Roi de Dannemarc écrivit ſur l'origine des Danois; il avoit été chaſſé de ſon Etat & ſe mit à écrire pour s'en conſoler. Ambroiſe General des Camaldules ami particulier du grand Come de Medicis publia la Cronique du Mont-Caſſin & deux livres de ce qu'il avoit fait pandant ſon Generalat. Il traduiſit auſſi pluſieurs Auteurs Grecs. Thomas Walſimgham Anglois Moine Benedictin écrivit l'irruption des Normans en Angleterre & une Cronique qui va juſqu'en 1422. Laurent Valle Chanoine de Saint Jean de Latran, ſurnommé le Reſtaurateur de la bonne Latinité, loüé par Paul Jove & par Eraſme, écrivit ſix Livres ſur l'Elegance, & trois des actions de Ferdinand Roi d'Aragon. Il traduiſit Herodote & Thucidide. Il prouva que la donation de Conſtantin à l'Egliſe Romaine, étoit apocrife; mais ayant avancé quelques propoſitions dangereuſes ſur la Trinité, ſur le libre Arbitre & ſur le vœu de chaſteté des Religieuſes, il fut deferé à l'Inquiſition de Naple qui le condamna au feu, qu'il évita par le credit du Roi

Alphonse. Blandus Flavius Secretaire d'Eugene IV. écrivit dix Livres de Rome triomfante, trois Livres de Rome réparée, & huit de Rome illustrée, & trois decades depuis Jesus-Christ jusqu'en 1440.

Il y eut aussi de savans Casuistes, entre autres saint Antonin Dominicain Archevêque de Florence. Il reforma pandant treize ans les mœurs de son Clergé, bâtit un Hôpital pour les pauvres honteux, & défendit les droits de l'Eglise contre les Magistrats de Florence. Il parloit avec tant d'éloquence & de graces naturelles, qu'on l'eût pris, disent les Auteurs, pour un Ange décendu du Ciel. Il administra le Viatique & l'Extrême-Onction au Pape Eugene IV. qui avoit dessein de l'élever aux premieres dignitez de l'Eglise. Le Pape Nicolas V. lui acorda le privilege, qu'on ne pouroit point appeller au Saint Siege, des Sentences qu'il auroit prononcées. *Je crois*, disoit-il, *que je pourois en conscience mettre l'Archevêque de Florence au nombre des Saints même pandant sa vie*. Il a laissé une Cronique en trois tomes, une Somme Doctrinale divisée en quatre parties, & des Traitez de la Science des Confesseurs, des Censures Ecclesiastiques, des Fiançailles & des Mariages.

Dés que le Roi fut maître de Milan, il donna au Duc de Valentinois trois cens Lances sous la conduite d'Ives d'Alegre, & quatre mille Suisses qui devoient être soudoyez par le Pape. Le Duc les employa à soûmettre plusieurs villes de l'Etat Ecclesiastique, dont les Gouverneurs s'étoient érigez en petits tirans. Il prit Imola par composition, & Forli d'assaut. Ce n'étoit pas l'intention du Pape de les réünir à l'Etat Ecclesiastique, il en vouloit faire une Souveraineté pour son fils le Duc de Valentinois.

An de J. C. 1499.

La fin du siecle fut celebre par le retour de Vasco de Gama Portugais. Il étoit allé découvrir les Indes Orientales par l'ordre d'Emmanuel Roi de Portugal. Les côtes d'Afrique avoient été reconnuës jusqu'au Cap de Bonne-Esperance sous le regne de Jean II. cousin germain d'Emmanuel. Gama raporta des Indes du Poivre, du Cinnamome, du Girofle, du Sené, du Safran & des Pierreries, mais ce ne fut pas sans de grans travaux; de cent quarante-huit persones qui étoient sur son vaisseau, il n'en ramena que cinquante-cinq outrez de fatigues & presque hors d'état de maneuvrer. On rendit à Dieu dans les Eglises de Lisbone de solemnelles actions de graces, & l'on s'y prépara à retourner aux Indes avec plusieurs vaisseaux chargez de marchandises d'Europe pour faire commerce avec ces peuples qui n'étoient point barbares, & leur anoncer en même tems la Religion de Jesus-Christ, dont ils n'avoient peut-être pas oüi parler depuis saint Thomas. Le Pape y envoya des Missionaires, & leur acorda des Indulgences. Il venoit d'éviter un grand peril, le vent avoit fait tomber plusieurs grosses cheminées de pierre sur sa chambre, dont les poutres n'ayant pû résister l'eussent accablé, si des crampons de fer qui les attachoient dans la muraille n'en eussent retenu les bouts justement au dessus de la chaise du Pape, qui ne laissa pas d'être blessé legerement & fort étonné. Il dit que la sainte Vierge lui avoit sauvé la vie, & en reconnoissance il renouvella la coûtume instituée par Calixte III. de sonner une cloche à midi dans toutes les Eglises pour la Salutation Angelique.

Cependant Bajazet faisoit des courses en Hongrie & en Pologne, & poursuivoit la guerre vivement contre les Venitiens ; il leur avoit pris Lepanthe, Modon & Coron, & menaçoit les autres places, ce qui les obligea à demander du secours. Le Pape écrivit fortement aux Princes Chrétiens, qui lui envoyerent presque tous des Ambassadeurs. Il leur representa que s'ils laissoient acabler les Venitiens, les Turcs reprendroient bientôt leurs anciennes vûës de se rendre maîtres de l'Italie. L'Ambassadeur de l'Empereur protesta du zele de son Maître pour la Foi Chrétienne, & en même temps de son impuissance tant que la guerre embrazeroit l'Allemagne & l'Italie. L'Ambassadeur de France s'expliqua en termes ambigus, qui signifioient assez qu'on ne devoit rien atendre de ce côté-là. L'Ambassadeur de Ferdinand Roi d'Aragon assura que dans tous les ports d'Espagne on travailloit à équiper une flote, qui joindroit incessamment celle de Venise. Le Roi de Naple fit dire qu'il ne songeoit qu'à se défendre contre le Roi de France, qui se préparoit à l'attaquer. Les Rois de Hongrie & de Pologne écrivirent que dés qu'ils verroient les autres Princes s'ébranler, ils entreroient avec leurs troupes sur les terres des Infideles ; ainsi toute la conference s'en alla en fumée, & le Pape acorda seulement aux Venitiens les decimes dans les terres qui leur apartenoient. Il taxa aussi tous les Cardinaux, qui étoient au nombre de quarante-trois, au dixiéme de leurs revenus, à l'exception des Cardinaux de Rhodes, de Pologne & de Hongrie, dont les terres étoient au milieu de la guerre.

An de J.C. 1500.

L'année suivante, qui étoit l'année Sainte, arrivoit fort à propos pour animer les fideles à la Croisade, si les interêts particuliers n'avoient pas prévalu à la cause de Dieu. Le concours de Pelerins pour gagner le Jubilé fut assez grand malgré les perils du chemin, la misere de l'Italie, & le mauvais exemple que donnoit celui qui tenoit la place de saint Pierre. Mais Dieu n'abandonnera jamais son Eglise. *Je me suis réservé,* dit le Seigneur dans l'Ecriture, *sept mille hommes qui n'ont pas flechi le genou devant Baal.* Le Pape au milieu de ses débauches ne laissoit pas d'avoir du zele pour la gloire de Jesus-Christ. Il envoya des Nonces par toute l'Europe porter des Indulgences à ceux qui ne pouvoient pas faire le voyage.

Il ouvrit la Porte Sainte avec les ceremonies ordinaires, & par ſes ſoins & ſes aumônes il fit trouver aux Pelerins toutes les neceſſitez de la vie. Il ſe ſervit de l'occaſion pour redoubler ſes inſtances auprés des Princes Chrétiens, & les engager à faire la guerre aux Infideles : parole qu'ils donnerent & qu'ils ne tinrent pas.

Le Roi impatient de revoir la Reine qui étoit demeurée à Lion, à peine y fut retourné, que le Duc de Milan rentra dans ſon pays à la tête de huit mille Suiſſes que le Cardinal Aſcagne Sforce ſon frere, qui étoit bien plus habile que lui, avoit levez avec quinze cens lances, & reprit Milan & la plûpart de ſes places avec autant de facilité qu'il les avoit perduës. Trivulſe n'étoit pas aimé, il s'étoit déclaré trop ouvertement pour les Guelfes contre les Gibelins. Ces deux factions partageoient toujours le Milanez. Le Roi ne ſe rebuta pas, & ſix mois aprés le Sire de la Trimoüille étant revenu en Italie avec une belle armée la plûpart compoſée de Suiſſes, ceux qui étoient avec Loüis Sforce ne voulurent pas combatre contre les François, & s'en retournerent dans leur pays, & ce malheureux Prince s'étant déguiſé en Suiſſe pour ſe ſauver avec eux, fut trahi, reconnu, pris priſonier, dépoüillé une ſeconde fois de ſes Etats, & mené en France. Le Roi ne le voulut pas voir, & le fit mettre dans le Château de Loche où il fut traité fort durement. Quelques Auteurs ont dit qu'on le mit dans une cage de fer. On lui refuſa des livres, du papier & de l'ancre, & au bout de dix ans il y mourut ſans être regreté de perſone; ſon orgueil avoit été confondu, & ſes crimes punis. Il avoit empoiſonné le Duc de Milan ſon neveu, trahi la France plus d'une fois, & cauſé la deſolation de l'Italie. Il ſe faiſoit appeller le fils de la Fortune, qui à la fin l'abandonna. Le Cardinal Aſcagne ſon frere s'étoit ſauvé à Veniſe; le Roi le fit demander par ſon Ambaſſadeur, & la Republique n'oſa le refuſer. Elle rendit auſſi l'épée que Charle VIII. avoit perduë à la bataille de Fornouë. Le Cardinal fut mené en France, mais il ſoûtint ſon état avec beaucoup de courage. Il ſalua le Roi avec reſpect, & ſans s'abaiſſer à des prieres, il l'aſſura qu'il ſe croyoit encore heureux de n'avoir pas été pouſſé à de plus grandes extremitez. On ne laiſſa pas de le mettre dans le Château de Loche. Le Cardinal d'Amboiſe paſſa dans le Milanez avec la qualité de Gouverneur, fit élever le jour du Vendredi Saint un trône dans la place du Château de Milan, & là aſſiſté du Chancelier, du Maréchal Trivulſe & des Officiers de guerre, il acorda au nom du Roi une amniſtie generale au peuple qui demandoit miſericorde, & leur remit l'amande de deux cens mille écus à laquelle ils avoient été condamnez. Il donna enſuite le Gouvernement du Milanez au Sire de Chaumont ſon neveu, qui étoit déja Maréchal de France & Amiral. On diſoit alors que le Cardinal

dinal donnoit au Roi les bons conseils, & que Chaumont les executoit. Le Cardinal retourna en France, & songeant à être Pape, il fit donner la liberté au Cardinal Sforce, qui avoit beaucoup de credit dans le Sacré College.

Robert Gaguin General de l'Ordre de la sainte Trinité ou Redemption des Captifs mourut au commencement du siecle. Il avoit été employé en diverses Ambassades par le Roi Charle VIII. & par Loüis XII. & nous a laissé des Annales de France depuis l'an 300. jusqu'à l'an 1500.

CHAPITRE SECOND.

Lorsque les François avoient été chassez d'Italie, le Pape pour se vanger du Roi voulut lui ôter le titre de Roi Trés-Chrétien, & le donner aux Rois Ferdinand & Isabelle; mais le Sacré College s'y opposa, & il leur donna le titre de Rois Catoliques qu'ils avoient bien merité par la défaite des Mores, & par la propagation de la Foi dans le nouveau Monde. Emmanuel Roi de Portugal en fut jaloux, & pour montrer son zele il chassa de son pays tous les Mores & tous les Juifs, à l'exception des enfans au dessous de quatorze ans, qu'il fit élever dans la Religion Chrétienne.

Le Pape dans le même tems reçut un Ambassadeur de Constantin Roi des Georgiens, qui lui vint prêter obedience, le reconnoître pour le

Vicaire de Jesus-Christ, & lui demander des Missionaires pour instruire ses peuples qui suivoient les erreurs des Grecs. On lui envoya les Decrets du Concile de Florence. Le Pape déclara qu'il ne faloit point rebâtiser les Russes ou Moscovites, ni les autres schismatiques Grecs, pourveu qu'ils abjurassent le schisme.

On ne parloit alors en Italie que de Jerôme Savanarole Dominicain, grand Predicateur. Marcile Ficin Chanoine de l'Eglise Catedrale de Florence se convertit à un de ses Sermons. Marcile étoit celebre par la connoissance des langues Greque & Latine, & avoit dans sa jeunesse traduit les œuvres de Platon; mais il s'apliqua depuis à des ouvrages Chrétiens, & en dedia plusieurs à Laurent de Medicis son protecteur.

Savanarole avoit fait un Livre intitulé Triomfe de la Croix contre les Athées; Profete vrai ou faux, il prêchoit la penitence, qu'il apuyoit par une vie mortifiée; mais il faisoit l'aumône avec ostentation, & vouloit, contre le précepte de l'Evangile, que ses bonnes œuvres fussent connuës. Les uns le mettoient au rang des Saints, & les autres le traitoient d'hipocrite. Il avoit promis aux François la conquête de Naple, & avertissoit continuellement les Florentins de se défier des Medicis qui en vouloient à leur liberté. Il ne parloit que de réformer l'Eglise dans son chef & dans ses membres, & avoit osé écrire aux Princes Chrétiens pour les conjurer de secourir l'Eglife, qui n'avoit plus rien de fain depuis la tête jufqu'à la plante des pieds ; que l'abomination de la defolation, fuivant les termes de l'Ecriture, étoit dans le lieu faint, & qu'il n'y avoit qu'un Concile general qui pût remedier à tant de maux. Cette conduite ne plaifant pas au Pape Alexandre VI. il lui donna des Commiffaires, qui aprés l'avoir examiné lui défendirent la prédication : il n'obéït pas, en proteftant qu'il valoit mieux obéïr à Dieu qu'aux hommes. Le menu peuple le foûtenoit, ravi en admiration par fes extafes extraordinaires, & par quelques-unes de fes profeties qui avoient eu leur acompliffement. On l'accufoit de s'être dit Profete envoyé de Dieu, d'avoir attiré les François en Italie par fes déclamations, & obligé les Florentins à les recevoir dans leur ville, & d'avoir fait armer des gens pour le défendre en cas de befoin : auffi quand on le voulut arrêter, il y eut fix hommes de tuez & quarante bleffez. Le Pape lui manda de venir à Rome rendre compte de fa conduite, il s'en excufa, & dit pour raifon qu'on vouloit l'affaffiner en chemin. On lui donna pour Juge François Turrian General de fon Ordre, affifté d'un Evêque de la Cour de Rome ; ils le traiterent un peu durement, le mirent à la torture, & lui firent avoüer beaucoup de crimes, forcé peut-être par la riguenr des tourmens. Il ne laiffa pas dans fa prifon d'écrire des méditations fur quelques Pfeaumes, où l'on voit la même vivacité & le même zele qu'il avoit eus dans ses Sermons. On l'accusa d'avoir osé promettre pour prouver sa mission de passer au travers du feu. On le prit au mot, il se dedit ; mais il n'étoit plus tems, ses Juges le condamnerent à être étranglé & brûlé, & la Sentence fut executée dans la grande place de Florence. Il alla à la mort avec beaucoup de constance & de modestie, ne dit rien pour attester son innocence ni pour accuser ses Juges d'injustice, & dit seulement qu'il recevoit la mort pour la punition de ses pechez, ce qui fut interpreté diversement par ses amis & par ses ennemis. On l'accusa d'orgueil même dans ses derniers momens, lorsqu'un Evêque lui disant qu'il avoit été condamné par l'Eglise : *Oüi*, dit-il, *par la Militante*. Il n'avoit que quarante-six ans & eut beaucoup de défenseurs, entre autres Guicchardin, Philippe de Comines, Jean Pic de la Mirandole, Marcile Ficin & Sponde continuateur de Baronius. Les mœurs de son persecuteur faisoient soupçonner son innocence.

Le Pape ne craignant plus les François & se souciant peu de la Croisade, apliqua tous ses soins à élever sa famille. Il crut pouvoir disposer de l'Etat Ecclesiastique comme de son patrimoine. Il avoit érigé la ville de Benevent en Duché, & l'avoit donné avec la ville de Terracine à Jean de Borgia Duc de Gandie General des troupes de l'Eglise & son fils bien-aimé : la chose fut proposée dans le Consistoire, & persone ne s'y opposa. Mais bientôt le Ciel en fit la punition, le nouveau Duc qui s'abandonnoit à toutes sortes de débauches, fut assassiné la nuit, & son corps jetté dans le Tibre. Le Pape en fut inconsolable, & parut vouloir se convertir. Il ordonna une Congregation de six Cardinaux, dont le Cardinal de Sienne fut le Chef, pour la reformation des mœurs. Il envoya un Legat à Naple pour y couronner Federic qui avoit succedé à son neveu Ferdinand II. Ainsi on vit à Naple en soixante & dix ans regner cinq Princes de la Maison d'Aragon, savoir Alphonse I. adopté par la Reine Jeannelle en 1431. Ferdinand son fils naturel, Aphonse II. Ferdinand II. & Federic. Ce Prince avoit repris Gayette aprés un long siege, & avoit soûmis Antoine Prince de Salerne qui ne vouloit pas le reconnoître : mais quand il aprit l'année suivante que les François revenoient en Italie avec une puissante armée, la peur de perdre ses Etats le poussa à faire alliance avec Bajazet. Le Pape à cette nouvelle l'abandonna, l'excommunia, & consentit que les Rois de France & d'Aragon partageassent entre eux son Royaume. Ils y avoient l'un & l'autre des droits assez specieux. Le Roi d'Aragon regardoit Federic comme décendant d'un bâtard de sa Maison, qui n'avoit pas dû être preferé à l'aîné legitime, & le Roi Loüis XII. faisoit valoir les droits incontestables de la Maison d'Anjou. Ils avoient fait un traité secret par lequel aprés la conquête le Roi devoit avoir la ville de Naple, la qualité de Roi & tout le reste du Royaume, à l'exception de la Poüille & du Duché de Calabre qui étoient à la bien-séance de Ferdinand par le voisinage de la Sicile. *C'est ainsi,* dit le R. P. Daniel, *que Ferdinand deshonoroit par sa mauvaise foi le glorieux titre de Roi Catolique affecté depuis quelques années aux Rois d'Espagne, de même que celui de Trés-Chrétien avoit été attaché aux Rois de France en la persone de Loüis XI. qui n'y avoit fait gueres plus d'honneur.*

An de J. C. 1501.

L'Empereur Maximilien eût pû s'opposer à une telle entreprise qui rendoit les François tout puissans en Italie (il étoient déja maîtres de Milan) mais le Roi lui envoya à Trente le Cardinal d'Amboise avec la qualité & tous les pouvoirs de Plenipotentiaire. Ils conclurent & signerent un traité par lequel le mariage de Madame Claude de France fille unique du Roi fut arrêté avec Charle Duc de Luxembourg fils de Philippe Archiduc d'Autriche & petit fils de l'Empereur. On leur cedoit en cas que le Roi n'eût point d'enfans mâles le Duché de Milan, le Royaume de Naple & le Duché de Bretagne; mais comme les acordez étoient encore l'un & l'autre dans la premiere enfance, cette promesse de mariage, dont la consommation étoit si éloignée, ne les engageoit pas beaucoup. L'Empereur promit aussi de donner au Roi l'investiture du Duché de Milan, ce qu'il eut beaucoup de peine à faire, & le Roi lui fit compter actuellement cent cinquante mille écus (il aimoit l'argent); ainſi les Rois de France & d'Eſpagne n'ayant plus à craindre d'obſtacle, rendirent leur traité public. L'Ambaſſadeur de France & celui d'Eſpagne qui étoient à Rome en firent part au Pape dans une audiance publique en preſence du Sacré College, comme s'il n'en avoit rien ſçû auparavant, & lui demanderent l'inveſtiture de Naple pour le Roi de France, & celle de la Calabre & de la Poüille pour le Roi d'Eſpagne, ce qui leur fut acordé. On publia auſſi-tôt des Manifeſtes. Le Roi n'en avoit pas beſoin, il avoit depuis lon-tems déclaré la guerre au Roi de Naple, & fait des hoſtilitez; mais pour Ferdinand qui l'avoit toujours ſecouru comme ſon parent, il falut pour palier un pareil changement ſe ſervir du prétexte de la Religion offenſée par le traité d'alliance de Federic avec Bajazet. Il le fit valoir auprés du Pape, qui aprouva le traité des deux Rois dans l'eſperance d'y trouver l'agrandiſſement du Duc de Valentinois.

A cette nouvelle le Roi de Naple ſe vit perdu. L'armée de France commandée par d'Aubigny & par le Comte de Cajaſſe s'avançoit par terre, & Gonzalve ſuivi de ſix mille Aragonnois au lieu de venir à ſon ſecours, comme il l'avoit eſperé, étoit paſſé de Sicile en Calabre & y vivoit en ennemi. Les François & les Eſpagnols entrerent bientôt en action, & rien ne leur réſiſta. Le malheureux Federic avec ſa petite armée abandonna le poste de saint Germain où il avoit crû pouvoir se maintenir, s'il y eût été joint par Gonzalve, & se retira à Capouë & ensuite à Naple où il avoit une grosse garnison. D'Aubigny assiegea Capouë, que Federic Colomne défendit assez lon-tems. Les Colomnes furent les seuls amis de Federic qui ne l'abandonnerent pas. Il fut ensuite forcé dans Naple, & se rendit par capitulation, les Bourgeois se racheterent du pillage en donnant soixante mille écus. Les deux Rois consentirent que Federic passât avec sa famille dans l'Isle d'Ischia, & qu'il y pouroit demeurer six mois pour lui donner le tems de se choisir en France ou en Espagne une retraite qui devoit ressembler à une honête prison. Prosper Colomne lui conseilla de se maintenir dans cette Isle le plus lon-tems qu'il pouroit pour y atendre quelque révolution : ce qui fût peut-être arrivé par la mesintelligence des François & des Espagnols, qui arriva bientôt aprés ; mais il s'impatienta de sa triste situation, & demanda un sauf-conduit au Roi Loüis XII. qui le reçut fort bien, & lui donna pour sa subsistance le Duché d'Anjou avec une pension de trente mille ducats.

Gonsalve trouvoit plus de difficulté à s'emparer de la Calabre & des autres Provinces, qui devoient être le partage des Espagnols ; Ferdinand Duc de Calabre fils aîné du Roi de Naple avoit ramassé quelques troupes, & se défendoit
dans

dans les plus petites places. Les Espagnols furent obligez de demander aux François trois mille chevaux & quelque infanterie que commandoit Loüis d'Ars, avec lesquels ils obligerent le Duc de Calabre à capituler. Gonsalve lui fit serment sur une Hostie consacrée de lui rendre la liberté, & de lui permettre de se retirer en France auprés de son pere ; mais peu scrupuleux il l'envoya en Espagne d'où il ne pût jamais sortir.

Il arriva un fait digne de memoire lorsque les troupes Françoises eurent pris Capouë. Loüis de Bourbon Comte de Montpensier fils de Gilbert de Bourbon, qui étoit mort Viceroi de Naple, voulut voir le tombeau qu'on avoit élevé à son pere à Pouzzoles : il le fit ouvrir pour pleurer sur les os paternels, se jetta à genoux, les baisa plusieurs fois, & le cœur serré sans verser une larme expira de douleur à l'âge de dix-huit ans. Il venoit de faire paroître son courage à la prise de Capouë. On l'enterra auprés de son pere.

Cependant Emmanuel Roi de Portugal faisoit équiper sans cesse des navires pour aller découvrir des Mondes nouveaux. Il suivoit l'exemple de son oncle Jean Duc de Viseo, qui avoit fait des établissemens considerables en Guinée, & sur les côtes d'Afrique au deçà & au delà du Cap de Bonne-Esperance. On ne pouvoit assez loüer son zele pour la propagation de la Foi ; car quoiqu'il fît en même tems la conquête de plusieurs grans pays, il est certain que sa principale attention étoit d'augmenter le Royaume de Jesus-Christ. Il donna cette année trois vaisseaux à Americ Vespuce Florentin pour aller découvrir des terres vers le Pole Antartique. Pierre Alvar avoit quelques années auparavant découvert le Bresil. Americ Vespuce écrivit le Journal de son voyage (en voici un extrait.) *Aprés avoir*, dit-il, *mis à la voile à Lisbone le 13. de Mai 1501. nous navigâmes vint mois vers le Sud ou l'Oüest selon qu'il plût aux vents, sans découvrir le nouveau Monde. Nous reconnûmes d'abord les Isles Canaries & les côtes d'Afrique. Il n'est pas aisé d'imaginer à quels travaux, à quels perils la Providence nous réservoit, & ce que c'est que de chercher dans l'immensité des Mers ce qu'on ne connoît point, au milieu des éclairs, des tonnerres, des tempêtes & des pluïes presque continuelles qui changeoient en un instant le plus beau jour en une nuit affreuse, & nous précipitoient dans les abîmes de la mer. Enfin dans le tems que nous n'avions plus ni eau ni biscuit, il n'étoit plus question de viandes, d'huille ni de fromage, la terre se montra & sa vüë nous rendit tout notre courage. Nous passâmes le tropique d'hiver, rasâmes un continent à peu prés de sept cens lieuës, trouvâmes des peuples doux, humains, conduits par la simple nature, le visage assez agreable, s'ils ne le rendoient pas difforme par des trous qu'ils s'y font pour y passer des pieces de pierres bleuës, d'ivoire & d'albâtre; leurs femmes plus sensées en portent seulement aux oreilles. Ils ne connoissent point la difference des conditions, & n'ont ni foi, ni loi, ni Roi; ils se batent à outrance & se tuënt.*

Ils mangent leurs ennemis, & se font une vanité d'en avoir mangé plus qu'un autre. Au reste le pays est abondant en toutes sortes d'animaux de terre & de mer, coupé de ruisseaux, l'air doux & temperé. On y trouve des mines d'or, & il n'y manque rien pour les agrémens de la vie.

Vasco de Gama étoit revenu des Indes Orientales, aprés avoir parcouru l'Ocean Arabique, Persique & Indien. Il avoit fait alliance avec le Roi de Granganor, dont la plûpart des sujets étoient Chrétiens, & se vantoient que leurs ancêtres avoient reçû l'Evangile de la bouche de l'Apôtre saint Thomas. Il leur promit sa protection contre leurs voisins idolâtres, & défit les flotes de Calicut & des Malabares, dont il raporta les dépoüilles en Europe. Il espera faire un grand commerce avec ces peuples, & tirer d'eux de la premiere main toutes les marchandises des Indes qu'ils avoient acoûtumé de vendre aux Egyptiens, qui les revendoient aux Venitiens avec un profit considerable. Lisbone fût devenuë par-là la plus riche ville du monde.

Le Pape esperoit que le Roi Loüis XII. aprés qu'il se seroit rendu maître du Royaume de Naple, entreroit dans la ligue contre les Turcs; & pour l'y encourager, il le déchargea lui & ses dêcendans mâles & femelles nez en legitime mariage de la redevance de quatre mille onces d'or que les Rois de Naple avoient acoûtumé de payer au Saint Siege, n'exigeant d'eux à l'avenir qu'un cheval blanc bien caparaſſoné. Il repreſenta aux Princes Chrétiens que s'ils ne s'acordoient entre eux, les Turcs ſeroient bientôt les maîtres de l'Europe : qu'ils faiſoient ſouvent des courſes en Hongrie & en Pologne, d'où ils emmenoient une infinité d'eſclaves : que la Republique de Veniſe ne pouvoit plus leur réſiſter : qu'ils avoient pris Coron, Modon, Lepanthe, Scutari : qu'ils changeoient les Egliſes en Moſquées, & fouloient aux pieds les Reliques des Saints. Il les exhortoit à ataquer ou l'Empereur des Turcs, ou le Soudan d'Egypte qui étoit devenu redoutable. Ce Soudan entretenoit pour ſa garde vint mille ſoldats, dits Mammelus, tous enfans Chrétiens enlevez à leurs parens avant qu'ils les connuſſent ni eux ni leur Religion, & qui par conſequent ne reveroient que leur Profete Mahomet & leur Souverain.

Les lettres du Pape toucherent le Roi Loüis XII. Il ſigna une ligue offenſive & défenſive contre les Turcs avec Uladiſlas Roi de Hongrie & de Boheme, & avec Jean Albert Roi de Pologne, par laquelle chacun de ces Princes devoit marcher de ſon côté contre l'ennemi commun, dés que le Pape qui étoit l'ame de la Croiſade les en avertiroit.

Ferdinand Roi d'Aragon envoya en Egypte Pierre Martir l'un de ſes Miniſtres pour exhorter le Soudan à la paix, & en même tems reconnoître ſes forces. Les Mammelus en faiſoient les principales, mais à proprement parler, ils étoient plus maîtres que lui. Il étoit obligé à choisir parmi eux les Generaux de ses armées, & les principaux Officiers de sa Maison. Cette milice n'étoit pas fort obéïssante, & plus d'une fois ils avoient massacré leurs Soudans. Nous en avons vû un exemple dans l'Histoire de saint Loüis.

Cependant les François & les Espagnols eurent des disputes dans le Royaume de Naple sur les limites de leurs terres, & au lieu de joindre leurs forces contre les Infideles, comme le Pape les en pressoit, ils firent des courses les uns sur les autres. Gonsalve étoit entreprenant, & sçavoit les intentions du Roi d'Aragon, qui faisoit peu de cas d'observer les traitez. D'autre côté Loüis d'Armagnac Duc de Nemours, que le Roi venoit de faire Viceroi de Naple, n'étoit pas endurant; leurs troupes ne demandoient qu'à suivre l'antipatie naturelle entre les nations voisines & guerrieres. Ils envoyerent des partis qui se batirent, les Chefs en demandoient raison & ne se la faisoient point, & sans se déclarer la guerre ils se la firent à outrance. Les deux Rois avertis de cette mesintelligence envoyerent ordre à leurs Generaux de cesser les actes d'hostilité, & d'arborer sur les rampars des lieux disputez les étendars de France & d'Espagne, pour marquer qu'ils y avoient droit les uns & les autres, jusqu'à ce que la question fut jugée à l'amiable. Ces ordres furent mal executez, les Generaux vouloient la guerre, & se flatoient chacun de leur côté de l'honneur de conquerir un Royaume.

An de J. C. 1502.

L'Archiduc Philippe d'Autriche gendre du Roi Ferdinand étoit passé en Espagne l'année précedente pour se faire reconnoître dans un pays dont il étoit l'heritier par son mariage avec la Princesse Jeanne. Il retourna dans les Pays-Bas par la France & vint trouver le Roi à Lion, & y fit avec lui un traité qui confirma celui que le Cardinal d'Amboise avoit fait un an auparavant avec l'Empereur Maximilien. On y arrêta de nouveau le mariage du Duc de Luxembourg fils de l'Archiduc avec la Princesse Claude fille du Roi, qui devoit avoir pour sa dot en Italie le Duché de Milan, le Comté d'Ast & le Royaume de Naple, & en France le Duché de Bretagne & le Comté de Blois; & en atendant la consommation du mariage les François & les Espagnols devoient demeurer en paix dans le Royaume de Naple, & garder chacun les places dont ils étoient actuellement en possession. Ce traité fut aussi-tôt envoyé en Espagne pour y être ratifié, & l'on en envoya des copies aux Generaux François & aux Espagnols, afin qu'ils cessassent tous actes d'hostilité. Le Roi Loüis XII. toujours de bonne foi, croyant la paix assurée, ne songea plus à envoyer du secours à Naple, au lieu que Ferdinand y faisoit filer continuellement des troupes de Sicile. Les Espagnols superieurs en forces & conduits par Gonfalve y devinrent bien-tôt les maîtres, & le Duc de Nemours plus Soldat que Capitaine ayant hazardé le combat, fut tué à Cerignole & les François défaits; il y en perit plus de trois mille. Daubigny avoit été pris prifonier dans une rencontre. La ville de Naple ouvrit fes portes aux Efpagnols. Le Château de l'Oeuf où il y avoit garnifon Françoife fut emporté d'affaut par Pierre de Navarre Lieutenant de Gonfalve. Ce fut en cette occafion qu'on fe fervit pour la premiere fois des mines avec de la poudre à canon : jufques-là on creufoit fous une muraille ou fous une tour qu'on étançonnoit, & quand le travail étoit achevé on y jettoit beaucoup de poix refine, on y mettoit le feu, & la tour s'écrouloit & combloit ordinairement le foffé. L'Archiduc fe plaignit amerement du Roi d'Efpagne, & revint à Lion fe remettre entre les mains du Roi, qui perfuadé de fa bonne foi, lui laiffa la liberté de retourner en Flandre, & fit de grans préparatifs pour fecourir Gayette, feule place qui fût reftée aux François dans le Royaume de Naple. La Reine Ifabelle comparable par fon courage aux Heroïnes des fiecles paffez, & par fa pieté aux plus grandes Saintes, n'aprouvoit pas la mauvaife foi de Ferdinand; & quoiqu'ils vêcuffent en fort bonne intelligence, elle ne fe mêloit point des affaires d'Italie qui dépandoient du Royaume d'Aragon, & à la réferve de la guerre contre les

Mores où elle eut beaucoup de part, elle se contentoit de gouverner son Royaume de Castille.

Le Pape venoit de marier sa fille Lucrece de Borgia au fils aîné d'Alphonse Duc de Ferrare, & en faveur de ce mariage il avoit remis à cent ducats d'or la redevance annuelle de quatre mille que les Ducs de Ferrare payoient au Saint Siege. Il lui donna aussi en dot quelques terres de l'Eglise, ce qui dans la suite causa la guerre, lorsque Jule II. voulut les retirer. Le Pape qui n'avoit d'attention qu'à former en Italie un petit Royaume pour le Duc de Valentinois, eût donné du secours aux Espagnols, s'il l'avoit osé. Il les craignoit moins que les François: il continuoit à chasser de la Romagne tous les prétendus Vicaires de l'Eglise, & il se flatoit que si les Espagnols étoient une fois maîtres du Royaume de Naple, il pouroit en joignant leurs forces chasser les François du Duché de Milan & le partager avec eux. Il avoit déja pris ses mesures sur ce pied-là, & avoit distribué des emplois à ceux de ses creatures qui devoient gouverner l'Italie suivant ses maximes; mais ces differens emplois recherchez & obtenus avec tant de soins, de peines & de bassesses, furent bien-tôt aneantis aux yeux de la mort. Le malheureux Pontife en aprenant la défaite du Duc de Nemours, s'abandonnoit à la joïe, lorsqu'il mourut d'une maniere qui fit assez connoître la juste punition que Dieu exerçoit sur lui. Le Duc de Valentinois qui

se

se croyoit tout permis pour avoir de l'argent, voulut se défaire du Cardinal Adrien de Cornetto favori du Pape, moins par haine pour sa persone, que par amitié pour ses richesses. Il lui fit préparer du vin empoisonné, & défendit à l'Officier qui en étoit chargé d'en donner à qui que ce fût au monde sans sa permission; mais le Pape étant arrivé de la promenade fort échauffé demanda à boire, & l'Officier ne croyant pas que l'ordre fût pour sa Sainteté, lui presenta de ce vin qu'il croyoit délicieux. Le Duc de Valentinois en but aussi, & peu aprés le poison fit son effet; le Pape qui avoit soixante & onze ans en mourut le lendemain, & le Duc en fut fort malade plus d'un mois lon-tems languissant, & n'en revint que par sa jeunesse & par la force de son temperament. Onufre Danvinus qui a écrit la Vie d'Alexandre VI. en parle ainsi: *Ce Pape*, dit-il, *n'interrompoit jamais ses affaires par ses voluptez, il admetoit les Sciences sans les cultiver, donnoit des pensions aux Savans, & payoit bien ses troupes, dont il eut toujours un grand nombre sur pied : sa perfidie plus que punique, sa cruauté, son avarice furent extrêmes. Il faisoit representer devant lui les Comedies de Plaute, & donnoit au peuple Romain des combats de Gladiateurs. On ne marchoit point en sûreté ni dans la ville ni à la campagne. Enfin il mourut du poison que son fils avoit fait préparer pour ses Ministres.* Oderic Rainald, continuateur de Baronius, raporte la chose autrement sur la foi d'un manuscrit qu'on

An de J.C,
1502.

ne connoît point. Il dit que le Pape mourut d'une fiévre continuë, qui dura sept jours, contractée par le mauvais air ordinaire pandant le mois d'Aouſt dans les maiſons autour de Rome, qu'il reçut avec pieté tous les Sacremens de l'Egliſe, que pluſieurs Cardinaux l'aſſiſterent à la mort, & que le Duc de Valentinois fut attaqué du même mal, dont il eut beaucoup de peine à revenir. Quoiqu'il en ſoit, Alexandre VI. par ſa conduite avoit peu merité les regrets des gens de bien, & ſa memoire eſt demeurée en abomination. Il crea en divers tems quarante-trois Cardinaux, entre autres Jean de Borgia Archevêque de Montreal en Sicile, Loüis de Borgia & Jean de Borgia Archevêque de Capouë tous trois ſes neveux, Jean Morton Anglois, Jean de la Grollaie François Abbé de ſaint Denis, Bernardin Carvajal Eſpagnol, Caſimir fils du Roi de Pologne, Julien Ceſarini noble Romain, Guillaume Briſſonnet Surintendant des Finances ſous Charle VIII. Philippe de Luxembourg celebre par la ſainteté de ſa vie, George d'Amboiſe Archevêque de Roüen premier Miniſtre de Loüis XII. qui en ne voulant jamais avoir d'autres Benefices que ſon Archevêché, fit tous ſes efforts pour être Pape, Antoine Trivulſe Evêque de Come, & Nicolas de Fieſque Genois, preſque tous recommandables par leur ſcience & par leur pieté.

An de J. C. 1503.

La mort d'Alexandre VI. cauſa une grande joïe à tout le monde Chrétien; & quoiqu'il eût de grans talens pour le gouvernement, fa cruauté, fon avarice & fes débauches continuelles & publiques deshonoroient la Chaire de faint Pierre, faifoient gemir les gens de bien, & déplaifoient même aux plus libertins. Le Duc de Valentinois, qui auffi bien que fon pere avoit bû du vin empoifonné, n'en mourut pas, fa jeuneffe & fon temperamment le fauverent; mais il en fut malade plus d'un mois, & ne pût donner ordre à fes affaires, qui étoient fort preffantes. Il fe flatoit qu'après la mort d'Alexandre il feroit le maître du Conclave, par le grand nombre de creatures qui devoient être attachez à fes interêts par reconnoiffance & par coûtume, & il avoit réfolu de faire aprocher de Rome fes troupes qui avoient leurs quartiers en divers endroits de l'Etat Ecclefiaftique. Il donna bien quelques ordres; fa prefence & fa fanté euffent été neceffaires pour les faire executer.

Les Cardinaux fe trouverent alors bien embaraffez. Les Colomnes & les Urfins avoient des troupes dans les villages voifins de Rome. Le Duc de Valentinois avoit pouffé à bout ces deux puiffantes Maifons (il ne pouvoit s'agrandir qu'à leurs dépens) mais après la mort d'Alexandre VI. il bien que tant d'ennemis l'auroient bientôt accablé; & comme il avoit fait plus de mal aux Urfins en ruinant leurs terres & démoliffant leurs Châteaux, il fe racommoda avec les Colomnes, & leur rendit leurs forterefses en meilleur état &

mieux fortifiées qu'il ne les avoit prises. D'autre côté le Roi Loüis XII. piqué sans être rebuté de la perte du Royaume de Naple, avoit renvoyé en Italie une puissante armée sous la conduite du Marquis de Mantouë. Elle se disposoit à marcher du côté de Naple, mais elle s'aprochoit de Rome à petites journées pour soûtenir l'ambition du Cardinal d'Amboise, qui à la premiere nouvelle de la mort du Pape étoit parti de France avec le Cardinal Ascagne Sforce & le Cardinal de la Rovere; sur la reconnoissance desquels il avoit raison de compter, (il les avoit assistez dans leurs malheurs.) Il arriva à Rome avant que les Cardinaux fussent entrez au Conclave : ils craignoient de n'y être pas libres, & ne vouloient pas se renfermer qu'ils ne vissent auparavant l'armée de France éloignée & hors d'état d'user de violence. Ils se servirent du Cardinal de la Rovere pour persuader à George d'Amboise que son élection étoit sûre, & seroit beaucoup plus glorieuse, si les troupes Françoises s'éloignoient de Rome (elles étoient campées à Viterbe); que les Espagnols n'auroient point de prétexte de chicaner son élection; que le schisme ne seroit point à craindre, & qu'enfin son merite étant connu, il n'avoit besoin que de lui-même pour être élevé sur la Chaire de saint Pierre. On se laisse aisément persuader par son ami. La Rovere avoit été attaché à la France depuis dix ans, il avoit même exposé sa vie à la prise de Genes, & il n'y avoit aucune apparance qu'il pût songer à être Pape, étant ennemi particulier du Cardinal Ascagne Sforce, & du Duc de Valentinois qui avoient beaucoup de credit dans le Sacré College. Ainsi le Cardinal d'Amboise pouvoit croire son conseil sincere: il le crut, & envoya l'ordre aux Generaux François de ne pas aprocher davantage. Il fit même sortir de Rome trois ou quatre mille Officiers qui y étoient venus par curiosité. Il persuada aussi au Duc de Valentinois qui se portoit mieux de sortir de Rome avec ses troupes. Alors les Cardinaux au nombre de trente-six la plûpart Italiens entrerent au Conclave, & élurent tout d'une voix le Cardinal Picolomini, qui prit le nom de Pie III. en memoire de son oncle Pie II. Le Cardinal d'Amboise qui se vit trompé par ses meilleurs amis, fit bonne mine & alla à l'adoration comme les autres. Le nouveau Pape étoit fort homme de bien, mais si infirme, quoiqu'il n'eût que soixante & quatre ans, qu'il n'étoit plus guere en état de rendre service à l'Eglise. Le Pape Pie II. l'avoit fait Archevêque de Sienne, & Cardinal à l'âge de vint ans. Il s'étoit acquité dignement de plusieurs Legations en France & en Allemagne, & l'on avoit sujet de bien esperer de son Pontificat. Le Cardinal de la Rovere savoit bien qu'il ne seroit pas long, & d'ailleurs s'étant déclaré ennemi de la France en trompant le Cardinal d'Amboise, il se flatoit de se racommoder aifément avec les Espagnols,

& de s'ouvrir par-là un chemin à la Chaire de saint Pierre. Les Cardinaux dans le Conclave avoient résolu d'assembler un Concile general dans deux ans pour la réformation tant desirée & tant promise; mais Pie III. déclara avant même que d'être couronné qu'il vouloit assembler le Concile incessamment, qu'il alloit faire publier la Bule de convocation, & qu'afin que les Princes Chrétiens n'eussent rien à reprocher à la Cour Romaine, il faloit sans y perdre un moment réformer les mœurs & la magnificence mondaine, qui ne convenoit point aux successeurs des Apôtres, & qu'il leur en donneroit l'exemple : qu'aprés cela il esperoit former la ligue contre les Turcs, & que suivant les traces de son oncle Pie II. il se flatoit d'avoir encore assez de force & de vie pour marcher en persone à la tête de la Croisade. Il commença à donner des ordres fort sages pour apaiser les esprits du peuple, qui étoient fort agitez. Les Colomnes & les Ursins étoient prêts à tous momens à se donner des combats : les François & les Espagnols se menaçoient publiquement, lorsque le Duc de Valentinois arriva à Rome assez mal acompagné (il n'avoit pas cru y devoir amener des troupes) il comptoit sur la protection du nouveau Pape, & se trompa. Il avoit dans la Romagne plusieurs places bien fortifiées, & douze ou quinze mille hommes de vieilles troupes acoûtumées à suivre aveuglément ses ordres : il pouvoit encore se faire considerer, mais il ne raisonna pas juste, & se livra presque seul entre les mains des Ursins ses ennemis irreconciliables. Ils l'insulterent, l'attaquerent avec fureur, & l'obligerent à se sauver dans le Château saint Ange, lui qui quelques jours auparavant prétendoit se faire un nouveau Royaume aux dépens de l'Eglise & des petits Princes de la Romagne. A cette nouvelle toutes ses troupes se dissiperent, & il fut trop heureux de remettre entre les mains du Pape Cezene, Forli, & les terres & les forteresses dont il s'étoit emparé. Il fut gardé quelque tems à Ostie par l'ordre du Pape, qui enfin le fit mettre en liberté.

Quelques jours aprés que le Pape eût été élû, il reçut l'Ordre de Prêtrise, & fut ensuite fait Evêque & couronné avec les ceremonies ordinaires. Mais il mourut trente jours aprés sans avoir pû executer aucune des grandes résolutions qu'il avoit prises pour le bien de l'Eglise. *Sa mort fut pleurée par tous les gens de bien, sa memoire,* dit Pierre Delfin, *sera toujours en benediction, & je ne me souviendrai jamais sans verser des larmes de sa pieté, de sa douceur, de sa charité. Je sai bien qu'il a pasé à une meilleure vie, & qu'il voit face à face toutes les splandeurs de la Divinité, & s'il m'étoit permis de le rapeller sur la terre, je ne le ferois pas, nous devons preferer son bonheur au bien que nous recevrions de sa presence.*

La mort de Pie III. ne renouvella point les

prétentions du Cardinal d'Amboise, la conjoncture étoit passée, l'armée de France avoit marché du côté de Naple, & tous ses amis l'avoient abandonné. Le Cardinal de la Rovere crut que le moment de sa grandeur étoit arrivé. Il gagna toutes les creatures d'Alexandre VI. Les Espagnols qui le voyoient broüillé avec la France par la maniere dont il avoit joüé le Cardinal d'Amboise, se réünirent à lui. Il fut élu & prit le nom de Jule II. moins en memoire de Jule I. qui dans le quatriéme siecle avoit gouverné l'Eglise fort saintement, que de Jule Cesar dont le courage & l'ardeur des conquêtes lui donnoient de l'émulation.

An de J. C. 1503.

Les Cardinaux dans le Conclave avoient tous juré certains articles que le Pape futur seroit obligé d'observer, comme de ne point faire la guerre sans le consentement des deux tiers du Sacré College, qui le donneroient par scrutin secret : qu'il les consulteroit aussi sur les translations des Evêques, sur l'envoi des Legats, sur la creation des nouvelles Charges, sur l'imposition des Decimes, avec une promesse expresse d'assembler incessamment un Concile general pour réformer l'Eglise, & pour former la ligue contre les Infideles ; & en cas que celui qui devoit être élu y manquât, il donnoit par avance pouvoir aux Cardinaux d'assembler de leur autorité le Concile general, & d'y ordonner même contre le Pape tout ce qui conviendroit au bien de l'Eglise.

glise. Jule II. jura de bonne grace toutes ces conditions, qu'il n'obferva pas fort exactement.

Cependant l'armée Françoife fous la conduite du Marquis de Mantouë étoit entrée dans le Royaume de Naple, & avoit forcé le paffage du Garillan malgré Gonfalve qui commandoit l'armée Efpagnole. Les François y firent un pont de bateaux fur lequel cinq mille hommes étant paffez, allerent brufquement attaquer le Camp des Efpagnols; mais n'étant pas foûtenus, ils furent repouffez & perdirent plus de quinze cens hommes. Ce fut en cette occafion que le fameux Chevalier Bayard arrêta feul à la tête du pont les ennemis vainqueurs, & donnant le tems à nos troupes de fe rallier, empêcha leur entiere défaite. Il fut nommé le Chevalier fans reproche, & nous aurons plus d'une fois occafion de parler de lui. On accufa le Marquis de Mantouë de s'entendre avec Gonfalve; piqué de ce reproche, bien ou mal fondé, il fe retira dans fes Etats avec fes troupes, & affoiblit beaucoup l'armée. Il avoit lon-tems fervi contre la France, & commandoit l'armée Venitienne à la bataille de Fornouë. On s'étoit étonné que le Roi cût confié fes troupes à un ennemi reconcilié, mais il y avoit été prefque forcé par la maladie du Sire de la Trimoüille qui étoit demeuré à Milan. Le Marquis de Saluces prit la place du Marquis de Mantouë, & fut plus malheureux encore. Son armée n'eut ni argent ni vivres, on avoit fait des magazins à Rome, qui y furent retenus ou par la faute des Munitionaires François, ou par l'ordre secret du Pape. Le Marquis fut obligé de quitter un poste avantageux où il n'avoit rien à craindre, & de permettre à ses troupes d'élargir leurs quartiers pour subsister, ce qui en fit deserter plus de la moitié : Enfin pressé par la necessité, il hazarda la bataille sans atendre les secours que le Roi lui envoyoit, & la perdit si entiere qu'il ne songea plus qu'à se retirer. Il fit une capitulation honteuse, rendit Gayette qu'il pouvoit défendre encore lon-tems, & mourut à Genes en voulant repasser en France avec peu de troupes fort délabrées. Loüis d'Ars qui s'étoit jetté dans Venose ne voulut point entrer dans la capitulation generale, & après s'être défendu encore quelque tems, il en fit une particuliere fort honorable, & en retournant en France, il traversa toute l'Italie suivi de trois ou quatre cens soldats, qu'on regardoit comme autant de Heros. Ce fut alors que les François furent chassez de Naple presque sans esperance de retour. On accusa le Cardinal d'Amboise d'en être cause, parce qu'il avoit arrêté l'armée de France auprés de Rome pandant les deux mois de l'Automne, & que les pluyes étant venuës de bonne heure, les chemins étoient devenus impraticables, & les Espagnols avoient eu le tems de se saisir des défilez avec un grand avantage sur les François, qui d'ailleurs n'aimoient pas à combatre les faisons. Mais le Cardinal pouvoit répondre, que s'il avoit été Pape il eût bien fait pancher la balance du côté de ses amis, qui avec son secours n'eussent pas eu grand'peine à se rendre maîtres du Royaume de Naple.

CHAPITRE TROISIE'ME.

LE Pape Jule II. n'étant encore que le Cardinal de la Rovere ayant été chassé d'Italie sous le Pontificat d'Alexandre VI. avoit passé plusieurs années en France sous la protection de Charle VIII. & de Loüis XII. l'amitié du Cardinal d'Amboise ne lui avoit pas été inutile; mais il ne se vit pas plutôt sur la Chaire de saint Pierre, qu'il prit l'esprit & les manieres de gouverner d'Alexandre VI. & devint dans la suite l'ennemi de ses protecteurs. Il ne montra pas d'abord toute sa mauvaise volonté, changea plusieurs fois de parti, & ne se déclara jamais que lorsqu'il se vit apuyé par une ligue capable de le soûtenir. Il avoit en son pouvoir le Duc de Valentinois, qui aprés la mort d'Alexandre VI. avoit été trop heureux de se refugier dans le Château saint Ange : il le tint assez lon-tems en prison, & l'envoya à Ostie, d'où il ne lui permit de sortir qu'aprés avoir livré aux Officiers du Pape toutes les villes dont il s'étoit emparé dans la Romagne. Il est vrai qu'avant que de s'y résoudre le Duc les fit offrir en secret à Gonsalve, qui

An de J. C. 1504.

Fff ij

n'osa s'en charger (il eût offensé mortellement Sa Sainteté) outre qu'il n'avoit ni troupes pour y mettre les garnisons necessaires, ni argent pour les payer. Les Venitiens les refuserent aussi; & le Duc ne voyant plus d'autre moyen de recouvrer sa liberté, écrivit aux Gouverneurs de ses places, qui dans son malheur lui furent toujours fideles, qu'il leur ordonnoit de les remettre aux Officiers du Pape. Dés que la chose eût été executée, le Cardinal de Carvajal qui tenoit le Duc en prison dans Ostie, lui permit de monter sur un vaisseau qui le porta à Naple. On ne sauroit exprimer les caresses que lui fit Gonsalve, il lui donna un équipage de Prince, lui témoigna une confiance entiere, partagea avec lui son argent, lui permit de lever des troupes, & forma avec lui le dessein de chasser les François d'Italie. Mais en même tems il écrivit au Roi d'Aragon, qu'il ne lui conseilloit pas de se fier au plus infidele des hommes, qu'il le trahiroit à la premiere occasion, que son interêt le demanderoit, que c'étoit une bête feroce qu'il faloit enfermer dans un Château où il ne pouroit faire mal à persone. Le Roi d'Aragon peu scrupuleux sur les paroles données, suivit avec joie un conseil si conforme à ses inclinations & à sa politique ordinaire. Il manda à Gonsalve de faire arrêter le Duc de Valentinois, & de l'envoyer en Espagne. Gonsalve tâcha d'excuser son infidelité, en disant que toutes les paroles qu'il avoit pû donner au Duc de

Valentinois devoient ceder aux ordres précis & réïterez du Roi son maître, & le malheureux fut envoyé en Espagne, & y fut traité indignement & confiné dans le Château de Medina del Campo, où il passa quatre années dans toutes les rigueurs de la prison.

La colere de Loüis XII. fut extrême en aprenant que son armée avoit été chassée du Royaume de Naple presque sans combatre : il en atribua la faute à ses Lieutenans ou negligens ou témeraires, & fit pendre quelques-uns de ses Trésoriers qui n'avoient pas fourni aux troupes les vivres & les munitions necessaires. Son courage lui fit prendre la résolution de commander ses armées en persone autant qu'il le pouroit : Et comme il avoit encore en Italie le Duché de Milan, qu'il étoit maître de Genes, que les Florentins étoient dans son alliance, & que le Pape, dont il se défioit, n'avoit encore osé se déclarer contre lui, il ne desespera pas de forcer la fortune à lui rendre justice.

La Reine Isabelle de Castille mourut à la fin de l'année, & merita les éloges de tous les siecles. Son courage & sa pieté lui firent entreprendre & executer de grandes choses : elle forma, pour ainsi dire, la Monarchie d'Espagne par la conquête de Grenade, de Naple, des Canaries & du nouveau Monde ; & quoique le Roi Ferdinand d'Aragon son mari y eût eu beaucoup de part, il n'eût jamais fait de si grandes entrepri-

An de J. C. 1504.

ses, si elle ne l'eût encouragé par ses exhortations & par son exemple. Elle étoit toujours à cheval pandant le siege de Grenade, & quelques Auteurs ont dit qu'elle y contracta la maladie dont elle mourut. Elle voulut être enterrée dans l'Eglise Catedrale de Grenade. C'étoit la plus chere de ses conquêtes, parce qu'elle avoit chassé Mahomet des Espagnes, où sa religion avoit dominé huit cens ans. Son Testament parut extraordinaire, & capable de causer de grandes guerres. Elle déclara sa fille Jeanne, qui avoit épousé l'Archiduc d'Autriche, heritiere de Castille; mais comme Jeanne avoit perdu l'esprit par jalousie (elle aimoit éperduëment son mari qui lui faisoit souvent des infidelitez) Isabelle donna l'administration du Royaume au Roi d'Aragon son mari, jusqu'à ce que le Duc de Luxembourg leur petit fils eût vint ans. L'Empereur & l'Archiduc, qu'on comptoit pour rien, n'avoient garde de le soufrir, & pour s'apuyer davantage ils envoyerent au Roi des Ambassadeurs pour obtenir la confirmation des anciens traitez. Ils craignoient que la France ne rompît le mariage arrêté depuis plusieurs années entre le Duc de Luxembourg & Madame Claude fille aînée du Roi. En effet, on prévoyoit assez que la politique françoise ne consentiroit jamais à laisser dans la même Maison les Royaumes d'Espagne, Milan, Naple, le Comté d'Ast, les Pays-Bas, le Duché de Bourgogne & celui de Bretagne, ce qui arriveroit si ce mariage s'acompliſſoit. Les Ambaſſadeurs de l'Empereur ſe rendirent à Blois, le Marquis de Final s'y trouva auſſi au nom du Pape, & l'Evêque de Siſteron avec la qualité de Legat : on ſigna un nouveau traité par lequel on convint que ſi le mariage du Duc de Luxembourg avec Madame Claude ſe rompoit par la volonté de l'Empereur, de l'Archiduc ou du Duc de Luxembourg, ils renonceroient à toutes leurs prétentions ſur le Duché de Milan & ſur la Bourgogne, & cederoient à la France le Comté d'Artois & le Charolois : & que ſi au contraire le mariage ſe rompoit par la volonté du Roi, les Duchez de Bourgogne & de Milan & le Comté d'Aſt apartiendroient au Duc de Luxembourg. Le Roi promit auſſi de permettre à Loüis Sforce ancien Duc de Milan (il étoit oncle de l'Imperatrice) de vivre avec quelque ſorte de liberté dans une ville au milieu de la France, & lui donna trente mille écus de penſion. Ce fut le traité public; mais il s'en fit un ſecret entre le Pape, l'Empereur & le Roi contre les Venitiens, qui depuis plus d'un ſiecle n'avoient augmenté leur Etat de terre ferme, qu'aux dépens de l'Egliſe, des Ducs de Milan & des Empereurs. Ils étoient perdus ſi l'Empereur avoit été auſſi prompt à l'execution qu'au projet. Les Princes liguez avoient déja fait entre eux le partage de leurs terres. Le Pape prétendoit avoir Faenza, Ravenne, Cervia, Rimini & Cezene qui étoient du Domaine de l'Eglife. L'Empereur redemandoit Roveredo, Verone, Padouë, Vicenze, Trevife & le Frioul. Et le Roi comme Duc de Milan avoit droit fur le Cremonois, le Bergamafque, Breffe & Creme.

Dés que le traité de Blois eut été ratifié, l'Archiduc fit équiper dans les Pays-Bas une flote pour paffer en Efpagne, dont tous les Seigneurs prometoient de le reconnoître. La tempête difperfa fa flote & le pouffa en Angleterre, où il demeura trois mois. Le Roi Henri VII. le traita fort bien. Ce Prince gouvernoit l'Angleterre avec beaucoup d'autorité & de gloire. Il étoit remonté fur le Trône de fes ancêtres de la Maifon de Lancaftre, malgré la guerre ouverte que les Princes de la Maifon d'Iork lui avoient faite, & les embûches qu'ils lui avoient dreffées. Sa valeur, fa capacité, fon favoir & fa pieté l'avoient mis bien au deffus de fes rivaux. Les Savans de toutes nations étoient bien reçus dans fon Palais, il favoit parfaitement le Latin, le Grec & l'Hebreu, & honoroit de fon amitié Jean Colet Doyen de l'Eglife de faint Paul de Londre, & l'un des plus grans Predicateurs de fon tems. Il bâtiffoit des Eglifes, il fondoit des Hôpitaux, il avoit une attention particuliere à foulager les pauvres, enfin il donnoit fouvent au Pape des marques du profond refpect que tous les Princes Chrétiens doivent au Vicaire de Jefus-Chrift, & le Pape de fon côté fachant qu'il avoit fait bâtir

une

une Chapelle magnifique dans l'enclos du Monastere de saint Pierre de Vestmeinster, & qu'il avoit dessein d'y établir sa sepulture & celle des Rois ses successeurs, acorda des Indulgences à ceux qui y prieroient Dieu pour lui pandant sa vie & aprés sa mort. Henri VII. regnoit glorieux, & son mariage avec Elisabet fille & heritiere du Roi Edoüard IV. avoit réuni en sa persone tous les droits des Maisons d'Iork & de Lancastre. Il ne lui restoit d'ennemis de la Maison d'Iork, qu'Edmond Pole Comte de Suffolc fils d'Elisabet sœur du Roi Edoüard IV. il s'étoit retiré dans les Pays-Bas. Henri VII. se servit de l'occasion, & voyant le Roi de Castille à sa discretion, il le força à lui livrer le Comte de Suffolc, en lui jurant que sa vie seroit en sûreté, & qu'il se contenteroit de le tenir en prison. Il tint sa parole, mais Henri VIII. son fils & son successeur le fit mourir.

Le traité de Blois ne fut pas fort agreable au Roi d'Aragon, il pouvoit craindre pour son Royaume de Naple, si la ligue dépoüilloit les Venitiens, aussi n'oublia-t-il rien pour la déconcerter. Il prévoyoit d'ailleurs que dés que l'Archiduc seroit arrivé en Espagne, il y donneroit la loi. Il envoya des Ambassadeurs à Loüis XII. pour lui demander en mariage sa niéce la Princesse Germaine de Foix. C'étoit une beauté acomplic & qui avoit seize ans, Ferdinand n'en avoit que trente-sept & en paroissoit soixante, les tra-

Tome VIII.

vaux de la guerre & les plaifirs de la paix l'avoient vieilli. Le Roi lui acorda fa demande, & renonça à fes prétentions fur le Royaume de Naple en faveur des enfans qui naîtroient de ce mariage. Le Pape donna la difpenfe, Ferdinand étoit grand oncle de Germaine. On s'étonnera peut-être qu'en ce tems-là les Princes fiffent coup fur coup des traitez fi contraires les uns aux autres fans aucun égard pour les paroles données, fignées & jurées. L'Empereur & l'Archiduc fe plaignirent en vain d'un traité qui ôtoit le Royaume de Naple à la Maifon d'Autriche, & qui donnoit atteinte aux articles du mariage arrêtez entre le Duc de Luxembourg & la Princeffe Claude. Le Pape entra dans la ligue des deux Rois, qui lui promirent de lui aider à reprendre Peroufe, Bologne, & toutes les autres villes dont des Seigneurs particuliers s'étoient emparez fur l'Etat de l'Eglife. Il leva auffi-tôt une armée, & fortifié de deux mille hommes de pied & de mille chevaux que lui envoya le Maréchal de Chaumont Gouverneur du Milanez & de quelques troupes de Florence, il s'aprocha de Peroufe : Baglioni qui en étoit le tiran intimidé, ouvrit fes portes, & reçut le Pape avec de grandes foûmiffions. Le Duc d'Urbin joignit l'armée avec quelques troupes, & tout marcha vers Bologne. Le chemin étoit difficile, & il falut paffer par les montagnes de l'Apennin, enforte que le Pape fut obligé de faire plus de deux lieuës à pied. Il avoit menacé les habitans de Bologne de faire tout passer au fil de l'épée, s'ils ne se rendoient dans neuf jours, & s'ils soufroient un coup de canon. Jean Bentivoglio étoit maître de la ville & vouloit se défendre, mais quand il vit la résolution du Pape & que les François se disposoient à l'attaquer, il perdit courage (le Duc de Mantouë son cousin l'avoit abandonné) & il passa dans le Camp des François avec sa femme & ses enfans. Alors les Bolonois ouvrirent leurs portes, & le Pape acompagné de vint-deux Cardinaux y fit son entrée sous un dais porté par les Ambassadeurs de France, d'Espagne & de Venise. Le peuple avoit élevé en son honneur des arcs de triomfe, le nommant liberateur de la patrie.

Le Pape en songeant à rétablir l'Etat Ecclesiastique par les armes, n'oublioit pas la Religion. Il envoya des Missionaires Dominicains la plûpart grans Predicateurs en Boheme où il y avoit encore beaucoup de Huslites, & leva à leur égard les excommunications qui défendoient de converser avec les heretiques. Il donna aussi de grandes loüanges à Joachim Electeur de Brandebourg, qui venoit d'établir une Université à Francfort, & lui acorda les privileges ordinaires.

George Duc de Saxe sollicitoit la canonisation du B. Benon Evêque de Misnie. Tritheme Abbé de Spanheim en écrivit au Pape : *Saint Pere*, lui dit-il, *le B. Benon a converti les Esclavons, moins par ses prédications, que par la sainteté de sa vie. Ses miracles ont été sans nombre, & quoique nous ne doutions pas qu'il ne soit dans le Ciel, nous n'osons l'invoquer jusqu'à ce que vôtre Sainteté l'ait mis au nombre des Saints.* Le Pape fit commencer les informations, mais elles ne furent achevées que sous le Pontificat d'Adrien VI.

Ce fut la même année que Jule II. jetta les premiers fondemens de la nouvelle Eglise de saint Pierre de Rome, que ses successeurs ont achevée & embellie avec magnificence.

An de J. C. 1505.

Cependant l'Archiduc aprés avoir été trois mois en Angleterre malgré lui, & sous prétexte que sa flote avoit besoin d'être radoubée, remit à la voile & arriva à la Corogne en Galice. A cette nouvelle la révolution fut generale en Castille, peuple & Seigneurs tout se déclara pour lui, & il ne resta dans le parti du Roi d'Aragon que le Duc d'Albe & François Ximenés Archevêque de Tolede. Ce Prince habile voyant qu'il n'étoit pas le plus fort prit le parti de s'humilier, & se livra presque seul entre les mains de son gendre. Ils se virent dans une Chapelle, Philippe jeune & sans experience n'étoit pas capable de résister à la vehemence de Ferdinand : il fut atendri d'abord & persuadé, se contenta du titre de Roi de Castille, & laissa à son beau-pere les trois grandes Maîtrises d'Espagne & le revenu des Indes. Mais peu de tems aprés Ferdinand s'étant aperçu que les Ministres du jeune Roi n'étoient pas contens qu'on partageât son autorité, & qu'à la fin ils l'obligeroient à se porter à quelque violence, il prit le parti de se retirer en Aragon, & de songer à la conservation de son Royaume de Naple. Il avoit été averti de divers endroits, que Gonsalve maître des places & des troupes de ce Royaume, avoit la vision de s'en faire Roi. La mort de la Reine Isabelle & les broüilleries qui étoient en Castille favorisoient son entreprise. Le Pape, les Venitiens & la plûpart des Princes d'Italie lui promettoient en secret de le soûtenir : ils aimoient bien mieux voir à Naple un Prince particulier qui ne leur feroit jamais aucun ombrage, que les Rois de France ou d'Espagne qui pouvoient aisément les assujettir. Ferdinand avoit mandé plusieurs fois à Gonsalve de revenir en Espagne, & pour l'y attirer plutôt il lui avoit donné la grande Maîtrise de saint Jaque qui étoit fort considerable ; mais Gonsalve lui répondoit toujours qu'il ne meritoit pas un si grand present, & demeuroit à Naple. Enfin Ferdinand prit le parti d'aller lui-même faire justice d'un sujet rebelle à qui ses grandes actions avoient fait tourner la tête, se flatant que sa seule presence l'intimideroit. En effet Gonsalve à l'aproche de Ferdinand perdit toute esperance de réussir dans sa chimere, & s'abandonnant à la clemence de son maître, il vint au devant de lui jusqu'à Genes : Ferdinand prit pour bonnes les excuses qu'il lui donna, &

peut-être qu'en cette occasion le souvenir & la reconnoissance des services passez l'emporta sur la satisfaction presente d'une vangeance basse & qui n'étoit pas necessaire. Il poursuivit son voyage jusqu'à Naple, & y ramena Gonsalve pour lui témoigner plus de confiance.

An de J. C. 1505.

La même année le Pape fit une promotion de neuf Cardinaux contre l'avis des anciens, qui eurent bien de la peine à y consentir; Charle de Carreto Marquis de Final fut le premier, Robert Evêque de Rennes Ambassadeur de France le second, & Sigismond de Gonzague fils du Duc de Mantouë fut le neuvième. Paris de Graffis Maître des Ceremonies, qui étoit present, raporte qu'ils se tinrent dans l'antichambre du Pape, jusqu'à ce que le Cardinal Colomne Doyen des Cardinaux Diacres les appella l'un aprés l'autre pour être admis à baiser les pieds de Sa Sainteté, pandant que les anciens Cardinaux étoient à leurs places à droit & à gauche. Ils allerent ensuite saluer les anciens Cardinaux, & prirent leurs places chacun suivant son rang.

Mourut en ce tems-là à Ravenne Marguerite, sainte fille aveugle, qui faisoit souvent des miracles, délivroit les possedez, & rendoit la santé aux malades en les touchant seulement. On racontoit qu'elle avoit prédit que Ravenne seroit pillée par les François, ce qui arriva quelques années après. Son corps demeura plusieurs jours sans être enterré & sans se corrompre, & lon-tems aprés sa mort les voiles qui lui avoient servi rendoient une odeur agreable.

Le Roi se disposoit à profiter de la paix qu'il venoit de faire avec le Roi d'Aragon, lorsqu'il fut attaqué d'une maladie si longue & si dangereuse qu'on desespera plusieurs fois de sa vie. Alors les bons François presserent Sa Majesté de convoquer les Etats Generaux: ils s'assemblerent à Tours, & remontrerent au Roi que la France étoit perduë, si le Duc de Luxembourg épousoit la Princesse Claude; que toutes les grandes Provinces qu'elle lui porteroit en dot, rendroient la Maison d'Autriche Sonveraine de l'Europe, & qu'il étoit convenable au bien de l'Etat de marier la Princesse avec son cousin François de Valois Comte d'Angoulême heritier présomptif de la Couronne; le Roi à qui l'on avoit donné avec raison le glorieux titre de pere du peuple, y consentit avec joie, & fut ravi d'y être presque forcé. Il le fit savoir à l'Empereur & à l'Archiduc, & sans perdre tems le Comte d'Angoulême fut fiancé par le Cardinal d'Amboise avec Madame Claude. La Reine Anne avoit déja envoyé en Bretagne toutes ses pierreries & ses meubles les plus précieux dont elle faisoit grand cas. Elle ne fut pas trop contente du mariage du Comte d'Angoulême, & craignoit que si le Roi venoit à mourir, la Comtesse d'Angoulême ne voulut gouverner pandant la minorité de son fils, qui n'avoit que six ans. Mais heureusement le Roi guerit contre l'esperance des Medecins; il s'étoit donné à Dieu sincerement, & aprés avoir reçu tous les Sacremens de l'Eglise avec pieté, il sembla revivre tout d'un coup, & reprit ses forces en peu de tems.

Le Pape crut devoir profiter des bonnes dispositions de Loüis, & le fit presser par le Cardinal George d'Amboise qui étoit Legat en France, d'entrer dans la ligue des Princes Chrétiens contre les Turcs. On accusa le Cardinal de ne s'être pas servi en cette occasion de tout le credit qu'il avoit auprés du Roi, & de lui avoir conseillé de faire la guerre en Italie, afin d'être plutôt en état de s'emparer de la Chaire de saint Pierre.

Le Pape dans le même tems envoya le Cardinal de Gurk Legat en Dannemarc pour moyenner la paix entre ce Prince & la ville de Lubek : *Tout le monde sait*, lui écrivit-il, *que vôtre Serenité puissante par mer & par terre peut aisément acabler cette ville ; mais souvenez-vous que ce sont des Chrétiens, & que si vous montrez vôtre clemence en cette occasion, le Siege Apostolique vous en aura obligation.* La paix fut faite.

Les Papes avoient alors beaucoup de pouvoir dans les Royaumes du Septentrion. Alexandre Roi de Pologne pour faire la paix avec les Moscovites avoit épousé Helene fille de Jean Basile Duc de Moscovie, à condition qu'il ne la forceroit point à se faire Catolique. Le Pape Alexandre VI.

dre VI. avoit mandé à ce Prince qu'il devoit se servir de son autorité pour faire rentrer la Reine sa femme dans la Communion de l'Eglise; & la guerre alloit commencer entre les Polonois & les Moscovites, lorsque Jule II. n'aprouvant pas qu'on contraignît personne sur la Religion, lui manda que pour le bien de la paix, il pouvoit vivre avec sa femme quoiqu'elle demeurât dans le schisme des Grecs. Le Roi de Pologne lui envoya des Ambassadeurs pour l'en remercier, & lui prêter obedience. Il mourut la même année après avoir défait les Tartares, qui faisoient continuellement des courses en Podolie & en Lituanie. Il n'avoit que quarante-six ans, & pandant un regne seulement de cinq ans, il avoit donné l'exemple de toutes les vertus. Son frere Sigismond lui succeda.

Jean Basile Duc de Moscovie mourut en même tems. Il avoit batu plusieurs fois les Turcs & les Tartares, & s'étoit fait un Empire fort étendu par sa capacité & par la valeur de ses Generaux, persuadé aussi-bien que Charle cinq qu'un Prince peut fort bien commander ses armées de son cabinet. Il témoigna beaucoup de respect au Pape, & sembla douter s'il quitteroit le schisme des Grecs.

An de J. C. 1505.

Le Roi d'Aragon n'étoit pas encore arrivé à Naple, lorsqu'il aprit que le Roi de Castille étoit mort à Burgos. Ce jeune Prince emporté par son temperamment s'étoit abandonné à son or-

Tome VIII.   Hhh

dinaire à tous les plaisirs, sans faire attention au climat d'Espagne bien different de celui des Pays-Bas; la chasse, la paume, la bonne chere & les passions encore plus dangereuses l'entraînoient tour à tour. Il faisoit des dépenses inutiles en spectacles, & donnoit peu de momens aux affaires de l'Etat. Il se reposoit de tout sur ses Ministres, qui ne songeoient qu'à persecuter l'Archevêque de Tolede & le Duc d'Albe pour avoir porté avec hauteur les interêts du Roi d'Aragon, & par-là il alienoit les esprits de la plûpart des Seigneurs qui étoient dans les mêmes sentimens: aussi quand il mourut à Burgos pour s'être trop échauffé en joüant à la paume, il fut peu regreté des mêmes gens qui à son premier voyage en Espagne en le voyant si beau, si bien fait, si engageant, si flateur dans toutes ses manieres, l'avoient presque adoré. Il se plaignit en mourant d'une Comete, qui paroissoit depuis quelques jours, bien different du Cardinal Mazarin, qui dans le même état en voyant une même étoile, s'écria *me fait trop d'honnour.*

An de J. C.
1506.

Ferdinand à la nouvelle de la mort du Roi de Castille ne laissa pas de continuer son voyage à Naple; il savoit qu'il étoit aimé en Castille, & que le seul Archevêque de Tolede à qui il en donna le gouvernement sauroit bien contenir les factieux, s'il s'en élevoit quelques-uns en faveur de l'Empereur & de son petit fils le Duc de Luxembourg.

En effet dés que l'Empereur fçut la mort du Roi de Castille son fils, il prétendit avec quelque justice à la tutele de son petit fils, il envoya dans les Pays-bas, mais on l'y avoit trop offensé en le retenant autrefois prisonier, pour pouvoir esperer qu'il leur pardonnât; ses Envoyez ne furent point âcoutez, & les Flamans sous prétexte que la Flandre & l'Artois étoient Fiefs de la France, s'adresserent au Roi, qui leur donna Guillaume de Croy Sire de Chievres pour tuteur du Duc de Luxembourg & Gouverneur du pays. L'Empereur ne fut pas mieux traité en Castille, on adjugea la tutele au Roi d'Aragon suivant le testament de la Reine Isabelle, & jusqu'à son arrivée le Cardinal Ximenés gouverna paisiblement. Le Pape l'avoit fait Cardinal, quoiqu'il n'eût pas sujet d'être content du Roi d'Aragon, faisant assez voir par-là que les Princes sacrifient d'ordinaire tout leur ressentiment à la moindre ombre de politique.

En ce tems-là le Roi donna la Charge de Premier President de la Chambre des Comptes de Paris à Jean Nicolai Maître des Requêtes ordinaire de son Hôtel, & Chancelier du Royaume de Naple. Le Roi Charle VIII. avant que d'aller faire la guerre en Italie l'avoit fait Conseiller au Parlement de Toulouse. Il suivit ce Prince à Naple, & y demeura jusqu'à ce que les François en eurent été chassez. Le Roi Loüis XII. à la seconde conquête l'y renvoya. Il lui écrivit en faveur de Frere Loüis Caraffa Commandeur de l'Ordre de faint Jean de Rhodes, & dans fa lettre il le traite de Coufin. Le Cardinal d'Amboife lui manda plufieurs fois qu'on préparoit à Marfeille un fecours affez puiffant pour obliger Gonfalve à lever le fiege de Gayette. Le Cardinal de faint Pierre aux Liens, qui fut depuis le Pape Jule II. lui écrivit auffi pour être remis en poffeffion du Prieuré de fainte Marthe de Pouzzoles membre de l'Hôpital du Saint-Efprit de Rome, dont le Roi Ferdinand d'Aragon l'avoit dépoüillé, & Gui de Rochefort Chancelier de France y joignit fes offices par une lettre du 10. Avril 1502. qui commence par ces mots : *Monfieur le Chancelier mon frere, &c.* Nous avons vû l'original de toutes ces lettres. Ce Jean Nicolai Chancelier de Naple eft le cinquiéme ayeul de M. Nicolai prefentement Premier Préfident de la Chambre des Comptes.

An de J. C. 1506.

La République de Genes dans les fiecles précedens avoit envoyé des Colonies en Chipre, en Candie, dans les Ifles de l'Archipel, en Natolie & même en Tartarie, qui protegeoient fon commerce & la rendoient fort puiffante. L'irregularité de fon gouvernement, où la Nobleffe balançoit l'autorité du peuple, caufoit toujours des mouvemens domeftiques, qui les avoient forcez à fe donner aux Rois de France. Loüis XII. leur avoit donné Raveftein pour Gouverneur; mais quoiqu'il les traitât fort doucement, ils fe révolterent, le peuple chaſſa la Nobleſſe qui vouloit demeurer fidele. ils changerent tout leur gouvernement, créerent des Tribuns du peuple, leverent des troupes, obtinrent du ſecours des Republiques de Piſe, de Luque & de Sienne; neanmoins malgré tant de préparatifs, ils envoyerent des Députez au Roi pour l'aſſurer de leur fidelité. La Nobleſſe s'étoit retirée à la campagne. Les quatre principales Maiſons de la ville, qui étoient alors celles de Fieſque, de Doria, de Spinola & de Grimaldi, avoient des forterreſſes & de grandes terres, ils raſſemblerent leurs vaſſaux, leverent des troupes, & manderent au Roi que s'il vouloit leur envoyer ſeulement cinq ou ſix mille hommes, ils ſoûmettroient bientôt les rebelles. Le Conſeil du Roi s'aſſembla, & prit le plus mauvais parti. Au lieu de ſe déclarer ou pour les Nobles ou pour le peuple, le Cardinal d'Amboiſe crut qu'on pourroit les acomoder en partageant entre eux l'autorité, & il mécontenta les uns & les autres, & le peuple naturellement inſolent s'imaginant qu'on le craignoit, ſe porta aux dernieres extremitez, & ne voulut plus reconnoître le Sire de Raveſtein leur Gouverneur, qui fut obligé de revenir en France. Alors le Roi leva une armée de cinquante mille hommes, qu'il voulut commander en perſone, ce qui jetta l'alarme dans toute l'Italie. On y leva par tout des troupes à la ſollicitation du Pape, qui craignoit toujours le Cardinal d'Amboiſe, depuis qu'il lui avoit enlevé la Papauté (crime inpardonnable.) Il écrivit à l'Empereur que la guerre de Genes n'étoit qu'un prétexte, & que pour châtier une poignée de révoltez le Roi de France n'avoit pas besoin de tant de troupes; qu'il en vouloit à l'Etat de l'Eglise dans la pensée de se faire déclarer Empereur, d'autant plus que Maximilien n'avoit point encore été couronné, & que le Cardinal d'Amboise esperoit par là s'élever au Trône de S. Pierre. Les Venitiens fortifierent les soupçons du Pape, & promirent de se déclarer dés que les Allemans entreroient en Italie. L'Empereur répondit au Pape qu'il alloit convoquer une assemblée à Constance, & obliger tous les Princes à signer la ligue contre la France. Il esperoit se vanger de l'afront que le Roi lui avoit fait en rompant le mariage du Duc de Luxembourg. Ces projets étoient les plus beaux du monde, mais les François marcherent avec tant de diligence qu'ils attaquerent Genes avant que la ligue eût commencé à s'ébranler. Les Genois se fioient sur leurs montagnes, dont les défilez étoient aisez à garder : ils avoient plus de trente mille hommes prêts à combatre pour leur liberté, bien armez, & qui ne manquoient ni de vivres ni de munitions de guerre. Ils se défendirent d'abord assez bien, & le Roi pour forcer les passages fut obligé de faire mettre pied à terre à sa Gendarmerie. Les Suisses n'avoient pas voulu donner, disant pour raison qu'ils ne devoient combatre qu'en plaine campagne, & non grimper sur des rochers inaccessibles. Enfin les rebelles poussez de poste en poste furent obligez à se retirer dans la ville & à demander quartier, le Roi ne les voulut recevoir qu'à discretion. Le Maréchal de Chaumont fit entrer les troupes dans la ville, desarma les Bourgeois, se saisit du canon & des munitions de guerre, mit des corps de gardes dans toutes les places, & y fit élever des potences. Aprés quoi le Roi armé de toutes pieces l'épée nuë à la main environné de sa garde entra dans la ville résolu de faire une justice exemplaire, mais il fut bientôt atendri par les larmes d'un grand peuple qui crioit misericorde. Il leur fit grace, leur conserva leurs privileges, & se contenta de faire bâtir à leurs dépens une forteresse qui commanderoit à la ville. On excepta de l'amnistie Paul Nuové Foulon que les rebelles avoient fait Doge, & une cinquantaine de Bourgeois les plus coupables. Un succés si prompt & si heureux fit trembler toute l'Italie, qui fut agreablement surprise en voyant le Roi licentier son armée & se disposer à retourner en France, sans vouloir profiter de la foiblesse de ses ennemis qui étoient tous desarmez. Le Pape & les Venitiens lui envoyerent faire des complimens avec la même sincerité.

Cepandant le Roi d'Aragon aprés avoir reglé ses affaires de Naple s'embarqua pour retourner en Espagne, il passa à la vûë d'Ostie sans s'y arrêter, quoique le Pape l'y atendît & lui eût fait demander une entrevûë. Il se plaignoit de Sa Sainteté de ce qu'elle n'avoit pas voulu lui donner l'inveſtiture du Royaume de Naple à de certaines conditions, & il se rendit à Savone où il demeura trois jours avec le Roi Loüis XII. Il parla d'abord du Pape avec haine & mépris, & s'efforça de perſuader que c'étoit le plus dangereux ennemi de la France & de l'Eſpagne, qu'il faloit ſe réunir contre lui pour le faire dépoſer, & connoiſſant l'ambition du Cardinal d'Amboiſe qui fut toujours en tiers dans leur converſation, il le flata de l'eſperance de pouvoir encore être Pape: qu'un Roi de Naple & de Sicile ayant à ſa diſpoſition tant de riches Benefices, avoit toujours un grand parti dans le Sacré College, & que ſi les Cardinaux François & les Eſpagnols agiſſoient de concert, ils feroient les maîtres de l'élection. George d'Amboiſe pris par ſon foible perſuada au Roi de bien traiter Ferdinand. Ce fut pandant trois jours des fêtes continuelles; mais l'on remarqua que dans un feſtin deſtiné pour les deux Rois & pour la Reine Germaine, le Roi de France qui honoroit le merite dans ſes plus grans ennemîs, fit appeller Gonſalve & le fit aſſoir à la table Royalle; Ferdinand n'oſa s'y oppoſer, mais il s'en vangea dés qu'il fut arrivé en Eſpagne, & au lieu de donner à Gonſalve la grande Maîtriſe de ſaint Jaque tant de fois promiſe, il le relegua à Cordouë

douë avec une petite penſion. C'eſt ainſi que le grand Capitaine fut récompenſé & puni de tous les faux ſermens qu'il avoit faits en toutes occaſions pour le ſervice de ſon Maître. Il vécut à Cordouë encore quinze ans dans l'obſcurité d'une vie privée. Les Auteurs tant François qu'Italiens ont rendu juſtice à la magnimité du Roi de n'avoir pas fait arrêter le Roi d'Aragon, qui tant de fois lui avoit manqué de parole, & en dernier lieu lorſqu'il s'étoit fait prêter ſerment par les peuples du Royaume de Naple, ſans faire mention de la Reine Germaine, ce qui étoit directement contre leur dernier traité. Perſone dans l'Europe n'auroit pris ſon parti: l'Empereur à qui il diſputoit la tutele du Duc de Luxembourg tant en Caſtille que dans les Pays-Bas, étoit ſon ennemi: les Venitiens qui ſavoient qu'il avoit ſigné la ligue contre eux euſſent contribué à l'acabler, & les François ſans coup ferir fuſſent rentrez dans Naple malgré les proteſtations du Pape, qui n'eût pas eu le pouvoir de l'empêcher.

F I N.

TABLE
DES MATIERES
DE L'HISTOIRE DE L'EGLISE,
PAR ORDRE CRONOLOGIQUE.

LIVRE VINT-SIXIEME.
CHAPITRE PREMIER.

LE Pape Martin V. indique un Concile à Pavie pour l'année 1423.
Ses Legats en font l'ouverture le 22. de Juin.
Le Concile est transferé à Sienne à cause de la peste.
On y fait des Decrets contre les Wiclefistes & les Hussites.
Le Pape excommunie les Marchans qui alloient tous les ans faire le tour du Pont Euxin pour acheter des enfans Chrétiens, qu'ils vendoient aux Turcs qui en faisoient des Mahometans.
Martire de Jean Pievi General du Roi de Chipre.
Vint-cinq Religieux sont martirisez au grand Kaire.
Aladin Soudan d'Egypte pille l'Isle de Chipre, & prend prisonier le Roi Janus qui lui paye deux cens mille écus de rançon.
Le Pape défend les pelerinages de la Terre-Sainte.
Le Pape excommunie & dépose Conrad Archevêque de Prague qui s'étoit fait Hussite.

An de J. C. 1423.

TABLE DES MATIERES

An de J.C. 1424.
Histoire de Zisca General des Hussites.

L'Archevêque de Cantorberi entreprend sur l'autorité du Pape.

Le Pape donne l'investiture du Royaume de Naple à Loüis III. Duc d'Anjou, & se broüille par-là avec Alphonse Roi d'Aragon.

Le Pape Benoist XIII. meurt à Paniscola.

Gille Munion renonce à la Papauté pour l'Evêché de Majorque.

Les Evêques de la Province de Tarragone s'assemblent, & font des Reglemens.

Le Pape convoque un Concile General à Basle pour l'année 1431.

Les Hussites se révoltent en Boheme. Le Cardinal Jordan des Ursins Legat de l'armée Catolique.

Heresie en Italie des Fraticelles ou Frerots.

Le Sultan Amurat fait des conquêtes, il a grand soin des Janissaires. Maniere de les élever.

Le Daufin Charle aprend la mort de son pere Charle VI. & se fait proclamer Roi à Poitiers.

Le Duc de Bourgogne & le Duc de Bretagne se déclarent pour les Anglois.

Le Duc de Bedford Regent de France fait reconnoître son neveu Henri VI. Roi de France & d'Angleterre, quoiqu'il n'eût qu'un an.

1424.
Le Roi Charle VII. a un fils de Marie fille de Loüis II. Duc d'Anjou & Roi de Naple. Il le fait nommer Loüis.

Artus Comte de Richemont frere du Duc de Bretagne prend le parti du Roi, qui le fait Connétable.

Le Connétable fait chasser de la Cour le President Louvet, & fait noyer le Sire de Giac.

Jean de Brogny Cardinal de Viviers meurt à Rome.

1425.
Mort de Pierre d'Ailly Cardinal de Cambrai. Ses ouvrages.

1428.
Les Anglois assiegent Orleans.

Histoire du Bâtard d'Orleans dit le Comte de Dunois.

PAR ORDRE CRONOLOGIQUE.

Combat de Rouvrai saint Denis.
Le Sire de la Trimoüille nouveau favori du Roi fait chasser le Connétable.
Histoire de la Pucelle d'Orleans, qui fait lever le siege d'Orleans. Sa mort malheureuse. Sa memoire est justifiée.
Heresie des hommes de l'intelligence.
Histoire de Mathieu Grabon Dominicain.
Heresie de Adamites.
Guerre entre René d'Anjou & le Comte de Vaudemont pour la succession de la Lorraine.
Bataille de Bullegneville où René est pris prisonier & Barbazan tué.

CHAPITRE SECOND.

Le Pape Martin V. avertit les Princes Chrétiens que le Concile General va se tenir à Basle, & en fait President le Cardinal Julien Cesarini. — An de J. C. 1431.
Panorme Archevêque de Palerme écrit l'Histoire du Concile de Basle.
Mort du Pape Martin V.
Le Cardinal de Capranica se presente pour entrer au Conclave, & n'y est pas reçu.
Le Cardinal Gabriel Condolmier Venitien neveu de Gregoire XII. est élû Pape, & prend le nom d'Eugene IV. Il confirme le Concile de Basle. — 1431.
Maniere de traiter les affaires dans le Concile.
On y fait des Decrets pour la superiorité des Conciles Generaux.
Le Pape veut transferer le Concile de Basle à Ferrare.
Le Cardinal Cesarini lui écrit pour l'en dissuader.
Ambroise Galeotto Moine de Florence.
L'Empereur Sigismond qui arrive à Basle, oblige le Pape à confirmer le Concile.
Les Hussites envoyent des Députez au Concile, & aprés bien des conferences s'en retournent sans rien conclure.

TABLE DES MATIERES

Le Pape persecute les creatures de Martin V. Il est chassé de Rome & se sauve à Florence. Les révoltez se soûmettent.

L'Empereur est couronné à Rome par le Pape. Il est obligé de retourner en Allemagne. Il donne à François de Gonzague Seigneur de Mantoüe le titre de Marquis.

An de J.C.
1434.
1438.

Histoire de l'Electorat de Saxe.

Le Pape donne une seconde Bule pour transferer le Concile de Basle à Ferrare. Les Peres de Basle s'y opposent.

Le Cardinal Julien lui écrit une seconde lettre, & enfin quitte Basle & s'en va à Ferrare.

La Faculté de Theologie de Paris condamne Pierre Sarrazin & Nicolas Quadrigary.

Dispute entre les Carmes & l'Official de Paris.

Guerre en France.

Le jeune Roi d'Angleterre Henri VI. est couronné à Paris Roi de France. Il retourne en Angleterre. Le Duc de Bedford son oncle demeure Regent en France.

Le Connétable fait enlever la Trimoüille en la presence du Roi.

Le Comte du Maine Prince du Sang devient favori du Roi.

Grande puissance du Duc de Bourgogne.

1435.

Conference d'Arras, où le Duc de Bourgogne fait sa paix avec le Roi.

Rolin Chancelier de Bourgogne fait bâtir l'Hôpital de Beaune.

Edoüard Roi de Portugal fait des conquêtes sur les côtes d'Afrique.

Mort de la Reine Isabeau de Baviere.

Le Duc de Bourgogne institue l'Ordre de la Toison d'or. Il se racommode avec le Duc d'Orleans, qui étoit prisonier en Angleterre, & lui aide à payer sa rançon.

Mort du Duc de Bedford.

PAR ORDRE CRONOLOGIQUE.

Le Roi rentre dans Paris, & y rétablit le Parlement, la Chambre des Comptes, & l'Université.

Le Duc d'Alençon fait révolter le Daufin. Le Roi les défait, & leur pardonne.

Le Roi fait des Compagnies d'ordonnances, & pour les payer exactement on impose la premiere taille.

Mort de Poton de Saintrailles & de la Hire.

An de J. C. 1436.

CHAPITRE TROISIE'ME.

Jean Manuel Paleologue Empereur de Conftantinople propofe la réunion de l'Eglife Greque.

Le Pape d'un côté & le Concile de Bafle de l'autre lui envoyent des Ambaffadeurs, des galeres & de l'argent. Il s'embarque pour venir en Italie fur les galeres du Pape. Il arrive à Venife, & y eft reçu magnifiquement. Il va enfuite à Ferrare.

Ceremonies de fa reception, & de celle du Patriarche de Conftantinople.

Concile de Ferrare.

Conferences avec les Grecs.

Le Concile eft transferé à Florence à caufe de la pefte.

On y difcute avec les Grecs les points controverfez.

   On convient de l'union de l'Eglife Latine & de la Greque.

   Le Decret eft dreffé par Ambroife General des Camaldules.

   On le publie dans la grande Eglife de Florence.

   Difficultez qui reftent entre les Grecs & les Latins.

   Les Grecs mettent le nom du Pape dans les Diptiques.

Gregoire furnommé Mamas Confeffeur de l'Empereur fait une Apologie contre Marc d'Ephefe. Il fut dans la fuite Patriarche de Conftantinople.

Mort du Patriarche Jofeph. Sa profeffion de foi.

L'Empereur Grec retourne en Orient.

Le Pape donne le chapeau de Cardinal à Beffarion Archevêque de Nicée, & à Ifidore Archev. de Kiovie.

1438.

1440.

TABLE DES MATIERES

Le Concile de Basle continuë.

L'Empereur Sigismond soûmet les Hussites, est couronné Roi de Boheme, & meurt. Son éloge.

Albert d'Autriche lui succede à l'Empire, & meurt deux ans aprés. Ladislas son fils posthume est reconnu Roi de Hongrie & de Boheme. Huniade est déclaré Viceroi de Hongrie, & George Poggiebrak l'est de Boheme.

Frideric III. Duc d'Autriche est élû Empereur. Il acorde sa protection au Concile de Basle, & dans la suite est couronné à Rome par le Pape Nicolas V. qui avoit succedé à Eugene IV. Il fait le Marquis d'Est Duc de Modene.

Megatotenus Empereur de Trebizonde accepte l'union.

Bethencour Gentilhomme François découvre les Isles Canaries & les cede aux Portugais, qui dans la suite les cedent aux Castillans.

Le Roi Charles VII. envoye des Ambassadeurs à Basle.

Il convoque à Bourges une Assemblée des Grans du Royaume tant Ecclesiastiques que Seculiers, & y fait publier la Pragmatique Sanction.

CHAPITRE QUATRIE'ME.

Disputes entre les Curez & les Religieux Mandians sur la Confession Paschale.

Mort de Bernardin de Sienne qui est canonisé.

Mort de Panorme Archevêque de Palerme.

Le Pape Eugene condamne la Pragmatique Sanction.

Le Concile de Basle procede contre le Pape Eugene, & le dépose.

Il déclare que l'opinion de la Conception immaculée de la sainte Vierge est pieuse, & conforme à l'Ecriture sainte & à la raison.

L'Empereur, le Roi de France & la plûpart des Princes Chrétiens reconnoissent le Concile de Basle, à l'exception de ce qui regarde le Pape.

PAR ORDRE CRONOLOGIQUE.

Le Concile de Basle élit pour Pape Amedée VII. Duc de Savoie, qui prend le nom de Felix V. Le Pape excommunie Felix, qui ne laisse pas d'être reconnu par la Savoie, par le Piedmont & l'Aragon, par les Chartreux & par l'Université de Paris.

L'Ordre de l'Annonciade institué par Amedée V. Comte de Savoie, & celui de saint Maurice par Amedée VII.

Assemblée du Clergé de France qui confirme la Pragmatique Sanction.

Le Pape fait mourir le Cardinal Vitelleski General de ses troupes.

Histoire de sainte Françoise, qui meurt à Rome.

L'Empereur d'Ethiopie envoye des presens au Pape, & lui demande des Missionaires.

Propositions ridicules de quelques Theologiens. Le nommé Laillier abjure ses erreurs.

Conciles Provinciaux tenus en divers lieux de l'Europe.

An de J. C.
1440.
1441.

CHAPITRE CINQUIEME.

Suite du Concile de Florence touchant la réunion des Grecs.

Bessarion Archevêque de Nicée, & Jean de Turre-Cremata qui avoient été faits Cardinaux, servent utilement l'Eglise.

Paul de Sainte Marie, Jerôme de Sainte Foi, Alphonse Tostat, Jean Dominici celebres Interpretes de l'Ecriture.

Histoire de saint Antonin Archevêque de Florence.

Le Maréchal de Rais est brûlé tout vif à Nantes.

Histoire de l'Imprimerie.

Education du Daufin : le Comte de la Marche est son Gouverneur, & Jean Majoris son Precepteur.

Le Daufin se retire en Daufiné, & ne revient plus à la Cour.

Tome VIII.   K k k

TABLE DES MATIERES.

Le Roi envoye pour l'arrêter. Il se sauve en Brabant chez le Duc de Bourgogne.
Histoire d'Amurat Empereur des Turcs. Il s'empare de l'Albanie.
Histoire de George Castriot dit Scanderbeg. Il donne la bataille de la Morave. Il reprend l'Albanie, dont son pere Jean Castriot étoit Roi.

An de J.C.
1444.

Amurat gagne la bataille de Varne contre le Roi de Hongrie.

1445.

Le Soudan d'Egypte attaque l'Isle de Rhodes & est repoussé.
Mort du Cardinal Albergati.
Valeur d'Huniade.
Amurat se retire dans un Monastere à Burse en Bithinie, & cede l'Empire à son fils Mahomet.
Il reprend cinq mois aprés les habits Imperiaux.

CHAPITRE SIXIE'ME.

1446.

Amurat marche en Albanie & prend Sfetigrade.
Les Generaux d'Amurat sont défaits par Scanderbeg.
Amurat y retourne l'année suivante & assiege Croie capitale d'Albanie, il y donne plusieurs assauts & est toujours repoussé : Scanderbeg étoit en campagne avec douze ou quinze mille hommes, & tenoit le camp des Turcs fort éveillé.
Amurat propose des conditions de paix à Scanderbeg qui les refuse.
Il meurt, son fils Mahomet II. lui succede, & leve le siege de Croie pour s'aller faire couronner à Andrinople.
Mort du Pape Eugene.
Zele d'Uladislas Roi de Pologne.

1447.

Recapitulation du Pontificat d'Eugene IV.
Les Cardinaux élisent Thomas de Sarzane Cardinal de Boulogne, qui prend le nom de Nicolas V.
Mort de la Bienheureuse Colette.

PAR ORDRE CRONOLOGIQUE.

Le Roi fait la paix de l'Eglife, Felix V. renonce à la Papauté.	An de J. C. 1448.
Mort du Cardinal d'Arles.	
Guerre entre la France & l'Angleterre.	
Guerre civile en Angleterre.	
Hiftoire de Jaque Cœur.	
Le Roi fait la conquête de la Normandie.	1449.
Mort de la belle Agnés.	
Alphonfe Roi d'Aragon & de Naple envoye de grans fecours à Scanderbeg.	
Le Pape indique le Jubilé univerfel.	1450.
Mort de Jean Manuel Paleologue Empereur de Conftantinople. Son fils Conftantin lui fuccede.	
L'Empereur Frideric III. eft couronné Empereur par le Pape.	1452.
Concordat Germanique confirmé.	1453.
Siege & prife de Conftantinople.	
George Scholarius furnommé Gennadius eft élû Patriarche de Conftantinople, & meurt dans le fchifme.	
Les Grecs refugiez raportent les belles lettres en Italie.	
Scanderbeg époufe la Princeffe Donique.	
Le Prince Amele fon neveu fe révolte, eft pris prifonier & confiné dans une prifon.	
Le Roi Charle VII. s'empare de la Guyenne auffi facilement qu'il avoit fait de la Normandie.	

LIVRE VINT-SEPTIE'ME.

CHAPITRE PREMIER.

LE Pape Nicolas V. propofe une ligue des Princes Chrétiens, qui attaqueroient les Turcs du côté d'Europe, tandis que le Roi de Perfe, le Soudan d'Egypte & l'Empereur d'Ethiopie les attaqueroient du côté de l'Afie.

TABLE DES MATIERES

Conjuration contre le Pape.

Miſſion de Jean Capiſtran.

Le Pape fait ſigner une ligue de vint-cinq ans entre les Princes d'Italie.

An de J. C. 1455.

Aprés la mort de Nicolas V. les Cardinaux éliſent le Cardinal Alphonſe de Borgia, qui prend le nom de Calixte III.

Il met en mer une flote conſiderable contre les Turcs, & fait bâtir des galeres ſur le Tibre.

Mort du Duc de Bourbon Grand Chambrier de France.

Croiſade contre les Mores d'Eſpagne.

Mort de Laurent Juſtinien premier Patriarche de Veniſe. Il avoit inſtitué l'Ordre des Chanoines Reguliers de ſaint George d'Alga. Il a été canoniſé par le Pape Clement VII.

Mahomet II. fait écorcher tout vif Eſtienne Roi de Boſnie.

1456. Siege de Belgrade.

Jean Huniade fait lever le ſiege.

Mort de Jean Capiſtran. Il a été canoniſé.

Mort de Huniade. Il laiſſe deux fils tous deux Comtes en Hongrie & fort riches.

Le Comte Ladiſlas aſſaſſine le Comte de Silly oncle du Roi de Hongrie, qui lui fait couper le cou. Le Comte Mathias eſt confiné dans un Château de Boheme.

Mort de Ladiſlas Roi de Hongrie.

Podiebrak ſe fait couronner Roi de Boheme, & met en liberté Mathias qui eſt couronné Roi de Hongrie.

Le Pape a de grans démêlez avec Alphonſe Roi de Naple.

Il envoye des Miſſionaires en Perſe, en Tartarie & en Ethiopie.

Le Cardinal Carvajal Legat aſſiſte au couronnement de Mathias Corvin fils du grand Huniade.

Le Cardinal de Capranica Legat déclare l'Egliſe de Roüen exempte de la Primatie de Lion.

PAR ORDRE CRONOLOGIQUE.

Il canonise Edmond Evêque de Salisbery.

Il meurt fort regreté.

Le Duc d'Alençon veut se révolter.

Il est arrêté par le Comte de Dunois.

Le Parlement le condamne à avoir le cou coupé. Le Roi à la priere du Connétable de Richemont oncle du Duc d'Alençon lui fait grace de la vie, & le met dans le Château de Loches.

Le Connétable devient Duc de Bretagne, & ne quitte point sa Charge.

Il meurt à Nante. Ses bonnes & ses mauvaises qualitez.

Le Comte du Maine est fait Connétable.

Eneas Silvius Picolomini Cardinal de Sienne est élû Pape, & prend le nom de Pie II.

Il convoque une assemblée à Mantouë pour y former la Croisade, & n'en peut venir à bout, ni de faire revoquer la Pragmatique Sanction qu'il avoit condamnée.

Il reçoit l'homage lige de Ferdinand Roi de Naple.

Il reconnoît George Podiebrak pour Roi de Boheme.

Eloge de saint Antonin Archevêque de Florence.

Le Pape institué l'Ordre Hospitalier des Chevaliers de la Bienheureuse Marie de Bethléem, & leur assigne l'Isle de Lemnos pour leur résidence.

Il défend d'appeller des Mandats Apostoliques au futur Concile.

Le Roi Charle VII. proteste que si le Pape se porte à quelques extremitez contre lui, il en appellera au premier Concile General.

Les Patriarches d'Alexandrie, d'Antioche & de Jerusalem reçoivent les Decrets du Concile de Florence.

Martire d'Eugene Religieux de l'Ordre de la sainte Trinité.

Brezé Sénéchal de Normandie fait une décente en Angleterre.

Le Roi Charle VII. meurt de faim de peur d'être empoisonné.

An de J. C.
1458.

1459.

1461.

TABLE DES MATIERES

CHAPITRE SECOND.

Loüis XI. est reconnu Roi France, & conduit par le Duc de Bourgogne à Reims où il est sacré.
Il fait son entrée à Paris.
Il chasse tous les Officiers du feu Roi.
Il ôte au Comte de Dunois ses Charges & ses Gouvernemens.
Il donne au Comte de Charollois le Gouvernement de Normandie avec douze mille écus de pension.
Il fait le procez au Comte de Dammartin.
Il met en liberté le Duc d'Alençon.
Il rend les biens aux enfans de Jaque Cœur.
Il reçoit l'homage du Duc de Bretagne.
Histoire de Jean Joffredi Evêque d'Arras.
   Il est fait Cardinal.
   Il persuade au Roi d'abolir la Pragmatique Sanction.
     Le Parlement fait des remontrances inutiles.
Le Roi envoye au Pape une Ambassade solemnelle pour lui prêter obedience.
Alphonse Roi de Naple meurt, & laisse ce Royaume à Ferdinand son fils naturel.

An de J. C. — Jean Duc d'Anjou s'empare de Naple sur Ferdinand; mais il en est chassé par Scanderbeg qui vient d'Albanie au secours de Ferdinand.

1462. Paul l'Ange Archevêque de Duras Ministre de Scanderbeg.
Mahomet II. s'empare de l'Empire de Trebizonde, & en fait mourir l'Empereur.
Dispute Theologique entre les Freres Mineurs & les Dominicains.

1464. Le Pape meurt à Ancone dans le tems qu'il alloit passer en Albanie à la tête d'une armée de Croisez. Son éloge.
Les Cardinaux aprés la mort de Pie II. elisent Pierre Barbo Venitien Cardinal de saint Marc.

PAR ORDRE CRONOLOGIQUE.

Il prend le nom de Paul II.
Il ne tient rien de ce qu'il a promis dans le Conclave, & se rend le maître.
Courage du Cardinal de Carvajal.
Scanderbeg se défend contre toute la puissance des Turcs.
Il défait Ballaban General de Mahomet.
Mahomet vient en personne assieger Croie avec six-vint mille hommes, & est obligé à lever le siege.
Scanderbeg va à Rome demander du secours.
 Il retourne en Albanie & bat encore les Turcs.
 Il meurt à l'âge de soixante & trois ans.
 Il envoye son fils encore jeune en Calabre.
Mahomet s'empare aisément de l'Albanie aprés la mort de Scanderbeg.
L'Empereur Frideric vient en Italie.
Assemblée de Ratisbone où chaque Prince d'Allemagne se taxe pour les frais de la guerre contre les Turcs.
Mort de Philippe Marie Duc de Milan.
Le Parlement de Paris rétablit la Pragmatique Sanction. Le Roi le laisse faire, & ne donne point de Déclaration là-dessus.
François Sforce s'empare du Duché de Milan.
Mort du grand Cosme de Medicis.
George Podiebrak Roi de Boheme favorise les Hussites.
Le Pape reprime les entreprises de l'Archevêque de Benevent.
Mort du Cardinal de Turre-Cremata.
L'Empereur vient à Rome s'acquitter d'un vœu.
Jaque Roi de Chipre épouse Caterine Cornaro que la Republique de Venise adopte, & de là vient le droit des Venitiens sur le Royaume de Chipre.
Mort du Cardinal de Carvajal.
Le Pape fait la paix entre les Polonois & les Chevaliers de Prusse.
Remontrance du Cardinal de Pavie au Pape.

An de J.C.
1466.

1467.

1468.

TABLE DES MATIERES

Le Pape abolit la simonie & les graces expectatives.
Il meurt d'apoplexie.

CHAPITRE TROISIE'ME.

Histoire d'Attendulo Bourgeois de Cortignole en Lombardie, qui prend le nom de Sforce & se fait Duc de Milan.
Le Roi Loüis XI. fait alliance avec Sforce.
Il refuse la Souveraineté de Genes.
Guerre du bien public.
Bataille de Montleheri.
Paix de Conflans.
Le Comte de Dunois rentre en grace, & est fait President de la Chambre de Reformation.
Le Comte de Saint Pol est fait Connétable.
Histoire du Cardinal Jean Baluë.
Le Roi est arrêté à Peronne par le Duc de Bourgogne, qui le mene au siege de Liege.
Le Cardinal Baluë fomente la division entre le Roi & le Duc de Berry son frere. Sa trahison est découverte. On le met en prison dans le Château de Loche, où il demeure treize ans.
Le Roi fait couper le cou au Connétable de Saint Pol.

An de J.C.
1467.   Mort de Philippe le Bon Duc de Bourgogne.
        Mort du Comte de Dunois.
1470.   Mort de Denis le Chartreux. Ses ouvrages.
1471.   Le Cardinal François de la Rovere est fait Pape, & prend le nom de Sixte IV.
Il envoye le Cardinal de Saint Marc Legat pour faire la paix entre le Roi de Hongrie & le Roi de Pologne qui se disputoient la Boheme.
Le Cardinal Bessarion Legat en France est mal reçu. Sa mort. Ses ouvrages.
La flote du Pape jointe à celle des Venitiens prend Smirne.
Mahomet II. prend l'Isle de Lemnos, & celle d'Eubée ou de Negrepont.   Le

PAR ORDRE CRONOLOGIQUE.

Le Duc d'Alençon veut ſe révolter contre le Roi Loüis XI. il eſt enfermé dans la tour du Louvre, & meurt.
Loüis XI. devot à ſa maniere.
Charle de Bourbon Archevêque de Lion eſt fait Cardinal.
Le Cardinal Roderic de Borgia Legat en Eſpagne. Il confirme le mariage de Ferdinand Roi d'Aragon avec Iſabelle de Caſtille.
Alphonſe Roi de Portugal fait des conquêtes en Afrique.
Le Pape envoye Alphonſe Bolano prêcher la Foi aux Canaries.
Il érige l'Evêché d'Avignon en Archevêché.
Il acorde des Indulgences à ceux qui celebroient la Fête de la Viſitation de la ſainte Vierge.
Julien de Medicis eſt aſſaſſiné à Florence.
Guerre en Italie. Le Pape attaque les Florentins, & leur acorde la paix malgré lui.
Le Roi Loüis XI. inſtituë l'Ordre de ſaint Michel. Il fonde des Chanoines à Clery.
La Reine acouche d'un fils qui fut nommé Charle.
Nouvelle ligue contre le Roi.
Entrevûë de l'Empereur & du Duc de Bourgogne.
Mort du Duc de Guyenne.
Mort de l'Abbé de ſaint Jean d'Angeli.
Alliance entre la France & les Suiſſes.
Hiſtoire de la Republique des Suiſſes.
Philippe de Comines & le Medecin Cattho ſe donnent au Roi.
Edoüard IV. ſe fait Roi d'Angleterre.

An de J. C.
1472.

CHAPITRE QUATRIE'ME.

Le Pape ſe déclare pour Mathias Roi de Hongrie contre Uladiſlas Roi de Pologne.
Le grand Duc de Moſcovie reçoit les Decrets du Concile de Florence.

1472.

Tome VIII.   L ll

TABLE DES MATIERES

Le Pape confirme le Decret de Paul II. qui avoit fixé le grand Jubilé à vint-cinq ans.
Il donne plusieurs Benefices en commande.
Il éleve sa famille. Il marie son neveu Leonard de la Rovere à une niéce du Roi de Naple, & le fait Duc de Sorano.
Il donne à Jerôme Riario fils de sa sœur les Seigneuries d'Imola & de Forli, & le fait Duc de Benevent.
Exploits de guerre de Moccenigo General Venitien.
Belle action d'un Sicilien.

An de J.C. Victoire du Palatin de Moldavie.
1474. Siege de Scutari.
Mort de la Reine de Chipre.
1474. Mort de Pierre Riario Duc de Benevent.
1475. François de Paule instituë l'Ordre des Minimes.
1475. En 1475. le Pape institue la Fête de la Visitation de la sainte Vierge.

Crime des Juifs de Trente.
Jaque de la Marche Franciscain est canonisé.
Ligue des Princes d'Orient contre les Turcs.
Le Duc d'Autriche traite indignement le Cardinal de Saint Pierre Evêque de Brixen.
Loüis fils du Duc de Savoie épouse Charlotte fille unique & heritiere de Jean de Luzignan Roi de Chipre. Jaque son fils bâtard s'empare de l'Isle.
Conquête de Mahomet II.
Le Pape lui écrit une belle lettre.
Le Duc de Bourgogne veut être Roi. Il promet sa fille à plusieurs Princes.
Le Roi René d'Anjou lui promet la Provence. Mais il la laisse au Comte du Maine son neveu, & le Duché de Bar au Duc de Lorraine son petit fils.
Le Duc de Bourgogne prend Nancy & attaque les Suisses, qui le batent à Grantson & à Morat.
Le Duc de Lorraine reprend Nancy.
Le Duc de Bourgogne assiege Nancy une seconde fois, & est attaqué par les Suisses & tué dans le combat.

PAR ORDRE CRONOLOGIQUE.

	An de J.C.
Trahison du Comte de Campobasse.	1476.
Le Duc de Lorraine fait des obseques magnifiques au Duc de Bourgogne.	
Portrait du Duc de Bourgogne.	
On mande au Roi Loüis XI. la mort du Duc de Bourgogne, & il promet de faire un treillis d'argent autour de la Chasse de saint Martin, si la nouvelle est vraie.	
Le Roi établit la Poste dans tous ses Etats.	
Il s'empare du Duché & du Comté de Bourgogne, & des villes de la Somme.	
Maximilien fils de l'Empereur Frideric III. épouse Marie heritiere de Bourgogne. On commence à le nommer l'Archiduc.	1477.
Heresies de Pierre d'Osma Theologien de Salamanque.	
Mort du Roi René.	1480.
Le Comte du Maine donne au Roi le Comté de Provence.	
Le Duché d'Anjou & le Comté du Maine sont réunis à la Couronne.	
Mahomet II. fait assieger Rhodes par le Bacha Messite.	1480.
Le Bacha Acomat prend Otrante en Calabre.	
Siege de Rhodes. Valeur du Grand Maître d'Aubusson.	
Invention de la tranchée pour attaquer les places.	

CHAPITRE CINQUIEME.

Le Pape & le Duc de Calabre reprenent Otrante.	1481.
Le Pape crée des Colleges dont il vend les Charges.	
Il fait bâtir le Pont Sixte.	
Robert Malatesta Seigneur de Rimini secourt le Pape contre le Roi de Naple.	
Le Cardinal Julien obtient la liberté du Cardinal Baluë, & le remene à Rome.	
André Archevêque de Gran convoque de son autorité un Concile General, il est déposé.	1482.

TABLE DES MATIERES

Eftienne Bathori General du Roi Mathias Roi de Hongrie défait cent mille Turcs.

Les Rois de Caftille Ferdinand & Ifabelle font la guerre aux Mores, & gagnent plufieurs batailles.

Dernieres années de Loüis XI.

n de J. C. 1483. Il tombe en apoplexie, & demeure fort affoibli de corps & d'efprit.

Il fait camper des troupes dans un camp auprés du Pont de l'Arche.

Il marie fa fille aînée au Comte de Beaujeu, & la cadette au Duc d'Orleans.

Ses devotions mal entenduës.

Il fait venir d'Italie François de Paule, & lui bâtit un Monaftere auprés de Tours.

L'éducation qu'il donne au Daufin.

   Il refufe de faire alliance avec les Turcs.

   Il érige le Parlement de Bourgogne, & celui de Bordeaux.

   Il reforme l'Univerfité de Paris.

   Il augmente la Bibliotheque Royale.

1483.   Il meurt avec pieté & fermeté.

Les Etats Generaux de France affemblez à Tours confirment à la Comteffe de Beaujeu la qualité de Gouvernante de Charle VIII. & du Royaume.

Le Duc d'Orleans heritier préfomptif de la Couronne fe révolte, & fe retire en Bretagne.

Il perd la bataille de faint Aubin, eft pris prifonier & enfermé dans la tour de Bourges.

Aprés la mort de Sixte IV. les Cardinaux élifent Jean-Baptifte Cybo Genois, qui prend le nom d'Innocent VIII.

   Il envoye des Legats pour tâcher de former la ligue contre les Turcs.

   Il envoye le Grand Maître d'Aubuffon à Bajazet Empereur des Turcs.

Faux Magiciens en Allemagne.

1485. Les Rois Ferdinand & Ifabelle continuënt avec fuccés

PAR ORDRE CRONOLOGIQUE.

la guerre contre les Mores.
Les Papes commencent à traiter les Rois de Majesté.
Leopold Duc d'Autriche est canonisé.
L'Archiduc Maximilien est élû Roi des Romains.
Bartelmi Piavio Portugais découvre le Cap de Bonne-Esperance.

An de J. C.
1486.

Mort de Charlotte Reine de Chipre.
Le Prince Zisim frere aîné de Bajazet est mis entre les mains du Pape. 1487.
Le Roi Charle VIII. met en liberté le Duc d'Orleans. 1488.
Le Roi Charle VIII. épouse Anne de Bretagne.
Le Duc d'Orleans obtient pour lui le Gouvernement de Normandie, & l'Archevêché de Roüen pour George d'Amboise son Ministre.
Les Rois Ferdinand & Isabelle font la guerre aux Mores.
Le Pape fait des Cardinaux contre le serment qu'il avoit fait. 1489.
Mort de Mathias Roi de Hongrie.
Les Rois Ferdinand & Isabelle prenent la ville de Grenade, & chassent les Mores d'Espagne. 1490.

CHAPITRE SIXIE'ME.

Le Pape canonise cinq Freres Mineurs martirisez en Afrique.
Il canonise aussi saint Bonaventure.
Il confirme l'Ordre des Minimes institué par saint François de Paule, & celui de la Conception de la sainte Vierge.
Il défend aux Franciscains & aux Dominicains de disputer sur les Stigmates de sainte Caterine de Sienne.
Le Pape Innocent VIII. meurt. Son éloge. Ses ouvrages. 1492.
Jean de Medicis est fait Cardinal à l'âge de quinze ans.
Mort du Cardinal d'Estouteville.

Lll iij

TABLE DES MATIERES

An de J.C. 1492.
Les Cardinaux élifent le Cardinal Roderic Borgia neveu de Sixte IV.
Il prend le nom d'Alexandre VI.
Le Cardinal Julien de la Rovere s'oppofe à fon élection, & fe fauve en France.
Bonnes & mauvaifes qualitez du Pape.
Il établit l'Inquifition en Efpagne.
Il envoye des Commiffaires en Ethiopie.
Hiftoire de Chriftofe Colomb. Découverte du nouveau Monde.

1493.
Le Pape partage les nouvelles Terres découvertes entre les Caftillans & les Portugais.
Les Livres de Simon Phares Aftrologue font condamnez.
Galeas Sforce Duc de Milan eft affaffiné, fon fils Jean Sforce lui fuccede.
Everard Comte de Virtemberg fonde l'Univerfité de Tubingue.
Hiftoire de Gabriel Biel Suiffe.
Hiftoire de Platine.
L'Empereur & le Roi de Pologne font la guerre aux Hongrois.
Le Pape figne une ligue avec le Duc de Milan & les Venitiens contre Ferdinand Roi de Naple, & preffe le Roi Charle VIII. de paffer en Italie.
Préparatifs que fait Charle VIII. avant que d'aller à Naple.
Il s'acorde avec le Roi d'Angleterre, le Roi d'Aragon & l'Archiduc Maximilien.

1493.
Mort de l'Empereur Frideric III. Maximilien déja Roi des Romains fuccede à l'Empire.
Hiftoire de Jean Tritheme.
La Chambre Imperiale renduë fedentaire à Worms, & enfuite à Spire.
L'Archiduc Philippe fils de l'Empereur Maximilien.
Le Roi rend à l'Empereur les Comtez de Bourgogne & de Charolois.

PAR ORDRE CRONOLOGIQUE.

Guillaume Briſſonnet Surintendant des Finances.

L'Empereur donne l'inveſtiture du Duché de Milan à Loüis le More.

Charle VIII. part pour ſon expedition d'Italie, & declare le Duc de Bourbon Lieutenant General de France.

Ferdinand Roi de Naple meurt d'Apoplexie. Son fils Alphonſe lui ſuccede. Le Pape contre ſa parole donnée à Charle VIII. donne à Alphonſe l'inveſtiture du Royaume de Naple.

Le Pape marie ſon fils Geoffroi Borgia avec Sancie fille naturelle d'Alphonſe, qui le fait Prince de Tricaſtin.

Charle VIII. paſſe à Milan & puis à Florence. Il publie un Manifeſte.

Le Pape lui demande quartier, & le reçoit à Rome.

Hiſtoire de Jean Pic Souverain de la Mirandole.

Hiſtoire d'Ange Politien. Ses ouvrages.

An de J. C.
1494.

LIVRE VINT-HUITIEME.

CHAPITRE PREMIER.

LE Roi marche du côté de Naple. Le Roi Alphonſe fait proclamer Roi ſon fils Ferdinand Duc de Calabre, qui voyant la ville de Naple renduë aux François, ſe retire dans l'Iſle d'Iſchia.

Joie des Napolitains en voyant Charle VIII.

Le Pape, les Venitiens, le Duc de Milan joignent leurs troupes pour empêcher le retour du Roi en France.

Il part de Naple avec ſept mille hommes, & y laiſſe le Comte de Montpenſier Viceroi.

Mort du Prince Ziſim.

Le Roi paſſe à Piſe, & s'y amuſe trop lon-tems.

Bataille de Fornoüe.

Le Roi aprés des peines infinies arrive en France.

1494.

1495.

TABLE DES MATIERES

Les François sont chassez du Royaume de Naple par Gonsalve Hermandés de Cordoüe.

Federic oncle de Ferdinand Roi de Naple succede à son neveu. Le Pape envoye un Legat pour le couronner.

An de J. C.
1497.

Le Roi Charle VIII. fait des préparatifs pour retourner à Naple. Le Duc d'Orleans s'y oppose.

Mort du Prince Orland.

1498. Mort du Roi Charle VIII.

Il instituë avant que de mourir le Parlement de Rennes.

1498. La Reine Isabelle de Castille acouche du Prince Michel, qui meurt trois ans aprés.

François Ximenés est fait Archevêque de Tolede.

Il avoit été Provincial des Cordeliers.

Il fonde l'Université d'Alcala.

Il fait imprimer une Bible en Latin, en Grec, en Hebreu & en Caldaïque.

Il empêche qu'on ne l'imprime en langue vulgaire.

Il fait brûler cinq mille Alcorans.

Il convertit un Seigneur More de la famille des Zegris.

Les Portugais découvrent le Brezil.

Heresie des Picards ou Vaudois.

1498. Le Duc d'Orleans est reconnu Roi de France, & prend le nom de Loüis XII.

Il est sacré à Reims.

Il suprime quelques privileges de l'Université de Paris.

Il établit un Parlement fixe à Roüen.

Il ôte le tiers des impôts.

Il crée de nouvelles Charges.

George d'Amboise Archevêque de Roüen devient premier Ministre.

L'Empereur Maximilien épouse en secondes nôces Blanche Marie niéce de Loüis le More Duc de Milan.

Loüis le More veut faire alliance avec les Turcs.

Le

PAR ORDRE CRONOLOGIQUE.

Le Roi avant que d'attaquer le Duché de Milan, s'acomode avec l'Empereur, & le dispense de venir en personne lui faire homage du Comté de Flandre. Il renouvelle le traité avec les Suisses & avec les Venitiens.

An de J. C. 1499.

Il contente le Roi d'Angleterre & le Roi d'Aragon sur leurs demandes.

Il rétablit la Pragmatique Sanction, & la fait observer dans tout le Royaume.

Il pardonne à tous ceux qui l'avoient offensé, & sur tout à la Dame de Beaujeu & au Sire de la Trimoüille. Il fait casser son mariage avec la Reine Jeanne fille de Loüis XI. & épouse Anne de Bretagne veuve de Charle VIII.

Sainteté de la Reine Jeanne, elle institüe l'Ordre des Annonciades Celestes.

Le Roi donne à Cesar de Borgia fils naturel du Pape le Duché de Valentinois, vint mille frans de pension, & une Compagnie de cent Lanciers.

George d'Amboise Archevêque de Roüen est fait Cardinal.

Le Roi envoye en Italie une armée qui s'empare aisément du Milanés.

Il va en prendre possession.

Il y rétablit l'Université.

Il aime les gens de lettres.

Claude de Seyssel & Paul Emile sont chargez d'écrire l'Histoire de France.

Jean d'Anthon Abbé d'Angles écrit la Vie du Roi.

Il reçoit les Genois au nombre de ses sujets.

L'Empereur Maximilien fait la guerre aux Suisses, qui se défendent bien.

Le Duc de Valentinois attaque les Gouverneurs de l'Etat Ecclesiastique qui se vouloient rendre indépandans.

Balde Jurisconsulte.

Le Cardinal François Zabarelle.

TABLE DES MATIERES

Celebres Historiens de toutes nations.
Savans Casuistes.
Saint Antonin Archevêque de Florence.

An de J.C.
1499.

Vasco de Gama Portugais passe le Cap de Bonne-Esperance, & découvre les Indes.
Le Pape court risque d'être écrasé dans son Palais.
Il a peur, & se veut convertir.
Bajazet fait la guerre aux Venitiens, & prend Lepante.
Les Princes Chrétiens envoyent des Ambassadeurs au Pape pour former une Croisade qui n'aboutit à rien.
Le Pape taxe les Cardinaux au dixieme de leurs revenus.

1500.

Jubilé au commencement de l'année 1500.
Le Roi Loüis XII. retourne en France, & donne à Jean Jaque Trivulse le Gouvernement du Milanés.
Loüis le More rentre dans le Milanés avec huit mille Suisses, & en chasse les François.
Le Roi y renvoye une armée commandée par Loüis de la Trimoüille, qui reprend le Duché presque sans combatre.
Loüis le More est pris prisonier, & mené en France avec le Cardinal Ascagne Sforce son frere.
Le Cardinal d'Amboise acorde un pardon general au peuple de Milan.
Il établit le Sire de Chaumont son neveu Viceroi du Milanés.
Il fait mettre en liberté le Cardinal Sforce.
Mort de Robert Gaguin General de l'Ordre de la sainte Trinité.

CHAPITRE SECOND.

Le Pape veut ôter au Roi le titre de Roi Trés-Chrétien. Les Cardinaux s'y opposent.
Il donne au Roi d'Espagne le titre de Catolique.
Emmanuel Roi de Portugal chasse de ses Etats les Mores & les Juifs.

PAR ORDRE CRONOLOGIQUE.

Le Pape reçoit des Ambassadeurs de Constantin Roi des Georgiens.

Histoire de Savanarole.

Marcile Ficin grand Predicateur.

Le Pape érige la ville de Benevent en Duché, & le donne à Jean de Borgia Duc de Gandie son fils.

La mort malheureuse de Jean Borgia.

Le Roi de France & le Roi d'Aragon s'acordent pour partager le Royaume de Naple. Ils en font aisément la conquête.

Le Roi Federic se retire en France. Le Roi lui donne le Duché d'Anjou, & trente mille ducats de pension.

Le Duc de Calabre est envoyé prisonier en Espagne, & y meurt.

Le Comte de Montpensier meurt de douleur sur le tombeau de son pere.

Americ Vespuce Florentin découvre le nouveau Monde.

Vasco de Gama Portugais fait des conquêtes dans les Indes Orientales.

Les François & les Espagnols se font la guerre dans le Royaume de Naple.

L'Archiduc Philippe d'Autriche en revenant d'Espagne passe à Lion, & fait un traité avec le Roi. Gonsalve s'en moque, & gagne la bataille contre le Duc de Nemours qui est tué, & les François chassez de Naple. *An de J. C. 1502.*

Le Pape marie sa fille Lucrece de Borgia à Alphonse fils du Duc de Ferrare.

Le Duc de Valentinois veut faire empoisonner le Cardinal Cornetto & s'empoisonne lui-même, & le Pape qui en meurt le lendemain. Le Duc en est malade six semaines.

Le Cardinal Picolomini est élû Pape, & prend le nom de Pie III. *1503.*

Il veut assembler un Concile general.

Il est fait Prêtre & Evêque, & meurt au bout de trente jours.

Mmm ij

TABLE DES MATIERES.

Le Duc de Valentinois vient à Rome, il est insulté par les Ursins, & se sauve au Château saint Ange.
Le Pape le fait arrêter.
Le Cardinal de la Rovere est élû Pape, & prend le nom de Jule II.
L'armée de France rentre dans le Royaume de Naple sous la conduite du Marquis de Mantouë.
Valeur du Chevalier Bayard.
Le Marquis de Mantouë se retire dans son Etat avec ses troupes. Le Marquis de Saluces prend sa place, est batu auprés de Gayette, & fait une capitulation honteuse.

CHAPITRE TROISIE'ME.

An de J.C. 1504.

Le Pape Jule II. ennemi de la France. Il retient en prison le Duc de Valentinois jusqu'à ce qu'il lui ait rendu les places de la Romagne. Le Duc les avoit offertes à Gonsalve & aux Venitiens, qui les avoient refusées, de peur de se faire des affaires avec le Pape.

Le Duc de Valentinois se retire à Naple, Gonsalve le caresse fort jusqu'à ce qu'il ait reçu des ordres d'Espagne. Il le fait arrêter & l'envoye en Espagne. On le met en prison dans le Château de Medina del Campo.

Le Roi Loüis XII. fait pendre des Tréforiers qui n'avoient pas fourni de l'argent & des vivres à son armée d'Italie.

1504.

La Reine Isabelle de Castille meurt, & par son testament déclare sa fille Jeanne femme de l'Archiduc d'Autriche heritiere de Castille, & donne à Ferdinand Roi d'Aragon l'administration de la Castille, jusqu'à ce que le Duc de Luxembourg son petit fils ait vint ans.

1504.

Traité de Blois contre les Venitiens entre l'Empereur, le Roi & l'Archiduc, sans y comprendre le Roi d'Aragon.

Le Roi à la priere de l'Empereur permet à Loüis Sforce

PAR ORDRE CRONOLOGIQUE.

ancien Duc de Milan de vivre avec quelque liberté, & lui donne trente mille écus de penſion.

L'Archiduc fait équiper une flote pour paſſer en Eſpagne. La tempête le pouſſe en Angleterre, où il demeure trois mois. Le Roi d'Angleterre Henri VII. le reçoit fort bien; mais il le force à lui livrer le Comte de Suffolc qui s'étoit refugié dans les Pays-Bas.

Le Roi d'Aragon s'acomode avec Loüis XII. & épouſe Germaine de Foix.

Le Pape entre dans la ligue des Rois de France & d'Aragon qui lui aident à reprendre Perouſe & Bologne.

L'Archiduc arrive à la Corogne en Galice, & eſt reconnu Roi de Caſtille. Il s'acomode avec le Roi d'Aragon. Ferdinand ſe retire en Aragon, & paſſe à Naple. Il pardonne à Gonſalve qui avoit ſongé à ſe révolter.   An de J. C. 1506.

Le Roi Loüis XII. tombe malade, fait aſſembler les Etats Generaux, & par leur conſeil rompt le mariage de ſa fille Madame Claude avec le Duc de Luxembourg, & en même tems la fiance avec François Comte d'Angoulême heritier préſomptif de la Couronne.   1506.

Mort de Philippe d'Autriche Roi de Caſtille.

L'Empereur eſt exclus de la tutele du Duc de Luxembourg ſon petit fils, tant dans les Pays Bas qu'en Caſtille.

Le Roi Loüis XII. donne pour tuteur au Duc de Luxembourg le Sire de Chievres.

Révolte de Genes. Le Roi y va en perſone à la tête de cinquante mille hommes, prend la ville, lui pardonne, & y fait bâtir une Citadelle.   1507.

Entrevûë de Savone entre Loüis XII. & Ferdinand.

Ferdinand exile Gonſalve à Cordouë, où il meurt dans la miſere quatorze ans aprés.

Fin de la Table.

APPROBATION.

J'Ay lû par ordre de Monseigneur le Chancelier le huitiéme Tome de l'*Histoire Ecclesiastique de M. l'Abbé de Choisy*, où je n'ai rien trouvé qui donne atteinte à la Religion Catholique, Apostolique & Romaine. Fait à Paris ce 3. Mars 1716.

ROBUSTE.

PRIVILEGE DU ROY.

LOUIS PAR LA GRACE DE DIEU Roi de France et de Navarre : A nos amez & feaux Conseillers les Gens tenans nos Cours de Parlement, Maîtres des Requêtes ordinaires de notre Hôtel, Grand Conseil, Prevôt de Paris, Baillifs, Senéchaux, leurs Lieutenans Civils & autres nos Justiciers qu'il apartiendra : SALUT. Notre cher & bien-amé le Sieur Abbé DE CHOISY & l'un des quarante de l'Academie Françoise, Nous a fait exposer qu'il desiroit faire r'imprimer & imprimer tout de nouveau plusieurs Ouvrages qu'il a composez ; entre autres : *L'Histoire de l'Eglise depuis Jesus-Christ jusqu'à la fin du dix-septiéme siecle, la Vie & les Pseaumes de David qu'il a traduits en François avec le Latin à côté & les differences de l'Hebreu ; la Vie de Salomon, les Pensées Chrétiennes, l'Histoire des Rois Philippe de Valois, Jean, Charles V. Charles VI. & Charles VII. la Vie de saint Loüis ; la Vie de la Dame de Miramion ; l'Imitation de Jesus-Christ ; les Dialogues sur l'immortalité de l'Ame ; Histoires de Pieté & de Morale, & plusieurs Histoires faites pour une jeune Princesse* ; s'il Nous plaisoit lui acorder nos Lettres de Privilege fur ce neceffaires. Nous avons permis & permettons par ces Prefentes audit Sieur Abbé de Choify, de faire r'imprimer & imprimer lefdits Livres qu'il a compofez, tant ceux qu'il a déja donnez au Public, que ceux qu'il n'a pas encore fait imprimer, en telle forme, marge, caractere, en un ou plufieurs Volumes, conjointement ou feparément & autant de fois que bon lui femblera, & de les faire vendre & debiter par tout notre Royaume pandant le tems de douze années confecutives, à compter du jour de la datte defdites Prefentes. Faifons défenfes à toutes perfones de quelque qualité & condition qu'elles foient, d'en introduire d'impreffion étrangere dans aucun lieu de notre obéïffance ; & à tous Imprimeurs - Libraires & autres, d'imprimer, faire imprimer, vendre, faire vendre, debiter ni contrefaire aucuns defdits Livres, en tout ni en partie, fous quelque prétexte que ce foit d'augmentation, correction, changement de Titre, de Traduction en Langue Latine ou autrement, ni d'en faire des Extraits ou Abregez, fans la permiffion expreffe & par écrit dudit Sieur Expofant ou de ceux qui auront droit de lui, à peine de confifcation des Exemplaires contrefaits, de trois mille livres d'amande contre chacun des Contrevenans, dont un tiers à Nous, un tiers à l'Hôtel-Dieu de Paris, l'autre tiers audit Sieur Expofant, & de tous dépens, dommages & interêts ; à la charge que ces Prefentes feront enregiftrées tout au long fur le Regiftre de la Communauté des Imprimeurs & Libraires de Paris, & ce dans trois mois de la datte d'icelles; que l'Impreffion defdits Livres fera faite dans notre Royaume & non ailleurs, en bon papier & en beaux caracteres, conformément aux Reglemens de la Librairie ; & qu'avant que de les expofer en vente il en fera mis deux Exemplaires dans notre Bibliotheque publique, un dans celle de notre Château du Louvre, & un dans celle de notre trescher & feal Chevalier Chancelier de France le Sieur Phelypeaux Comte de Pontchartrain, Commandeur de nos Ordres, le tout à peine de nullité des Presentes ; du contenu desquelles vous Mandons & Enjoignons de faire joüir ledit Sieur Exposant ou ses Ayans cause pleinement & paisiblement, sans soufrir qu'il leur soit fait aucun trouble ou empêchemens. Voulons que la Copie desdites Presentes qui sera imprimée au commencement ou à la fin desdits Livres, soit tenuë pour duëment signifiée, & qu'aux Copies collationnées par l'un de nos amez & feaux Conseillers & Secretaires, foi soit ajoûtée comme à l'Original. Commandons au premier notre Huissier ou Sergent de faire pour l'execution d'icelles tous Actes requis & necessaires, sans demander autre permission, & nonobstant Clameur de Haro, Charte Normande & Lettres à ce contraires ; CAR tel est notre plaisir. DONNE' à Versailles le vint-septiéme jour de Septembre, l'An de grace mil sept cens onze, & de notre Regne le soixante-neuviéme. Par le Roi en son Conseil,

Signé, LAGAU.

Registré sur le Registre N°. 3. de la Communauté des Libraires & Imprimeurs de Paris, pag. 266. N°. 268. conformément aux Reglemens, & notamment à l'Arrest du Conseil du 13. Aoust 1703. A Paris le quatre Novembre mil sept cens onze.

Signé, DE LAUNAY,
Syndic.

www.ingramcontent.com/pod-product-compliance
Lightning Source LLC
Chambersburg PA
CBHW050246230426

43664CB00012B/1846